अध्यात्म विज्ञान के अनुभव ज्ञान

(मानव जीवन की प्रयोगशाला से)

लेखक के प्रेरणा स्रोत

परम संत महात्मा
श्री यशपाल जी महाराज
(पूज्य भाई साहब जी)
5-12-1918 से 3-4-2000

आध्यात्मिक जागृति

अध्यात्म विज्ञान के अनुभव ज्ञान

(मानव जीवन की प्रयोगशाला से)

डा० अक्षयबर सिंह

KALPAZ

भारत में सन् 2024 में प्रकाशित

कल्पाज पब्लिकेशन

सी-30, सत्यवती नगर,
दिल्ली-110052
वेब साइट: www.kalpazpublications.com
ई-मेल: kalpaz@hotmail.com

Distribution Network
gyanbooks.com
India, USA, Canada, UK, Australia, France

अध्यात्म विज्ञान के अनुभव ज्ञान

ISBN: 978-93-5722-443-7 (PB)

मुद्रित: ज्ञान प्रेस, दिल्ली

समर्पण

उस परम पवित्र मुक्त आत्मा को,

जो परम पिता परमात्मा में

विलीन हो गई, दीनता पूर्वक समर्पित है।

अक्षयबर सिंह

अनुक्रम

भूमिका

मानव जीवन यात्रा में स्वयं के अनुभव, विज्ञान की भाषा में Primary data base और दूसरों के अनुभव secondary data base कहलाते हैं। एक भौतिक विज्ञानी अपने कार्यक्षेत्र के ऐसे अनुभवों का आधार लेते हुए आगे बढ़ता है। अध्यात्म विज्ञान के मामले में यह प्रक्रिया मानव जीवन यात्रा में स्वयं व औरों के अनुभवों से शिक्षा लेते हुए सकारात्मकता या नकारात्मकता के आधार पर आगे बढ़ती है। सकारात्मक भावना बनने में वृद्धि होने के साथ, जीवन यात्रा आध्यात्मिक होती जाती है। अत: विचार करें तो हर इंसान 'अध्यात्म विज्ञानी' है। कुछ लोगों के संस्कार ऐसे होते हैं कि बचपन से ही ऐसी प्रवृत्ति अध्यात्म चिन्तन की ओर बन जाती है। इस प्रक्रिया में ही तुलसी, कबीर, रहीम...और तमाम ऋषि-मुनी, महात्मा आते रहे हैं और आज भी हमारे बीच में हैं। ऐसे महात्माओं (विज्ञानी) की उपस्थिति से ही प्रकृति, समाज में सकारात्मक भावना का पलड़ा भारी रखते हुए विश्व व्यवस्था का संचालन करती है। इस संचालन प्रक्रिया में परमात्मा ने मानव को स्वयं कर्त्ता रहते हुए अपना यंत्र बनाया है और उसे कार्य करने की स्वतंत्रता दी हुई है। यही बात शोध, समझने, अपनाने व विचार करने की है। वर्तमान काल खण्ड में लेखक का अनुभव आधारित मत है कि आज के वैज्ञानिक यदि 'अध्यात्म' शब्द की व्याख्या तथा स्पष्टता से परिचित हों जायें तो सहज-सहज में अध्यात्म विज्ञान को बढ़ावा देते हुए अपने कार्य क्षेत्र में सार्थक योगदान तथा आध्यात्मिक जीवन यात्रा करते हुए समाज को लाभान्वित कर सकते हैं। आवश्यकता है शिक्षा व्यवस्था में, आध्यात्मिक जागृति से सम्बन्धित विषय के समावेश करने की।

अतीत को देखें तो एक साधारण बिना पढ़े - लिखे कबीरदास जी अध्यात्म के क्षेत्र में 'विज्ञानी' ही थे। आपकी एक सार गर्भित प्रार्थना 'साईं इतना दीजिए जामें कुटुम समाय - दास भूँखा न रहे साधु न भूँखा जाय' में निहित भावना व कृतित्व (स्वधर्म पालन) में मानव प्रजाति के प्रगति व सुख का रहस्य समाया हुआ है। इस रहस्य की समझ बने, ही 'अध्यात्म' है। हम ऐसे वैज्ञानिकों की जीवन यात्रा इसी दर्शन के तहत होती है। अपने सुख - दु:ख व शान्ति के अनुभवों को सुचिता तथा स्वानुशासन के परिपेक्ष्य में विचार करने से उपरोक्त कहे यथार्थ की परख स्पष्ट रूप से की जा सकती है।

'कबीर शान्ति मिशन' लखनऊ के संस्थापक, राकेश कुमार मित्तल जी ने एक चर्चा में लेखक से कहा था कि समाज की लगभग 60 प्रतिशत जनता कबीर का सा जीवन जीने को बाध्य है, 'hand to mouth' हैं। आप लिखते हैं "India is a country of saints and they come from all sections of the society – the rich, the poor, the low-cast and the high cast. A true saint is above all these man made divisions and essentially, sainthood is 'state of mind'. Quoting his experience with a cobbler Saint Mittal writes – "I went to a cobbler for repair of my *chappal*, who use to sit in a corner of the colony at a crossing. I always saw him doing his work with a lot of concentration and dedication. This attitude impressed me a lot. When I went to him, I found him in the same mood. When I requested him to repair the *chappals*, he did so and gave it back to me. In a place like Delhi, even a small repair could cost as much as five rupees in those days. But I gave him a two rupee coin hoping that it would satisfy him and I was greatly surprised when he even without looking at me took out a rupee coin from his collection and passed it to me. I silently took the coin and came back home with the repaired *chappals*. I felt that perhaps it was against his dignity to press for the acceptance of the whole amount.The face of the cobbler is still in my mind and whenever I think of him, I pay him a silent tribute. To me he was a saint of the highest category. I am of the view that there are large number of such saints in our country. That is why our nation is able to face all the challenges without any major turmoil. If at all any disturbance is created, it is by those who try to appear saintly, but in reality are not". मित्तल साहब, एक बुद्धिजीवी (IAS), कबीरी जीवन यात्रा करते हुए, गृहस्थ थे। नि:संदेह, वे एक अध्यात्म विज्ञानी थे। आपकी अनुभव आधारित कृति 'Think positive, things will go right' समाज के व्यवहारिक

परिपेक्ष्य से संकलित आध्यात्मिक अनुभव ज्ञान का एक शिक्षाप्रद अनुपम साहित्य है। ऐसे ही हमारे गुरुदेव महात्मा यशपाल जी महाराज थे जिन्होंने अपनी जीवन यात्रा में एक प्रयोग के तहत, कबीर दर्शन पर जीवन यात्रा करते हुए गृहस्थियों के लिए राजयोग का सरलीकरण 'आनन्दयोग' का सृजन कर गीता उपदेश 'दस्तवकार, दिल व यार' (हाथ काम में, दिल परमात्मा की याद में) की सरल साधन पद्धति समाज को दी। लेखक ने जीवन यात्रा में अपने अधिकांश वैज्ञानिक साथियों की रहनी-सहनी में स्वाभाविक तौर पर कबीर दर्शन की छाप देखी व अनुभव किया, जिसका दूर-दूर तक उन बन्धुओं में आध्यात्मिक परिपेक्ष्य की सोच व समझ का भाव न होते हुए भी जीवन यात्रा आध्यात्मिक थी।

लेखक के संस्कार / ईश्वर इच्छा से महात्मा यशपाल जी से जुड़ाव होने के बाद शनैः-शनैः आध्यात्मिक चिन्तन के साथ समाज में उपलब्ध आध्यात्मिक अनुभव ज्ञान के संकलन की ओर बढ़े। वैज्ञानिकी स्वभाव (स्वाध्याय, चिन्तन, खोज, लेखन) के होने से सेवा निवृत्ति के बाद (वर्ष, 2003) अध्यात्म विषय पर चिन्तन के फलस्वरूप, ईश्वरीय प्रेरणा से चार पुस्तकें (1) आओ कबीर को जिऐं, (2) गृहस्थ जीवन में अध्यात्म-सन्त यशपाल कथनामृत (3) मानव जीवन में अध्यात्म - कोरोना काल में एक अध्ययन (4), आध्यात्मिक क्रान्ति के बढ़ते कदम - महात्मा यशपाल जी के जीवन यात्रा प्रयोग' प्रकाशित हुई। यह पांचवी पुस्तक 'अध्यात्म विज्ञान के अनुभव ज्ञान - मानव जीवन की प्रयोगशाला से' स्वान्तः सुखाय के तहत, सहज-सहज में संकलित हो सकी। इन पुस्तकों के संकलन में महात्मा यशपाल जी की लेखक को दिये मार्ग दर्शन की दो बातों का स्पष्ट अनुभव रहा-

(1) परमात्मा जब किसी से कोई काम लेना चाहता है तो जान बख्शता है। लेखक के जीवन में पाँच ऐसी दुर्घटनायें हुई, जिसमें इसे बचने का कोई चान्स नहीं था, लेकिन जान बची।

(2) जो काम हमारे पास स्वतः आते हैं वे गॉड सेन्ट होते हैं, कर सकें तो करना चाहिए, मजबूरी की बात और है।

गीता में भी आई बात कि 'जो होता है, अच्छा ही होता है' को लेखक ने अपनी जीवन यात्रा में सही व यथार्थ पूर्ण पाया है। यह प्रस्तुत पुस्तक, समाज मे उपलब्ध आध्यात्मिक अनुभव ज्ञान का संकलन है। वाट्स अप के

माध्यम से, भौतिक/आध्यात्मिक विज्ञानी साथियों के साथ चर्चित आध्यात्मिक अनुभव ज्ञान का यह संकलन, साधना तथा आध्यात्मिक जागृति के दृष्टिकोण से उपयोगी साबित होगा, ऐसा लेखक के विचार में आता है।

"परमात्मा तू ही है, तेरी इच्छा पूरी हो।"

अक्षयबर सिंह

पुस्तक का संदेश

परमात्मा ने सृष्टि की रचना करते समय, अन्य जीवों के अतिरिक्त मनुष्य नाम की जो प्रजाति बनाई, उसे विशेषतायें प्रदान की। जिसका उद्देश्य यह रहा होगा कि मनुष्य परमात्मा की इच्छा तथा विधि - विधान के अनुसार उसके प्रयोग को आगे बढ़ाने में काम का साबित होगा। इस संदर्भ में, मानव जीवन की यात्रा में गीता शास्त्र 'स्वधर्म पालन' का संदेश देता है जिसमें स्वयं के विकास (दीन व दुनिया) के साथ-साथ, सम्पूर्ण सृष्टि का विकास भी सुनिश्चित हो जाता है। ऐसे में विकास के प्रति अपने योगदान के बारे में ज्यादा कुछ माथा-पच्ची करने की आवश्यकता नहीं पड़ती। परिस्थितियों के अनुरुप, माता-पिता बच्चे को यथाशक्ति भरपूर शिक्षित होने में मदद करने का प्रयास करते हैं और जीवन यात्रा, अनुभवों के साथ आगे बढ़ती है। लेखक का अनुभव एक ऐसी ही 'स्वाभाविक जीवन यात्रा' का रहा है। गीता शास्त्र में आया है 'जो हुआ अच्छा हुआ, जो हो रहा है अच्छा हो रहा है और जो होगा अच्छा होगा' की बात हमने अपनी जीवन यात्रा में यथार्थ पूर्ण पायी है। अच्छा होने का मतलब 'तनाव रहित जीवन यात्रा तथा कर्म में संतुष्टि (Job-satisfaction)' का होना है। जीवन यात्रा में उतार-चढ़ाव तो सामान्य बात है। मानव जीवन का आधार 'ध्यान व अध्यात्मिक' भाव है और प्रत्येक इंसान, इन तत्वों के साथ ही संसार में आता है। भारत के भूतपूर्व राष्ट्रपति ज्ञानी जैल सिंह जी के दो परामर्श, मानव तथा सामाजिक विकास के मामले में महत्वपूर्ण लगते हैं-

1. हर व्यक्ति को अधिक से अधिक समय अच्छे लोगों के साथ व्यतीत करना चाहिए और बुरे लोगों के साथ से बचना चाहिए।

2. अपने जीवन के अनुभवों एवं घटनाक्रम को यथा संभव लिपि बद्ध अवश्य कर लेना चाहिए। ऐसा संकलन समाज के लिए उपयोगी हो सकता है और यदि ऐसा न भी हो तो अपनी भावी पीढ़ियों को उपयोगी सूचना देता है।

लेखक का मानना है कि 'अध्यात्म विज्ञान' जिसे शिक्षा में प्रथम सोपान पर होना था, उसका वर्तमान शिक्षा व्यवस्था में कोई स्थान ही नहीं है। इसके लिए किसी प्रूफ की शायद ही कोई आवश्यकता है। हम और आपने (वानप्रस्थी जन), अपने छोटे से जीवन काल में, जो नैतिक मूल्यों में गिरावट देखी है, कल्पना करना कठिन है कि मानव विकास किस ओर बढ़ रहा है। बिडम्बना है कि जो वर्ग अध्यात्म क्षेत्र में विकास हेतु काम कर रहा है, वह भी अधिकांशत: शास्त्रों की बातों की व्याख्या में ही उलझता गया है। तकनीकी एवं व्यवहारिकता की बातों से बहुधा दूर ही रहा है। जो 'आध्यात्मिक अनुभव ज्ञान' जनसमुदाय के पास उपलब्ध है, उसके संकलन और उपयोग के प्रयास न के बराबर हैं। अध्यात्म विज्ञान का विकास व उपयोग कैसे हो? के विचारों से प्रेरित हो लेखक ने वाट्सअप के माध्यम से, समाज के बुद्धिजीवी वर्ग में एक चर्चा श्रृंखला के माध्यम से 'आध्यात्मिक अनुभव ज्ञान'! को सकंलित करने का प्रयास किया, जिसमें कुछ प्रतिक्रियायें भी मिलती रहीं। इस पुस्तक में ऐसे अध्यात्म ज्ञान का संकलन है, जो समाजोपयोगी होगा, यह लेखक का मानना है।

तात्पर्य यह है कि अध्यात्म का मतलब होता है जीवन के अस्तित्व को एक समग्रता में (टोटैलिटी) समझ लेना। अत: आध्यात्म विज्ञान आत्मा व परमात्मा के रिश्ते को भौतिक जगत के संदर्भ में ठीक - ठीक समझते हुए जीवन को कैसे जीना है यह समझने व समझाने वाला विज्ञान है।

26-01-2022

दो शब्द

आज संसार की दशा पर बिहंगम दृष्टि डालें तो लगता है कि जीवन में बहुत कठिनाइयाँ हैं। जिसे देखो वही परेशान, छोटी-छोटी बातों पर भी परेशान, चिन्ता, तनाव, अशांत। जरा सा मन के विपरीत कुछ हुआ नहीं कि गुस्सा, दु:ख, अशान्ति, ऐसा होना चाहिए था, वैसा होना चाहिए था, नहीं हुआ तो दु:ख, अनुकूल हो गया तो सु:ख, जो भी क्षणिक, दूसरा दु:ख शुरु हुआ, दूसरी उलझन शुरु।

जरा सा विचार करने पर पाते हैं कि हमारी सोच ठीक नहीं, हम धैर्य से समझने का प्रयत्न ही नहीं करते। जीवन का, संसार का और प्रकृति के कार्य विधिविधान का ज्ञान अर्जन नहीं करते। दु:ख का कारण केवल अज्ञानता है। सत्य और वास्तविकता से अनभिज्ञता, सच क्या है पता नहीं, कब क्या होता है, क्या हो जाता है, क्यूँ हो जाता है। जीवन का संचालन हो कहां से रहा है? किसी की भी मर्जी चलती है या कोई रचनाकार है जिसके पास सबका नियंत्रण है। जिसकी मर्जी से सब चल-अचल कार्य-कलाप एक विशेष विधान के अंतर्गत विधिवत चल रहे हैं।

इस अंधेरे में रस्सी को साँप समझ कर डर जाते हैं, परेशान हो जाते हैं और यदि कोई दिया जला दे, कोई प्रकाश कर दे, तो एक दम समझ जाते हैं अरे! यह तो रस्सी है सांप नहीं, सब डर खत्म, परेशानी खत्म, यही हाल है हम प्रकाश का प्रबन्ध नहीं करते, अज्ञान के अंधेरे में ठोकरें खाते हैं और दु:खी होते रहते हैं। अज्ञानता मे फँसे होने के कारण दु:ख, भय, क्रोध, चिंता, परेशानी और भटकन बनी रहती है सत्य ज्ञान होते ही सु:ख, शान्ति, आनंद, निर्भयता, विनय, और प्रेम जैसे गुण जीवन में आ जाते हैं। सत्य का ज्ञान होने से विवेक बुद्धि जागृत हो जाती है अपने विषय में सत्य, मैं क्या हूँ? क्यों हूँ

कहाँ से आया? क्या करने आया? मुझे कौन लाया, अपने बनाने वाले रचनाकार, विश्व के मालिक के विषय में सत्य, संसार के विषय में सत्य अपने कर्त्तव्यों का ज्ञान, मेरी मर्जी चलेगी या मालिक की, इस का ज्ञान, कैसे होगा, कैसे होगा सत्य का दर्शन, इस ज्ञान को कई प्रकार से कहते हैं। आत्मज्ञान, आत्मबोध, Self-Realization, कुछ विचारक इसे अध्यात्म विद्या भी कहते हैं। इसमें यह सिखाया जाता है कि जीवन कैसे जीना चाहिए, क्या करना चाहिये, क्या नहीं, कोई भी विद्या सीखने के लिये तो गुरु के पास जाना पड़ता है या ऐसे व्यक्ति के पास जाना होता है जो इस विद्या को जानता है।

सत्य ज्ञान हो जाने के बाद जीवन सुखमय हो जाता है, यदि कोई मार्ग दर्शक मिल जाय जो इस विद्या को जानता है। जो इस विज्ञान को जानता है। तो क्या कहने, परम पिता परमात्मा की सबसे बड़ी कृपा वही है कि क्या कहने, परमपिता परमात्मा की सबसे बड़ी कृपा यही है कि वह एक सक्षम; इस विद्या के वैज्ञानिक से मिला दे, एक सच्चे गुरु से मिला दे तो बहुत आसानी से सच्चा ज्ञान प्राप्त हो जाता है। यदि हम उसके बताये हुये रास्ते पर चलेंगे, तो सीखेंगे तो, अभ्यास करेंगे तो, उनके आवेशों का अक्षरस: पालन करेंगे तो। तो होगा, सच्चा ज्ञान, प्रभु के दर्शन।

समय - समय पर बड़े-बड़े ज्ञानी, महापुरुषों, ऋषियों, मुनियों, संत महात्माओं के रुप मे ईश्वर स्वयं पृथ्वी पर उतरते हैं और प्यासी आत्माओं की प्यास बुझाते हैं, क्योंकि हम सब उन्हीं के तो हैं। वो जो सृष्टि के मालिक हैं इसके कर्त्ता-धर्त्ता हैं। उन्हीं के आदेश से यह ब्रह्माण्ड संचालन हो रहा है। ये पृथ्वी, ये सूर्य, समस्त तारागण अपने-अपने रास्ते पर चल रहे हैं और अपना-अपना कार्य कर्त्तव्य किये जा रहे हैं, वे ही पृथ्वी पर जीवात्माओं का मार्ग दर्शन करने, दिशा-निर्देश देने के लिये आते हैं और भूले-भटकों को रास्ता दिखाते हैं। संत महात्माओं के रुप में, दार्शनिकों के रुप में, वैज्ञानिकों के रूप में।

इसी कड़ी में परम पूज्य भाई साहब जी, श्री यशपाल जी महाराज उच्च कोटि के संत, महान आत्मा इस पृथ्वी पर प्रकट हुए जिन्होंने अपने गुरुदेव परम संत महात्मा बृजमोहन लाल जी महाराज के सानिध्य व संरक्षण में अपना सारा जीवन तपस्या, साधना में अर्पण कर दिया, उनके बताये हुए रास्ते पर, शिक्षाओं पर, आदेशों पर लकीर के फकीर की तरह चलकर अध्यात्म विद्या

की उन उँचाईयों को प्राप्त किया जो किसी बिरले को ही प्राप्त होती हैं और यह सब गृहस्थ धर्म का पालन करते हुए। कहीं कोई कमी नहीं, जो स्वयं एक वैज्ञानिक थे, टैलीकम्यूनीकेशन के डिजाइन विभाग में कार्यरत थे और डाइरेक्टर के पद पर पहुँच कर अवकाश ग्रहण किया। अपने कार्यकाल के दौरान ही सत्संग करते, औरों को भी कराते। ऐसा प्रकाश फैलाया, जो संपर्क में आया प्रकाश से भर गया। कर्मयोग, राजयोग तथा ध्यान योग का गहराई से अध्ययन कर ऐसा रास्ता निकाला जो सब आसानी से कर सकें और इस प्रकार 'आनन्द योग' का आविष्कार करके जिज्ञासुओं और खोजी साधकों के लिए सहज में ही इष्ट पद की प्राप्ति का सुलभ–सुगम रास्ता निर्देशित किया, इसके अनुसार इस रास्ते को अपना कर प्राणी इसी जीवन में दुनिया के सब काम ज्यों का त्यों बल्कि उससे अच्छे करते हुए, गृहस्थ धर्म का शास्त्रानुसार पालन करते हुए, इष्ट पद की ऊँचाईयों को प्राप्त कर सके, जीवन मुक्त अवस्था प्राप्त कर सके, दुनियाँ का हर कार्य करते हुए चौबीस घंटे प्रभु की अपने इष्ट देव की याद में रह सके। तपस्या को इतना सरल और आसान बना दिया कि निर्बल से निर्बल व्यक्ति भी इसे अपना कर सुन्दर जीवन बना सकता है। हाथ काम करते रहें, हृदय ईश्वर की याद में लगा रहे और जब ईश्वर का साथ हो तो दुःख, भय, तनाव, असमंजस, उलझन, भटकन पास भी नहीं फटकते और यदि आते भी हैं तो उनका सामना करने की शक्ति मिलती रहती है। शूली का शूल बन जाता है। अच्छी शक्तियों का विकास होता है, अच्छे गुण आने लगते हैं। अवगुण घटने लगते हैं। जीवन मुक्त अवस्था, निष्काम कर्मता जैसी ऊँची हालत पैदा हो जाती है। ऐसा सच्चा ज्ञान, ऐसा सच्चा प्रकाश, ऐसा सुन्दर जीवन हर कोई का बन सके, आने वाले समय में आनन्द योग का प्रकाश फैलता रहे, भक्तगण आनन्द सागर में प्रेम और शान्ति पूर्ण जीवन निर्वाह करने की विद्या सीख सकें तो उन्होंने 'अखिल भारतीय सन्तमत सत्संग' की स्थापना कर दी। जो उनके बताये हुए रास्ते को, मार्गदर्शन को जन कल्याण के लिए प्रकाशित, प्रशस्त करती रहती है और दीर्घ काल तक करती रहेगी।

संत महात्मा परम पूज्य भाई साहब जी (श्री यशपाल जी महाराज) के अलौकिक प्रभाव से प्रभावित, ज्ञान प्रकाश से प्रकाशित, आदरणीय डॉक्टर अक्षयबर सिंह जी जो कि स्वयं एक उच्च कोटि के वैज्ञानिक हैं, इन्होंने भी

परम पूज्य भाई साहब जी के सानिध्य तथा आंतरिक सम्पर्क में महत्वपूर्ण प्रवेश किया। एक लम्बे समय तक उनके साथ रहे, अपनी ज्ञान पिपासा को शांत करने में लगे रहे और अध्यात्म विद्या की गहराईयों और ऊँचाईयों की खूब सैर करते रहे, भाई साहब जी की रंग में ऐसे रंगे कि:-

लाली मेरे लाल की जित देखूँ तित लाल।
लाली देखन मैं गई मैं भी हो गई लाल।।

साइंटिस्ट होने के नाते रिसर्च (खोज) से लगाव था ही, अध्यात्म विद्या के रहस्यों की खोज में लग गये-बारीकी से हर पहलू को जी भर के देखा, परखा; प्रयोग किये, विद्या के नियमों का अक्षरस: पालन किया और जो अनुभव हुए उनको पुस्तकों के रुप में जन कल्याण के लिए समाहित कर दिया, सुरक्षित कर दिया, जो चिरकाल तक जिज्ञासुओं, साधकों के लिए बहुमूल्य निधि के रुप में सिद्ध होंगी। सफल व प्रबल प्रेरणा स्त्रोत बनेंगी। यह पुस्तक नहीं है, प्रकाश पुन्ज है। भक्तों के हृदयों को प्रेम रस से सींच कर उनमें क्या उल्लास और उत्साह भरेगी। कई ऐसे प्रश्न साधकों के मन में उठते हैं जिनका निदान इस पुस्तक में मिलेगा। मेरा आग्रह यह रहेगा कि पुस्तक को प्रभु प्रेम, गुरु प्रेम, में भीग कर पढ़ेंगे तो विशेष लाभ होगा।

आनन्दयोग के मूल मंत्र-

1. परमात्मा तू ही है, तेरी इच्छा पूरी हो।
2. राजी हैं हम तेरी रजा में।
3. दस्तबकार दिल बयार (हाथ काम करें, दिल ईश्वर की याद करे)
4. विनय और प्रेम।

अध्यात्म विज्ञान पर प्रयोग तथा अनुसंधान पर अविस्मरणीय, अमूल्य कार्य हुआ और फिर जन मानस के कल्याण हेतु डॉक्टर अक्षयबर सिंह जी ने सारे अनुभवों को लिपिबद्ध कर दिया। इस बृहद कार्य के लिए वह बहुत बधाई के पात्र हैं। उनका बहुत-बहुत धन्यवाद व अनेकों शुभकामनायें।

सी4/2, गंगा त्रिवेणी एपार्टमेन्ट
सेक्टर- 9, रोहणी
दिल्ली - 110085
मो॰ 987379553

नारायण देव पाठक
अध्यक्ष
अखिल भारतीय सन्तमत सत्संग
दिल्ली - 110007

1

अध्यात्म विज्ञान के तकनीकी पहलू

अध्यात्म जीवन जीने की कला है। व्यवहारिकता के मामले में साधनात्मक जीवन यात्रा/शैली के लिए हर व्यक्ति स्वतन्त्र है, जो प्रारब्ध/ संस्कार से संचालित होता है। इसके कारण, हर व्यक्ति का आध्यात्मिक जीवन अलग होता है जिससे व्यवहार में एकरुपता नहीं हो सकती। अध्यात्म साधना में अनुभव के आधार पर विभिन्न शब्दावली जो सर्वमान्य व प्रचलन में है, इस अनुभाग में उन्हें विश्लेषणात्मक तथा तकनीकी प्रारूप में प्रस्तुत करने का प्रयास किया गया है। अध्यात्म, मानव जीवन का लक्ष्य, आत्मा की आवाज, सद्‌गुरु, गृहस्थी सन्त, ध्यान, और अध्यात्म विज्ञान ऐसे विषय मुख्य रुप से चर्चित हैं।

1.1 अध्यात्मः जैसा समझा

अध्यात्म को 'जीवन जीने की कला' कहा गया है। यह कला व्यक्ति विशेष के स्वभाव के अनुसार अलग-अलग आयाम की होती है जो अनुभव के साथ-साथ बदलती रहती है। इस कला में सकारात्मक भावना की वृद्धि के साथ जीवन में आध्यात्मिक गुणवत्ता का विकास होता जाता है। भावनात्मक परिपेक्ष्य में अध्यात्म की सही परिभाषा हो सकती है 'अपने सारे गुणों, सारी उपलब्धियों और सारी संपदाओं को सामाजिक हित में न्यौछावर कर देना।' जैसे-जैसे "कर्मण्येवाधिकारस्ते मा फलेषु कदाचन' की भावना सुदृढ़ होती

जाती है, जीवन में निष्कामता आती जाती है और ऐसा व्यक्ति अवतारी पुरूष के स्तर पर पहुँच कर मोक्ष का अधिकारी हो जाता है, जन्म-मरण के बंधन से मुक्त हो जाता है। इस परिपेक्ष्य में लेखक अपनी 80 वर्ष की जीवन यात्रा का जब अवलोकन करता है तो अपने को अध्यात्म साधना का राही पाता है। नि:संदेह इसका कारण प्रारम्भिक जीवन, कृषि आधारित ग्रामीण पारिवारिक परिवेश का होना रहा है, जहाँ पिछली पाँच पीढ़ियों की जीवन यात्रा अनजाने में आध्यात्मिक थी। बचपन से स्वाध्याय, अच्छे लोगों का साथ, तथा बड़े बुजुर्गों का अदब करने के संस्कार मिले। जीवन यात्रा में जो जैसे आता रहा बिना किसी इच्छा या प्लानिंग के कर्त्तव्यनिष्ठा के भाव से करता रहा जिसे अब यह 'स्वाभाविक जीवन यात्रा' मानता है। ऐसी यात्रा के 34वें वर्ष में गृहस्थ जीवन में अध्यात्म के साधक, यशपाल जी (भाई साहब) से सम्पर्क बना जो अपने जीवन यात्रा के अनुभवों को साहित्य रुप में लिपिबद्ध करते हुए, गृहस्थियों के आत्म विकास के लिए व्यवहारिक साधन पद्धति का सृजन व प्रचार-प्रसार कर रहे थे। दुनियावी जीवन आपका एक इन्जीनियर और शोध का रहा था। लेखक भी वैज्ञानिकी सेवा में था, 20 वर्ष आपके मिशन में एक सहयोगी व छात्र के रोल में रहा। आपका कहना था कि "जो काम हमारे पास स्वत: आते हैं वे भगवान के भेजे हुए होते हैं, कर सकें तो करना चाहिए, मजबूरी की बात और है?" आप यह भी कहते थे कि "अध्यात्म साधना में कोई एक नाम परमात्मा का पकड़ लो, उसी की याद में अपना काम करते रहो, वह जैसा है सामने आता जायेगा?" यह दोनों बातें गीता शास्त्र की शिक्षा 'स्वधर्म' पालन की हैं जिसे यह स्वाभाविक जीवन यात्रा कहता है। जो काम सहज प्राप्त होते हैं वही तो 'स्वधर्म' है। इंसान कोई अपनी इच्छा से थोड़े न इस संसार में आता है। यशपाल जी ने मानव स्वभाव में निहित 'ध्यान तत्व' को आधार बनाकर स्वाभाविक जीवन यात्रा को साधा और ऐसी ध्यान (Meditation) पद्धति का सृजन किया कि गृहस्थ में जीवन यात्रा के दिनचर्या के बीच के खाली समय का साधनात्मक उपयोग करते हुए, दिन के 24 घण्टे ध्यान की अवस्था (परमात्मा की याद) में रहा जा सकता है, दुनियावी काम और बेहतर होते जाते हैं। सुबह के नित्य कर्म, दोपहर व रात्रि के भोजन का समय, रात सोने के 6 घण्टे, आपकी सोच में अध्यात्म साधना के दृष्टिकोण से खाली माने गये हैं। इससे भगवान कृष्ण के उपदेश कि- "तू हमारी याद

में कर्मफल की इच्छा से रहित हो काम करता चल (हाथ काम में, दिल परमात्मा की याद में), कर्म फल के बन्धन से मुक्त हो जायेगा।" ऐसी ही जीवन यात्रा अतीत में राजा जनक और आधुनिक काल में कबीर की रही है। आपने पद्धति का नाम 'आनन्दयोग' रखा जो 'राजयोग' का परिवर्तित व सरल रूप है। कभी-कभी आप कहते कि इस मुकाबले की चीज (साधन पद्धति), इस समय दुनिया में नहीं है। साधना अनुभवों को अपने मार्ग दर्शक के नाम पर 'श्री बृजमोहन वचनामृत' ग्रंथ को पाँच भागों मे संकलित किया है, जिसे आप भविष्य की गीता कहते थे।

स्वाभाविक जीवन यात्रा में ईश्वर इच्छा निहित (Prevail) होती है, जो आती रहती हैं। साधारण गृहस्थियों के लिए आपकी शिक्षा थी कि सच्चाई व ईमानदारी के साथ अपना काम करते हुए, ईश्वर इच्छा को मानते हुए, आवश्यकतानुसार भौतिक विकास का प्रयास अवश्य करना चाहिए। इसके लिए बात-बात में आपका तकिया कलाम था-"परमात्मा तू ही है, तेरी इच्छा पूरी हो!" इन बातों को आपने अपने जीवन में उतारा, आपकी दीन व दुनियाँ दोनों सँवरी। टेलीग्राफिस्ट की पोस्ट से नौकरी प्रारम्भ कर उसी विभाग में निदेशक (शोध) के पद से सेवानिवृत्त हुए। बड़ी संतुष्टि का जीवन रहा था, आपका। आपके द्वारा स्थापित संस्था 'अखिल भारतीय सन्तमत सत्संग' और इसके मानव विकास का संक्षिप्त विवरण इस लेखक ने पुस्तक 'आध्यात्मिक क्रान्ति के बढ़ते कदम' में प्रकाशित किया है।

लेखक एक वैज्ञानिक रहा है, यशपाल जी को नजदीक से देखा, अध्ययन किया और आपका ही अनुकरण किया। जीवन यात्रा तमाम उतार-चढ़ाव, समस्याओं के साथ संतुष्ट व तनाव रहित रही। आश्चर्य होता है कि इसके माध्यम से परमात्मा ने अध्यात्म विषय पर ग्यारह पुस्तकें लिखवाईं जो प्रेरणा स्वरूप लिखी गई, जिनका आधार आपके साथ रहे और हुए अनुभवों का ही रहा है। यंत्रवत होने के अनुभव 'कर्त्ता-धर्त्ता परमात्मा।'

यह संसार रहस्यमय है। इसमें घटती कोई भी घटना आश्चर्य का विषय नहीं है, आज का इंसान भ्रमित है, आध्यात्मिक जागृति का घोर अभाव है। मानव जीवन में आध्यात्मिक शिक्षा की ही प्राथमिकता की दरकार है, शास्त्र सम्मत उपजी कहावतें/किवंदतियाँ सारगभिर्त और सही हैं। आध्यात्मिक दृष्टि से मानव के मूल दुश्मन अंहकार व स्वार्थ हैं, जो आत्मिक विकास के

साथ-साथ, सूक्ष्म होते जाते हैं और इनका उपचार आज तक कोई नहीं जान सका है, और यदि जाना है तो बता नहीं सका है, नेति-नेति कहकर छोड़ दिया है। इस लेख को लिखते समय, सुबह के स्वाध्याय में गायत्री से प्रकाशित 'युग निर्माण योजना' पत्रिका में आई पौराणिक बात/संदेश मानव के बारे में कितना सच लगता है, सुधी पाठक जनों के लिए विचारणीय है-"विधाता ने सृष्टि रचना के उपरांत दो उपहार सुरक्षित रखे। जिन्हें देवताओं और मनुष्यों के बीच बाँटा जाना था। प्रथम उपहार मंच पर रखा गया, तो उसे गणेश जी ने ले लिया, वह थी बुद्धिमत्ता। अबकी बार जो मिलना है, यह और भी अधिक मजेदार है, आप लोग उदास न हों। मंच पर रखी वस्तु पहले से अधिक चमकदार थी। उसे मनुष्यों ने ले लिया और आपस में बाँटकर बड़ी प्रसन्नता व्यक्त करने लगे। वह वस्तु थी 'मूर्खता'। मनुष्य तब से लेकर अब तक 'मूर्खता' बहुत सँभाल-सँजोकर रख रहे हैं और इसे बुद्धिमत्ता से बढ़कर मानते हैं।"

अध्यात्म विषय में प्रत्येक इंसान अपने आप में एक वैज्ञानिक है। ईश्वर कृपा से जिन भाइयों को परमात्मा ने वैज्ञानिक के रोल में रखा है, यदि उनकी शिक्षा में आध्यात्मिक जागृति की व्यवस्था हो जाय तो मानव समाज वह बन सकता है, जो शायद इसके बनाने वाले की मंशा रही होगी। भारत देश की सनातन सोच धर्म नहीं अध्यात्म विज्ञान है जिसे मानव हित में समझने की आवश्यकता है। वैज्ञानिक **Albert Einstein** की कही यह बात इसकी पुष्टि करती है, विचारणीय हैं।

"When I read 'The Bhagwad Gita' and reflect about how God created HIS Universe. Every thing seems so superfulous.

I have made the 'Bhagwat Gita' as the source of my inspiration and formation of my theories".

10-04-21

1.2 मानव जीवन का लक्ष्य

गीता शास्त्र की बात को लें तो 'स्वधर्म पालन' मानव जीवन का परम लक्ष्य होना चाहिए। जो काम स्वत: व सहज प्राप्त होते रहते हैं, वही 'स्वधर्म' है। मानव जन्म पाते ही, 'स्वधर्म' पक्का हो जाता है। जैसे-जैसे हम बड़े होते हैं, शिक्षा-दीक्षा प्राप्ति के मार्ग पर आरूढ़ होते ही लक्ष्य बनने का सिलसिला व फल की प्राप्तियाँ प्रारम्भ हो जाती हैं। इस प्रक्रिया में, गृहस्थ सन्त महात्मा

यशपाल (भाई साहब) जी का कहना रहा है कि "जो काम स्वत: आते हैं, वे परमात्मा के भेजे हुए होते हैं कर सकें तो करना चाहिए, मजबूरी की बात और है।" विचार करें तो पायेंगे कि प्रत्येक ऐसे आते काम अच्छी तरह करें का 'लक्ष्य' स्वाभाविक तौर पर आता ही रहता है। हम यदि अपनी जीवन यात्रा को इस परिपेक्ष्य में देखें व मनन करें तो स्वयं की इच्छा के तहत किसी और लक्ष्य को निर्धारित करने की शायद ही कोई आवश्यकता पड़े। सारी की सारी प्रक्रिया उद्भव सिद्धान्त (Process of evolution) के माध्यम से स्वत: संचालित होती रहती है। गीता शास्त्र मानव को एक दृष्टा की तरह 'स्वधर्म' पालन करने की सलाह देता है। ऐसी स्थिति तभी बनती है, जब उसे विश्वास हो जाय कि वह यन्त्रवत है करने वाला कोई और है। मोक्ष, ईश्वर प्राप्ति, मुक्ति......ऐसी बातों पर आजतक इंसान कोई सर्वमान्य हल नहीं ढूँढ़ सका है, बल्कि और उलझता ही गया है। हाँ! एक बात पर अवश्य सहमति बनती दिख रही है कि जीवन यात्रा का सुगम मार्ग 'ध्यान' आधारित प्राप्त मानव स्वभाव है, जिसे विकसित करते रहने की आवश्यकता है।

अमूमन अनेकानेक स्वकल्पित लक्ष्यों के बनते व पूर्ण करने के नैतिक/अनैतिक माध्यमों का सहारा लेते हुए मानव जीवन यात्रा का प्रारम्भ व अंत होता है। इस मामले में कलाम साहब की आध्यात्मिक समझ चिन्तन योग्य है–"ईश्वर की इस सृष्टि में प्रत्येक कण का अपना अस्तित्व होता है। प्रत्येक को कुछ-न-कुछ करने के लिए ही परवरदिगार ने बनाया है।" रमन महर्षि की भी यह बात गौर करने योग्य है–"इस संसार पर एक महान शक्ति शासन करती है और यह उसका काम है कि वह उसकी देखभाल करें। वह जो इस संसार को जीवन प्रदान किया है, इस बात को अच्छी तरह जानता है कि इसे किस तरह पालना चाहिए। इस संसार का भार उसी के ऊपर है, तुम्हारे ऊपर नहीं। जैसा तुम हो वैसा ही यह संसार है। अगर तुम अपने को नहीं समझ सकते, तो संसार को समझने से क्या लाभ हो सकता है।" अपने को जानने के बहुत से मार्ग उपलब्ध हैं। लेखक का अनुभव 'आनन्दयोग' साधना पद्धति का रहा है जिसमें जीवन चर्या का खाली समय लगाकर 'दस्तबकार दिलवयार' (हाथ काम में दिल परमात्मा की याद में) की मन: स्थिति बनाई जा सकती है, जिसे गीता में 'कृष्णभावामृत' में रहने की बात कही गई है।

दूसरी व्यवस्था जो परमात्मा ने मानव को दे रखी है वह है–आत्मा की आवाज पर चलना: मन जो कहे, आत्मा की सहमति न बने न करें। एक चिन्तनशील साधक श्री चिरंजी लाल शर्मा का कहना रहा है कि मन तो असीम शक्तियों के साथ ऊर्जा का जेनेरेटर है। ध्यान के माध्यम से इंसान इसी स्रोत से काम करने की ऊर्जा प्राप्त करता है। आचार्य श्री राम शर्मा जी ने कहा है कि "शक्ति का स्त्रोत मनोबल में है।" अत: जीवन के लक्ष्य को अध्यात्म विज्ञान (भौतिक विज्ञान की जननी) के माध्यम से ही जाना जा सकता है। आओ अध्यात्म विज्ञान को स्वयं के अनुभव ज्ञान से सुलभ बनाने का प्रयास करें।

5-04-21

प्रतिक्रिया: **You are right. Our mind is the best source of knowledge, but** मन को कंट्रोल करना बहुत कठिन है। यदि कंट्रोल में आ जाये तो बहुत बड़े- बड़े कार्य हो सकते हैं। इसके लिए अपना 'आनन्दयोग' ही सफलता दिला सकता है- डॉ. आर.पी. शुक्ला; सुन्दर पोस्ट - डॉ. बलदेव सिंह; ईश्वर के ध्यान में काम किया जाय तो कथन– "परमात्मा तू ही है, तेरी इच्छा पूरी हो" सार्थक हो जाय-हरिभान सिंह; **Your spiritual Science (Materia Medica) is out standing,** अच्छा लगा। **May Bahi saheb make you more vigrous – Dukh Haran Chaudahry.**

1.3 आत्मा की आवाज

'आत्मा की आवाज', वाक्य की बात हमारे संज्ञान में करीब 5 दशक पहले सिनेमा हाल में 'तलाश' पिक्चर देखते समय आई। एक बूढ़ी विधवा माँ ने अपने इंजीनियर बेटे को नौकरी पर जाते समय मार्ग दर्शन करते हुए कहा "बेटा वह काम न करना जिसके लिए आत्मा न कहे, मन की बात न मानकर आत्मा की आवाज पर चलना।" पिक्चर में इसी वाक्य के महत्व के यथार्थ को दिखाया गया था। इस कहानी का अच्छा प्रभाव हमारे हृदय पर पड़ा और यह एक प्रयोग तथा चिन्तन का विषय बन गया। धीरे-धीरे अध्यात्म में रुचि बढ़ी और एक प्रश्न यह खड़ा हुआ कि क्या "आत्मा की आवाज सबको सुनाई देती है?" इस आध्यात्मिक चर्चा के दौरान एक दर्शन शास्त्र के

प्रोफेसर ने प्रश्न किया कि क्या आत्मा की आवाज से हम दिन-प्रतिदिन की जीवन चर्या में लाभ ले सकते हैं? ऐसे ही एक लड़की (प्राची सिंह) जो प्रशासनिक जॉब के लिए कम्पटीशन की तैयारी कर रही थी, प्रश्न किया कि यह 'आत्मा की आवाज' क्या होती है?

लड़की के प्रश्न को सुन कर सामने टेबल पर रक्खी कुछ फेवीकोल की छोटी-छोटी शीशियों की ओर इशारा करते हुए उसे बताया कि यदि यहाँ कोई और न हो, तुम्हारे मन में आये कि इनमें से एक जेब में रख ले काम आयेगा, तो उसी समय एक धीमी **(feeble)** आवाज हृदय से आती हुई सुनाई देगी कि नहीं, यह तो चोरी होगी। यही 'आत्मा की आवाज' है। समझ में आई यह बात? जबाब था कि आंशिक रुप से, यह तो बड़ी धीमी होती है। खैर यह आवाज ही आत्मा की आवाज है और मन से उपजे प्रत्येक प्लान के साथ 'हाँ या न' के निर्णय के रुप में यह आवाज आती ही आती है। आत्मा की इस आवाज को मानते हुए जीवन यात्रा सुखद बनाई जा सकती है जो अनुभवगम्य है। यही इंसान को ईश्वर इच्छा के अनुरूप जीवन के मुख्य लक्ष्य की ओर बढ़ाने में सहायक है जो आध्यात्मिक जीवन का महत्वपूर्ण अंग है।

लेखक की शोध आधारित समझ से आत्मा की आवाज ही 'सद्गुरु' का मार्गदर्शन है। अध्यात्मिक साधकों के अनुभव ज्ञान से स्पष्ट होता है कि 'परमात्मा', 'ईष्ट', 'गुरु' या 'सद्गुरु' एक ही 'तत्व' की विभिन्न रुप/अभिव्यक्तियाँ हैं। इन अभिव्यक्तियों में शास्त्रों ने 'सद्गुरु' को सबसे ऊँचा स्थान दिया है। मानव शरीर के रुप में यह तत्व समय आने पर 'सद्गुरु' के रुप में स्वतः उपलब्ध हो जाता है, इसे खोजा नहीं जा सकता। ऐसा ही हम दम्पति के साथ हुआ था और बहुतों के साथ होते देखा भी। हाँ! इस तत्व का मार्गदर्शन प्रत्येक मानव को 'आत्मा की आवाज' के माध्यम से हर क्षण उपलब्ध होता है। जन्म लेते ही यही तत्त्व मानव को 'माँ' के रुप में मिलता है। आगे की जीवन यात्रा में यही तत्व शिक्षकों (जिनसे हम कुछ सीखते हैं) के रुप में उपलब्ध होता रहता है। लेखक का मानना है कि आत्मा की आवाज पर चलने का तात्पर्य है कि हम सद्गुरु के मार्ग दर्शन का अनुसरण ही कर रहे हैं। अध्यात्म के साधकों को सद्गुरु के मिलन की ऐसी अनेक घटनाएँ, लेखक के अनुभव में आईं जिन्हें 'गुरु' शब्द या इसके महत्व का कोई ज्ञान ही नहीं था। ऐसे लोगों की जीवन यात्रा सफल व सुखद होती गई। ऐसे भी

साधक मिले, जिन्हें सद्‌गुरु की स्वाभाविक तलाश थी, गहरी चाह थी और सद्‌गुरु मिले। सद्‌गुरु भी ऐसे मिले जिन्हें सच्चे जिज्ञासुओं की तलाश थी। कुछ ऐसे भी साधक मिले जिनमें गहरी कर्त्तव्यनिष्ठा का भाव तथा परमात्म तत्त्व में विश्वास होते हुए, पूजा पाठ या सद्‌गुरु ऐसी बातों की समझ ही न थी, लेकिन जीवन यात्रा आत्मा की आवाज पर हो रही थी। ऐसे लोग भी जीवन में सन्तुष्ट व खुशहाल थे।

विज्ञान के दृष्टिकोण से 'स्वधर्म पालन', 'कर्त्तव्य निष्ठा', 'अच्छे लोगों का साथ', 'आत्मा की आवाज' पर स्वाभाविक जीवन यात्रा मानव को जीवन के सच्चे उदेश्य की ओर अग्रसर होने में सहायक है।

20-04-21

प्रतिक्रियाः **Philosophy is a critical literature base and reflection on your own authentically lived experiences. Please mediate on above noted two points. I will write after reading your last three letters during this 2nd phase of Korona surge – Prof. Manandra Singh;** 'आत्मा की आवाज' की बहुत अच्छी व्याख्या आपके द्वारा की गई है। सद्‌गुरु के मिलने के बारे में भी आपके विचार बिलकुल सही हैं- **Dr. R.P. Shukla, Scientist:** सराहनीय प्रयास, लेकिन दुरूह विषय। "कहत कठिन, समुझत कठिन, साधन कठिन विवेक।" साधना की गहराई में उतरकर ही इसका साधनात्मक अनुभव ज्ञान होता है। सद्‌गुरु कृपा ही केवलम्- दुख हरन चौधरी, 'आनन्दयोग' के साधक।

1.4 सद्‌गुरु

मानव जीवन के विकास में 'गुरु' तथा 'सद्‌गुरु' की महत्वपूर्ण भूमिका होती है। सदगुरु की प्राप्ति के बाद ही मानव जीवन में पूर्ण लक्ष्य तक मानव पहुँचता है। यह आवश्यक नहीं कि साधक को लक्ष्य या उसकी प्राप्ति का आभास हो। गृहस्थ सन्त महात्मा यशपाल जी ने गीता सुधा के दूसरे अध्याय के अन्तिम श्लोक की विवेचना करते हुए लिखा है– "ईश्वरीय कृपा और सद्‌गुरु की अनुकम्पा से जब साधक को आत्मिक उड़ान प्राप्त होती है और वह दिव्य दृष्टि प्राप्त कर लेता है तो उसका मन आत्म-ज्ञान से सदैव ओत-प्रोत रहता है। इस स्थिति को प्राप्त होकर योगी फिर संसारी विषय

वासनाओं के मोह जाल में नहीं फँसता। वह इस संसार में रहते हुए, सब काम धर्मानुकूल करते हुए निरंतर 'सहज-समाधि' में मग्न रहता हुआ जीवन मुक्त होकर विचरता है। 'अन्तकालेपि' अन्तकाल में (शरीर छोड़ते समय) भी स्थितप्रज्ञ की अवस्था अटल बनी रहती है और वह जनम-मरण के बन्धन से मुक्त हो जाता है। ज्योति से ज्योति एकाकार हो जाती है। कभी-कभी ऐसा भी होता है कि सारे जीवन भर साधक परमात्मा व सद्गुरु में सच्चे विश्वास के साथ साधन में तत्पर रहता है। निरन्तर परमात्मा के चिन्तन में अपने मन को लगाये रहता है, पर आत्मा का अनुभव ज्ञान (साक्षात्कार) प्राप्त नहीं होता। परमात्मा की विशेष कृपा ऐसे जीव पर जब होती है तो अन्तकाल में उसके सारे चक्र ज्वालामुखी की तरह एक साथ जागृत हो जाते हैं और आत्मसाक्षात्कार के साथ-साथ उसकी आत्मा अपने सच्चे स्वरूप में विलीन हो जाती है। फिर उसे जन्म नहीं लेना पड़ता। (गीता सुधा, भाग-2)।"

जीवन यात्रा में ऐसे साधक की स्थिति, हर हाल में सुखद ही होती है, गुरु कृपा का अद्भुत अनुभव। गुरु कृपा होती क्या है? गुरु कृपा है- कुछ भी पाने की चाह न रखना; जीवन में धन दौलत, नाम, यश, शोहरत, पद-प्रतिष्ठा, गौरव, सफलता, समृद्धि और प्रसन्नता के प्रति उदासीन हो जाना; हर तरह की सांसारिक चाह खत्म हो जाना; जीवन जिस भी हाल में है, उसी में खुश रहना; जीवन में आये कष्टों को पूरे धैर्य, शान्ति और गंभीरता के साथ सहन करने तथा दूर करने का प्रयास करना; गुरुजनों के प्रवचनों को जीवन में उतारने का प्रयास करना; जीवन में सत्संगी हो जाना। ऐसी बातें 'गुरु कृपा' से ही आती हैं। ऐसी मनः स्थिति साधक को साधना तथा सद्कर्मों के फलस्वरूप प्राप्त होती है। जीवन यात्रा में चमत्कारिक अनुभव ईश्वर कृपा से साधना में लगे रहने में, उत्साह बनाये रखने के लिए होते रहते हैं। धीरे धीरे साधक 'परमात्मा तू ही है, तेरी इच्छा पूर्ण हो' के भाव के साथ जीवन यात्रा में यन्त्रवत हो प्रकृति माँ की गोद में वैसा हो जाता है जैसे माँ की गोद में अबोध बालक, हर तरह से सुरक्षित।

गुरु और शिष्य दोनों साधक के भाव में होते हैं और मिलकर अध्यात्म ज्ञान को आगे बढ़ाते हैं। लेखक को इस बात का अनुभव गृहस्थ सन्त महात्मा यशपाल जी (भाई साहब) के साथ 20 वर्षों के संपर्क में हुआ। आप सेवा निवृत्त वैज्ञानिक थे और यह सक्रिय वैज्ञानिक के रोल में था। अध्यात्म विज्ञान

तथा भौतिक विज्ञान सिक्के के दो पहलू की तरह हैं जिन्हें स्वयं के समग्र विकास में अलग-अलग नहीं देखा जा सकता। इस प्रक्रिया में जीवन चर्या के बीच का खाली समय अध्यात्म चिन्तन के लिए ही उपलब्ध है जो जीवन के आध्यात्मिक तथा भौतिक विकास में सन्तुलन बनाता है। अतीत में राजा जनक, कबीर और आधुनिक काल में महात्मा राम चन्द्र जी (लाला जी) के दर्शन पर चलते हुए, महात्मा यशपाल जी (भाई साहब) एवं महात्मा राकेश कुमार मित्तल गृहस्थ जीवन में रहते हुए अपना समग्र विकास करते हुए दीन व दुनिया के विकास का सार्थक उदाहरण प्रस्तुत किये।

अनुभव के आधार पर 'गुरु' साधना में हमेशा उच्च स्तर पर अवस्थित रहते हुए प्रयत्नशील रहता है कि कैसे शिष्य को आगे बढ़ाये। सद्‌गुरु के लिए यह एक सुखद भाव की दशा होती है और इसके पीछे एक ही लक्ष्य मानव कल्याण का होता है। लगभग ऐसी ही स्थिति गुरु की भौतिक विज्ञान के क्षेत्र में भी होती है। एक पी0एच0डी0 गाइड के रोल में लेखक ऐसे ही भावनात्मक स्तर का अनुभव किया है। ज्ञान वर्धन का यही मार्ग है, शायद इसी लिए एक कहावत है कि– "गुरु, गुरु रह गये चेला शक्कर" हो गया।

यशपाल जी महाराज का कहना था कि– "सद्‌गुरु किसी से कुछ नहीं चाहता। He has no worldly desires. He will not ask any body to give material things. दूसरी बात उनके पास बैठने से शान्ति का अनुभव होता है, चित्तवृत्तियों पर अंकुश लगने लगता है, विचार कम होने लगते हैं, अपनी कमियाँ नजर आने लगती हैं (सन्तसुधा, अक्तूबर 2003)।" ऐसे महापुरुष 'गुरु' शब्द से सम्बोधित होने पर असहज हो जाते हैं। इस सम्बन्ध में अपने गुरुदेव महात्मा बृजमोहन लाल जी के जीवन की एक घटना का जिक्र करते हुए आपने लिखा है "....श्री के0 एन0 चौधरी ने घर जाने की आज्ञा माँगते हुए कहा कि कल सांयकाल आप श्री यशपाल जी और अन्य प्रेमी शिष्यों के साथ उनके घर पधारें और उनका घर भी पवित्र करें। 'शिष्य' शब्द सुनकर आप बड़े उदास से हो गये और रुलासे से होकर फरमाया कि आपने सेवक को 'गुरु' कैसे समझा और यशपाल जी या अन्य भाईयों को शिष्य। आपको इस सेवक में गुरुपने की कौन सी बात नजर आई जो आपने इसे गुरु कहा। न कोई गुरु है न कोई शिष्य। यशपाल तो मेरा सबसे बड़ा लड़का है। इस पर चौधरी साहब सकुचाये और कहा कि आइन्दा ऐसी गलती नहीं होगी (गुरुडम

से चिढ़, श्री बृजमोहन वचनामृत पे0 197, भाग-5)। इसी सिलसिले के प्रथम हिन्दू सूफी गृहस्थ सन्त 'आदिगुरु' महात्मा रामचन्द्र जी महाराज (लाला जी) ने कहा है कि-"यही जाना कि कुछ नहीं जाना।" अध्यात्म विज्ञान के साधक अत्यंत विनम्र भाव के साथ जीवन यात्रा में होते हैं जो ख्याति से दूर रहने के स्वभाव के होते हैं। लाला जी महाराज से प्रारंभ की हुई साधन पद्धति आज विश्व के 170 देशों में अनेकानेक 'ध्यान' आधारित साधना तरीकों से गृहस्थियों में प्रचलित है। लेखक का मानना है कि हमारी आत्मा की आवाज ही सद्गुरु का मार्ग दर्शन है जो किसी भी इंसान को अध्यात्म के उच्च ज्ञान प्राप्ति की ओर अग्रसर करती रहती है और समय आने पर गुरु तत्व मानव शरीर में लक्ष्य तक पहुँचाने के लिए स्वतः उपलब्ध हो जाता है।

25-04-21

प्रतिक्रियाः बहुत उच्च आध्यात्मिक विवेचना, साधुवाद। लेकिन हमारी आत्मा की आवाज, सद्गुरु की आवाज है, यह बात समझ के परे है। शिष्य अपना आपा खोकर सत्गुरु के आपा में समाहित हो जाता है। तो हम या हमारी बात कहाँ रह जाती है? तू ही तू रह जाता है। तू तू करता तू भया मुझ में रही न हूँ। अजब कहानी इश्क की जित देखें तित तू - दुःख हरन चौधरी, 'आनंद योग' के साधक; यही तो हम सबका परिचय है और फिर कुछ नहीं - डॉ० बीर बल सिंह वैज्ञानिक व 'आनंद योग' के साधक; बहुत सही चित्रण क्रिया है- डॉ० आर०पी० शुक्ला, वैज्ञानिक व 'आनन्द योग' के साधक।

1.5 गृहस्थी सन्त

अध्यात्म विज्ञान मानव जीवन में प्रेम, शान्ति, खुशी और विवेक की शक्ति बढ़ाने में सहायक है। 'अध्यात्म' को जीवन जीने की कला कहा गया है, सबके अपने-अपने संस्कार और विचार। अध्यात्म मानव की आन्तरिक शक्तियों को जागृत करते हुए आत्मिक बल को स्वयं तथा समाजोपयोगी बनाता है। 'कबीर' भारतीय जीवन पद्धति के आधारभूत उद्देश्य की प्रतिमूर्ति हैं कि-"इस रास्ते से जियो कि अपने को मुक्त पाओ और आपकी रहनी - सहनी से सभी का हित हो।" यही इंसानियत की पराकाष्ठा है। परमात्मा ने प्रकृति के महत्वपूर्ण अंग 'मानव' की रचना में वह सब कुछ समाहित कर

रखा है कि हर इंसान कबीर की तरह का आध्यात्मिक जीवन जीने की क्षमता रखता है।

एक कहावत है–"उत्तम खेती मध्यम बान, निषिध चाकरी भींख निदान"। यह कहावत मानव जीवन के अध्यात्मिक पक्ष तथा उद्देश्य पूर्ति के परिपेक्ष्य में अक्षरस: सही कही गई है। लेखक का पारिवारिक परिपेक्ष्य पिछले 150 वर्षों का खेती का रहा है। अतीत में एक साधू बाबा (सिद्ध पुरुष) 'भोलादास' परिवार के साथ कहीं से आकर रह गये थे। गाँव में उनकी समाधि बनी है जिसके प्रभाव से परिवार की जीवन पद्धति खेती के व्यवसाय में रहते हुए ऐसी बनी कि परिवार में संस्कारी लोग ही आते और जुड़ते रहे। जितनों को लेखक ने अपने जीवनकाल में देखा, उन सबकी जीवन यात्रा आध्यात्मिक रही। जिन बुजुर्गों का प्रभाव लेखक के जीवन पर पड़ा, वे उच्च कोटि के सन्त सरीखे ही थे। जब आज कबीर की कथनी–"सांई इतना दीजिए जामे कुटम समाय, दास भूँखा न रहे साधु न भूँखा जाय", के परिपेक्ष्य में देखता हूँ तो ऐसे लोगों का जीवन कशमकश का रहते हुए भी सन्तुष्टि का रहा है, हंसी–खुशी का रहा है। आज 70 वर्ष के अन्तराल में जो तथाकथित विकास और बढ़ती सम्पन्नता के कारण बदलाव आया है, उससे मानव जीवन के आध्यात्मिक मूल्यों में गिरावट अत्यन्त चिन्ता का विषय है। जिसको देखो वही असन्तुष्ट है, तनाव में है, दु:खी है। वह ही लोग कुछ राहत में दिखते हैं जिनकी स्वाभाविक जीवन यात्रा है, अध्यात्म जीवन में प्राथमिकता है या स्वधर्म पालन करते हुए किसी भी तरह राम–नाम में लगे हैं।

सनातन विज्ञान के कारण ही भारत भूमि हमेशा से सन्त स्वभाव जनों से सम्पन्न रही है और सभी भारतीय मूल के लोगों में स्पष्ट दिखती है। इसका कारण हमारी गृहस्थ जीवन शैली है। सूफी सन्तों ने गृहस्थ जीवन को 'तप–स्थली' कहा है। इसी व्यवस्था में कबीर सरीखे सन्त परमात्मा के आइकन के रुप में उभरते रहते हैं। आधुनिक काल के ऐसे दो गृहस्थ सन्त महात्मा यशपाल जी और राकेश कुमार मित्तल का सानिध्य लेखक को अपने जीवन काल में मिला जो कबीर की सी ही जीवन यात्रा में थे और उनके 'दर्शन' की अपने–अपने गृहस्थ जीवन के प्रयोगों में व्यवहारिक डिकोडिंग की, कि कैसे इंसान समय के परिवर्तन के साथ–साथ सार्थक जीवन यात्रा कर सकता है।

देश की आजादी की लड़ाई के दौरान कलकत्ता में डाईरेक्ट एक्शन डे के दिनों में कई दिनों तक ऑफिस में फँस जाने तथा शहर से आती खबरों से परेशान हो जाने से यशपाल जी के मन में उठते विचारों ने जीवन की धारा ही बदल दी। विचार थे "जीवन का मकसद केवल संसार में कीड़े-मकोड़ों की तरह आना, जानवरों की तरह रहना और उन्हीं की तरह मर जाना ही नहीं है। सारे दिन मशीनों को पीटना और सारा जीवन इसी में बिता देना जीवन को बेकार नष्ट कर देना है।" इस विचार पर मंथन ने आपको लखनऊ के गृहस्थ हिन्दू सूफी सन्त महात्मा बृजमोहन लाल (दद्दा जी) जी से मिला दिया। आपके दो ही काम रह गये। जीवनोपार्जन (स्वधर्म पालन) और दिनचर्या के बीच के खाली समय को आध्यात्मिक साधना में लगाना। आप दोनों में अग्रणी रहे। पोस्ट एण्ड टेलीग्राफ डिपार्टमेंट में टेलीग्रफिस्ट की पोस्ट से नौकरी प्रारम्भ कर, उसी विभाग में निदेशक (शोध) के पद से सेवानिवृत्त हुए। आपने गृहस्थियों के लिए दिन के 24 घण्टे ध्यान साधना पद्धति; 'आनन्दयोग' का सृजन कर; प्रचार-प्रसार करते हुए 'अखिल भारतीय सन्तमत सत्संग' संस्था, दिल्ली के संस्थापक बनें। आप आई.ई.टी.ई के फेलो भी रहे।

महात्मा राकेश कुमार मित्तल, आई.ए.एस. सर्विस ज्वाइन करने के बाद, प्रारम्भिक दौर में ही एक डिनर पार्टी में किसी उच्च अधिकारी के साथ हुए वार्तालाप का जिक्र करते हुए लिखते हैं **"...This friend appreciated my honesty and hard work but expressed his doubt about the prudence of such an approach. In fact his clear belief was that such persons repented latter. I gave no response to this observation but silently thought that it could be better to turn dishonest than repent for the honesty later But this was not the solution to the problem and I wanted to go into depth of the whole issue. This was the moment when my spiritual sprouting took place. The first question which came to my mind was, what was oddness and why one should be good? Was there any logic in choosing goodness or was it a random choice? What is life and what is its purpose? Being a student of science, I wanted scientific answers to all these questions."** इस घटना ने, मित्तल साहब को जीवन दर्शन का शोधक बना दिया। आपके माध्यम से कालान्तर में 'कबीर शान्ति मिशन' लखनऊ, का उद्भव हुआ।

यशपाल जी (भाई साहब) के मानव दर्शन में, गृहस्थ में रहते हुए कैसे अपने को जानें और एक अच्छा इंसान बनें तथा मित्तल साहब की सोच कि समाज में सकारात्मकता का भाव बनें का प्रयास रहा। इन दोनों सन्तों ने कबीर की तरह जीवन जीते हुए साधन पद्धति देने का प्रयास किया। यशपाल जी ने आनन्दयोग के रूप में पद्धति का सृजन, दिन के 24 घण्टे दुनिया के सारे काम करते हुए परमात्मा की याद बनी रहे का तरीका बताया, जबकि मित्तल साहब केवल आध्यात्मिक अनुभव ज्ञान का डाटाबेस ही दे सके। कोई सकारात्मक कैसे बनें की साधन पद्धति शोध व सृजित करने का काम अपने अनुयायिओं पर छोड़ गये। शोध से यह सम्भव हो सकता है। कभी-कभी लोग प्रश्न करते हैं कि कबीर की कौन सी साधन पद्धति है, जिसका उत्तर नहीं मिलता। वह तो मात्र थ्योरी ही बता गये। लेकिन विचार करें तो जो सम्भावित उत्तर मिलता है वह है, थ्योरी के साथ वह स्वयं की रहनी-सहनी तथा आचरण से उस थ्योरी का प्रतिफल (आध्यात्मिक उत्कृष्टता) दिखा गये। यह तो अध्यात्म विज्ञान के शोध कर्ताओं का काम है कि थ्योरी पर मंथन व प्रयोग करके, व्यवहारिक पद्धति का विकास करें। उपरोक्त दो सन्तों के उदाहरण यही दर्शाते हैं। यही विज्ञान के विकास का मार्ग भी है। अध्यात्म विज्ञान के विकास के लिए गृहस्थ जीवन एक प्रयोगशाला है। इन दोनों सन्तों ने धर्म व सम्प्रदाय की सोच से ऊपर उठकर अध्यात्म विज्ञान को आज के परिपेक्ष्य में आगे बढ़ाया जो विभिन्न मत-मतांतरों के साधकों के लिए नेति-नेति के विचार पर आगे बढ़ने का मार्ग प्रशस्त करते हैं। लेखक का मानना है कि आप दोनों नये कलेवर में आधुनिक कबीर थे। आप दोनों के द्वारा लिखा गया अनुभव आधारित साहित्य, अध्यात्म विज्ञान को समझने व विकसित करने में शोध कर्ताओं के लिए अच्छा खासा डाटा बेस उपलब्ध करता है।

गृहस्थ हिन्दू सूफी सन्त महात्मा रामचन्द्र जी महाराज (लाला जी) ने मानव जीवन के उद्वेश्य के बारे में कहा है–"आदमी के जीवन का उद्वेश्य है कि ईश्वर में लय हो जाय और वहाँ पहुँच कर उस जगह स्थित कर ले। यही उसका कमाल है और यही आइडियल है, आदर्श है।" महात्मा यशपाल जी कहते थे कि दुनियावी काम के साथ-साथ, जीवन को ईश्वर मय बनाने के प्रयास में हमारे काम और अच्छे होते जाते हैं। समाज का बौद्धिक वर्ग, मानव उपयोगी सरल साधना सूत्रों की पहचान करते हुए, अपने कार्य की गुणवत्ता

को बढ़ा सकते हैं। गृहस्थ में ऐसे सन्त हमेशा रहे हैं और होते हैं जिससे समाज में सकारात्मकता का पलड़ा भारी बना रहता है। लेखक का अनुभव रहा है कि दुनियावी काम के साथ अध्यात्म साधना सम्भव है जो जीवन यात्रा को सुखद बनाये रखती है।

30-04-21

प्रतिक्रिया: आपके विचारों से पूर्ण सहमत हूँ - डॉ. आर.पी.शुक्ला; बहुत ही समयात्मक व मानव हित का आध्यात्मिक विश्लेषण - श्री दु:ख हरन चौधरी, 'आनन्दयोग' के साधक; Good enough to say some thing beyond. Dua denewale dua chahtahun – Dr. B B. Singh, Scientist; हाथ जोड़कर स्वीकृत डॉ. के0 बी0 अग्रवाल, संरक्षक कबीर शान्ति मिशन लखनऊ; सत्य वचन - डॉ. बलदेव सिंह, वैज्ञानिक।

1.6 ध्यान - एक सहज प्रक्रिया

लेखक के सत्संगी भाई श्री चिरंजी लाल शर्मा जी ने मानव स्वभाव में 'ध्यान' तत्व की सुन्दर व्याख्या की है। आप कहते हैं:-

"ध्यान को समस्त शास्त्रीय व्याख्याओं के विस्तार में न जाकर यदि हम मानव जीवन के धरातलीय स्तर पर खड़े होकर सामान्य दृष्टि से देखें तो पाते हैं कि हम एक पल भी बिना ध्यान के नहीं रहते। यदि हम ध्यान छोड़ दें तो जीवन के सारे क्रिया कलाप ठहर जायें। बिना पूरा ध्यान दिये जीवन की कोई भी क्रिया की जाय तो उसमें त्रुटि की पूरी गुंजाइश रहती है। राह पर चलते हुए ठोकर लग सकती है, पैर गलत पड़ सकता है। सत्संग में प्रवचन सुनते समय ध्यान कहीं और गया तो वक्ता ने क्या कहा सुनाई ही नहीं पड़ेगा। शतरंज के खेल में ध्यान इधर से उधर चले जाने से चाल गलत हो सकती है। इसलिए हम बुजुर्गों से सुनते आये हैं कि ध्यान से जाना, ध्यान से खाना, ध्यान से बोलना, ध्यान से पढ़ना तथा ध्यान से काम करना आदि। गरज यह कि ध्यान समस्त क्रियाकलापों के लिये ऊर्जा प्रदान करने वाला जैनेरेटर है। जिस काम को करते समय हमारा पूरा ध्यान काम में ही रहेगा तो काम उत्कृष्ट श्रेणी का होगा, सफल कहा जाने योग्य होगा। उत्कृष्ट श्रेणी का सफल काम कर्त्ता के अंदर एक सुखद संतोष प्रदान करने वाला होगा। एक

चित्रकार ध्यानमग्न होकर ही बढ़िया चित्र बना पाता है तथा एक संगीतकार अपनी कला की श्रेष्ठ प्रस्तुति दे पाता है। तात्पर्य यह कि समस्त कार्यों के मूल में ध्यान ही है।"

ध्यान पूर्वक किया गया कार्य कभी उबाता नहीं है बल्कि रुचि बढ़ाता है। इसकी एक विशेषता यह है कि ध्यान की संलिप्तता के साथ किया गया काम थकाता भी नहीं बल्कि काम करते हुए ताजगी देता रहता है। थकान का कारण ऊर्जा का निपट जाना होता है और डूबकर किया गया काम ऊर्जा का सृजन साथ के साथ करता रहता है। ध्यान ऊर्जा का उद्‌गम होता है। इसके विपरीत आधेमन से या बिना मन से किया गया काम शीघ्र ही उबा देता है और थका भी देता है।

इसी बात को ओशो रजनीश दूसरे ढंग से समझाते हुए कहते हैं कि– "ध्यानयुक्त क्रिया वह क्रिया है जिसमें क्रिया व कर्त्ता दोनों एक रुप हो जाते हैं। अर्थात कर्त्ता अपनी क्रिया में इस हद तक डूब जाता है कि वह क्रियारुप ही हो जाता है। क्रिया और कर्त्ता का भेद ही मिट जाता है।" महात्मा यशपाल (भाई साहब) जी ने एक प्रसंग का उल्लेख करते हुए बताया है कि ध्यान एकाग्रता अवस्था में इस प्रकार क्रिया और कर्त्ता के एकरुप अवस्था में उन्होंने अपने गुरुदेव महात्मा बृजमोहन लाल (दद्दा) जी को देखा था जब एक दिन वे उनसे मिलने एटा गये थे। उनके पहुँचने तक अर्थात शाम छः बजे तक महात्मा बृजमोहन लाल जी आफिस से घर नहीं आये थे। गुरु माता ने इन लोगों के साथ आठ बजे तक प्रतीक्षा करने के बाद एक लालटेन देकर इन्हें आफिस जाकर गुरुदेव को साथ लाने हेतु भेज दिया। गुरुदेव पुलिस आफिस में प्रधान लिपिक थे। वहाँ पहुँचने पर गुरुदेव ने इन्हें बिठा लिया और प्रतीक्षा करने को कह दिया, चूँकि वह एक महत्वपूर्ण निरीक्षण की तैयारी में अपने सब सहयोगी स्टाफ के साथ व्यस्त थे। उनकी व्यस्तता इतनी गहन थी कि वे यह भी भूल गये कि इनकी प्रतीक्षा में कोई बैठा है। उधर बैठने वाले भी ध्यान में चले गये। साढ़े बारह बजे के बाद जब गुरुदेव काम खत्म करके उठे तब इन लोगों के साथ घर आये (बृजमोहन बचनामृत से)।

ऐसा ही एक प्रसंग डॉ. अक्षयबर सिंह के जीवन का है जब वे पूसा कृषि संस्थान दिल्ली के जल तकनीकी शोध केन्द्र में प्रोफेसर थे। उनका कक्ष

दूसरी मंजिल पर था। एक बार उस मंजिल पर आग लग गई। सैकड़ो कर्मचारी बाहर निकल कर मैदान में आ गये। शोर मच रहा था, भंयकर धुआँ उठ रहा था, फायरबनिग्रेड की गाड़ी पानी के जेट ऊपर फेंक रही थी। किंतु डॉ. सिंह अपने कक्ष में कोई पुस्तक पढ़ने में इस कदर डूबे हुए थे कि उन्हें पता न चला, शोरगुल सुनाई न दिया। अपने कक्ष में पूरी तरह धुएं से घिर चुकने पर किसी तरह बाहर निकल पाये। इस अनुभव का जिक्र डॉ. सिंह ने 'गृहस्थ जीवन में अध्यात्म' पुस्तक में किया है।

महाभारत का अर्जुन वाला वह प्रसंग काल्पनिक थोड़े ही है जब गुरुदेव ने उससे पेड़ पर बैठी चिड़िया की आँख का निशाना साध कर तीर चलाने को कहा था। परीक्षा की घड़ी थी। अर्जुन से पूछा गया कि तुम्हें क्या दिख रहा है? तो उसने बताया कि सिर्फ चिड़िया की आँख। गुरुदेव ने पूछा कि चिड़िया भी नही, पेड़ भी नहीं दिख रहा तो उसने कहा नहीं! किसी भी कर्म का पूरा- पूरा फल तभी मिलता है जब वह कर्म पूरी तरह ध्यानमग्नावस्था में किया जाता है। ध्यान का पूरा फोकस सिर्फ कर्म को उत्कृष्ट बनाने पर रहता है, उससे प्राप्त होने वाले फल पर नहीं। वैसे भी एक जगह व्यस्त रहने से मन के पास इतनी फुरसत ही नहीं होती कि वह कर्मफल के बारे में सोचे। इस प्रकार कर्त्ता निष्काम बन जाता है। लेकिन निष्कामता का अर्थ यह नहीं होता कि कर्त्ता फल का तिरस्कार करके फेंक देता है, बल्कि यह होता है कि जितना भी फल मिले उससे वह संतुष्ट होता है, क्योंकि कर्म का असली फल तो वह पहले ही चख चुका होता है जब उसे करते समय ही प्रसन्नता तथा आनंद के रुप में पा चुका है।

यह कमाल होता है ध्यान के कर्म के साथ मिल जाने से। दोनों के एक रुप होने से जहाँ एक तरफ कर्म के संग ध्यान में दृढ़ता आती है तो दूसरी ओर ध्यान के संग से कर्म उत्कृष्ट बनता है, ध्यान कर्म रत हो जाता है और कर्म ध्यानयुक्त बन जाता है। इस अवस्था में कर्त्ता जब कर्म रत रहता है तो ध्यान रत भी रहता है और ध्यान रत रहता तो वह कर्मरत भी होता है। यानि कि वह एक ही समय में कार्यरत भी है और ध्यान रत भी है। कर्म और ध्यान की यह एक रूपता इस अवस्था में आकर ही नहीं ठहर जाती आगे भी जाती है। इस एकरूपता का दूसरा पहलू यह भी है कि कर्त्ता ने जैसे अनायास निष्कामता प्राप्त की है उसी प्रकार अपने आस-पास के परिवेश (अर्थात जगत)

से भी उसका संबध बिच्छेद हो जाता है, जिस प्रकार कि डॉ. अक्षयबर सिंह को आग लगने का आभास नहीं हुआ।

परिवेश से डिटैच होने का अर्थ ही शायद वैराग्य है। निष्कामता आ गई, वैराग्य आ गया तो कर्म सिर्फ कर्म नहीं रहा, वह कर्मयोग बन गया और इसी तरह ध्यान भी अब ध्यान योग बन गया। इन दोनों योगों की मुलाकात तो हो ही चुकी है अतः अब इनके मिश्रण से जो योग बना वही 'आनन्दयोग' है। ध्यान साधना के साथ चलते-चलते हम इस मुकाम पर आ गये जहाँ गणित के समीकरण की तरह एक समीकरण हमारे हाथ आया-

कर्मयोग + ध्यानयोग = आनंदयोग

इस मुकाम पर पहुँच कर तो साधक का मन पूरी तरह धुलकर चाँदी की तरह साफ स्वच्छ हो चुकता है अतः परमात्मा के दर्शन प्राप्त करने के लिए क्वालीफाइड हो जाता है। शायद यही राज उन साधु महाराज का है जो मौनी बाबा आश्रम रामघाट (बुलन्दशहर) में रहते हैं और बात-बात मैं यही उच्चारण करते रहते हैं अरे भाई सभी में तो "परमात्मा! है।"

10-05-21

प्रतिक्रियाः बहुत ही सुन्दर सारगर्भित विवेचना। वास्तविकता यही है कि जब ध्याता के साथ एवम् ध्येय तीनों एक रसता, एक रूपता, एकाग्रता के साथ सम्मलित समाहित हो जाता है तब वह ध्यानयोग बन जाता है। इसी प्रक्रिया में सभी योग शामिल हो जाते है। - दुःख हरन चौधरी; "कर्मयोग + ध्यानयोग = आनंदयोग" सरगर्भित चिंतन का चकाचौंध करने वाल प्रकाश फैला रहे हैं यह दो पृष्ठ - एन0डी0पाठक

1.7 गृहस्थ जीवन में ध्यान साधना

सन्तों एवम् गुरुओं ने मानव जीवन यात्रा में, पूजा (परमात्मा की याद) करने की आवश्यकता बताई है। लगभग सभी जन किसी न किसी रुप में पूजा व आराधना करते भी हैं। ऐसे भी लोग हैं, जो अपने कर्म को ही पूजा मानते हैं **(work is workship)**। पारिवारिक परिपेक्ष्य के कारण लेखक का स्वभाव भी "काम ही पूजा" का रहा है। स्वाध्याय तथा शोध से समझ बनी कि पूजा का उद्देश्य मन के स्वभाव में निहित "ध्यान" (मन की एकाग्रता) की प्रक्रिया

को बढ़ाना है। वर्ष 1979 में, गृहस्थ सन्त महात्मा यशपाल जी के एक प्रवचन में "ध्यान, इसका महत्व तथा साधना" की ऐसी स्पष्टता बनी कि लेखक के लिए यह चिन्तन का विषय बन गया।

ध्यान! मानव 'मन' जो निरन्तर कार्यरत रहता है को रेस्ट देने की प्रक्रिया है। मन का काम सोचना विचारना है। उसे एक जगह लगा देने से, विचार शून्यता आती है और रेस्ट मिलने लगता है। ऐसी स्थिति में मन का सम्बन्ध आत्मा से हो जाता है। आत्मा में है आनन्द और चैतन्यता, आनन्द व चैतन्यता मन में आने से अनुपम शान्ति का अनुभव होता है, अच्छे-अच्छे सकारात्मक विचार आने लगते हैं, ऐसी शक्ति प्राप्त होती है कि हमें अपने सच्चे स्वरूप का ज्ञान होने लगता है कि कोई गैर नहीं हैं, सब हमीं हैं। जितने ऊँचे सन्त हुए, उनका निष्कर्ष यही रहा है। महात्मा तुलसीदास जी ने कहा कि-"जड़ चेतन जग जीव जत, सकल राम मय जानि।" सूरदास जी को हर प्राणी में, लता में वृक्षों में भगवान कृष्ण ही नजर आते थे। ईशा ने कहा कि अपने पड़ोसी को भी अपनी आत्मा की तरह प्यार करो। लेकिन यह तब तक नहीं हो सकता जब तक यह अनुभव न हो जाये कि सब हमीं हैं। यह ध्यान के माध्यम से किया व समझा जा सकता है। ऐसा होने पर हम चाहेंगे कि संसार में जितने लोग हैं सब आनन्द से रहें, सब सुखी हों, दुःख संसार से मिटे। दूसरों की सेवा करने के लिए हम अपना जीवन न्योछावर कर देंगे।

यशपाल (भाई साहब) जी ने गृहस्थ जीवन में, दिनचर्या के खाली समय का उपयोग गीता में वर्णित 'कृष्णभावमृत' (हाथ काम में, मन परमात्मा की याद) में जीवन यात्रा करने के सरल तरीके (पद्धति) की खोज की। इस पद्धति का नाम आपने 'आनन्दयोग' रखा, तथा प्रचार प्रसार किया। इस साधन पद्धति में, अपने जीवन में परमात्मा का नाम (साधक की पसंद का) जोड़ना होता है, छोड़ने को कुछ नहीं। अन्ततः साधन पद्धति ध्यान करने का प्रयास है, जिसका सूक्ष्म विवरण इस प्रकार है-

आठ घण्टे का ध्यानः सुबह-शाम आधे-आधे घण्टे का ध्यान; दोपहर तथा रात्रि का भोजन अपने ईष्ट की याद में करना; रात सोने के पहले बिस्तर पर ही दिन में किये गये कार्यों की समीक्षा (आत्मनिरीक्षण) तथा ईष्ट की याद में सो जाना। इस प्रैक्टिस से मन दिन के 24 घण्टे में से आठ घण्टे ध्यान की आदत बना लेता है।

अगले आठ घण्टे का ध्यान; सामान्य कार्य के बीच के खाली समय को अपने ईष्ट की याद में लगाते रहने की आदत बनाना, जैसे ब्रश करते समय, शेव करते समय, नहाते समय, खाना बनाते समय, बच्चे को नहलाते समय, टहलते समय...। इस तरह अपने ईष्ट की याद बनी रहेगी और 24 घण्टे में ध्यान की सी अवस्था 16 घण्टे की हो जायेगी। इसे अध्यात्म साधना में उलटधार कहा गया है।

अगले आठ घण्टे का ध्यान: दिन में कोई भी कार्य प्रारम्भ करने के पहले, अपने ईष्ट की याद यह सोचते हुए भावना बनाना कि हे प्रभो! आप करो, यह तो आपके हाथ का यन्त्र है और उस कार्य में लग जाये। जब कार्य पूरा हो जाये या बन्द करने लगें तो यह भावना बनायें कि जो हुआ तू ने किया और यह आपको अर्पण है। यह है साधना। यह साधना, जब पहले व दूसरे आठ-आठ घण्टे की साधना पूरी हो जाय तब करें।

इस साधना से मन का स्वभाव परमात्मा की याद बनाये रखने का बन जाता है। हृदय में जो दैवी चिन्तन हो रहा है, वह अनुभव में आने लगता है। ऐसे हृदय से किसी का बुरा चिन्तन नहीं होता। हर एक की भलाई चाहता है, सारे विश्व का कल्याण चाहता है। ऐसे साधक के दुनियावी कार्य पहले से बेहतर होने लगते हैं जो यशपाल जी महाराज की जीवन यात्रा से परिलक्षित होता है। यशपाल जी महाराज के अनुयायी श्री दुःख हरन चौधरी अपने जीवन यात्रा के अनुभवों से कहते हैं कि 'आनन्द योग' आनंद पूर्वक जीवन जीने की शिक्षा देता है। हमारा जीवन योग युक्त होकर कैसे दिनचर्याओं के सभी कामों में आनन्द का अनुभव करे जिससे कर्म बोझ न बने, इसी जीवन पद्धति का नाम 'आनंद योग' है। जीवन में विषय वासनाओं के आनन्द को कैसे शुद्ध आनन्द में बदला जाये, इसी सुलभ, सरल, सहज, सरस पद्धति का नाम है 'आनंदयोग।' इसके बहुत आयाम हैं। आवश्यकता है चिन्तन, शोध और मनन की।

अध्यात्म विज्ञान के जितने भी साधक, संत हुए हैं जाने-अनजाने सबके जीवन का आर्थिक दर्शन कबीर साहब की प्रार्थना "साईं इतना दीजिए जामें कूटुम समाय - दास भूँखा न रहे अतिथि न भूखा जाय", के पक्षकार रहे, पैसे का भाव मन में न रहा। लेखक विज्ञान की बात कर रहा है। इसने अपनी जीवन यात्रा में पाया है कि आज के भौतिक प्रधान समय में भी, वैज्ञानिक

वर्ग में अधिकांशतः वैज्ञानिक कबीर साहब के आर्थिक दर्शन के तहत ही जीवन यात्रा में होते हैं। अतः अध्यात्म विज्ञान के शोध पक्ष को बढ़ावा देने की अपार सम्भावनाएँ इस वर्ग में हैं। कबीर अध्यात्म विज्ञानी ही रहे, कर्मयोग तथा साथ-साथ जीवन के अनुभवों का संज्ञान तथा विश्लेषण करते रहना कालांतर में अध्यात्म की समझ को निखारने के साथ-साथ मानव जीवन दर्शन के अनुभव ज्ञान में वृद्धि ही करेगा। आज आवश्यकता है दुनियावी शिक्षा पाठ्यक्रमों में आध्यात्मिक विज्ञान की जागृति पक्ष का भी समावेश करने की।

प्रतिक्रियाः बहुत सुन्दर, सकारात्मक, उर्जावान, बोधगम्य आध्यात्मिक विचार धारा। वैज्ञानिक दृष्टिकोण से मानव मन को दिशाहीनता से हटाकर सार्थक दिशा प्रदान करने हेतु रचनात्मक प्रयास। – दुःख हरन चौधरी, 'आनन्दयोग' के साधक; बहुत सही व प्रैक्टिकल साधन पद्धति। – डॉ. आर.पी. शुक्ला, वैज्ञानिक।

1.8 मानव जीवन में अध्यात्म विज्ञान

आज हमारे जीवन में भौतिक विज्ञान ने तरह-तरह की सुविधायें प्रदान की हैं और करता जा रहा है। लेकिन मुख्य लक्ष्य 'सुख व शान्ति' से इंसान दूर होता जा रहा है। लगभग हर व्यक्ति असंतुष्ट है, यह मानव जीवन में बहुत बड़ी बिडम्बना बनती जा रही है। ऐसा नहीं कि इसका एहसास परमात्मा ने इंसान को नहीं कराया है। अनगिनत तरीकों से, समय-समय पर प्राकृतिक / मानव निर्मित आपदाओं (कोरोना जैसी) के माध्यम से, वह एहसास कराता रहा है। मानव ने अपने को बदला भी है, लेकिन इस हद तक नहीं कि सकारात्मक सोच बलवती होती जाये। वर्तमान में 'कोरोना' के रूप में यह महामारी मानव जाति के सामने है। ऐसे में हमेशा मानव ने अपने को असहाय की स्थिति में ही पाया है, बहुत बड़ी कुर्बानियाँ भी दी हैं। ऐसी परिस्थितियों में परमात्मा ने सन्तों के माध्यम से भी मानव समुदाय को आगाह कराते रहे हैं! सूरदास का यह भजन ऐसे ही है, जो कोरोना की इस आफत के अग्रिम आगाह के रुप में देखा जा सकता है-

रे मन धीरज क्यों न धरे।
सम्बत् दो हजार के ऊपर ऐसौ योग परै ।। टेक।।
'पूरब पश्चिम उत्तर दक्षिण, चहुँ दिशि काल परै।
अकाल मृत्यु जगमाही व्यापै, प्रजा बहुत मरे।।1।।
सहस बरसलगि सतयुग व्यापै, सुख की दशा फिरै।
स्वर्ण फूल बन पृथ्वी फूलै, धर्म की बेल बढ़े ।।2।।
काल ब्याल से वही बचेगा, जो हंस का ध्यान धरै।
सूरदास हरि की यह लीला, टारे नहिं टरै ।।3।।

परमात्मा के खेल में, विज्ञान की लीला (भौतिक विज्ञान पक्ष) ने इंसान को ऐसा भटका दिया कि वह यह तो जान गया कि पदार्थ का कोई अस्तित्व नहीं है, अन्तिम कण के बाद मात्र एक तरंग (wave) ही रह जाती है, सब कुछ ब्रह्ममय है, लेकिन संतों की बातों की ओर ध्यान नहीं दिया कि "यह रचना जो उसने रचाई, झूठम झूँठ पसारा है – सतगुण, रजगुण, तमगुण का फैलाया आलम सारा है (नानकदेव)।" सुख की चाह और भौतिकता की मृगमरीचिका में मानव उलझकर रह गया है और उलझता ही जा रहा है। विनाश की पूरी व्यवस्था बनती जा रही है। अध्यात्मवादी व्यक्ति ही इस अध्यात्म विज्ञान का लाभ ले पाते हैं क्योंकि यह व्यक्तिगत आचरण व अनुशासन से जुड़ा विषय है। 'हम सुधरें, सब सुधरेंगे' की प्रक्रिया में समाज ऐसे व्यक्तियों से लाभान्वित होता रहा है।

हम सब, जो 7–8 दशक की जीवन यात्रा कर चुके हैं, मानव मूल्यों में गिरावट से भलीभांति परिचित हैं। इस प्रक्रिया में इंसान ने अपने को मानसिक आलस्य व मेन्टल लेथार्जी के हवाले कर दिया है, अध्यात्म विज्ञान का विकास व संज्ञान लेना नजर अंदाज होता गया है। हिन्दू सूफी सिलसिले के आदिगुरु महात्मा रामचन्द्र जी महाराज ने इस स्थिति का मानसिक शोषण के दृष्टिकोण से वर्णन किया है "मेरे मित्रों! मानसिक या आध्यात्मिक शोषण वह है कि जिसमें मैं सोचूँ और आप मान लें अथवा आपको जबरदस्ती मनवा दूँ। पहले में आपने मेरा शोषण किया, जबकि दूसरे मामले में, मैंने आपका शोषण किया। धन का शोषण इतना भयावह नहीं है जितना कि मानसिक या आत्मिक। धन छीन लेने से किसी का कुछ नहीं बिगड़ता, वह और अधिक

धन कमा लेगा। किन्तु जब किसी व्यक्ति की आत्मा या सोच छिन जाती है, तब उसका सब कुछ छिन जाता है। आज सारा संसार जो आध्यात्मिक व मानसिक रुप से गुलामी की जंजीरों में जकड़ा हुआ है, उसका मूल कारण यह ही है कि आज का व्यक्ति मानसिक आलस्य अथवा मेन्टल लेथार्जी से बुरी तरक घिरा हुआ है।" गुलामी का तात्पर्य यहाँ, मेरे विचार से अंधविश्वासिता से है।

महात्मा तुलसी दास जी ने कहा है "सकल पदारथ है जग माहीं; कर्म हीन नर पावत नाहीं? की बात को हम, अध्यात्म विज्ञान में 'आध्यात्मिक अनुभव ज्ञान संपदा' के रूप में ले रहे हैं। इंसान इस ज्ञान से निरंतर लाभान्वित होता रहता है, लेकिन अधिकांशतः नजरअंदाज भी करते रहते हैं। निःसंदेह यह मानव जीवन के आध्यात्मिक पक्ष के विकास में शिक्षा का अभाव ही कहा जायेगा। आज सारी की सारी शिक्षा का मुख्य लक्ष्य, पैसा कमाना ही हो गया है। कितने कटु अनुभव हैं लोगों के इस तत्व (पैसे) के साथ, खास कर यदि जीवन के उत्तरार्ध पक्ष की जीवन यात्रा के अनुभव व अपनी भविष्य की प्लानिंग के परिपेक्ष्य में देखें व विचार करें। महापुरुषों ने भी समय-समय पर उपयोगी सुझाव दिये हैं। भारत के भूतपूर्व राष्ट्रपति ज्ञानी जैल सिंह जो का कहना था कि इंसान को अपने अनुभवों को मानव हित में लिपिबद्ध करना चाहिए। अनुभव व इसके विश्लेषण से ही विज्ञान का विकास होता है। अध्यात्म विज्ञान तो और विज्ञानों की जननी है, जिसे बचाना या पोषित करना मानव का प्रथम कर्त्तव्य होना चाहिए। इस विज्ञान को जानना आसान नहीं है। इतने बड़े सन्त महात्मा रामचन्द्र जी महाराज ने आध्यात्म विज्ञान के बारे में कहा है कि 'यही जाना कि कुछ नहीं जाना।' उपरोक्त सूरदास जी के भजन में, सारगर्भित अभिव्यक्ति परमात्मा की ही है, वह तो मात्र यंत्र रहे, लेकिन कहाँ इस पर किसी ने विचार किया।

लेखक का स्वभाव तो 'लड्डू खाने से मतलब' का रहा है, कैसे बनता है को जानने से नहीं। आध्यात्मिक कृषक परिवार की पाँचवी पुस्त में जन्म मिला, संस्कार मिले, अध्यात्म विज्ञानियों व साधकों से जुड़ाव होता गया। दुनिया के सारे झंझटों, परेशानियों, थपेड़ों का साथ व अनुभव रहे। जीवन यात्रा सुखद व संतुष्टि की ही कहूँगा कि आज जीवन के आठवें दशक में यह 'स्वान्तः सुखाय' के दृष्टिकोण (प्रेरणा स्वरूप) से अध्यात्म विषय पर आपसे

चर्चा कर रहा है। एक वैज्ञानिक की जीवन यात्रा के अनुभव से यही कह सकता हूँ कि शास्त्रों में आई मानव जीवन मूल्यों की बातें तमाम अनुभवों के बाद ही प्रकाश में आई हैं, अनुकरणीय हैं, मानव हित में खोज करने योग्य हैं। हम इस संसार में एक खिलाड़ी की तरह हैं, खेल के नियम हैं, जैसे खेलेंगे वैसे अनुभव होंगे। अन्ततः हम ईश्वर इच्छा ही प्रिवेल होने के अनुभव करते हैं। ईश्वर प्रदत्त हमारे मार्गदर्शक महात्मा यशपाल जी प्रायः कहते रहते थे कि "परमात्मा तू ही है, तेरी इच्छा पूरी हो"। आप भी वैज्ञानिक रहे, उन्हें पहली बार ग्रुप में देखा तो बताने और परिचय कराने पर ही जान पाया कि यही यशपाल जी हैं। बिल्कुल वैसे ही जैसे हमें जीवन यात्रा में और दुनियावी विद्या के शिक्षक मिले या अन्य साथी जन जिनसे कुछ सीखने को मिला। ऐसे महापुरुष हमारे समाज में हैं, लेकिन इतनी सरल रहनी-सहनी में कि नजरअंदाज रहते हुए, समाज को सकारात्मक रुप से लाभान्वित करते रहते हैं।

इस पत्राचार से यह अपने उन मित्रों से जो विज्ञानी कार्यकर्त्ता रहे, कहना चाहता हूँ कि ईश्वर की बड़ी कृपा रही कि उसने हमें इस रोल में रखा। अपने जीवन यात्रा के अनुभवों को लिखने व विश्लेषण करने का प्रयास करें। हम सबकी जीवन यात्रा जाने अनजाने आध्यात्मिक ही रही है। ऐसा करना आध्यात्मिक साधना ही होगी। हम सबके साथ एक बात तो रही ही है कि सत्यानुसरण की जीवन यात्रा रही। निःसंदेह ऐसा करना अध्यात्म विज्ञान की समझ को बढ़ावा देने में सहायक होगा, मानव कल्याण कारक होगा, विचार करें।

15-04-2021

प्रतिक्रियाः बहुत-बहुत धन्यवाद सर। अध्यात्मिक चिन्तन अनुभवगम्य है। लेकिन संवेदनशील होना चाहिए - दुखहरण चौधरी; सूरदास जी ने कितने दिन पहले बता दिया था कि यह महामारी आयेगी। हमारे सन्त महात्मा कितने उच्चकोटि के हुए कि इतने पहले भविष्यबाणी कर दी, लेकिन आज का मानव मानने को तैयार नहीं है। इसलिए समस्यायें आ रहीं हैं। **India** के कुछ लोगों को छोड़ कर अन्य देश तो मानने को तैयार ही नहीं हैं। ईश्वर जाने क्या होगा। परमात्मा तू ही है, तेरी इच्छा पूरी हो डॉ. आर.पी. शुक्ला; बहुत सुन्दर जानकारी - जी0पी. त्रिपाठी; रहउ चका चकी नित्य सनेही- धरहु ध्यान

निज उर में ही। नहि व्यपिहैं दुःख दारिद्र कोई। करिहैं कृपा नाथ निजगेही.
- डॉ. बी0 बी0 सिंह

1.9 महामारियाँ और अध्यात्म विज्ञान

कोरोना महामारी लहर (2020) के समय पत्रावली के माध्यम से एक आध्यात्मिक अध्ययन हमने पाठकों से साझा किया था। वर्तमान (2021) में चल रही इस महामारी की दूसरी लहर के परिपेक्ष्य में, मीडिया में आती डरावनी खबरों को भी, आध्यात्मिक दृष्टिकोण से अवलोकन करना सामयिक होगा। 70 के दशक में आई एक महामारी (हैजा) पर ओशो जी का कहना था "कि महामारी से कम, इसके डर के कारण लोग ज्यादा मरेंगे। उनका यह भी कहना था 'ध्यान-साधना' से साधक के चारों तरफ एक प्रोटेक्टिव 'aura' बन जाता है, जो बाहर की नकारात्मक ऊर्जा को उसके भीतर प्रवेश नहीं करने देता है, अभी पूरी दुनिया की ऊर्जा नकारात्मक हो चुकी है। एंसे में आप कभी-कभी इस ब्लैक होल में गिर सकते हैं, ध्यान की नाव में बैठकर ही आप इस झंझावत से बच सकते हैं।' आज 50 वर्ष बाद भी पूरा विश्व समुदाय, नकारात्मक ऊर्जा के प्रभाव में है, की बात से इनकार नहीं किया जा सकता। नकारात्मक भाव या विचार आध्यात्मिक दृष्टिकोण से ऐसी मन की बीमारियों (जैसे डर, झूठ, चुगली....) के कारण बनते हैं।

कोरोना की पहली लहर के समय, हमने सद्गुरु जग्गी जी के विचार वाट्सएप पर पढ़े थे - "Whatever we are talking about Korona, we are perpetuating in our experience. The only way to keep any kind of illness or virus or flu away is not to talk about it and it will dissipate itself. What we do instead is, keep checking the statistics or keep spreading the 'awareness' messages on social media without noticing it that the more we talk about it the more it becomes active in our vibration. History is full of evidence of epidemics because of the mass consciousness created by fear of the disease. Fear is very strong vibration and more fearful we are of any epidemic, it becomes reality very fast, it's the law. The more you feed the energy of fear the more profound it becomes. Ignore the things you don't want to participate in. Stop discussing it with family and friends; stop checking out latest statistics. Stop watching the news about Korona virus. Take your attention away and it has no power on you. Hook yourself up with ever flowing stream of well being". It has deep spiritual meaning. I have had experience of above theory test in my life's journey on hint, given by my spiritual guide, Yashpal ji Maharaj. Definitely, there is science, behind above thoughts and views and that is spiritual Science. आजकल मीडिया अधिकांशत: ऐसी खबरें परोस रहा है, जो जन मानस में डर पैदा करने का 'जलती आग में घी डालने' जैसे है। Indian Council of Medical Research के Director General को टी0बी0 पर ज्यादा समाचार न सुनने की सलाह देते हमने सुना कि इससे डर का माहौल बन रहा है। नि:संदेह डर का सम्बन्ध महामारी बीमारियों से है, इम्यूनिटि प्रभावित होती है।

आज का प्रबुद्ध वर्ग, मानव के आध्यात्मिक विकास तथा अध्यात्म विज्ञान की क्षमता को अपने हित में देखने की बात कब सोचेगा? दशकों से हमारे चिंतन में यह प्रश्न आता रहा है। याद आती है हमारे एक साथी पद्मश्री, श्री पी0आर. मिश्राजी की। आपने **Watershed Management** के माध्यम से गांव सुखोमाजरी (चन्डीगढ़) में, पर्यावरण सुधार कराकर ग्रामीण लोगों के जीवन में खुशहाली लाकर; लैण्डमार्क काम कर दिखाया था। आप आध्यात्मिक जीवन जीते हुए कर्मठ व सकारात्मक सोच के वैज्ञानिक थे। वह, हम ऐसे पढ़े लिखे लोगों को **Illiterate** कहते थे। आध्यात्मिक दृष्टि से सोचें तो सच ही है। कहाँ हमें, मानव जीवन के आध्यात्मिक पक्ष में शिक्षित किया गया है कि हम इसके बारे में सोचें? आजकल मीडिया में खूब सुनते हैं कि अप्रिय घटनाओं के लिये पूछा जाता है 'कौन जिम्मेदार है' डिबेट करते रहते हैं और भूल जाते हैं। किसको जिम्मेदार कहेंगे, इस आध्यात्मिक अशिक्षा के लिये? स्वहित के इतने महत्वपूर्ण विषय के लाभ से वंचित मानव इस तथाकथित भौतिक विकास की धारा में असंतुष्ट जीवन जीने को बाध्य है। प्रारब्ध बस, बहुत कम लोग ही जीवन के आध्यात्मिक पक्ष का लाभ ले पाते हैं। चिन्तन, शोध, जागृति व स्वयं के अनुभवों का विश्लेषण मानव जीवन यात्रा को आध्यात्मिक समझ से सुगम बना सकता है जिसके लिए समाज के बौद्धिक वर्ग को आगे आना होगा। और न सही, अपने को तो लाभान्वित करने की बात सोची जा सकती है! हमारे अनुभव में तो नियमित स्वाध्याय से प्रारम्भ कर उपरोक्त बातों के यथार्थ से रूबरू हुआ जा सकता है।

20-05-2021

प्रतिक्रिया: आजकल धार्मिक दिखावा ज्यादा है। न लोग गहराई में जाना चाहते हैं और न ही जाते हैं। केवल दिखावे में ही धार्मिक बनते हैं - हरिभान सिंह: This is because of our education sytem. Once you rightly pointed out that unless we change completely our education system, the country will further be ruined. Om Shanti – De K B. Agrawal; महामारियाँ एवम् अध्यात्म पर आपकी विवेचना सराहनीय है सम-सामायिक घटनाओं पर ध्यानाकर्षित करने का अच्छा प्रयास है - दु:ख हरन चौधरी; In my opinion, those practicing Adhyatm, it is 100% correct. But for ordinary human beings such advise may not be followed but such advise is always positive - Dr R. P. Shukla: Sir, quotes of Osho and Sadgurudeo ji's are good. True, we should not fear and burden ourselves with negative thoughts. Prayer and positive thoughts are helpful in over coming problems, diseases and epidemic. But these are two extremes which suits to saints, yogis and humans with great faith and will power. A common man if left to that is likely to suffer or at least will be rebuked if some thing happens in the circle and exploited by society as in the case of Kumbh and other functions - S. N. Khanna

1.10 अध्यात्म एक अद्भुत विज्ञान

अध्यात्म एक ऐसा विज्ञान है कि यह "परमात्मा तू ही है, तेरी इच्छा पूर्ण हो", 'Let Thy Wish be fulfilled' भाव के अन्तर्गत संचालित होता है। 'तू जो चाहता है वह होता नहीं, होता वह है जो मैं चाहता हूँ, तू वह कर जो मैं चाहता हूँ, फिर होगा वही जो तू चाहता है', यह बात किसी शोध प्रवृत्ति के ईश्वरवादी साधक में परमात्मा की तरफ से प्रेरणा स्वरूप उतरी होगी और कही गई। इस पर यदि हम चिन्तन करें तो पायेंगे कि साधकों के अनुभव इसकी पुष्टि करते हैं। गाँधी जी ने लिखा है "मैंने अनुभव में यह बहुत बार देखा है कि इसने चाहा कुछ और हुआ कुछ और ही। पर साथ-साथ मैंने यह भी अनुभव किया है कि जहाँ सत्य की साधना और उपासना हो, वहाँ हमारा सोचा-चाहा हुआ परिणाम भले ही न हो, पर जो अनसोचा परिणाम होता है, वह भी अनिष्ट नहीं होता और कितनी ही बार तो सोचे हुए परिणाम से अधिक अच्छा होता है।" स्वाभाविक जीवन यात्रा सत्य की ही उपासना है

और ऐसी जीवन यात्रा होने से इन उपरोक्त बातों की सत्यता का अनुभव लेखक ने किया है।

जीवन में ईश्वरवादी लोग अध्यात्म विज्ञान के रहस्यों का कदम-कदम पर अनुभव करते हुए सुखद जीवन यात्रा करते हैं, परिस्थिति जो भी हो। ईश्वरवादी होने का तात्पर्य यह बिल्कुल नहीं है कि व्यक्ति विशेष कर्मकाण्डी हो, दिखावे में पूजापाठी हो, लेकिन ऐसा व्यक्ति अवश्य कर्मनिष्ठ होगा (कर्मणेवाधिकारस्ते मा फलेषु कदाचन)। महामारियों के सम्बन्ध में ओशो जी के विचार, अपने एक वैज्ञानिक रहे साथी, डॉ. अशीम कुमार भट्टाचार्य को फारवर्ड किया तो उनकी प्रतिक्रिया थी "Bachpansae hi main vyakti-puja ke khilaf hoon, chaahe vyakti Osho hain ya aur koi. Kabhi agar mujhe puja ka jarurat mahsoos hua to maine direct ishwar ka puja kartahun"। यह भाई 'काम ही पूजा है' के प्रतिमूर्ति रहे एक समर्पित कार्य-कर्त्ता सत्य के उपासक और इनका योगदान भी सराहनीय रहा है। हमारे गुरुदेव, ईश्वरवादी होने को जीवन में राम-नाम (परमात्मा) को प्राथमिकता देने की बात कहते थे।

इस विषय पर चिन्तन में हमें अपने गुरुदेव (वैज्ञानिक तथा अध्यात्म के साधक) की तमाम बातों की याद आती रहती है। आपने हमें ध्यान साधना (आनन्दयोग) में दिसम्बर 1979 में दीक्षित किया था। ऐसी साधना कि जीवन में अध्यात्म को प्राथमिकता देते हुए कैसे असली प्राथमिकता दुनियावी कार्य (स्वधर्म) ही बने रहें जो हमें सहज में प्राप्त हैं पूरी गुणवत्ता से संपादित होते रहें। इसके सुन्दर अनुभव रहे क्योंकि 'आनन्दयोग' साधना में केवल जो समय खाली है वही लगाना है 'झुठल खेलल, सच्चल होय' के अनुभव। बिल्कुल वही बात जो आपके गुरुदेव ने कहा था कि रामनाम लिए जाओ, जैसा वह है सामने आता जायेगा और आपने वही किया भी। इस सिलसिले के साहित्य को पढ़ने से पता चलता है कि 'अजब सिलसिला है सलारे हक का कि ले जाते हैं परदे में हरम तक।' गुरु के शरण और फजल से अभ्यासी के जजबात में चढ़ाव-उतार में सहूलियत आती है, अंहकार नहीं होने पाता क्योंकि गुरु उसको अपने मुकामों से बेखबर रखता है। जीवन यात्रा के अनुभव में समस्याओं की वजह से कभी कोई मानसिक परेशानी या दिक्कत महसूस नहीं हुई। ऐसा नहीं कि समस्यायें न हों, वे आई, जो होना था हुआ, भूलती गई,

एक अजीब सी स्थिति बनती रहती, उत्साहित करती रहती हैं। एक भौतिक विज्ञानी के नाते ऐसी जीवन यात्रा को क्या कहेंगे? ज्यादा से ज्यादा – गुरुकृपा, ईश्वरकृपा या बिना आडम्बर के होते ध्यान, जिसका कुछ पता नहीं, कैसे व्यक्त करें? ईश्वर कृपा से हमें अब तक की जीवन यात्रा में अच्छे लोग ही मिले और उनमें बहुत से तो कर्मयोगी की सी स्थिति में काम में रत। जाने अनजाने एक स्वाभाविक जीवन यात्रा, जो आया, निष्काम भाव से करते हुए सहज जीवन यात्रा होती रही।

जीवन यात्रा के विश्लेषण से लगता है कि अध्यात्म विषय में कही गई कुछ कहावतें/किंवदन्तियाँ – "हर क्षण का कर्ता धर्ता – परमात्मा, जो होता है अच्छा होता है, हम भगवान के हाथ के यन्त्र, स्वधर्म पालन ही सर्वश्रेष्ठ, सब्र रखना, खुदा भला करे उनका जो दिल दुखाते हैं, सारे कार्य परमात्मा के, जिससे यदि कुछ काम लेना होता है तो परमात्मा जान बख्शता है.... की बातें यथार्थपूर्ण व सारगर्भित हैं, अनुभवगम्य हैं और आध्यात्मिक जीवन यात्रा होने की द्योतक हैं। बार–बार कहने का मन करता है कि आत्मा की आवाज पर चलने में ही इंसान की समस्याओं का हल है और यही आध्यात्मिक जीवन यात्रा सुलभ कराता है। महात्मा तुलसी दास जी का कहना "सकल पदार्थ है जग माहीं, कर्महीन नर पावत नाहीं," इंसान की सारी समस्याओं (दैहिक, दैविक, भौतिक) का समाधान समेटे हुए हैं। सकल पदार्थ का अर्थ स्वयं व औरों के अनुभव ज्ञान के संदर्भ में लें तो आध्यात्मिक दृष्टि से यह मनन, चिन्तन व स्वाध्याय से प्राप्य है। बौद्धिक वर्ग के लिए तो सहज ही है।

हमारा मानना है कि प्रबुद्ध वर्ग जिन्हें कर्मनिष्ठ/कार्य के प्रति समर्पण भाव ईश्वर कृपा से प्राप्त है, आध्यात्मिक अनुभव ज्ञान संपदा के भंडार होते हैं, जिसका उन्हें आभास नहीं होता। ऐसे अनुभव, साधारण जन मानस के लिए प्रेरणादायी हो सकते हैं, उनके जीवन को सुखद बनाने में सहायक हो सकते हैं और संकलित न होने से व्यर्थ चले जाते हैं। आइए हम अपने को देखें कि हम क्या कर सकते हैं, समाज में अध्यात्म विज्ञान की समझ बढ़ाने की हिम्मत करें, अपने अनुभवों को साझा करें, उन्हें व्यर्थ न जानें दें। ईश्वर चाहेंगे तो आध्यात्मिक दृष्टिकोण से खुद भी लाभान्वित होगें।

अध्यात्म ऐसा अद्‌भुत विज्ञान है जो साधक (शोधकर्त्ता) को ही परोक्ष रूप से लाभान्वित **(in his/her self evolution)** करता है। समाज में जो लोग

ऐसे साधकों के सम्पर्क में आते हैं, सतही तौर पर अपरोक्ष रूप से प्रभावित हो ईश्वर कृपा पाने की पात्रता की ओर अग्रसर होते हैं। शायद, इसे ही तुलसीदास जी ने 'जा पर कृपा राम की होई, पांव देहि यह मारग सोई' कह कर कहा है।

25-05-2021

प्रतिक्रिया: अध्यात्म के ऊपर आपकी समझ व चिन्तन गहरा है- डॉ. के0बी0 अग्रवाल; **In today's letter you have mentioned Gandhi and Osho again. Now lot of information is available on these two write-ups and these aspects are to be lived not preached. People are misguided. Your reference on colleague, who do not follow Osho but prays God is more appropriate. Scientists refer, follow and write, that is thesis till a practical or working model is produced. You are putting so much efforts, there is difference between a realized soul and a preacher or writer. References of PP Bahi Sb ji forced me for self-introspection and see my weaknesses and short comings. - S N. Khanna;** यदि मानव अध्यात्मिक है तो जैसा आपने कहा कि बड़े व्यवधान आते तो है किन्तु प्रभु कृपा से उसका अच्छा समाधान मिल ही जाता है। – हरिभान सिंह; मेरा अध्यात्म विज्ञान में पूर्ण विश्वास है। मेरे जीवन में कई महत्वपूर्ण घटनाएँ घटीं, जिनका संबंध अध्यात्म से है। मेरे विचार से यदि गुरु में पूर्ण विश्वास हो तो हर समस्या का हल यही है। लेकिन पूर्ण विश्वास होना चाहिए।- डॉ. आर.पी. शुक्ला।

1.11 अध्यात्म को समझें

'अध्यात्म' शब्द पिछले लगभग दस वर्षो से हमारे चिन्तन में रहा है। बहुचर्चित होते हुए भी इस शब्द की स्पष्टता आम जन की समझ/रुचि से बहुत दूर लगती है या इसे अजूबी (miracle) घटनाओं से जोड़कर देखा जाता है। अधिकांश जन इस शब्द से डरते या एक जहमति वाला समझते हैं, कि कौन चक्कर में पड़े और इसके प्रति एक उदासीनता का भाव है। 'युग निर्माण योजना' पत्रिका में आये एक लेख 'अध्यात्म विज्ञान' के परिपेक्ष्य में इस शब्द की दी गई परिभाषा हमें स्पष्ट लगी। कहा गया है 'अध्यात्म विज्ञान कहता है शरीर केवल अजर-अमर आत्मा का वाहन मात्र है, जिसमें जीवात्मा अपने

कर्मानुसार जन्म लेकर अपने जीवन की निर्धारित अवधि पूरी करती है। यह भी कहा गया है कि 'अध्यात्म जीवन जीने की कला' है। जो भी हो, अब पाता हूँ कि जीवन यात्रा के प्रारम्भिक तीन दशकों में, पारिवारिक परिपेक्ष्य के कारण स्वतः ही इसकी जीवन यात्रा आध्यात्मिक रही है, जिसका इसे आभास न था और ऐसा ही, बहुतों के साथ भी देखा व अनुभव किया है। साथ-साथ, यह भी देखा है, कि दुनिया की इस अद्‌भुत व्यवस्था में, कुछ लोगों को उपयुक्त परिस्थितियाँ / अवसर उपलब्ध होते हुए भी इस पर विचार करने का भी लाभ नहीं ले पाते, समय आने पर (पात्रता बन जाने पर) ही अध्यात्म की ओर रुझान बनता है। हम अधिकांश जन इस भावना से कर्म करते हैं कि सुख कैसे मिले। यह नहीं देखते कि इस से दूसरे को कोई हानि तो नहीं पहुँच रही है। इसी स्वार्थ वृति के कारण पाप कर्म हो जाते हैं जो कर्म बंधन का कारण बनते हैं। कर्मयोगी का भाव रहता है कि उसके कर्म से दूसरों को सुख कैसे मिले। वह स्वार्थ की चिन्ता नहीं करता। उसका उद्देश्य रहता है अपने कर्त्तव्य को पूरा करना। ऐसे व्यक्ति का ही झुकाव, अध्यात्म की ओर होता है।

गाँधी जी ने लिखा है 'हम देखते हैं कि न गिरने का यत्न करते हुए भी मनुष्य गिर जाता है, वैसे ही अनेक संयोगों के कारण वह गिरना चाहते हुए भी बच जाता है। इसमें पुरुषार्थ का कितना भाग है कितना दैव का, यह प्रश्न गूढ़ हैं। इसका अंतिम निर्णय कभी हो सकेगा कि नहीं यह कहना कठिन है।' सन्त यशपाल (भाई साहब) का कहना था कि 'मनुष्य एक परिवर्तनशील (dynamic) प्राणी है, किसी से घृणा नहीं करनी चाहिए, पता नहीं भविष्य में परमात्मा उसमें क्या परिवर्तन ला दे, उसे क्या बना दे।' मानव इतिहास इसका साक्षी है। हमारा अनुभव तथा मानना है कि यदि हम अपने ही अनुभवों के विश्लेषण की आदत बना लें, तो जीवन में होती अजूबी घटनायें (un explanable events) ईश्वर (दैव) कृपा मानते हुए संयोग (by-chance) के भ्रम से बचते हुए जीवन को ईश्वरमय/ईश्वरवादी बनाने की ओर ही अग्रसर होंगे। लेकिन प्रश्न है कि यह आदत बने कैसे? अच्छे लोगों का साथ, स्वाध्याय और सत्संग के माध्यम से।

महर्षि अरविंद ने कहा है "आध्यात्मिकता अपने अस्तित्व का ज्ञान कराती है। वह ज्ञान जो हमें बोध कराये कि हम कौन हैं, क्यों हैं और हमारे उदेश्य व लक्ष्य क्या हैं?" इसे जानने के लिए तरह-तरह के तरीके सन्तों ने बताये

हैं। हमारे मार्ग दर्शक यशपाल जी महाराज (भाई साहब) ने हम गृहस्थियों के लिए कहा कि जीवन यात्रा का खाली समय, अपने जीवन में राम-नाम जोड़ने में लगाते हुए जो भी काम आपके पास है पूरी निष्ठा से परमात्मा का समझ कर निष्काम भाव से करो, असलियत सामने आती जायेगी। तरीका भी बताया जो युनिवर्सल है कोई भी किसी भी मत का हो, अपना सकता है क्योंकि तरीके का मुख्य आधार 'ध्यान' (पूजा) है, और ध्यान का ऐसा तरीका, बड़े सहज रूप में कि पता न चले हम ध्यान कर रहे हैं या ध्यान में हैं। यही जीवन यात्रा अतीत में राजा जनक, कबीर, तुलसी, रहीम तथा आज भी बहुत से गृहस्थियों की जाने अनजाने में है जो बड़े सकून का जीवन जी रहे हैं। देश की लगभग 60 प्रतिशत जनता, आर्थिक दृष्टि से कबीर का ही जीवन जीने को बाध्य है। रोजी-रोटी के जुगाड़ "साईं इतना दीजिए जामें कुटुम्ब समाय, मैं भी भूखा न रहूँ, साधु न भूखा जाय।" ही हो पाता है, सारी जरूरी आवश्यकतायें पूरी होती हैं क्योंकि वह परमात्मा के भरोसे का भाव बनाये रहता है। शोध में हमनें, ऐसे बहुतों को इस भाव में भी पाया कि 'बुरा जो देखन मैं चला बुरा न मिलिया कोय-जब घट ढूँढ़ा आपना मुझसे बुरा न कोय।' ऐसा होने से ही अपने में सुधार करने की बात मन में आती है, सन्तों ने इसे ईश्वर कृपा कहा है। यही आध्यात्मिक जीवन है।

अध्यात्म के भाव को स्पष्ट करने की आवश्यकता है। यह हर स्तर पर उपलब्ध मानवों की जीवन यात्रा के अनुभव ज्ञान से किया जा सकता है, इसे करना ही अध्यात्म विज्ञान की समझ को बढ़ाना है। समाज के हम शिक्षक व वैज्ञानिक वर्ग की क्षमता इस मामले में असीम है, स्वलाभी भी है। हमारे सामने गृहस्थ सन्तों महात्मा यशपाल जी व महात्मा राकेश कुमार मित्तल जी का उदाहरण अनुकरणीय है। आईए देखें कि अध्यात्म विज्ञान की समझ को हम बौद्धिक वर्ग के लोग जनहित में कैसे संकलित व उपलब्ध करा सकते हैं।

30-05-2021

प्रतिक्रिया: हमें तो पूज्य भाई साहब जी का 'आनन्दयोग' अच्छा लगता है क्योंकि कोई चीज त्याग नहीं करना है, केवल परमात्मा का नाम जोड़ना है। यदि हम ईमानदारी से अपने को देंखें तो बहुत चीजों को हम समझ पायेंगे। लेकिन दुनियादारी में रहने के कारण चीजें समझ में नहीं आतीं। श्री मित्तल

व भाई साहब का कहना बिल्कुल सही है – डॉ. आर.पी. शुक्ला; परम पूज्य भाई साहब जी द्वारा प्रतिपादित 'आनन्दयोग' की साधन पद्धति बिल्कुल वैज्ञानिक अनुसंधान लगता है। आप जिस कार्य में संलग्न हैं, यह आपका बड़ा ही महत्वपूर्ण तथा जिज्ञासुओं के लिए परम कल्याणकारी व सुखद योगदान होगा। – एन0डी0 पाठक।

1.12 मानव का आध्यात्मिक विकास

मानव विकास के परिपेक्ष्य में अध्यात्म विज्ञान को आधार मानकर विचार करते हैं। जब हम भौतिक विकास की बात करते हैं, तो पहले 'उद्देश्य, प्लानिंग तथा लक्ष्य' पर विचार होता हैं। लेकिन मानव विकास के आध्यात्मिक पक्ष (evolution) पर यह बात लागू नहीं होती, क्योंकि इसमें प्रारब्ध (संचित कर्मफल) का अप्रत्यक्ष दखल होता है। पिछले कुछ दशकों में हुए सामाजिक बदलाओं ने, इसमें निहित स्वाभाविक प्रक्रिया (natural process of evolution) को नकारात्मक रुप से प्रभावित किया है। मानव का अध्यात्मिक विकास, भौतिकवाद के भ्रम में अवरुद्ध हुआ है और होता जा रहा है। कुछ दशकों से हम लोग, मानव मूल्यों में गिरावट का स्पष्ट अनुभव कर रहे हैं, जो विचारणीय है।

ईश्वर कृपा से, हमारा परिपेक्ष्य 150 वर्ष के आध्यात्मिक रहे संयुक्त परिवार का रहा है जिसके साथ अतीत में एक सिद्ध सन्त बाबा भोलादास सदस्य की तरह आकर रह गये थे। जिसमें यह पाँचवी पीढ़ी में है। मानव मूल्यों को पढ़ाने की आवश्यकता नहीं होती, यह तो परिवार लोगों के रहनी-सहनी से प्रभावित हो, नई पीढ़ी में स्वतः ही वरण होता है या अच्छी संगत में विकसित होते हैं। परिपेक्ष्य का ही परिणाम कहूँगा कि हमें प्रारम्भ से ही अच्छे लोगों का साथ मिलता रहा है। पिछले 70 वर्षों में मानव मूल्यों के ह्रास की प्रक्रिया का वीभत्स रुप हमने समाज में देखा है। आज 'कोरोना महामारी' के समय, मानव के एक वर्ग को मीडिया में दिये जा रहे 'गिद्धों' की उपमा के रूप में देख रहे हैं – कालाबाजारी, जहाँ अवसर वहाँ लूट, किसी की मजबूरी से लाभ लेना, सहयोग व सेवा भावना को नजर अंदाज करना, अपनों के प्रति नकारात्मक भावना....ऐसी बातें खूब चर्चा व अमल में हैं। आज का मानव विकास किस दिशा में जा रहा है, कल्पना नहीं की जा सकती!

वाट्सएप पर किसी ने चिड़ियों से सीख लेने पर सुन्दर विचार लिखे थे। इस पर चैट में इसे कुछ इस तरह के विचार मिले। हमारी पत्नी का कहना था कि 'भगवान की बनाई इस सृष्टि में अगर इंसान न होता तो यह दुनिया बहुत सुन्दर रही होती।' इनका कहने का आधार था, पिछले कोरोना लहर में प्रकृति के द्वारा स्वाभाविक पर्यावरण में आया बदलाव/सुधार। एक वैज्ञानिक मित्र का कहना था 'बस कुछ सदियों की बात है। उसके बाद न चिड़िया रहेगी और न इंसान रहेगा।' ठीक है, इसे हम हँस कर टाल सकते हैं, जैसे टालते जा रहे हैं। कहाँ दिखते हैं आज विद्या सागर या कलाम साहब की आध्यात्मिक सोच के बौद्धिक जन? हैं भी तो कहीं दबे पड़े हैं या देर-सबेर राजनीति के चपेट में आकर नकारात्मक भावों से प्रभावित हो ही जाते हैं। कहा गया है 'माया तजना सरल है और त्रिया का नेह, मान बड़ाई ईर्ष्या तजे सो बिड़ला कोय।' मानव विकास की शिक्षा अपूर्ण है, इसमें आध्यात्मिक जागृति का अभाव है। इंसान बहुत कुछ जान गया, लेकिन अपने अस्तित्व से कितना अनभिज्ञ है! आज का एक वर्ग भी जो औपचारिक/अनौपचारिक आध्यात्मिक शिक्षा देने में लगा है वह भी, प्रोफेशनल उद्योगी बन गया है। शास्त्रों की बाते लें, तो मानव के संदर्भ में (कथनी-करनी) कहावत 'आये थे हरिभजन को (self evolution), ओटन लगे कपास' को हम चरितार्थ होते देख रहे हैं।

ईश्वर इच्छा से, इस कोरोना काल में 'सनातन धर्म' नाम की एक पुस्तक पढ़ने' अवसर मिला। इसमें मानव विकास की आचार संहिता, अध्यात्म आधारित (evolutionary process) का प्रभावी प्रस्ताव मानव जीवन यात्रा के चार आश्रमों के माध्यम से बताया गया है:-

(1) Brahmachrya: the state of studentship. Certain virtues must be striven, such as hardy and simple in his habits, rising early, bathing, eating moderately of plain food, plenty of exercise, not allowing oneself to lounge for luxuriously and idly. Must strive for the virtues of industry, obedience, humility and serviceableness. Must guard his thoughts, does not think impurity. Only pure in thought can pass unstained into happy household life.

(2) Grhasthya: This stage is entered at marriage. Of all the ashrams this is the most important and welfare of family and Nation depends on householder. The home is school पारंपरिक of unselfishness, compassion, tenderness, temperance, purity, helpfulness, prudence, industry, right

judgment and charity. When the house holder sees sons able to bear the full burden of his duties and his children's children are round him, the time for him and his wife come to surrender the headship of the home and to retire from active life and worldly labour.

(3) Vanprastha: A quite and somewhat secluded life, given to study, self-sacrifice for the good of others, to the counseling of the younger is the third Ashrma in present time.

(4) Sanyasa: This is forth ashram for old age man may rightly enter in it, that of the ascetic, passing his fast days in meditation and worship, till he enters willingly the life beyond death, to reap the fruits of a well spent earthly life, hereafter to return for further evolution.

हमने तो अपने बचपन में, उपरोक्त पारंपरिक पद्धति के विलुप्त होते अवशेष का अनुभव किया है, जो आज के मानव विकास प्रक्रिया में चलता आ रहा था। नैतिकता का पाठ जो कुछ संस्कार के रुप में मिला, उसी से मिला। जीवन के उद्देश्य (self-evolution) को प्राप्त करने की यह आचार संहिता मानव विकास के परिपेक्ष्य में अब विलुप्त सी हो गई है। धर्मावलम्बियों की जमात ने विभिन्न तरीकों से पारिवारिक जनों को अनौपचारिक तरीके से शिक्षित करने की व्यवस्था (कथा-वार्ता) के माध्यम से प्रयास किया है और कर भी रहे हैं, लेकिन नकारात्मक शक्तियाँ इतनी प्रबल हैं कि मानव समाज 'गिद्धों' की उपमा धारण करने वालों की बढ़ती संख्या से त्रस्त होता जा रहा है।

यह निर्विवाद रूप से सत्य है कि इंसान अपने को ही सबसे ज्यादा प्यार करता है। सन्त यशपाल जी (भाई साहब) जब भारत-पाकिस्तान के बँटवारे के समय कलकत्ता में हो रहे दंगों के समय कई दिनों तक आफिस में रह गये थे तो विचार आये कि "मैं सबसे ज्यादा अपने को ही प्यार करता हूँ, नहीं तो बीबी बच्चों की खबर लेने कितना भी खतरा होते हुए भी अवश्य घर चला गया होता।" और इस एक बिचार नें कालान्तर में उन्हें आधुनिक कबीर बना दिया। कितना आध्यात्मिक बदलाव आप में हुआ कि हम जैसे हजारों लोग आपके अनुभव से लाभान्वित हुए और 'आनन्दयोग' ऐसी सरल पद्धति गृहस्थियों के लिए प्रकाश में आई जो अध्यात्म विज्ञान को बढ़ावा देने में शोध का विषय है। ऐसे ही गृहस्थ सन्त राकेश कुमार मित्तल साहब का रहा है जो एक सफल प्रशासनिक (IAS) अधिकारी रहे। 'हम सुधरें जग सुधरेगा' समाज

में सकारात्मक बदलाव के लिए एक सारगर्थित स्लोगन है जो आचार्य श्री राम शर्मा जी ने समाज के सामने आज के युग में साधना के लिए रखा है। एक चिराग से दूसरा चिराग जलता है।

प्रश्न है कि हम कैसे सुधरें? आध्यात्मिक जीवन अपनाकर! कैसे अपनायें? अपनी आत्मा की आवाज पर चलकर! और इस फारमूले के तहत, जो बातें किसी भी व्यक्ति या धर्म में अच्छी लगें, उसे अपनायें आत्मा की आवाज अवश्य हामी भरेगी, स्वान्तः सुखाय मिलेगा, उत्साह बढ़ेगा, फिर तो आगे की बातें अनुभव गम्य हैं। स्वार्थ, लालच, गिद्धपना छोड़ने की जरूरत नहीं पड़ेगी, पेड़ के सूखे पत्ते की भाँति विदा होती जायेंगी। हिम्मत करने की आवश्यकता है। आइये अपने दबे हुए अध्यात्म अनुभव ज्ञान को साझा कर, मानव हित में इस विज्ञान को बढ़ावा दें।

04-06-2021

प्रतिक्रियाः बहुत सुन्दर, सटीक, सामायिक विवेचना। हम सुधरेंगे, जग सुधरेगा। हमारे सुधरने के लिए ही तो योग, जप, पूजा-पाठ, साधना, आराधना, उपासना, सतसंग, सद्गुरु, सतनाम् आदि ताम-झाम हैं। ईश्वर हमारे प्रेम का भूखा है न कि पूजा पाठ आदि औपचारिकता का। धन्यवाद सहित साधुवाद सद्गुरु कृपा केवलम् - दुःख हरन चौधरीः इस पर विचार किया जाय तो श्री राम शर्मा के द्वारा वर्णित व्यक्ति निर्माण, परिवार निर्माण, की कड़ी में आत्म परिष्कार की आवश्यकता पर बल दिया जाना चाहिए जिससे स्वयं के साथ क्रमशः परिवार व समाज भी सुधरेगा- हरिभान सिंहः बहुत सुन्दर लिखा गया है- डॉ. आर.पी. शुक्ला; "हम सुधरें, जग सुधरेगा"- हम कब सुधरेंगें - जब हम सुधरना चाहेंगें - हम कब चाहेंगे- जब हमें इसकी आवश्यकता पड़ेगी- ये समय और सोचने का विषय है। "जब-जब होहि धर्म की हानि-बाढ़हि असुर अधम अभिमानी। तब-तब धरि प्रभु विविध शरीरा, हरहि दयानिधि सज्जन पीरा। क्या बड़ी बात है कि परम पूज्य भाई साहब जी और आप जैसे कर्मठ सहयोगियों के रुप में ऊपर लिखित चौपाई चरितार्थ होने जा रही है - एन0डी0 पाठक

1.13 अध्यात्म में अर्थ विचार

अध्यात्म विज्ञान के विकास में आर्थिक दर्शन पर चर्चा, आचार्य श्री राम शर्मा जी के जीवन यात्रा के एक प्रसंग से प्रारम्भ करते हैं। गायत्री तपोभूमि के निर्माण (1952-53) के प्रारम्भ में अचानक जुगुल किशोर बिरला उस स्थल पर पहुँच गये। शर्मा जी से जानकारियाँ प्राप्त कर, निर्माण कार्य में अपने सामर्थ्य के अनुसार पच्चीस हजार रुपये देने की पेशकश करते हुए, अगले दस साल तक प्रति माह पच्चीस हजार रुपये देने की बात कही और इस प्रस्ताव को स्वीकार करने की प्रार्थना की। शर्मा जी ने पूछा 'इतनी धन राशि आपको कहाँ से प्राप्त होती है?' बिरला जी बोले- 'ईश्वर देता है, उसी की कृपा से मेरा कारोबार अच्छे से चलता है और लाभ होता है। ईश्वर प्रदत्त लाभांश को मैं ईश्वर के कार्य हेतु लगाना चाहता हूँ।' शर्मा जी बोले-'तो मैं सीधे भगवान से क्यों न ले लूँ। उनकी सृष्टि में विद्यमान उनके बच्चों से माँग लूँ, जो उन्हीं के अंग अवयव हैं' (युग निर्माण योजना, वर्ष 57, अंक 9,202)। इस प्रसंग में, अध्यात्म विज्ञान के आर्थिक दर्शन की आचार्य संहिता और रहस्य छिपा हुआ है। इसे जानने के लिए हमें ऐसे महात्माओं रुपी जिन्दा किताब का अध्ययन या उनके जीवन वृतांत को देखना होगा, जिन्होंने इस विचार पर जीवन जिया है। हमारा स्वयं का इस मामले में प्रत्यक्षदर्शी अनुभव तथा अध्ययन रहा है, वह हम इस अंक में साझा करते हैं-

गृहस्थ सन्त, महात्मा यशपाल जी (भाई साहब), ने 'अखिल भारतीय सन्तमत सत्संग' की स्थापना 'आनन्दयोग' पद्धति का, गृहस्थियों में प्रचार व प्रसार के लिए किया। आपके इस विकास के प्रारंभिक कार्य में यह 20 वर्ष तक (1979-2000) सहयोगी व साक्षी रहा। आप गृहस्थी थे, अध्यात्म शिक्षा हेतु संस्था को 'न चन्दा- न निन्दा' तथा आवश्यकतानुसार विकास के सिद्धांत पर संस्था को सफलता पूर्वक आगे बढ़ते हुए देखा। सदस्यों का आर्थिक सहयोग पूर्णतया स्वेच्छा पर था, साधकों के अपने-अपने अनुभव रहे और संस्था विश्व-स्तरीय आयाम की ओर ईश्वर इच्छा के तहत बढ़ती रही। मूल उद्देश्य केवल और केवल लोगों में 'आत्म विकास' का ही था। वर्षोपरांत जब आप नहीं रहे, पूर्वी उत्तर प्रदेश से आये एक हिन्दी साहित्य के विद्वान डॉ. कन्हैया सिंह को आपके द्वारा बनाये अनंगपुर सत्संग आश्रम दिखाते हुए, इसे कुछ हीन भावना का आभास हुआ कि क्या कहेंगे इस चमक-दमक

विहीन आश्रम को देखकर! इसके बाद का उनसे हुआ वार्तालाप भारतीय अध्यात्म दर्शन के यथार्थ से रू-ब-रू कराता है।

घूमते-घूमते, इसके मन में यह विचार आ रहा था कि यह भी क्या सोच रहे होंगें कि यही आश्रम है, बड़ा साधारण सा। कोई चमक-दमक नहीं। अपनी स्वजनित झेंप मिटाने के लिए, इसने भाई साहब की सत्संग संस्था की विकास नीति बताई जो 'ईश्वर इच्छा' तथा 'न चन्दा, न निन्दा' की थी और कहा कि इसीलिए आप देख रहे हैं कि हमारे आश्रम का विकास उतना चमक-दमक वाला नहीं है, हाँ जो भी पहली बार यहाँ आते हैं, यह कहते सुना गया है कि यह स्थान बड़ा सुन्दर लगता है और बड़ी शान्ति है। यह बात सुनकर आपने कहा कि हमारे हिन्दू शास्त्र में लिखा है :

शनैः कंथा, शनैः पंथा, शनैः पर्वत लंघने।
शनैः विद्या, शनैः वित्तं, एते पंचाः शनैः शनैः।।

यह श्लोक बोल कर बताया कि कथरी सीना धीरे-धीरे, रास्ता चलना धीरे-धीरे, पर्वत लाँघना धीरे-धीरे, विद्या प्राप्त करना धीरे-धीरे, धन का आना धीरे-धीरे। ये पाँच चीजें धीरे-धीरे होना चाहिए। यह हमारे शास्त्रों में आया है और स्थायित्व इसी से आता है। यह आश्रम और विचार देख व जानकर मैं यही कह सकता हूँ, कि यशपाल जी बड़े दूरदर्शी थे जो आप लोगों को बड़ा ही मजबूत आधार आगे के विकास के लिये दे गये (मानव जीवन में अध्यात्म पुस्तक से उद्धृत)।

परमहंस रामकृष्ण देव 'मिट्टी - सोना एक समान' कहते व बताते थे। Raman Mahrshi, on donations, said to his disciples " I have already told you not to beg in my name. I am telling you again, be satisfied with what you have. Did all these buildings in Ashram come up as a result of my begging. It all happened in the way it had to happen. Nothing happen purely as result of personal efforts". संस्थाओं के बारे में गाँधी जी का कहना था कि if leaders behind the movement are totally selfless and working is transparent, resources will be made available by nature perennially. This theory, was witnessed by me, proving true during my 20 years of association with Yashpal ji Maharaj and carry no doubt on its prudence. Not only organization, but at personal family level management too, it holds true to my experience. I think, it is the character of Nature, of which we are, a part. Nearer to nature, one gets its advantage. Rakesh Kumar Mittal Chief Coordinator admits that he got the answer on financial management of 'Kabir Shanti Mission', that he eshtablished from Gandhi and dropped the idea of 'Fixed Deposit' approach that he had planned. Exploration on this aspect makes me to believe that this area of interest is governed by the creator and HE chooses the one for revealing HIS secrets for human welfare.

विचार में आता है कि समाज के बौद्धिक वर्ग, खास कर शिक्षक और वैज्ञानिक यदि स्वाध्याय में रुचि बना लें तो समाज सुधार का बहुत बड़ा काम स्वतः, बिना किसी अलग प्रयास के हो सकता है। परमात्मा ने इस वर्ग को, अर्थ के मामले में सत्यानुसरण के बहुत करीब रखा है। गहन विचार करें तो इस वर्ग को कबीर की ही तरह का जीवन जीने की परिस्थिति दी है 'सांई इतना दीजिए जामें कूटुम्ब समाय, मैं भी भूखा न रहूँ साधु न भूखा जाय।' आधुनिक काल में हुए गृहस्थ सन्त महात्मा यशपाल (भाई साहब) तथा महात्मा राकेश कुमार मित्तल की जीवन यात्रा से उपलब्ध मौलिक अनुभव ज्ञान साहित्य हर तरह से व्यवहारिक, शिक्षाप्रद, अनुकरणीय तथा अध्यात्म विज्ञान में शोध का अच्छा डाटा बेस प्रस्तुत करता है।

07-07-2021

प्रतिक्रियाः बहुत सुन्दर, सराहनीय सार्थक आर्थिक पहलू पर गवेषणात्मक आलेख। साधुवाद सहित अनेक शुभ कामनायें। आर्थिक पहलू पर संतमत सत्संग की मूल भावनाओं को उजागर किया है आपने। धन्यवाद- दुःख हरन चौधरी; अध्यात्म में मैंने अनुभव किया कि जब से यशपाल जी के सत्संग में आया तब से बहुत पैसे की इच्छा नहीं हुई। लेकिन साहब की कृपा से आवश्यक कार्य धन की वजह से नहीं रुका। पता नहीं कैसे कार्य आते ही पैसों का इन्तजाम हो जाता था। लेकिन अधिक पैसा नहीं होता था। जो कार्य सोचते हो जाता था। –डॉ. आर.पी. शुक्ला; I have similar experience on money. I have great faith in krishna. He is keeping me alive. For some time I am not keeping well and withdrawn inward to feel peace as such. I have nothing to share. We are vaishnav and practiced to share our earnings. As for as possible never hurt any life and remain contended. I hope you will feel my handicap. Your writeup on Adhyatm and Ananad yoga is based on your personal experiences and solace for tormented soul immersed in worldly affairs. Omshanti. - Dr K. B. Agrawal.

1.14 कर्त्तव्य निष्ठा ही अध्यात्म

मानव जीवन यात्रा के परिपेक्ष्य में 'अध्यात्म' को व्यवहारिक दृष्टिकोण से समझने का प्रयास करते हैं। यह शब्द बहुआयामी मूल्यों, सकारात्मक सोच और प्रारब्ध का द्योतक है। समाज में हम 'अच्छे' या 'सन्त' शब्द का उपयोग कुछ लोगों के लिए करते हुए सुनते हैं कि अमुक अच्छे इंसान हैं या सन्त पुरूष हैं। साफ-सुथरा जीवन बिताने वाले, कर्मठी पुरूष ही अच्छे इंसान की दृष्टि से समाज में एक अलग पहचान रखते हैं और ऐसे लोग हर स्तर व वर्ग में होते हैं। भविष्य में, इन्हीं में से कुछ अपने कर्मों के आधार पर तुलसी, कबीर, सूरदास, मीरा, परमहंस रामकृष्ण, गाँधी....जैसे, महापुरुष/सन्त सरीखे जाने व पूजे जाते हैं। इसीलिए सामान्य मानव विकास प्रक्रिया में अच्छे लोगों का साथ करने को कहा गया है और कुछ लोग इसका लाभ उठाते भी हैं। हमें अपनी जीवन यात्रा में, ईश्वर कृपा से अच्छे लोगों का साथ मिलता रहा, जिससे जीवन यात्रा सुखद रही। समाज में अच्छे लोगों की संख्या बहुत है, लेकिन बिखरे हुए हैं। सत्संग संस्थाओं के माध्यम से ऐसे लोग संगठित हो समाज पर सकारात्मक प्रभाव छोड़ते हैं, जिससे इस भावना का पलड़ा हमेशा भारी रहते हुए शान्ति का माहौल बना रहता है। मानव समाज में यही आध्यात्मिक विकास की प्रक्रिया है। कर्त्तव्यनिष्ठ व्यक्ति का जीवन आध्यात्मिक होता है, भले ही इस बात का ज्ञान उसे न हो। जीवन यात्रा में ऐसे लोग, ईश्वर कृपा के अनुग्रही होते हुए अनजाने में ही स्वतः सत्कर्मो के माध्यम से आत्म विकास से लाभान्वित होते रहते हैं।

कर्त्तव्यनिष्ठा को समझने के लिए एक अनुभव लेते हैं। कुछ वर्षों के लिए हमारी जीवन यात्रा में एक सहयोगी श्री रामेन्द्र तिवारी जी मिले, जो एक कर्त्तव्यनिष्ठ व्यक्ति हैं। करीब तीन दशकों तथा सेवानिवृत्ति के बाद आध्यात्मिक चर्चा के सिलसिले में उन्होंने एक पत्र में लिखा है कि–"आपका चिन्तन उचित है। लेकिन; मुझे जहाँ तक पहुँचना था, वहाँ तक नहीं पहुँच सका, क्योंकि मैंने कभी भी गलत लोगों के साथ समझौता नहीं किया। काम के लिए मेरा उपयोग तो किया जाता था, जो मैं पूरे समर्पण के साथ करता था। इस

35 वर्ष के सर्विस जीवन काल में धन कमाने के कई अवसर मिले। मैं उसका समुचित उपयोग नहीं कर पाया, बात **Conscience** (आत्मा की आवाज) की थी। मेरे उद्देश्य में गुणवत्ता नियंत्रण और ईमानदारी थी। ऊपर के लोगों ने मेरे नाम से लाभ लिया और बदनाम मैं हुआ। मैं अपना बेस्ट देना चाहता था, लेकिन दे नहीं पा रहा था। ऐसी परिस्थितियों में मैं सोचता था कि इतना वेतन मिल रहा है, पर्याप्त है, और जो वेतन मिल रहा है उसका कम से कम 80% तो कार्य के रूप में वापस करूँ। अपने सेवाकाल में 9 निदेशकों के साथ कार्य किया, जिनमें 6 तक सब कुछ सामान्य रहा। इससे पूर्व मेरा दो वर्ष के प्रमोशन काल का नुकसान रहा। कुछ अधिकारियों ने हमारा **APAR** खराब कर दिया। इसे हमने अपनी ही कमी समझी, दु:ख नहीं हुआ। फिर **B.Teach** किया। आपकी अनुशंसा से डॉ. आर.के. पाठक मुझे **CISH** लखनऊ ले गये। वहां विकास व संपदा कार्यों का प्रभारी रहा। लगभग 42 हे. भूमि का मृदा संरक्षण नियमों के तहत विकास कराया। आज वह क्षेत्र फलों से लदा रहता है। पाठक जी की सेवानिवृत्ति के बाद मेरा बुरा दौर आया, जैसे हमारी पहले की टीम कोई अपराधी रही हो। सत्यता को कौन झुठला सकता है, जिसका गवाह वहाँ एक अच्छा विकसित रिसर्च फार्म इन्फ्रास्टरक्चर है। कुछ समय के लिए उपेक्षित रहा, समय मिल गया बच्चों की पढ़ाई में मदद करता रहा। ऑफिस से लोन लेकर घर बनाया, बच्चों को लोन लेकर पढ़ाया। बच्चे सफल रहे। बेटियों की शादी मकान का ओवरडराफट करके की। जनवरी 2019 मे सेवानिवृत्त हो गया। सेवानिवृत्ति के लाभ से सारे लोन चुका दिये। पत्नी, लड़कियों का **PG** हास्टल चलाती हैं, मकान में दो मोबाइल टावर लगे हैं। अब सब कुछ सामान्य लगता है, कोई चिन्ता नहीं। मैंने भी समय काटने के लिए जेनरिक दवाओं के स्टोर की फ्रेन्चाइसी ले रक्खी है। **CAT** में प्रोमोशन (दो वर्ष) के लिए केस लगा रखा है। मैं अपनी अब तक की जीवन यात्रा से सन्तुष्ट हूँ।

Sir, me and my children are devoted to their work. More over I believe in God, he will see my commitments with family and towards society."

यह है आध्यात्मिक जीवन यात्रा का एक उदाहरण– भले ही तिवारी जी ने इस परिपेक्ष्य में न सोचा हो। इस उदाहरण में जो बात हमें खटने वाली लगी "मैं वहाँ तक नहीं पहुँच पाया जहाँ तक पहुँचना था;" दुनिया की रीति को

देखते हुए, ऐसे विचार मन में आना स्वाभाविक है। आध्यात्मिक दृष्टि से इस सोच में कहीं न कहीं इच्छा तथा अन्य जनों के साथ तुलना करने का (अहंकार का द्योतक) भाव छिपा है, जो बंधन का कारण है, जिसका निवारण स्वाध्याय, सत्संग या गुरु कृपा से ही हो पाता है। यदि इंसान अपनी जीवन यात्रा के अनुभवों का विश्लेषण करे तो पायेगा कि ईश्वर कृपा ही रही कि वह कुछ कर सका जो सकून देती रही। जैसा की तिवारी जी ने व्यक्त किया है।

हमारी जीवन यात्रा भी, तिवारी जी की ही तरह की रही अधिकांशतः अच्छे लोगों का ही साथ मिला, यदि उनमें कमी दिखी तो वह कबीर की कही बात "बुरा जो देखन मैं चला, बुरा न मिलिया कोई जब घट ढूँढ़ा आपना मुझसे बुरा न कोय", की पुष्टि ही करती लगी। कहाँ तक पहुँचना है, यही तो अभी तक इंसानी समझ में नहीं आया है और शास्त्रों के खंगालने तथा तर्क- विर्तक का सिलसिला आज भी जारी है। महात्मा तुलसी दास जी की 'स्वान्तः सुखाय' (Job-satisfaction) की बात ही ग्राह्य लगती है, जिसे हम स्वयं की कर्त्तव्यनिष्ठता का मापदण्ड मान सकते हैं या फिर तनाव रहित के मापदण्ड से। एक बात पक्के तौर पर कही जा सकती है कि परमात्मा 'कर्तव्य निष्ठ' व्यक्ति से प्रसन्न होता है, जिसमें हर तरह के कार्य (छोटे या बड़े) आते हैं चाहे वह सफाई कर्मी हो, किसी विभाग का उच्च अधिकारी, किसान या व्यवसायी....।

आईए अपने जीवन यात्रा के अनुभवों को देखने, विश्लेषण करने, साझा करने तथा मानव विकास हित में उपलब्ध करने की बात पर विचार करें जो अध्यात्म विज्ञान को समझने, अपनाने में प्रेरणात्मक होगा।। सेवानिवृत्त के बाद तो ऐसा सार्थक तथा उपयोगी योगदान किया ही जा सकता है। भारतीय दर्शन में, जीवन के इस हिस्से को 'सन्यास आश्रम' कहा गया है। (This is fourth Ashram for old age man, of the ascetic, passing days in meditation and worship, till he enters willingly the life beyond death, to reap the fruits of a well spent earthly life, hereafter to return for further evolution.

11-06-2021

प्रतिक्रिया: I have gone through this document. In my opinion I have forwarded the thoughts of Swami Vivekananad. I totally agree with it. Life is a continuous process of birth, death and re-birth. We all are carrying the sanskar of purv janma. So we are bound to act for reaping that fruits. This is reality. You are also good and deep researching fellow in Adhyatm sadhak both. - Dukh Haran Chaudhary.

(This life is a continuous process, rise and fall, work and rest, pain and pleasure. Never get upset by any problems because every thing in life is like the wave of the sea which will rise and fall) -Swami Vivekananad

---

1.15 अध्यात्म विज्ञान स्व - केन्द्रित

गत अनुभागों में मानव जीवन के विभिन्न आध्यात्मिक पहलुओं पर उपलब्ध सामग्री (तकनीक व अनुभव) के आधार पर, गृहस्थ जीवन में व्यवहारिक साधना की चर्चा रही है। हमारा मानना है कि प्रत्येक व्यक्ति के आध्यात्मिक संस्कार होते हैं और वह सकारात्मक व नकारात्मक भावों के साथ जीवन यात्रा करता है। सकारात्मक भाव उसके आत्म विकास को स्वत: पोषित करते हैं, जो समय के साथ-साथ, व्यवहार में आते बदलाओं में परिलक्षित होता जाता है। जैसे हम अपनी भौतिक रहनी-सहनी में सुख सुविधा की तकनीक आवश्यकतानुसार अपनाते जाते हैं, वैसे ही अध्यात्म साधना (जिस भी पद्धति को मानते हैं) में भी अपनी आस्था को बरकरार रखते हुए, जो सहज लगे, कहीं से भी मिले, अपना लेना लाभप्रद होता है। इसी प्रक्रिया में नकारात्मक भावना से मुक्ति मिलती है।

वर्षों पहले सेवानिवृत्ति के बाद यह परिवार सहित, अध्यात्म साधना के लिए 'सेन्ट बृजमोहन लाल अध्यात्मिक निकेतन', अनंगपुर (फरीदाबाद) में रहने लगा। परिवार में धर्मपत्नी व एक बेटी जिसके जीवन का लक्ष्य 'अध्यात्म साधना' है। किसी वार्षिक भण्डारे के अवसर पर एक गृहस्थ श्री कमला कांत सिंह सुलतानपुर (उ.प्र.) से आये थे, हमारे यहाँ पधारे। अध्यात्म पर चर्चा करते हुए उन्होंने बताया कि उनके दीक्षा गुरु अयोध्या में रहते हैं, हमसे तो कोई साधना हो नहीं पाती। हाँ! रात सोने के पहले बिस्तर पर ही बैठ कर दो माला का जाप कर लेता हूँ। यह बात हमने पकड़ी और उसी दिन से अपना

ली। आज लगभग 20 वर्ष हो गये हैं, कोई दिन भी खाली नहीं गया। क्या लाभ हुआ कह नहीं सकता, लेकिन ऐसी नींद आती है कि पता ही नहीं चलता कब सो गये। अभी हाल में ही कुछ महीने पहले गत कोरोना काल में फोन पर आध्यात्मिक चर्चा के दौरान हमारे एक सत्संगी भाई चिरंजी लाल शर्मा कहने लगे कि उनको आजकल नींद की समस्या हो गई है। उपरोक्त कहानी हमने उन्हें सुनाई। दो-तीन दिन के बाद बोले कि डॉ. साहब, आपने क्या कहानी सुनाई कि हमारी समस्या का समाधान मिल गया। यह है सत्संग व ईश्वर चर्चा का प्रभाव।

यशपाल जी महाराज की कही बात कि 'जो काम हमारे पास स्वतः आते हैं, परमात्मा के भेजे हुए होते हैं, कर सकें तो अवश्य करना चाहिए, मजबूरी की बात और है' को दशकों पहले सुना था, जिसके लाभ का अनुभव खूब किया। यदि हम सजग रहें, तो बहुत सी उपयोगी बातें आती रहती हैं, जो आसानी से अपनायी जा सकती हैं। अध्यात्म साधना में व्यक्ति जिस भी पद्धति/सिलसिले से जुड़ा होता है वही तरीका उसके लिए जीवन यात्रा के उस स्टेज पर सही है। मुख्य बात है, उस पर आरूढ़ता व निरंतरता की जो अध्यात्म विकास के मार्ग पर बने रहने के लिए आवश्यक है। जीवन यात्रा में कर्त्तव्य- निष्ठा तथा शुचिता आत्म विकास में सहायक होती है, भले ही दिखावे या भावनात्मक रूप से व्यक्ति कर्मकाण्डी न हो या अध्यात्म ऐसे शब्द की समझ न रखता हो। गत पत्र में आया श्री रामेन्द्र तिवारी जी का अनुभव ज्ञान, ऐसी स्थिति का सुन्दर उदाहरण है। स्वाध्यायी अनुभव में हम पाते हैं कि जीवन यात्रा में बिन प्रयास बहुत सी शिक्षाप्रद व प्रेरणात्मक बातें प्राप्त होती हैं और बिन प्रयास आचरण का हिस्सा बन जाती हैं 'झूठल खेलल सच्चल होय' की कहावत को हम चरितार्थ होते अनुभव करते हैं।

अध्यात्म में गुरु का मार्गदर्शन आवश्यक है, जिसका मिलना दुर्लभ कहा गया है और कहते हैं कि पात्रता बन जाने पर, ऐसे गुरु की उपलब्धता स्वतः ही होती है। अपने अनुभव से यह कह सकता है कि जब तक ऐसा न हो तब तक आत्मा की आवाज को ही ऐसे गुरु का मार्ग दर्शन मानना चाहिए। सच्चे गुरु की प्राप्ति के बाद साधक के सारे प्रश्नों के उत्तर बिना प्रश्न किये ही मिलने लगते हैं। ऐसे सद्गुरु भी अपने को 'साधक' या 'यही जाना की कुछ नहीं जाना' के भाव में ही जीवन यात्रा कर रहे होते हैं। यह, गुरु का मामला

मानव जीवन के व्यवहारिक क्षेत्र में काफी उलझा हुआ है और भ्रम की ही स्थिति लगती है। ऐसे में सदाचार जीवन यात्रा कर रहे साधकों के 'अनुभव ज्ञान! उपयोगी और प्रेरणात्मक होते हैं। इस संबंध में, स्वाध्याय से मिला, एक साधक का अनुभव ज्ञान शिक्षाप्रद लगा जो साझा करते हैं।

उन्नाव निवासी श्री प्रेमशंकर मिश्र, प्रशासनिक अधिकारी लिखते हैं कि– "हमारी आस्था व विश्वास कर्म में थी, न की ईश्वर प्रार्थना में। 1975 से मेरी विचार धारा में परिवर्तन आया और जैसी मेरे बारे में भविष्य वाणी थी कि आपको शीघ्र हनुमान सिद्धी प्राप्त होगी, आपकी आस्था हनुमान में दृढ़ होती गई। हनुमान जी आपको आध्यात्मिक संकेत देते, आपसे वार्ता करते और आपका मार्ग दर्शन करने लगे। आप भी रोजमर्रा के अहम निर्णय हनुमान जी की इच्छा से लेने लगे। हनुमान जी बराबर आपकी इच्छाओं को पूरी करते रहे। इस प्रकार आपको जीवन में अनेकानेक अद्‌भुत एवं आश्चर्य जनक अनुभव होते रहे। 29 मार्च 1978 के प्रातःकाल 4 बजे मैंने स्वप्न देखा कि हनुमान जी अपने पूर्ण (खड़े) रुप में मेरे घर पधारे और मुझे आवाज देकर बोले, 'बेटा मैं तुमसे प्रसन्न हूँ, तुम जो भी वरदान चाहो माँग लो।" मैंने स्वप्न में ही उठकर उनके चरण स्पर्श किये और कहा– "यदि आप मुझसे वास्तव में प्रसन्न है तो मुझे बतायें कि आप मेरे किस कर्म से प्रसन्न हुए ताकि मैं उन कर्मों को और अधिक से अधिक कर सकूँ।" इस पर हनुमान जी ने मेरे पिछले जन्म के सम्बन्ध में कुछ बता कर आदेश दिया कि मुझे इस जन्म में योग साधना करनी है, साधना में कहाँ से प्रारम्भ करना है। इस सम्बन्ध में आदेशों के समझाने के बाद बताया कि उनकी प्रसन्नता का मुख्य कारण मेरी कर्म के प्रति आस्था एवं विश्वास है। उनके द्वारा बताये गये योग साधना के मार्ग पर चलने का निर्णय लेकर मैंने उन्हीं की मूर्ति के सामने योग साधना प्रारंभ की। इस प्रकार की योग साधना करते हुए 6 माह बाद, मुझे इश्वरीय संकेत मिलने लगे।

31 मई 1979 को मेरठ में योग–साधना के दौरान मैंने स्वामी हनुमान जी से प्रार्थना की, कि वे मेरी साधना में सुधार लाने के लिये, मेरा मार्गदर्शन करने की कृपा करें। प्रत्युत्तर में हनुमान जी ने मुझे आदेश के रुप में कहा "और तो सब ठीक है, किन्तु तुमने कोई गुरु नहीं बनाया।" मैंने अपनी बुद्धि के अनुसार कहा, "स्वामी! आज तक मुझे जो भी ज्ञान आपके आर्शीवाद से प्राप्त हुआ उसके अनुसार गुरु ईश्वर का मार्ग बताता है। क्योंकि आप मुझे मिल ही

गये, मुझे गुरु की क्या आवश्यकता है? पुनः सत्गुरु, जो योग्य और भरोसे का हो, को ढूँढ़ना मनुष्य के लिये सम्भव नहीं...। इसके उत्तर में हनुमान जी बोले, "पहले तो गुरु की आवश्यकता समझ लो, फिर योग्य व भरोसेमंद गुरु के बारे में विचार करेंगे। संसार में मनुष्य चाहे कितना ज्ञानी हो, केवल अपने दम पर अपने समस्त सांसारिक कार्यों को पूर्ण रुप से संपादित नहीं कर सकता। यदि अपवाद में ऐसा सम्भव भी हो तो वह कार्य-संपादन के अहं से नहीं बच सकता। वह अहं उसके पतन का कारण बन जायेगा। ईश्वर कर्म से मुक्त है, अतः वह अपने प्रिय से प्रिय मनुष्य के लिये भी स्वयं कर्म नहीं कर सकता। यह गुरु की महिमा है कि शिष्य जो कार्य अपनी क्षमता से न पूरा कर सके, उसे शिष्य के लिये पूर्ण करने में सहायता करे। गुरु के होते शिष्य अपनी समस्त उपलब्धियों का श्रेय पूर्ण रूप से गुरु कृपा को ही देकर, समस्त प्रकार के अहं एवं अन्य विकारों से स्वयं को अछूता रख सकता है और सब प्रकार से कल्याण को प्राप्त होता है।" सत्गुरु के चयन के बारे में विस्तृत जानकारी न देकर, मुझे बाबा नीम करौरी को गुरु रुप में धारण करने का आदेश दिया। मेरी प्राप्ति भी तुम्हें उन्हीं की कृपा से हुई है और तुम्हारे कई जन्मों की योग साधना उन्हीं के मार्ग दर्शन एवं कृपा का सहज परिणाम है।" (बाबा नीम करौली की पुस्तक से उद्धृत)।

अध्यात्म में गुरु को 'तत्व' कहा गया है। गुरू ब्रह्मा, गुरू विष्णु, गुरूदेवो महेश्वरा और परमब्रह्म कहा गया है। यह एक ही तत्व के विभिन्न रूप हैं। जन्म लेते ही यही तत्व माँ के रूप में मिलता है, जिसे प्रथम गुरु कहा गया है। उसके बाद शिक्षकों के माध्यम से विभिन्न रुपों में यही तत्व हमारा मार्ग दर्शन करता रहता है और पात्रता बन जाने पर सद्गुरु के रूप में इसी जीवन काल में बहुतों को उपलब्ध होता है। मुख्य बात जो समझ में आती है, जिससे हम कुछ सीखते हैं, उसे भारतीय दर्शन मैं 'गुरु' कहा गया है। ऐसे व्यक्ति से श्रद्धा, अदब व विश्वास का भाव बनाये रखें तो जीवन स्वतः ही अनुशासित होता जाता है, यही अध्यात्मिक जीवन है।

आइये हम अपने उपरोक्त ऐसे अनुभवों को साझा करें और अध्यात्म विज्ञान को आध्यात्मिक जागृति के माध्यम से मानव समाज के सार्थक व सच्चे विकास में सहभागी बनें।

14-06-2021

प्रतिक्रियाः We do need Guru in our present Vanprastha Ashram. My father was very lucky to have Acharya Shri Ram Sharma as his spiritual Guru. He use to meet him at Mathura, Sultanpur, Allahabad, and last time in 1987 at Haridwar and read most of the books written by his Guru ji. Regards Prof. Manendra Pratap Singh; किसी उच्च एवं आदर्श को प्राप्त हेतु केवल प्रार्थना ही आवश्यक नहीं है, वरन् उसकी प्राप्ति के लिए विवेक पूर्ण सद्कर्म करना ही पड़ेगा। हम यह भूल जाते हैं और केवल प्रार्थना में ही लगे रहते हैं तथा ईश्वर व भाग्य को दोष देते हैं। बहुत सुन्दर अभिव्यक्ति, धन्यवाद-नन्दलाल. ऐटा; यह अनुभव जीवन में बहुत ही शिक्षाप्रद है। अध्यात्म पर चलने पर कुछ भी असंभव नहीं है - डॉ. आर.पी. शुक्ला।

2

अध्यात्म विज्ञान के अनुभव ज्ञान

मानव, स्वभावत: अपने स्वयं और दूसरों के अनुभवों से सीखते हुए, सकारात्मक या नकारात्मक विचारों के साथ जीवन यात्रा करता है। सकारात्मक विचार ही व्यक्ति विशेष के आध्यात्मिक पक्ष को सुदृढ़ करते हुए, अध्यात्म पथ पर आगे बढ़ाते हैं। हमारे शास्त्र जीवन जीने की कला के लिए जीवन मूल्यों की शिक्षा देते हैं। स्वाध्याय, अच्छे लोगों का साथ तथा सत्संग आध्यात्मिक जीवन यात्रा में महत्वपूर्ण भूमिका निभाते हैं। साधारण गृहस्थी जनों के लिए स्वाध्याय, सहज व सरल उपाय है कि वह अपने जीवन को अध्यात्ममय बना सकता है। अन्य दो बातें संस्कार तथा प्रारब्ध के आधीन हैं। स्वाध्याय के बारे में, लेखक का मत है कि हम साधारण गृहस्थी जनों के लिए, शास्त्रों का स्वाध्याय उतना ही आवश्यक है, जितना कि किसी विद्यार्थी के लिए, कक्षा की पाठय पुस्तकों का। आध्यात्मिक विकास के लिए, स्वयं व औरों के अनुभव ज्ञान कहीं अधिक सहायक हैं। लेखक के चिन्तन में ऐसी प्रेरणा हुई कि समाज में उपलब्ध अध्यात्म विज्ञान से सम्बन्धित अनुभव ज्ञान का संकलन किया जाय जो आध्यात्मिक जागृति के दृष्टिकोण से उपयोगी हो सकते हैं। इस अध्याय में, ऐसे कुछ संकलन प्रस्तुत हैं।

2.1 आध्यात्मिक उपचार

महर्षि रमन का कहना था – “The most outstanding discoveries will come when our scientist turn away for a while from metal and stone and electricity to examine and explore the nature of self within the laboratory of man. Scientist already know that the real seeing agent in sight is not the eye but the mind and uses that organ. They have yet to discover what is that works the mind. And when they do that they will come into contact with the real self of man, the being out of whom both mind and body derive their existence and maintain their life." ऐसी ही सलाह योगानन्दजी के गुरु युक्तेश्वर जी महाराज अपने डाक्टर बन्धुओं को देते रहे–"जिन लोगों ने शरीर विज्ञान का अध्ययन किया है उन्हें और आगे बढ़ना चाहिए और आत्म विज्ञान का अध्ययन करना चाहिए। शरीर ढाँचे की आड़ में एक सूक्ष्म आध्यात्मिक तंत्र छिपा है।"

स्वाध्याय में उपरोक्त बातों को पढ़कर 'अध्यात्म विज्ञान', लेखक के चिन्तन का हिस्सा बन गया। कालांतर में, शंकराचार्य जी का एक अनुभव पढ़ा जो इस विज्ञान की मानव जीवन को बनाने की क्षमता का आभास कराता है। आपके सम्पर्क में लाया गया एक दिव्यांग बालक कैसे सामान्य जीवन में आ गया, इस विज्ञान का एक उदाहरण है। आचार्य मण्डन मिश्र, से शास्त्रार्थ के बाद विचरण करते-करते आचार्य श्रृंगेरी पहुँचे। प्रभाकर नामक एक शास्त्रज्ञ धार्मिक ब्राह्मण भी वहाँ रहते थे। तेरह वर्ष अवस्था का उनका एक मात्र बालक एकदम जड़ तथा गूँगा था, इस कारण ब्राह्मण दंपत्ति के मन में शान्ति न थी। अलौकिक शक्ति सम्पन्न शंकराचार्य के आगमन की बात सुनकर प्रभाकर के हृदय में विपुल आशा का संचार हुआ। फल मिष्ठान नेवेद्य सहित पुत्र को साथ में लिए वे आचार्य के दर्शनार्थ आये। उनकी एक मात्र इच्छा थी कि पुत्र के जड़त्व का मोचन हो जाय। जड़-पुत्र आचार्य को देखकर उनके श्री चरणों पर लोट गया। प्रभाकर ने भक्ति के साथ आचार्य को प्रणाम कर के रोते हुए कहा- देव बताइये कि इस बालक के ऐसे जड़ भाव होने का कारण क्या है? मैंने बहुत ही कष्ट से इस का यज्ञोपवीत संस्कार सम्पन्न कराया है; परन्तु यह बोलता ही नहीं है। अब तक इस का वर्ण परिचय भी नहीं हुआ। वेदादि का अध्ययन तो दूर की बात है, माता-पिता तक को भी यह नहीं पुकारता। भूख प्यास भी प्रकट नहीं करता। आप दया के सागर हैं; कृपा करके इसे अच्छा कर दीजिये। प्रभाकर की बात सुनकर आचार्य ने बालक से पूछा-

कस्त्वं शिशो कश्य कुतोअसि गन्ता, कि नाम ते त्वं कुत आगतोअसि।
एतद् वद त्वं मम सुप्रसिद्धं मत्प्रीतये प्रीतिविवर्धनो असि।।

(हे शिशु, तुम कौन हो, किसके पुत्र हो, कहाँ जा रहे हो, तुम्हारा नाम क्या है, कहाँ से आये हो, इन प्रश्नों का सुस्पष्ट उत्तर देकर मुझे प्रसन्न करो। तुम्हें देख कर मुझे विशेष आनन्द हो रहा है)। शंकराचार्य के प्रश्न को सुनकर बालक विशेष उत्फुल्ल हुआ। आचार्य के श्री मुख पर दृष्टि निबद्ध करके मधुर कंठ से उसने उत्तर दिया -

नाहं मनुष्यो न च देवयक्षौ, न ब्राह्मण- क्षत्रिय-वैश्य-शूद्रः।
न ब्रह्मचारी न गृही वनस्थो भिक्षुर्न चाहं निज बोधरुपः।।

(मैं मनुष्य नहीं हूँ, देवता या यक्ष भी नहीं, ब्राह्मण, क्षत्रिय, वैश्य, शूद्र भी नहीं, ब्रह्मचारी, गृही, वानप्रस्थी, सन्यासी भी नहीं। मैं केवल निज-बोध-स्वरूप आत्मा हूँ)। शंकराचार्य के प्रश्न पर जन्म के गूँगे बालक के मुख से आत्म-स्वरुप-प्रकाशक श्लोकात्मक वाक्य सुनकर सब लोग स्तम्भित हो गये। आचार्य ने भी विस्मित होकर शिष्यों के प्रति कहा–"यह बालक अवश्य ही कोई ब्रह्मज्ञ पुरुष है, नहीं तो तत्व ज्ञान-पूर्ण ऐसी स्वरुप वर्णना सम्भव नहीं होती। हाथ के आमले की तरह इस बालक ने आत्म ज्ञान प्राप्त किया है। यह स्त्रोत 'हस्तामलक' नाम से प्रसिद्ध होगा। तुम लोग भी आत्म-स्वरुप भासक इस स्त्रोत को कंठस्थ कर लो।"

अत्यन्त प्रसन्न होकर आचार्य ने बालक को आशीर्वाद देकर प्रभाकर से कहा- "हे ब्राह्मण! यह पुत्र आपके घर में रहने योग्य नहीं है। पूर्व जन्म के शुभ कर्म तथा तप के फलस्वरुप यह बालक ब्रह्मज्ञान में प्रतिष्ठित हुआ है। इसी कारण यह लौकिक बातें नहीं कहता, केवल प्रारब्ध क्षय के लिए शरीर में अवस्थान कर रहा है। इसके अपने शरीर में अहं बुद्धि नहीं है। सांसारिक सम्बन्ध और माता-पिता का ज्ञान कैसे रहेगा? बालक जानता है कि वह चिदानन्द स्वरुप है। इसके द्वारा आप लोगों का कोई भी प्रिय कार्य साधित नहीं हो सकता। आप इस बालक को मेरे पास छोड़ जायें।" (आचार्यशंकर-स्वामीअपूर्वानन्द)। प्रभाकर ऐसे प्रस्ताव के लिए तैयार नहीं थे, लेकिन अन्ततः ऐसा ही हुआ। आचार्य ने बालक को यथा शास्त्र संन्यास मन्त्र में दीक्षित किया। उसका नाम हस्तामलकाचार्य हुआ। अब वह बालक जड़ नहीं रहा। उसका गूँगापन छूट गया। ब्रह्मज्ञान की दीप्ति से उसका मुख मन्डल उत्भासित हुआ। उसके मुख से अब आत्मज्ञान की ही बात निकलने लगी। आचार्य के प्रधान चार शिष्यों में हस्तमलक अन्यतम थे।

उपरोक्त घटना अतीत में अध्यात्म विज्ञान के विकास की एक मिशाल है। समय-समय पर संतों ने अध्यात्म विज्ञान पर वैज्ञानिकों को रेसर्च करने की सलाह देते रहे हैं, लेकिन समय के साथ-साथ इंसान भौतिक विज्ञान की चमक-दमक में अध्यात्म विज्ञान को नजर अन्दाज करते हुए भूलता गया है और इसे अजूबी घटनाओं (Miracle) व इच्छा पूर्ति का माध्यम समझने लगा है। बिडम्बना है कि प्रबुद्ध वर्ग, इस विज्ञान के प्रभाव से यदा-कदा रूबरू होते हुए भी, ध्यान नहीं दे पाता और तनावपूर्ण जीवन जीने को मजबूर है। क्या यह आश्चर्य का विषय नहीं है कि हम शिक्षित होते हुए भी स्वाध्याय ऐसे शब्द के लाभ से अनभिज्ञ (अध्यात्मिक दृष्टिकोण से) है, सत्संग से दूर हैं और स्वयं के साथ होते अजूबे अनुभवों से सबक नहीं ले पाते।

विज्ञान हर क्षेत्र में प्रगति कर रहा है, अध्यात्म विज्ञान इससे अछूता नहीं रहा है। लेकिन इससे सम्बन्धित अनुभव ज्ञान को संकलित करने का प्रयास नहीं हुआ है। इस चर्चा में, बार-बार हम गृहस्थ सन्त महात्मा यशपाल जी व महात्मा राकेश कुमार मित्तल का जिक्र कर रहे हैं। क्यों? हमने देखा कि ये लोग अपने लौकिक जीवन में अग्रणी रहते हुए, अध्यात्म विज्ञान में भी अनुकरणीय योगदान कर के मिशाल पेश की है। आधुनिक समय के ये सन्त वैज्ञानिक रहे हैं। यह क्षमता परमात्मा ने हम सभी प्रबुद्ध वर्ग को दे रखी है और नहीं तो, अपने अनुभवों का विश्लेषण करते हुए, साझा तो कर ही सकते हैं। कैसे अनुभव! का यह उदाहरण (as startup), इस चर्चा में इस आशय के साथ संकलित है कि इस भूले हुए विज्ञान को याद किया व कराया जा सके, जो हम साधारण जनमानस को अपना जीवन आनन्दमय बनाने में, प्रेरणादायी हो। हम सामान्य अध्यात्म विज्ञान तक ही अपने को सीमित रखने का प्रयास करेंगे। शंकराचार्य जी का उदाहरण तो इस विज्ञान के बहुत ऊँचे स्तर की बात है। ऐसे लोगों में परमात्मा ही ऐसे उच्च स्तर के ज्ञान को मानव कल्याण के लिए उजागर करता है।

24-04-2021

प्रतिक्रिया: अतीत में महात्माओं ने योग साधना करके स्वयं को बहुत विकसित कर रखा था। उनको भविष्य का पूरा ज्ञान था। इस युग में महात्मा यशपाल जी को इस केटेगरी में रख सकते हैं। काश! लोग अध्यात्म को समझें और इस पर चलें- डॉ. आर.पी. शुक्ला

2.2 गुरु में निष्ठा

अध्यात्म विज्ञान, भौतिक विज्ञान से हटकर है। सृष्टि के मूल सिद्धांत का संचालन, इसके बनाने वाले (परमात्मा) के हाथ में है। इस विज्ञान का अनुभव भावनात्मक रूप से यंत्रवत रहने वाले (कर्त्ता-धर्त्ता परमात्मा, हम उसके हाथ में यंत्र) लोगों को होता रहता है और कोई-कोई उस संचालक जैसा भी बन जाता है। फिर तो वह (अंश) शरीर में रहते हुए भी इस सृष्टि की सभांल करने में हम ऐसे शरीर धारियों को शुद्ध आचरण करने की शिक्षा देता फिरता है।

याद आ गया, एक बहन जी का प्रश्न! उन्होंने महात्मा यशपाल जी से पूछा कि भाई साहब जी क्या भगवान को देखा जा सकता है? आपने तुरन्त उत्तर दिया, कि क्यों नहीं! देखा जा सकता है! लेकिन पहचानेंगे कैसे? वहाँ मौजूद समझने वाले समझ गये! एक बार हम दिल्ली सेन्टस्टीफन अस्पताल में अपने स्कूल के प्रिंसिपल, जो इलाज के लिए भर्ती थे देखने गये थे। वहीं भाई साहब, माता जी के साथ उन्हें देखने पधारे। वापसी के समय मुझे अपने साथ, NPL कालोनी में रह रहे श्री आर. एस. सिंह के यहाँ ले गये। वहाँ कई लोग मौजूद थे। बातचीत के दौरान सत्संग के प्रथम सचिव आर.यस. अग्रवाल का जिक्र आया। आपने कहा "परमात्मा जो करता है, अच्छा करता है। अग्रवाल साहब बड़े समय से चले गये। बदनामी से बच गये। वह ज्ञानी थे। निकालिये अप्रैल की सन्तसुधा।" आपने Clipings from diary से यह पढ़कर सुनाया, और तीन चार बार पढ़ा "Love for Guru is first rung on the ladder of divine. But this is not the love for human form", यह गड़बड़ हुआ। भण्डारे पर जब यह पढ़ा तो इसे अजीब लगा। वह ज्ञानी थे। इसमें तो मूढ़मत ही ठीक है। सबसे अच्छे मूढ़मत, जिन्हें न व्यापे जगत गति। इसके गुरुदेव कहा करते थे कि-"मूढ़-मूढ़, सब तर गये, संत चरण लवलीन। मान और अभिमान में डूबे, सकल कुलीन।" अरे भाई! form को नहीं पकड़ोगे तो किसको पकड़ोगे। ईश्वर को आपने देखा नहीं है, आत्मा को आप जानते नहीं, तो किसको प्यार करोगे vaccum को? इसने तो आत्मा-परमात्मा का अनुभव किया है, लेकिन गुरु महाराज को पकड़े हुए हैं, उन्हीं से तो सब हुआ। Form को नहीं पकड़ोगे तो किसे पकड़ोगे। स्वामी रामकृष्ण ने कई धर्मो से परमात्मा का अनुभव किया था। बाद में माँ (form) पर ही आ गये थे।"

विवेकानंद का रामकृष्ण परमहंस जी के साथ का संवाद भी अध्यात्म विज्ञान के दृष्टिकोण से महत्वपूर्ण है।....कुछ दिनों के बाद अवतार के विषय में नरेन्द्र के साथ श्री रामकृष्ण का वार्तालाप हुआ। श्री रामकृष्ण कह रहे हैं, "अच्छा, कोई-कोई मुझे ईश्वर का अवतार कहते हैं- तू क्या समझता है?" नरेन्द्र ने कहा, "दूसरों की राय सुनकर मैं कुछ नहीं कहूँगा; मैं स्वयं जब समझूँगा तब मेरा विश्वास होगा, तभी कहूँगा।" काशीपुर बगीचे में श्री रामकृष्ण जिस समय कैंसर रोग की यंत्रणा से बेचैन हो रहे हैं, भात का तरल माँड, तक गले के नीचे नहीं उतर रहा है, उस समय एक दिन नरेन्द्र श्री रामकृष्ण के पास बैठकर सोच रहे हैं, "इस यंत्रणा में यदि कहें कि मैं ईश्वर का अवतार हूँ तो विश्वास होगा!" उसी समय रामकृष्ण कहने लगे, "जो राम, जो कृष्ण, इस समय वे ही रामकृष्ण के रुप में भक्तों के लिए अवतीर्ण हुए हैं।" नरेन्द्र यह बात सुन कर दंग रह गये। ऐसे ही यशपाल महाराज जी थे गृहस्थ में रहते हुए, कामिनी काँचन के बीच, निर्लिप्त जीवन आपने जिया। आपको भीड़ में पहचानना आसान नहीं था। श्री रामकृष्ण के समर्पित मुट्ठी भर भक्तों की तरह महात्मा यशपाल जी के इर्द-गिर्द भी वैसी ही मण्डली रही, लेकिन कोई उन्हें पहचान नहीं पाया। आपका अन्त समय गहरे ध्यान की अवस्था में रहा, जिसे आज के डॉ. बीमारी के रुप में उपचार किये, आपको कठिन शारीरिक पीड़ा से गुजरना पड़ा। इससे कहते थे कि–"यह बीमारी नहीं गहरे ध्यान व समाधि की बात है। खैर ध्यान की वजह से पीड़ा का पता नहीं चलता।"

इन बातों पर चर्चा यहाँ, इस आशय से है कि समाज का प्रबुद्ध वर्ग अध्यात्म विज्ञान की ओर रूझान करे, क्योंकि इसी में ही विश्व की तमाम समस्याओं का समाधान छिपा है। एक बार दशकों पहले, रात में भौतिक विज्ञान के विकास पर हम सोचने लगे। अन्ततः इस निष्कर्ष पर पहुँचे कि तथाकथित विकास, मानव स्वयं को मिटाने की दिशा मे ले जा रहा है। आज यह बात प्रकृति के बिगड़ते स्वास्थ्य व उभरती समस्याओं में दृष्टिगोचर हो रही है। कोरोना समस्या भी क्या आफत बनकर आई है कि संहार के साथ-साथ उपचार की भी शिक्षा दे रही है कि "Lock Down is one rescue option" पहली कोरोना की लहर में Lock Down का अभूतपूर्ण प्रभाव पर्यावरण सुधार पर देखा गया था। मानव समाज अपने को अनुशासित करने

का प्रयास करके समस्या का सकारात्मक हल निकाल सकता है। इसके लिए अध्यात्म मार्ग ही एक रास्ता है। आचार्य श्री राम शर्मा ने लिखा है। अध्यात्मिकता निभती है सर्वोन्मुखी संयम और अनुशासन से। अध्यात्म 100 फीसदी सच है। इसे हमने जीवन की प्रयोगशाला में कसा, परखा, और खरा पाया है। इसके पीछे तीन तत्व हैं:- गुरु के प्रति समर्पण, विश्व मानव के प्रति छलकती संबेदना और जीवन पक्ष को सर्वांग सुन्दर बनाने का अनवरत उद्योग।

हम अपने शोध व अनुभव से यही कह सकते हैं, समाज का वह वर्ग जो भौतिक विज्ञान के शोध में लगा है वह साथ-साथ महत्वपूर्ण योगदान अध्यात्म विज्ञान के विकास व मानव समाज को सुन्दर बनाने में कर सकता है और वह भी खुद की दीन व दुनिया सुधारने के टारगेट के साथ मात्र भावनात्मक परिवर्तन की आवश्यकता है, जो स्वाध्याय से सम्भव है और यह किया जा सकता है।

03-05-2021

प्रतिक्रिया: बहुत सुन्दर डॉ. बलदेव सिंह; असंख्य धन्यवाद सहित, साधुवाद को पढ़ा, अच्छा लगा। श्रद्येय अग्रवाल साहब का उल्लेख उनकी डायरी को पूर्ण रूप से पढ़ने के बाद किया जाना चाहिए। ऐसा इस सेवक का विचार है - दु:ख हरन चौधरी; भाई साहब जी का विचार और उनका कथन बिल्कुल सत्य है। यदि दुनिया के तथाकथित लीडर्स का झुकाव अध्यात्म की तरफ हो जाय तो विश्व में शान्ति स्थापित की जा सकाती है। रामराज्य लाया जा सकता है- डॉ. आर.पी. शुक्ला।

2.3 हम यंत्र

अध्यात्म पर कुछ वैज्ञानिकों के अनुभव की बातें लेते हैं, जिन्होंने अपने कार्यक्षेत्र में अपनी पहचान बनाई। अब्दुल कलाम साहब का नाम भौतिक विज्ञान के क्षेत्र में जाना पहचाना है। इस उपलब्धि पर पहुँचने में अध्यात्म विज्ञान की समझ उन्हें बराबर बनी तथा मददगार रही। आपने लिखा है “उसकी (ईश्वर) मदद से मैंने जो कुछ भी हासिल किया है, वह उसकी इच्छा की अभिव्यक्ति ही तो है। कुछ विलक्षण गुरुओं और साथियों के मदद से ईश्वर ने मुझ पर यह कृपा की है और जब मैं इन सर्वश्रेष्ठ व्यक्तियों के

प्रति अपनी श्रद्धा एवं सम्मान व्यक्त करता हूँ तो मैं उसकी महिमा का ही गुणगान कर रहा होता हूँ। यह सब राकेट और मिसाइलें उसी के काम हैं जो 'कलाम' नाम के एक छोटे से व्यक्ति के नाम से खुदा ने कराये हैं।"

जाने-अनजाने किसी भी व्यक्ति में परमात्म तत्व की ऐसी सोच का होना जीवन यात्रा में आध्यात्मिकता के होने का द्योतक है, जिसे बचपन में पारिवारिक/पड़ोस के माहौल से मिले या पूर्व जन्म के संस्कार कहते है। विचार में आता है कि वैज्ञानिकों का पूरा वर्ग जो सत्य की खोज में लगा होता है, ऐसे संस्कार संपदा के धनी होते हैं, भले ही उन्हें इस बात का ज्ञान न हो। अध्यात्म विज्ञान: विश्वास, समर्पण व आत्मानुभूति द्वारा जाना जाता है, जिसे चेतना का विज्ञान कह सकते हैं। चेतना का जितना विकास होगा, बुद्धि व विवेक उसी मात्रा में जागृत होंगे। कार्य के प्रति आस्था रखना सर्वोच्च सफलता का निर्णायक तत्व है। कार्य से कर्तापन का भाव विलीन होने से प्रत्येक कार्य ईश्वर की सुन्दर प्रार्थना बन जाते हैं, मानव यंत्र और परमात्मा कर्त्ता का भाव बनते हुए, निष्काम कर्म अवस्था बनती जाती है। यह भावना हमारे कार्य को आध्यात्मिक संतुष्टि तथा आनंद से भरती है बल्कि सुखी तथा सफल बनाती है। भगवान कृष्ण ने कहा है कि–"तू मेरी याद में काम करता चल, जो करे मुझे ही अर्पण करता चल, फल की इच्छा न कर, फिर तो वही होगा जो तू चाहता है।" अध्यात्म विज्ञान में यह बात समझने की है। यही बहुत बड़ी गुत्थी है, जिसे समझने में मानव अभी तक 'संस्कार या प्रारब्ध' (कर्म फल) की सोच तक ही पहुँच पाया है। हमारी समझ से, वैज्ञानिकों के समूह को परमात्मा ने बहुत बड़ी क्षमता दी हुई है कि वह अपने मुख्य काम के साथ-साथ, by- product के रुप में, अध्यात्म विज्ञान का बहुत बड़ा काम कर सकता है। आवश्यकता है, प्राथमिक शिक्षा के स्तर से ही आध्यात्मिक जागृति का पाठ भी पढ़ाया जाय जो कभी हमारे गुरुकुलों में होता था।

आधुनिक समय में महात्मा यशपाल जी मानव विकास की 'दीन व दुनिया' की प्रगति के अनुपम उदाहरण बने, जिन्होंने अपनी मौलिक साधना व अनुभवों से करके दिखाया। अध्यात्म के बहुत से यथार्थ पूर्ण अनुभव बौद्धिक वर्ग के कार्यकर्त्ताओं के साथ भी होते हैं, लेकिन अनुभवों के संज्ञान व विश्लेषण करने के अभाव में व्यर्थ (स्वयं तथा समाज के परिपेक्ष्य में) चले जाते हैं। ऐसे व्यक्ति ईश्वर वादी होते हैं, गलत काम करने से डरते व

बचते हैं। यहाँ हम अपने कुछ वैज्ञानिक साथियों के अनुभव ज्ञान की बात करते हैं, जो ईश्वरवादी रहते हुए कर्मनिष्ठ थे, जिन्हें अध्यात्म या कर्मकान्डी उपासना में कोई रुचि न थी। ये सभी, वर्षो से सेवानिवृत्त जीवन यात्रा करते हुए अपने कार्य क्षेत्र में अनुभव आधारित, विज्ञान की पुस्तकें लिखने के सार्थक कार्य में रत रहे हैं।

ऐसे कुछ साथियों से हमने कबीर साहब की कही बात 'न कुछ किया न कर सका न कुछ किया शरीर- जो कुछ किया सो हरि किया कहत कबीर कबीर' के भाव (कर्त्ता-धर्त्ता, परमात्मा हम यंत्र) के परिपेक्ष्य में प्रतिक्रिया देने को कहा, जो इस प्रकार की मिलीं:-

(1) "I also feel so. Without God's grace and blessings I would not, have been at all able to perform the act of book writing". This is what, Ex. Coordinator(ICAR) of All India Research project on Floriculture, Dr R. L. Mishra says. After retirement, he wrote three books Viz. (i) Commercial Ornamental Crops: Cut Flowrs, (ii) Traditions and Loose Flowers and (iii) Commonly Used Ornamental Plants; Published by Kruger Brentt Publishers, England.

(2) Dr. A. K. Bhattacharya Ex. Coordinator (ICAR) of All India Research project on Drainage wrote "I had spent a long 8 years in writing the drainage book, but when I read it, I feel unsatisfied. With more experience, a better manuscript could have been prepared. But such a herculean effort can not be put twice. During my service, almost every evening after coming back from office and till late in night I worked on it. The book 'Land Drainage; Priciples, Methods and Applications' was published by Vikash Publisher, New Delhi. इनका स्वभाव परमात्मा मे विश्वास कर्म करने में रहा। एक कर्मयोगी का जीवन।

Dr Bhattachary also commented, if you are preparing manuscript, do it with patience and keep it reading and re-reading for improving the manuscript. Take help of friends. Incidentally, I did follow same technique in compiling a book "गृहस्थ जीवन में अध्यात्म-सन्त यशपाल कथनामृत" that took long 35 years to take shape. The Book got published after 16 years of my retirement by Gyan Publishers Delhi in 2019.

(3) Comment of Dr. K.A. Singh, Ex Director of IGFRI, Jhansi too is meaningful in above context "What I felt when look back to various beneficial or painful events in my life, one can do best or must do best

or must do well or should do well on performing the intended task. However he/she can't be ruler of out come/success/force result in his defined way. It means results are not in actor's control. It's beyond, you may say God Almighty or what you prefer. Miraculous result with less effort, failures after utmost sincerity. Forage book published in 2019, was planned as team work, when I was in IGFRI in 2011 but due to unforeseen problems that I passed through, this could be written only after I retired. It was published in the title 'Forage Resource – Development and Utilization'by Astral Publication, New Delhi.

(4) Without any thinking or plan, just a reaction on Prime Minister's address to Nation while imposing Lock Down in the country on 25th March 2020, to check Korona Mahamari, I wrote a letter on Watsap on a instant thought "कुछ न बिगड़ेगा तेरा सत्गुरू शरण आने के बाद" Then after, it became one letter daily, that continued for 192 days unexplanable, no planning, no preparation except return comments from readers as motivationl strength. Ultimately it took shape of a book 'मानव जीवन में अध्यात्म–कोरोना काल में एक अध्ययन' published by Gayn Publishers Delhi in 2022. I did get inspiration from experiences of long faced curfew and bandhs during 16 years of my early service career stay at Shillong (NEH region). स्वाभाविक है, यह यंत्रवत ही रहा! कैसे कह सकता है कि हमने किया। कहा जा सकता है कि हमारे द्वारा हुआ। ऐसी कथनी में भी कर्तापन के सूक्ष्म अंहकार का भाव दिखता है।

उपरोक्त बातों का जब हम अपने अनुभवों के आधार पर विश्लेषण करते हैं, तो पाते हैं कि मानव जीवन अध्यात्म से ही संचालित होता है। कभी–कभी बुद्धिजीवी अध्यात्मवादियों, से चर्चा के दौरान सारगर्भित प्रतिक्रिया मिलती है। समय के साथ– साथ मानव मूल्यों में गिराबट और भौतिक विकास की दिशा पर डॉ. के.बी. अग्रवाल संरक्षक 'कबीर शान्ति मिशन', लखनऊ की एक टिप्पड़ी थी "We have been thrown into an illusory progress. Shame on us. We are bound to be destroyed. Sorry for this harsh truth". परमात्मा की व्यवस्था पर कुछ कहा नहीं जा सकता। वैज्ञानिकों का दायित्व बनता है कि अपने जीवन के आध्यात्मिक पक्ष के बारे में, श्री कलाम जी और श्री यशपाल जी जैसे वैज्ञानिकों के अनुभवों का अनुकरण कर, इस विज्ञान को अपने व जनहित के दृष्टिकोण से विचार करें और आजमायें, और नहीं, तो

श्री ज्ञानी जैल सिंह जी की सलाह की अपने जीवन वृतांत को ही लिखें। इससे तमाम आध्यात्मिक शिक्षाप्रद ज्ञान उजागर होगा।

08–05–2021

प्रतिक्रियाः आध्यात्मिक अनुभव पर आपका शोधपूर्व विवेचन सराहनीय है। इस सेवक द्वारा प्रेषित पूज्यपाद महाराज जी का प्रवचन भेजा गया है जो आपको अच्छा लगा होगा। एक विचार मन में उठता रहता है कि पूज्यपाद का अधिकांश अनुभव सपनों के माध्यम से हुआ है जो साधना के क्रम में साकार सिद्ध हुए हैं। आप अपने शोध के क्रम में इस पर भी विचार करें क्योंकि उनके निकट रहने का सौभाग्य प्राप्त हुआ है। बड़ी कृपा होगी यदि इस विषय पर कुछ जानकारी प्राप्त होती है– दुःख हरन चौधरी

2.4 कर्त्ता-धर्त्ता परमात्मा

महात्मा ईशा ने कहा है कि–"परमात्मा चाहे तो सुई के नकुए (छेद) से ऊँट निकाल दे।" यही बात "परम हंस रामकृष्ण, गृहस्थ सन्त महात्मा रामचन्द्र, महात्मा बृजमोहन लाल तथा महात्मा यशपाल जी की अभिव्यक्तियों में हमने स्वाध्याय में पाया। इन महात्माओं ने यह बातें अपने अनुभव के आधार पर ही कही हैं। इनके द्वारा लिखे साहित्य से जाहिर होता है कि ऐसे सन्त पूर्णरूपेण ईश्वरवादी व ईश्वर इच्छा में विश्वास करने वाले निष्काम कर्मी होते हैं, अपने को परमात्मा के हाथ का यन्त्र मानते हैं। महात्मा यशपाल जी को अकसर यह कहते सुनता 'परमात्मा तू ही है, तेरी इच्छा पूरी हो।' आपके द्वारा पाँच भागों में लिखा गया, श्री बृजमोहन वचनामृत, स्वयं की साधना में हुए अनुभवों का विवरण है, जो उपरोक्त कथन की पुष्टि करता है। 'आनन्दयोग' के साधक, ऐसे अनुभवों से ही आस्था के मामले में सुदृढ़ता प्राप्त करते हैं, उनकी कोई ख्वाहिश नहीं होती बल्कि शनैः शनैः परमात्मा की इच्छा को मानने की ओर अग्रसर होते जाते हैं। 'गुरु/परमात्म' तत्व हर वक्त, साधक की सहायता करता है, भले ही गुरु शरीर में न हों, परदा ले चुके हों। यह है अध्यात्म विज्ञान का मूल सूत्र, जो साधना अनुभव तथा स्वाध्याय से समझ में आता है। आईये महात्मा यशपाल जी के साधना काल का एक अनुभव देखते हैं।

आपने 'ईश्वर सर्व शक्तिमान है!', शीर्षक के तहत लिखा है "....लगभग इन्हीं दिनों में धर्मपत्नी की ब्रेस्ट में बच्चे के सिर मारने से थमेला हो गया। उससे बहुत तकलीफ हो गई। डाक्टर हरशे जबलपुर के विख्यात प्राइवेट प्रेक्टिशनर थे की सलाह पर, मिलिटरी हस्पताल के लेडी डाक्टर विशेषज्ञ को दिखाया। उन्होंने कहा कि इंजेक्शन व दवाई के साथ कोशिश करते हैं कि यह साफ हो जाय अन्यथा इसका इलाज आपरेशन है। दवा दिलाकर यह आफिस चला गया। सांय जब घर वापस आया तो धर्मपत्नी को कोई आराम नहीं था, बल्कि तकलीफ अधिक थी। रात भर नींद नहीं आई, यह सेवक भी नहीं सो पाया। अगले रोज आफिस से छुट्टी कर ली और धर्मपत्नी को लेकर मिलिटरी हस्पताल पहुँचा। वहाँ जाकर मालुम हुआ कि लेडी डाक्टर हैदराबाद चली गई हैं क्योंकि वहाँ पर सारे देश के डाक्टर All India Medical Convention के लिए इकट्ठे हुए हैं। यह मालुम होकर बड़ी निराशा हुई; उसके बाद आधा घण्टा वहीं सोच-विचार में बैठा रहा कि क्या करें और क्या न करें। फिर धर्मपत्नी को लेकर सिविल हस्पताल पहुँचा। वहाँ जाकर भी निराशा हाथ लगी। सारे बड़े और विशेषज्ञ डाक्टर हैदराबाद गये हुए थे।

हम लोग घर आये, लेडी डाक्टर का प्रेसकिप्शन ढूँढा कि वही दवा ले लें, लेकिन वह न मिला, कहीं गिर गया था। कैशमेमो देखकर दवा बनवा कर लाया, लेकिन धर्मपत्नी ने कहा कि उसका रंग अलग था, यह तो बहुत अलग है, इस दवा को लगाने से इन्कार कर दिया। दिन तो किसी तरह बीता परन्तु रात कटनी दुश्वार हो गई। बड़ी तकलीफ, बेचैनी कि कभी-कभी आँखों में आँसू आकर रोने लगतीं। इस सेवक ने उनसे कहा कि गुरु महाराज का ध्यान करिये इसके अलावा कोई दूसरा चारा नहीं। उन्होंने बताया कि ध्यान तो बराबर लगा है परन्तु कभी-कभी ज्यादा कष्ट के कारण कराहट और रोना आ जाता है। यह सेवक भी निरूत्तर प्रभु की याद में लगा रहा। एक क्षण को भी पलक न झपकी।

रात्रि में लगभग दो बजे धर्मपत्नी की आँख झपकी। यह तारीख 26-12-1953 की रात्रि थी। धर्मपत्नी गनूदगी या नींद में थीं परंतु यह सेवक बराबर जगा हुआ था और इसका दिल प्रभु ध्यान में डूबा हुआ था। करीब आधा घण्टा बाद धर्म पत्नी ने इसकी ओर करवट लीं और कहा कि मैंने अभी-अभी एक बहुत सुन्दर सपना देखा है। स्वप्न में मैं लखनऊ पहुंच गई। वहाँ भण्डारा हो रहा है। एक ऊँचे तख्त पर श्री गुरुदेव जी महाराज विराजमान हैं। सत्संगी भाई

बहनों की भीड़ है। धर्मपत्नी भी जाकर देवियों के बीच बैठ गईं। आंतरिक सत्संग चल रहा था और वह भी अपने ईष्ट का ध्यान करने लगीं। थोड़ी देर बाद ध्यान अपने ईष्ट से हटकर अपनी छाती (Breast) की तकलीफ पर चला गया और बड़ी परेशानी सी हुई। मन से रोने लगीं कि मैं इतनी आभागिन हूँ कि भण्डारे में बैठकर भी अपने ईष्ट का ध्यान नहीं कर सकती। अपने पर रोना आया और उसी समय एक मुस्लिम बुजुर्ग औरत आपके पास आई और बोली कि मुझे तेरे पर बड़ा रहम आता है, जरा देखूँ क्या तकलीफ है। उसने देखा और दर्द की जगह अपना सीधा हाथ बड़े प्रेम से फेरा और एकाएक तकलीफ खत्म हो गई। इतने पर भण्डारे में आई सब स्त्रियों ने शोर मचाया जनाब किबला मौलाना फजल अहमद खाँ साहब आने वाले हैं। उन पर सब पुष्पों और रूपयों की बखेर करेंगे। इतने में वे भण्डारे में पधारे और धर्मपत्नी ने बड़े श्रद्धा से उनके चरण छुए और एक रूपया जो उनके पास था आपके चरणों में रख दिया। बस आँख खुल गई। धर्मपत्नी उठकर बैठी हो गई और महसूस किया कि तकलीफ बिल्कुल नहीं है। तत्पश्चात सुरेश जो लगभग चार महीने का था, जगाया और उसी छाती से दूध पिलाया। उसने बड़े आराम से दूध पिया और धर्मपत्नी को कोई कष्ट नहीं हुआ। उन सतगुरुओं की हस्तियों के चरणों में समस्त जीवन के लिए दोनों के शीश हमेशा के लिए झुक गये। श्री रामकृष्ण परमहंस देव जी ने सही कहा है कि–"अगर ईश्वर चाहे तो सुई के नकुए में से ऊँट निकाल दे" (श्री बृजमोहन वचनामृत, भाग–5 से उद्धृत)

1982 का एक अनुभव यह साझा करता है। विष्णुपुर (शिलांग), शकंरदेव मंदिर कामप्लेक्स में डॉ. आर. यन. प्रसाद जी का आफिस किराये की बिल्डिंग में लैब था। डॉ. बी. यस. शर्मा हमारे साथी वैज्ञानिक थे, उनका 7–8 साल का लड़का अक्सर सायँ इस लैब में डाक द्वारा आये पत्रों के लिफाफे पर चिपके पोस्टेज स्टाम्प इकट्ठा करने आता था। एक रोज ऐसा हुआ कि गलती से वह अंदर ही रह गया, चौकीदार बिल्डिंग लॉक करके चला गया। यह स्थान सुनसान जगह था। रात 9 बजे तक, प्रथम तल के हाल में बंद वह पुकारता रहा किसी ने सुना ही नहीं, क्योंकि वहाँ आस-पास कोई हो तभी तो सुने। ईश्वर की लीला, 1979 में जब पहली बार यशपाल जी महाराज सत्संग हेतु, शिलांग आये थे तो इसी हाल में सत्संग हुआ था, क्योंकि बिल्डिंग खाली थी। अभी हाल में ही वह दूसरी बार पधारे तो सत्संग डॉ. प्रसाद जी

के निवास पर रखा गया था। इस बच्चे को उनकी याद ताजा हो गई और सोचा कि कई साल पहले भी जब बाबा जी आये थे तो इसी हाल में अमुक जगह तख्त पर बैठे थे। यह विचार आते ही, यशपाल जी सफेद धोती कुर्त्ता और काली टोपी की ड्रेस में उसके सामने दिखे और परेशानी सुन कर, एक टूटे हुए कुर्सी के हैण्डल जो वहीं पड़ा था, इशारा किया कि इसे उठा, वह शीशा तोड़ कर बाहर निकल जा। ऐसा ही किया और वह बाहर आ गया। वहाँ के दरवाजों में करीब 4 फुट ऊपर के भाग में 5×5, इन्च segment के खाँचे में पारदर्शी शीशे लगे होते थे। निकल कर यह बच्चा, सीधे वहीं कुछ दूरी पर रह रहे श्री शोभाकान्त मिश्रा जी जो वहाँ के सत्संग संचालक थे के यहाँ गया और यह घटना बताई। मिश्रा जी ने मुझे बुलाया और हम लोग जाकर घटना स्थल को देखा। शीशे के बीच में नुकीले टुकड़ों के बीच छोटा सा छेद हुआ था, यह बच्चा उससे बाहर नहीं निकल सकता था। बच्चे के शरीर पर चीर के निशान व खून के चिन्ह तो थे ही और यह उसी छेद से बाहर आया था। थोड़े दिन बाद ही दिल्ली में सत्संग का भण्डारा था। उस सेगमेंट का कागज पर अक्स बना कर हम लोग ले गये। महाराज जी को दिखाया, तो आप वही परमहंस वाली बात बता कर कहा कि ऐसे अनुभवों को नजरअंदाज करते रहना चाहिए, चक्कर में नहीं पड़ना चाहिए। ईश्वर याद में काम करते रहना चाहिए। हमने अनुभव में देखा कि ऐसी घटनाएँ निष्काम कर्मी भक्त के साथ होती रहती हैं, सामान्य जीवन में लोग नजर अंदाज करते व भूलते रहते हैं, आनंद तथा प्रभु याद में जीवन यात्रा होती रहती है। प्रारब्ध बस जिन्हें साधना मार्ग मिल जाता है, वे ऐसे अनुभवों से आत्मिक लाभ पाते हैं और जीवन में अध्यात्मिक पक्ष सुदृढ़ होता जाता है। स्वाध्याय व सत्संग से बड़ा लाभ मिलता है। सत्संग बड़ा व्यापक शब्द है, अच्छे लोगों का साथ, समय का सदुपयोग। एक साधारण गृहस्थ को और क्या चाहिए तनाव मुक्त जीवन यात्रा।

10-05-2021

प्रतिक्रिया: महात्मा यशपाल जी का कथन सुई के छेद वाला बिल्कुल सत्य है। मेरा बहुत, बडा आपरेशन हार्निया का 6 मई 2013 को बी.यल. कपूर हास्पिटल दिल्ली में हुआ था। रात आपरेशन के बाद वार्ड में शिफ्ट हुए। ड्रिप लगा था, पत्नी देख रही थीं। वे ध्यान में सो गईं। ड्रिप चलता रहा दवाई समाप्त हो गई। और कैसे ड्रिप स्वतः बन्द हो गई नहीं तो उल्टे ब्लड सक

होने लगता। पत्नी की नींद खुली तो ड्रिप बन्द थी, देखा सिस्टर से पता किया तो कहा कि मैंने नहीं बन्द किया है। यह इस बात का प्रत्यक्ष प्रमाण है कि ईश्वर *सद्गुरु कुछ भी कर सकता है। फिर अगली रात पत्नी स्वप्न में गुरु महाराज की समाधी पर अनंगपुर पहुंच गई।* दंडवत प्रणाम कर रही हैं। गुरु महाराज पूछ रहे हैं यह रो-रोकर बता रही हैं। इसी समय भाई साहब व माता जी पत्नी के साथ हमारे बेड के पास बैठे देखा। आपने पत्नी से कहा कि चिन्ता न करें, सब ठीक हो जायेगा। इतने में इनकी आँख खुल गई। मैं 9 महीने के बाद ठीक होकर अपने घर लखनऊ आ गया। यह गुरु कृपा का प्रत्यक्ष अनुभव रहा- डॉ. आर.पी. शुक्ला; सत्यरुपजन्य घटनाओं को प्रस्तुत करने के लिये अभिवादन- दु:ख हरन चौधरी

2.5 चमत्कार नहीं

सितम्बर/अक्टूबर, 1988 में हम, एक और वैज्ञानिक साथी के साथ, 21 दिन के भारत सरकार के एक्सचेन्ज प्रोग्राम के तहत, स्टडी टूर पर USSR गये थे। अध्ययन का विषय था प्राकृतिक संसाधनों (जल व भूमि) के संरक्षण में किये जा रहे शोध कार्य। उस समय की स्मृतियाँ अब धूमिल पड़ गई हैं, लेकिन आध्यात्मिक अनुभव की बातें याद हैं। जाने से पहले, महात्मा यशपाल जी के गुरुभाई श्री पी.सी. मित्तल, रिटायर्ड डिविजनल टेलीफोन इन्जीनियर व सीनियर सत्संगी भाई ने कहा था कि वहाँ के लोगों में 'गाड कानसैप्ट' के बारे में पता करना। उस समय वहाँ, राजनैतिक बदलाव की उथल-पुथल चल रही थी। ईश्वर कृपा से, हम लोगों के साथ जिस दुभाषिये की ड्यूटी लगी वह ईश्वर में विश्वास करती थी और हमने देखा कि वह अपने साथ 'ॐ' का चिन्ह रखती थी। इस तरह हमारी समझ में आया कि ऊपर से जो भी हो, अन्दर-अन्दर, लोग ईश्वर के प्रति किसी न किसी रूप में आस्था रखते हैं। गिरजाघर, अवश्य म्यूजियम के रुप में तब्दील कर दिये गये थे। टूर के दरमियान उस दुभाषिए ने एक दिन हम लोगों को होटल में रुकने के बजाय अपने घर में ठहराया। कुछ पड़ोसी महिलाओं को आमंत्रित कर देर रात तक ईश्वर चर्चा करती रही। उस समय वहाँ के लोग भारत को एक आदर की दृष्टि से देखते थे। इसका स्पष्ट अनुभव हमने किया।

अपरोक्ष रुप से हमने आध्यात्म अनुभव ज्ञान से सम्बन्धित, एक चर्चा उस देश के शीर्ष वैज्ञानिक (नाम नहीं याद रहा, लेकिन पद डाइरेक्टर जनरल स्तर का था) से करने का प्रयास किया। हमें बताया गया था कि उनका विज्ञान में अच्छा योगदान रहा है। हमने एक प्रश्न किया कि अपनी उपलब्धियों को आप कैसे देखते हैं? आपने किया या things got revealed through you and you were mere a tool. First he laughed and then narrated his one personal experience. वह बोले–"हमारा प्रेम विवाह था, हमारे इस हाथ में (स्थान दिखाते हुए) एक बड़ा सा लक्षण (black thick patch) था। कोई समस्या न थी। दो बच्चे हुए, बड़े हो गये। हमारी पत्नी को उस हमारे ब्लैक पैच से समस्या लगने लगी, कहीं कि आप इसका इलाज कराइये, हमने कोशिश की। ठीक नहीं हुआ। मामला सम्बन्ध विच्छेद (divorce)तक पहुँच गया। एक रात मैं बहुत दुःखी था, उसी अवस्था में सो गया। सुबह उठा तो वह ब्लैक पैच गायब था। समस्या समाप्त हो गई। How to explain it? This is my answer to your question." महात्माओं की कही बात की याद आ गई कि 'परमात्मा चाहे तो सुई के नकुए से ऊँट निकाल दे।' यह हुई अध्यात्म विज्ञान की बात, जो पूर्णतः ईश्वर इच्छा के आधीन है।

अधिकांश लोग ऐसे अनुभवों को चमत्कार मानते हैं! लेकिन हम ऐसा नहीं मानते! यह अध्यात्म विज्ञान के व्यवहारिक पक्ष की बातें हैं। जैसे दुनियावी उपक्रमों के मालिक अपने निष्काम कर्मी स्टाफ का विशेष ख्याल रखते हैं, वैसे विश्व नियन्ता, अपने ऐसे समर्पित कार्यकर्त्ताओं की मदद करता रहता है क्योंकि उसे अपना काम कराना होता है, चिन्तायुक्त इंसान कैसे काम करेगा। साथ-साथ ऐसे व्यक्ति विशेष की आस्था परमात्मा के प्रति बढ़ती जाती है, आध्यात्मिक विकास होता जाता है। यही बात हमें इस विज्ञान में समझने की है। यहाँ इच्छा नहीं, भावना का रोल होता है। कार्य के प्रति समर्पण की बात है। वास्तविकता है कि जो काम हमें प्राप्त हैं, वह ईश्वर इच्छा से हैं, क्योंकि उसे अपना कार्य करना व कराना है, हम उसी के अंश हैं, वही कर्त्ता-धर्ता है, हम यंत्र हैं....यही बातें अध्यात्म विज्ञान से सम्बन्धित हैं। हमें लगता है कि हमारे द्वारा किये गये कार्य से कितने हम संतुष्ट हुए (Job satisfaction), जीवन में आध्यात्मिक प्रगति का एक मापदण्ड है कि हम सही रास्ते (evolution/self-realization) पर हैं। इस प्रक्रिया में, स्वयं में

जितना सुधार आता जाता है, विचारों की शुद्धता बढ़ती जाती है, ऐसे-ऐसे अनुभव होते हैं, जो चमत्कारिक लगते हैं, जबकि वे उत्साहवर्धन या आध्यात्मिक जागृति के लिए होते हैं, गुरु/परमात्मा तत्व की कृपा के फलस्वरूप होते हैं। यह है अध्यात्म विज्ञान, जिसे हम समझने का प्रयास कर रहे हैं। भौतिकवादी भावना में यह विज्ञान दूर है, हालाँकि वहाँ भी जो सफलता हासिल होती है वह अध्यात्म विज्ञान की वजह से ही होती है जिसमें मुख्य रोल 'ध्यान और विश्वास' का ही होता है, जो आध्यात्मिक गुण है।

10-05-2021

प्रतिक्रियाः Excellent description of spiritual upliftment – Prof. Manendra Pratap Singh; सत्गुरु वैद्य वचन विश्वासा। संयम यह न विषय की आसा।। रघुपति भगति संजीवनी भूरी। अनुपान श्रद्धा मति रुरी।। यहि विधि भलेहि रोग नसाहीं। ना हित कोई जतन तहि जाहिं।। सद्‌गुरु कृपा केवलम्। एकाएक सुखमनी की पंक्तियाँ याद आ गई-.... कर्त्ताधर्ता आप रब और कौन करतार। वह जल-थल आकाश, में नानक मैं बलिहार-दुख हरन चौधरी; जीवन में अध्यात्म का बहुत बड़ा योगदान है। यदि जीवन में जाने-अनजाने व्यक्ति का कर्म भी श्रेष्ट रहा तो ईश्वर की कृपा किसी न किसी रुप में प्रकट होती ही है - हरिभान सिंह

2.6 स्वाभाविक जीवन यात्रा (1)

आजकल हमारे शहर सुलतानपुर (उ.प्र.) में कोरोना बीमारी की दूसरी लहर के चलते, "कोरोना कर्फ्यूः चल रहा है। अपने-अपने घरों में बंद लोग, समाचार पत्र, टी0वी0, फोन, सोशल मीडिया तथा रुचि के अनुसार साहित्य पढ़ने में समय दे रहे हैं। अध्यात्म पर भी तरह-तरह के विचार मीडिया से मिल रहे हैं जिनमें क्या करना चाहिए, क्या नहीं करना चाहिए, क्या लाभ हैं की बातें अधिक होती हैं। कैसे करना चाहिये (साधनात्मक) की बातें न के बराबर होती हैं। हाँ! हर तरह पीड़ितों की सेवा की प्रेरणात्मक बातें भी समाचारों में होती हैं, जो समाज के आध्यात्मिक पहलू की द्योतक हैं। हतोत्साहित करने वाले भी समाचार होते हैं। हमीं में से ऐसे तत्वों की भी खूब चर्चा है, जिन्हें मीडिया, एक नया शब्द 'गिद्ध' के उपनाम से प्रचारित कर रहा

है, जो इस कठिन समय में मजबूरी का लाभ पैसा कमाने के लिए कर रहे हैं। इसमें सभी व्यवसाय के लोग लिप्त हैं। देश की आजादी के बाद मानव आचरण/मूल्यों में निरन्तर गिरावट आती गई है, आदमी आध्यात्मिक दृष्टिकोण से कमजोर हुआ है, नकारात्मक भावना मजबूत हुई है और आध्यात्मिक जागृति बढ़े की पहल कम हुई हैं। आध्यात्मिक जागृति ही इस बीमारी का एक उत्तम उपचार है। आचार्य श्री राम शर्मा जी की बात 'हम सुधरें, जग सुधरेगा' एक अच्छा स्लोगन लगा क्योंकि यह व्यक्ति विशेष के समझ में आने वाली बात है। उसके बाद तो उसके जीवन में यह स्वाभाविक प्रक्रिया बन जाती है, विकास का सही मार्ग मिल जाता है जो स्वाध्याय तथा ईश्वर चर्चा से पोषित होने लगता है।

इस चर्चा श्रृंखला में हम अध्यात्म विज्ञान को समझने का प्रयास कर रहे हैं। हम इस संसार में क्यों हैं? लगभग सभी कहेंगे कि ईश्वर की इच्छा से। इस बात को मानने में ज्यादा कठिनाई नहीं होनी चाहिए कि सब कुछ उसकी इच्छा से ही हो रहा है, लेकिन समस्या यहीं है! जहाँ हमने अपनी इच्छा से चलने की कोशिश की, वहीं गड़बड़ हुई। बहुत लोग मानते हैं कि मानव की इच्छा का ही सामूहिक परिणाम हैं, ये 'कोरोना जैसी महामारियाँ' जो पूरे समाज को चेताने के लिए आती रही हैं। प्रकृति अपना संतुलन ठीक करती है। विश्वास कैसे हो इस बात पर? इसके लिए हमें अपने ही अनुभवों को देखना होगा। जिनकी जीवन यात्रा स्वाभाविक रही है या है, उनके लिये यह बात समझनी आसान है। स्वाभाविक जीवन यात्रा का तात्पर्य है कि जिनकी यात्रा में 'गाडफादर या सोर्स-सिफारिश' का दखल न हो, अनुशासित जीवन हो और कर्म के प्रति पूर्ण समर्पण। इस बात की स्पष्टता महापुरूषों के जीवन वृतांत में आसानी से देखी जा सकती है। समाज में अधिकांश की जीवन यात्रा स्वाभाविक ही होती है, जो ईश्वर इच्छा की द्योतक है, और यदि यह बात समझ में आ जाय तो मानव समाज निःसंदेह शान्ति व सुकून के मार्ग पर बेहतर तरीके से बढ़े।

इसे, स्वयं व बहुत से वैज्ञानिक साथियों की जीवन यात्रा के स्वाभाविक होने में 'ईश्वर इच्छा' की बात स्पष्ट दिखी। ऐसे लोगों से संतोषपूर्ण सार्थक कार्य कराते हुए, साथ-साथ उनके दुनियावी कार्य भी परमात्मा करा ही देता है, के अनुभव दिखे। किसी प्लानिंग की आवश्यकता नहीं होती और न ऐसे

लोग कोई विशेष प्लानिंग ही करते हैं। यही आध्यात्मिक जीवन यात्रा है, ऐसे ही लोगों के अनुभव, अध्यात्म विज्ञान के डाटा बेस हैं, लेकिन बिखरे हुए हैं, लुप्त होते रहे हैं, मानव समाज में आध्यात्मिक जागृति पैदा करने हेतु उपयोग में नहीं आ पाते।

अपनी जीवन यात्रा का जब यह विश्लेषण करता हैं तो ईश्वर इच्छा की स्पष्टता नजर आती है। ग्रामीण आँचल से निकलकर उस समय के प्रतिष्ठित उपक्रमों से शिक्षा पाते व उनमें काम करते हुए हुए आज अपने गृह नगर (जनपद) में सनातन धर्म के अनुसार 'सन्यास आश्रम' की सी जीवन यात्रा है। ईश्वर इच्छा से जीवन यात्रा में जितने भी बदलाव हुए क्रमशः सुखद ही होते गये। सुखद का तात्पर्य मानसिक अवस्था (State of mind) से है, सांसारिक ताप तो कर्मानुसार भुगतने ही हैं। गीता शास्त्र कहता है कि आप दृष्टा हैं, जो हो रहा है देखते रहो, जो काम सामने आये करते रहो, things are destined. गीता शास्त्र 'कर्मयोग' के सिद्धांत से यह बात स्पष्ट होती है। हमने अध्ययन में पाया है कि मन की ऐसी अवस्था तभी बनती है जब यह विश्वास हो जाये कि हम यंत्र है कर्त्ता–धर्ता परमात्मा। स्वाभाविक जीवन यात्रा में इस यथार्थ का अनुभव होता है।

ऐसा भी नहीं है कि हमने इच्छा रहित जवीन यात्रा किया है। अपनी छोटी लड़की वर्षा (जो अब अमेरिका में है), दिल्ली में मकान हो, की इच्छा रखती थी। परिस्थितियाँ ऐसी बनीं की गुरुदेव की कृपा से फरीदाबाद के पास सत्संगियों के कोऑपेरटिव हाउस बिल्डिंग सोसायटी में इसका पहला मकान सेवानिवृत होते–होते (2003) बन गया। हमारी तीसरी लड़की जो एकांगी आध्यात्मिक जीवन यात्रा में रुचि रखती थी यह स्थान उसकी साधना के लिये स्वर्ग सा होगा के विचार मन में थे, दुनियावी सोच के अनुरूप उचित भी। पड़ोस में सत्संग आश्रम, अध्यात्म साधना के दृष्टिकोण से विकसित भी हो रहा था। लेकिन ईश्वर इच्छा से हमारे मार्गदर्शक, भाई साहब जी और माता जी के जाने के बाद, परिस्थितियाँ ऐसी बदलीं कि हमें वर्ष 2015 में मकान छोड़कर लखनऊ शिफ्ट होना पड़ा। यहाँ हमारी दो लड़कियाँ सेटल्ड हैं, रहती थीं। जो भी हो यह बदलाव आध्यात्मिक दृष्टिकोण से बहुत ही लाभप्रद रहा, हालाँकि इच्छा के विरुद्ध हुआ। यहाँ हमारी मुलाकात 'कबीर शान्ति मिशन' लखनऊ के संस्थापक गृहस्थ सन्त श्री राकेश कुमार मित्तल से हुई, जिनका

अध्यात्मिक कार्य/साधना, जीवन के सकारात्मक (positivity) पक्ष पर था। हमारे गुरुदेव 'ध्यान व सेल्फरियलाइजेशन' पर काम किये थे। इन दोनों सन्तों ने कबीर का सा जीवन जिया और मानव कल्याण हेतु मौलिक अध्यात्म ज्ञान समाज के सामने रखा। ईश्वर इच्छा ही कहूँगा कि मार्च 2018 में, धर्मपत्नी व बेटी की पहल पर, अपने गृह नगर सुलानपुर में आवश्यकतानुसार घर बनाकर हम लोग यहाँ शिफ्ट हो गये। ईश्वर कृपा ही है कि घर के बगल वाला परिवार हमारी छोटी बहन मंजू का है, जिसमें यशपाल जी महाराज की 'आनन्दयोग पद्धति' साधना का सत्संग केन्द्र है जो हमारे बहनोई श्री दिनेश प्रताप सिंह जी संचालक के तौर पर देखते हैं। बेटी सरिता सिंह, एक स्कूल में हेडमिस्ट्रेस हैं, अपने मुहल्ले के बच्चों को आध्यात्मिक जागृति, म्यूजिक, कला, इंगलिश सिखाने व बच्चों को एक घण्टे के रामायणी साप्ताहिक सत्संग के माध्यम से सेवा देती हैं। यह सारी बातें व अनुभव ईश्वर इच्छा व गुरु कृपा के ही उदाहरण हैं। यह स्वाभाविक जीवन यात्रा के अनुभव हैं जो धर्मानुकूल व्यवस्था के तहत होती है। कितने गृहस्थ जनों की जीवन यात्रा अनजाने में ऐसी ही होती है। काश, इंसान अपने को जानने का प्रयास करे तो उसकी समस्याओं का समाधान कठिन नहीं है। यह रहस्य स्वाभाविक जीवन यात्रा में छिपा है। विचार व शोध का विषय है, वह भी बिना किसी और संसाधन के, मात्र विचारों की दिशा बदलने से यह संभव है।

12-05-2021

प्रतिक्रिया: I think you have potential to convey your view point very lucidly through your experiences in life quoting the real life events. For this it is necesssary to read your posts line by line and word by word. It is so simple that one need not to read between the lines to understand the whole philosophy behind. - Dr U.C.Sharma; अपना-अपना करो सुधार - तभी मिटेगा अत्याचार। यह शाश्वत है, यदि शाश्वत जीवन जिया जाय तो जीवन में आने वाली तमाम समस्याओं को ईश्वर ऐसे निपटा देता है कि हम सोच ही नहीं सकते हरिभान सिंह; जय सतगुरुदेव, जय पदशरणम्, सद्गुरु कृपा केवलम्-दुख हरण चौधरी।

2.7 अध्यात्म व्यक्तिगत विषय

अध्यात्म विज्ञानी गृहस्थ सन्त महात्मा यशपाल जी के 20 वर्षों के सानिध्य में रहते हुए जो हमने देखा, अनुभव किया व समझा, इस चर्चा का मूल आधार है। आज सुबह, यू ट्यूब पर पत्रकार प्रदीप सिंह, संपादक 'आपका अखबार' को एक राजनीतिक विश्लेषण करते हुए सुना। विषय था, बाबू जगजीवन राम को दो अवसरों पर किसने प्रधानमंत्री नहीं बनने दिया। सुनते समय हमारा मन उनकी बातों का आध्यात्मिक विश्लेषण करता रहा। मुझे लगा कि इसमें लोकतान्त्रिक मूल्यों की अवहेलना हुई थी। ऐसी स्थिति आध्यात्मिक दृष्टिकोण से उस समय के तथाकथित महत्वपूर्ण व्यक्ति के अहंकार का ही प्रतिफल था, जो 'जनताजनार्दन' के निर्णय को नहीं मानने दिया। जनताजनार्दन की राय ही 'ईश्वर इच्छा' की द्योतक है। कहावत है 'आवाजे खलक, नक्कारे खुदा' होती है।

उपरोक्त घटना जनता-जनार्दन के आदेश का उल्लंघन वैज्ञानिक दृष्टिकोण से असीमित चेन रिएक्शन जनरेट करते हैं और नकारात्मक शक्तियाँ भविष्य में होने वाली घटनाओं को प्रभावित करती हैं। कैसे? यही शोध का विषय है। गीता शास्त्र की बात, "जो हुआ अच्छा हुआ, जो हो रहा है अच्छा हो रहा है, जो होगा अच्छा होगा", व्यक्ति विशेष के स्तर व परिपेक्ष्य में, जिसकी जीवन यात्रा स्वाभाविक हो, स्वयं के अनुभवों के विश्लेषण से स्पष्ट हो सकती है। ऐसा हमने अपने अनुभव में पाया है। ऐसी बातें ही, किसी भी घटना से सम्बन्धित क्यों न हों, नकारात्मक शक्तियों के प्रभाव को बल प्रदान करती हैं और आज इसी प्रक्रिया से मानव ने अपने व समाज को एक विषम परिस्थिति में ला खड़ा किया है। इसके हल का एक मात्र उपाय 'अध्यात्म' है जो 'आवाजे खलक, नक्कारे खुदा' के रहस्य में छिपा हुआ है। व्यक्तिगत स्तर पर यही आत्मा की आवाज (conscience) के रूप में प्रत्येक व्यक्ति को उपलब्ध है जो कदम-कदम पर हमारा मार्गदर्शन करता रहता है। हम सुनते हैं कि राजनीतिक दल कभी-कभी संसद में अपने सदस्यों को Conscience पर वोट करने की छूट देते हैं हालाकि इसमें भी कोई न कोई स्वार्थ छिपा होता है। अध्यात्म विज्ञान इस तरह के छल-कपट से दूर का विषय है जिसमें आत्मा की आवाज का ही मुख्य रोल है, यही ईश्वर की इच्छा होती है। इसी बात का अनुभव महात्मा यशपाल जी ने हम जैसे हजारों लोगों को कराया।

आज ही एक और विश्लेषण कोरोना बीमारी की आपदा के समय मौका परस्त राजनीति पर ओंकार चौधरी तथा भाऊतोरसेकर का OCR Network पर सुना। प्रधान मंत्री मोदी जी की सकारात्मकता तथा विपक्ष की नकारात्मकता के विश्लेषण में स्पष्ट आध्यात्मिक संदेश दिखा। 'भगवान को जनता बनाती है, मोदी को जनता ने जिम्मेदारी दी है, जो वह इस कठिन घड़ी में यथासंभव निभाने का प्रयास कर रहे हैं? उसमें सहयोग चाहिए न कि असहयोग। सहयोग न करना भी 'जनता जनार्दन' के निर्णय की अवहेलना ही है। इन बातों को सुनकर हमें महात्मा यशपाल जी के साथ का अपना 20 वर्षों का अनुभव जो 'जनता जनार्दन की राय' के प्रभाव से सम्बन्धित है, याद आ गया। निंदा किसी की न हो, से बचने का प्रयास करते हुए परमात्मा की इस व्यवस्था (जनता जनार्दन की राय), पर अपनी जीवन यात्रा का अनुभव अध्यात्म विज्ञान के दृष्टिकोण से साझा करता हूँ। पारिवारिक परिपेक्ष्य में भी ऐसी एप्रोच, सद्‌भावना के साथ जीवन यात्रा करने में सहायक होती है।

वर्ष 1979 में हमारी मुलाकात महात्मा यशपाल जी से शिलांग में हुई जब वहाँ आप कुछ गृहस्थ भाई बहनों के साथ सत्संग हेतु पधारे थे। आपके प्रवचन से आकृष्ट हुआ, कालांतर में इसका जुड़ाव आपसे हो गया। आप गृहस्थियों में अध्यात्म साधना के लिए 'ध्यान' पर आधारित 'आनन्दयोग' साधन पद्धति स्वयं पालन करते हुए, प्रचार कर रहे थे। स्वाभाविक था कि यथासंभव सहयोग जो हो सकता था, हमारा भी आपके कार्य में रहा। उस समय आपके माध्यम से 'अखिल भारतीय सन्तमत सत्संग' संस्था आकार ले चुकी थी। साधकों की संख्या मात्र कुछ सौ परिवारों तक सीमित थी। आपकी कार्य पद्धति में "ईश्वर इच्छा, न चन्दा न निन्दा; आवश्यकतानुसार विकास; परमात्मा तू ही है, तेरी इच्छा पूरी हो?" संस्था की रीढ़ थी। एक बात जो आपके प्रबन्धन में हमे विशेष लगी वह थी 'जनता जनार्दन की राय' खास कर संस्थागत विकास के बारे में। मुझे लगा कि इसे ही आप 'ईश्वर की इच्छा' की सहमति मानते थे। हमने देखा कि यदि एक भी सदस्य विकास के किसी कार्य से असहमति रखता हो, तो तब तक इंतजार करते जब तक पूर्ण सहमति न बन जाय। सदस्यों से ही पैसे का योगदान संस्था के लिए स्वीकार्य था, वह भी जो स्वेच्छा से हो। आपके समय में 20 वर्षों तक हमने देखा कि यह संस्था पूरे देश में सभी भाषा-भाषियों के बीच हजारों-हजारों परिवारों तक

पहुँच गई, अखिल भारतीय समूह बन गया। किसी भी तरह के आधुनिक प्रचार से दूर, केवल "एक चिराग से दूसरा चिराग जलने की पद्धति से' (method of cantact) होते संस्था के विकास को देखा व अनुभव किया। संस्थाओं के बारे में गाँधी जी का कहना था कि 'if leaders behind the movement are totally selfless and working is transparent, resources will be made available by nature perennially. This theory was witnessed by me, proving true during my 20 years of association with Yashpal ji Maharaj." अध्यात्म के वास्तविक रुप का अनुभव वार्षिक भण्डारे पर होता था जहाँ क्लास लेस (class less) समाज की अनुभूति व बात-बात पर आँखों में प्रेम के आँसू लोगों में लुढ़कते दिखते। प्रेम व्यक्त नहीं हो सकता, अनुभव किया जा सकता है, या फिर अश्रु कण के रूप में प्रदर्शित होता है। अध्यात्म में कहा गया है कि 'रामहि केवल प्रेम पियारा – जानि लेई कोई जाननि हारा' का अनुभव, हमको ही नहीं अधिकांश को होते दिखता।

ऐसा था 'ईश्वर इच्छा' का प्रयोग जो यशपाल जी का हमने देखा व अनुभव किया। वर्ष 2015 में, हमें और हम जैसे बहुतों को संस्था छोड़ना पड़ा, जिसे हम अपने अध्ययन व अनुभव में ईश्वर इच्छा के साथ, 'ईश्वर कृपा' मानते हैं और ऐसा ही हमारे और कुछ साधक साथी जन भी मानते हैं, क्योंकि अध्यात्म साधना व्यक्तिगत होती है। शिक्षा ग्रहण तक तो संस्थाएँ उपयोगी होती ही हैं, जैसे दुनियावी शिक्षा के मामले में हैं। अध्यात्म साधकों का अनुभव रहा है कि 'गुरु तत्व' निरंतर साधक की मदद करता रहता है। कबीर साहब की बात कि 'मोको कहाँ ढूँढ़े रे बन्दे मैं तो तेरे पास में' अनुभव की बात है। देखा गया है कि संस्थापक के जाने के बाद, संस्थायें अपना मूल सिद्धांत बदलावों के साथ बरकरार नहीं रख पातीं, लेकिन 'साधन पद्धति' का स्वरूप बना रहता है, और आने वाले साधकों को शिक्षा मिलती रहती है। संस्थाओं का अस्तित्व में आना भी तो ईश्वर इच्छा के तहत ही होता है। अध्यात्म विज्ञान का रहस्य परमहंस रामकृष्ण जी की कथनी 'मिट्टी सोना एक समान' में छिपा है। लेकिन गृहस्थियों के लिए सामान्य तरीके से जीवन यापन के लिए, धर्मानुकूल प्राप्त धन भी इस कहावत को चरितार्थ करता है। गीता में कही बात कि योग क्षेम परमात्मा पूरा करता है, अनुभव का विषय है। हम यन्त्र तो बनें। जितने भी नामी सन्त हुए हैं सब अध्यात्म विज्ञानी ही रहे हैं। हम अपने अध्ययन व अनुभव में पाते हैं कि वैज्ञानिक समुदाय अध्यात्म

विज्ञानी बनने की पूरी क्षमता रखता है और यदि हिम्मत करे तो अपने मुख्य कार्य के साथ-साथ अपना स्वयं का आध्यात्मिक विकास करते हुए, समाज के विकास में प्रभावी भूमिका निभा सकता है। यह बात हमने अब्दुल कलाम साहब के व्यवहार में देखा है। दीन व दुनिया संवारने का मानव जीवन में सुंदर अवसर, काश! हम स्वाध्याय को अपनायें।

15-05-2021

प्रतिक्रिया: बिल्कुल सही - डॉ. आर.यल. मिश्रा; आपके द्वारा प्रस्तुत दोनों डाकूमेन्ट बहुत ही सुन्दर, सराहनीय एवं प्रेरणा दायक हैं: आध्यात्मिक विविध बिन्दु पर शोधपूर्ण विवेचन के लिए साधुवाद-दुख हरन चौधरी

2.8 हिन्दुस्तानी पर पश्चिमी सोच

भारत एक आध्यात्मिक देश रहा है। इसका कारण जो हमारी समझ में आता है वह शिक्षा के उद्‌भव में मानव विकास (evolution) में समग्रता की सोच व लक्ष्य रहा है। उसमें भी आध्यात्मिक विकास की प्राथमिकता थी जो भौतिक विकास की जननी रही। इस प्रक्रिया में ही विज्ञान की और शाखाओं का जन्म हुआ, उनमें भी अच्छी प्रगति हुई, देश विश्वगुरु बना और सदियों तक अग्रणी अर्थ व्यवस्था में रहा। सन् 1740 के बाद चौमुखी गिरावट का दौर शुरु हुआ, जो थमने का नाम नहीं ले रहा है। आध्यात्मिक विकास की प्राथमिकता और प्रक्रिया दोनों धीमी पड़ती गई, गुलामी का लम्बा दौर चला, ब्रिटिश राज ने हमारे मूल शिक्षा तन्त्र की जड़ें काट दीं और आज हम हिन्दुस्तानी वेषभूषा में पश्चिमी सोच के लोग हैं।

आज NBT पेपर में नौकर शाह रहे के0सी0 जैन का ब्यूरोक्रेट्स पर एक लेख पढ़ा। आप इनकम टैक्स के पूर्व प्रिंसिपल चीफ कमिश्नर रहे हैं। लेख की इन पंक्तियों ने अध्यात्मिक दृष्टिकोण से हमारा ध्यान आकृष्ट किया- "जिस दिन से ऐसे अफसर काम शुरु करते हैं, उन्हें कोई भी फैसला करने से संभावित पचड़े से खुद को बचाने की सीख दी जाती है। पहले वे अपने हित के बारे में सोचते हैं। जनता, समाज और देश का हित उसके बाद आता है।....ट्रेनिंग में हमें सुनहरी सीख मिली, आप जो भी फैसला करें, अगर वह रेवेन्यू सर्विसेज के हक में है, तो आपको फिक्र करने की जरूरत नहीं। यानि

आपके दूसरी ओर जो शक्स खड़ा है, उसे न्याय मिले या न मिले, इस बात से कोई फर्क नहीं पड़ता।....यह गोल्डेन रुल सिर्फ एक ब्रांच या एक डिपार्टमेंट तक सीमित नहीं है। नौकरशाही में नीचे से ऊपर तक यही सोच "फल-फूल रही है।" आपने प्रधानमंत्री मोदी के एक कमेंट का भी जिक्र किया है, जो उन्होंने संसद में कहा था "आई.ए.एस. अफसर हर एक क्षेत्र के एक्सपर्ट नहीं हो सकते। सरकारी मशीनरी को चलाने के लिए इस मानसिकता से बाहर निकलना होगा कि आई.ए.एस. अधिकारी सब कुछ कर सकते हैं।" मुझे लगा की जैन साहब का पारिवारिक परिपेक्ष्य अवश्य आध्यात्मिक रहा होगा, जिससे उनकी सेवा यात्रा सकारात्मक रही होगी, नहीं तो आप ऐसी यथार्थ पूर्ण अभिव्यक्ति की हिम्मत नहीं कर पाते।

किसी भी समाज को चलाने वालों का आध्यात्मिक दृष्टिकोण ऐसी मानसिकता से निर्देशित हो, तो समाज को अध्यात्मिक पतन से नहीं बचाया जा सकता। कुछ लोगों के प्रयास सार्थक भी हों, तो कम ही कारगर होंगे। आज हमारे देश का परिदृश्य ऐसी ही अवस्था में है। मीडिया में, कोरोना महामारी के समय आध्यात्मिक दृष्टिकोण से जो अनुभव व प्रतिक्रियायें आ रही हैं, इस बात की पुष्टि करती हैं। आज हमारे देश का पूरा आध्यात्मिक शिक्षा तन्त्र भी 'जैसा देश वैसा भेष' के रूप में ढ़ल गया है, बड़े-बड़े आश्रम, बड़ी-बड़ी बातें, सभी का व्यवसायीकरण। ऐसा भी नहीं है कि अध्यात्म गायब हो गया है, आखिर समाज तो तथाकथित भौतिक मापदन्डों पर विकसित हो ही रहा है। सकारात्मक सोच (उर्जा), नकारात्मक सोच (उर्जा) पर भारी है। वैज्ञानिकी दृष्टिकोण से, इस ऊर्जा का आध्यात्मिक दृष्टिकोण से 'कर्मयोगी' का सा जीवन यात्रा करते हुए, दो मित्रों के साथ चैट में कोरोना परिस्थिति पर मिली प्रतिक्रियाओं को लेते हैं। – "The problems will get solved in next few centuries as there will not be humans and birds." The interaction was on learning from birds in present scenario. "India is dev-bhoomi. Good things will happen at destined time till then wait."

"पहली प्रतिक्रिया ऐसे साधक से है जो भगवान व कर्म में विश्वास रखते हैं और दूसरे, इन दोनों बातों के अलावा अपने रुचि के अनुसार धर्म में भी रुचि रखते हैं। 'सनातन धर्म' मानव विज्ञान for self evolution की बात करता है और वह भी गीता के उपदेश 'स्वधर्म' पालन के साथ-साथ, जागरुकता बरकरार है। पीढ़ी, दर पीढ़ी, यह जागरुकता बनाने की व्यवस्था परंपरा में थी

लेकिन तथा कथित विकास के बढ़ते गति के साथ क्षीण होती गई, जिसे हम बहुतों ने बचपन में देखा और लाभान्वित हुए। यह जागरूकता हमारे दादा–दादी, नाना–नानी, या पड़ोसी बुजुर्गों के माध्यम से उपलब्ध थी जो अब लगभग समाप्ति की ओर है। हमारे अनुभव व सोच में, मानव की समस्याओं का समाधान अध्यात्म में ही है, इस विज्ञान का पुनः जागरण हो, के लिए बौद्धिक वर्ग को आगे आना चाहिए।

19–05–21

प्रतिक्रिया: अध्यात्म का पूरा–पूरा व्यवसायीकरण हो रहा है – डॉ. आर. पी. शुक्ला; आपका आध्यात्मिक विश्लेषण सराहनीय है। इनके सार तत्व जो सेवक की समझ में आ रहा है वह यही है "परमात्मा तू ही है, तेरी इच्छा पूरी हो।" सेवक का ऐसा विश्वास है कि जगत नियंता की इच्छा से यह संसार बना है। उसी की कीड़ा कौतुक की यह समस्त रचना है। अतः "केशव कहि न जात क्या कहिए। देखत तब रचना विचित्र हरि समुझि मन ही मन रहिए।" धन्यवाद – दुःख हरन चौधरी।

2.9 स्वाध्याय का प्रभाव

जनवरी–मार्च, 2021 के कबीर–ज्योति पत्रिका के अंक में सुधाकर मिश्र, का लेख 'एक सद्वाक्य' का प्रभाव पढ़ा। 'अंधकार को मत कोसो एक दीप जलाओ' शब्द से प्रभावित होकर आपने, बैंकिंग हाल में छोटा सा श्वेत पट लगवाकर, प्रतिदिन एक सद्वाक्य लिखने लगे, जिससे लोगों को प्रेरणा मिल सके और जीवन में सुधार आये। एक दिन आपने लिखा कि– "क्रोध मूर्खता से प्रारम्भ होता है और पश्चाताप पर समाप्त होता है।" आगामी कार्य दिवस पर शाखा के एक स्टाफ ने, आपसे निवेदन किया कि कृपया इस वाक्य को न मिटायें और कुछ रोज इस विषय पर हमें मनन करने दें। मिश्र जी ने उस वाक्य को रहने दिया। कुछ दिन के बाद, उक्त स्टाफ महोदय, मिश्र जी से मिले और प्रार्थना की उसी वाक्य में संशोधन करके "क्रोध मूर्खता से प्रारम्भ होता है, एवं स्वयं की हानि करने के उपरांत पश्चाताप पर समाप्त होता है" लिख दिया जाय। मिश्र जी ने ऐसा ही किया। वह महोदय, छोटी–छोटी बातों पर क्रोध करके अपनी हानि करते रहे थे। क्रोध उतरने पर पछताते थे। इसके

बाद, उनके जीवन में अभूतपूर्व परिवर्तन आया, सबसे प्रेम व विनम्रता का व्यवहार करने लगे।

इसी तरह की बात, वर्षो पहले हमने इसी पत्रिका में पढ़ा था कि सीनियर सिटिजन्स कैसे जीवन जिएँ? उसमें एक बात थी कि सेवानिवृत्ति के बाद जो पैसा मिले उसे, जमा रखें और स्वयं व पत्नी के साथ वह काम करें जो पहले चाहते हुए नहीं कर पाये हैं- होटल/रेस्टोरेंट में खाना, जरूरत मन्द की मदद करना, देशाटन, सत्संग में जाना, गरीब बच्चों की शिक्षा में सहायता या जो कोई शौक रह गये उन्हें पूरी करना और आनंद लें। किसी के लिए दुकान, मकान या जमीन में पैसे को खर्च करने से बचें। यदि पैसा कहीं लगा देंगे तो, पहले ही दिन से मानसिक तनाव प्रारम्भ हो जायेगा। यह बात हमारे मन में रह गई, क्योंकि यह यथार्थपूर्ण थी, हम सब अपने आस-पास ऐसे कटु सत्य का अनुभव करते भी हैं।

हमारी जीवन यात्रा, ईश्वर कृपा के फलस्वरूप आध्यात्मिक रही है। हमारे गुरुदेव जो गृहस्थी थे, के न रहने के बाद ऐसा बदलाव आया कि आध्यात्मिक संस्थाओं में होती विकृतियों के प्रभाव से संस्था बच न पाई और हम तमाम लोगों को आध्यात्मिक निकेतन से अपने मकान को छोड़कर हटना पड़ा। इस तरह अपना मकान होते हुए भी हमारे एक वैज्ञानिक साथी डॉ. आर.पी. सिंह, किराये का मकान लेकर वहीं पास ही फरीदाबाद में रहने लगे। हम लोग लखनऊ आ गये, नई व्यवस्था बनने तक तीन वर्ष, बेटी के फ्लैट में रह गये। कुछ दिन बाद, दिल्ली जाना हुआ। हमारे साथी डॉ. आर.पी. सिंह जो किराये के मकान में चले गये थे, नया मकान खरीदने का विचार बना लिया था। हमें वह फ्लैट दिखाने ले गये। जाते समय रास्ते में हमने कबीर ज्योति में पढ़ी यह सीनियर सीटीजन वाली बात का जिक्र किया। फ्लैट देखा, अच्छा था। हम यह बात भूल गये। फिर कुछ दिन बाद दिल्ली जाना हुआ, उन मित्र से मुलाकात हुई। वह कहने लगे कि सिंह साहब, उस बार जो अपने सीनियर सिटीजन वाली बात बताई थी, उस पर मनन करने के पश्चात, हमने फ्लैट खरीदने का आइडिया ड्राप कर दिया। लौट कर लखनऊ आया तो इस बात का जिक्र हमने महात्मा राकेश कुमार मित्तल साहब जो 'कबीर ज्योति' पत्रिका कबीर मिशन से निकालते थे, से किया। आप हँस कर बोले कि, अपने मित्र से कहिए कि, उन्हें कबीर मिशन को कमीशन देना चाहिए, तमाम तनावों से बचत हुई।

वाकई में आगे चलकर परिस्थितियाँ ऐसी बनीं कि उन्हें बम्बई अपनी बेटी के पास शिफ्ट होना पड़ा। तमाम परेशानियों से बच गये। यह है पत्रिकाओं, स्वाध्याय और सत्संग के माध्यम से मिलने वाला लाभ जो अध्यात्म साधक जनों को मिलता रहता है। लेकिन अधिकांश ऐसी बातों को नजर अंदाज करते रहते हैं। इसका लाभ मिल सकता है, बशर्ते हम स्वाध्याय को सत्संग का रूप दें। यह तो हुआ, पुस्तकों के साथ का सत्संग। हम ऐसे सत्संग की बात कर रहे हैं, जिसमें कम से कम सप्ताह में किसी एक दिन एक घण्टे का स्वाध्याय का नियमित आध्यात्मिक चर्चा का प्रोग्राम बनायें। ईश्वर चाहेंगे तो ऐसा प्रयास छोटे-मोटे कारंवा का रूप ले सकता है। यह भी सत्संग है, अध्यात्मिक विकास की प्रक्रिया है, समाज सेवा का एक प्रारूप है, सेवानिवृत्त बंधुओं के लिए समय का सार्थक उपयोग है। बात समझने की है।

वास्तव में हमारा मन (सूक्ष्म शरीर) क्रोध जैसी 100 बीमारियों से ग्रसित है, बीमार है। उपरोक्त बैंक अधिकारी के क्रोध का इलाज कैसे सहज ढंग से हुआ। ऐसे ही एक-एक करके इन बीमारियों से, छुटकारा लेते हुए हम अपने जीवन के अध्यात्मिक पक्ष को सुदृढ़ कर सकते हैं। हमारे पड़ोस में श्री दिनेश प्रताप सिंह व कु0 सरिता सिहं, सुलतानपुर में मुहल्ले के बच्चों तथा बुजुर्गों के लिए अपने ही निवास पर आध्यात्मिक जागृति सेवा केंन्द्र बना रखा है। इन लोगों से, उपरोक्त श्वेत पट के अनुभव की बात बताई। सुधाकर मिश्र जी की तरह अपने समाज सेवा के प्रयास को सुदृढ़ करने के लिए इन लोगों ने श्वेत पट्टिका लगाकर सप्ताह का आध्यात्मिक विचार लिखकर अपने प्रयास को बल दिया है। व्यक्तिगत आध्यात्मिक विकास में स्वाध्याय का बड़ा महत्व है।

16-06-2021

प्रतिक्रियाः "क्षमहु नाथ अपराध हमारे, करहू कृपा सदा होई सुखारे।" सच्चा अध्यात्म स्वाध्याय का नहीं, ध्यान का है जो सबके लिए है। सब तो आपको मालूम ही है। ध्यान से आत्म बल, अक्षय सद्ज्ञान, भक्ति, प्रेम भगवत कृपा से ही प्राप्त होती है। अपनी निज की लिखिए जो आपकी नहीं परमात्मा की पेशकश होगी। जय श्री हरि डॉ. बीरबल सिंह; सरिता का कार्य बहुत अच्छा है– डॉ. आर.पी. शुक्ला।

2.10 स्वधर्म

कबीर ज्योति पत्रिका के जनवरी–मार्च, 2021 के अंक में डॉ. जगदीश गाँधी का लेख 'प्रभु का स्मरण का एक ही रास्ता एक ही मंजिल' पढ़ा। लेखक का मानना है कि "प्रभु की इच्छा व आज्ञा को जानना तथा उस पर दृढ़तापूर्वक चलते हुए प्रभु का कार्य करना ही प्रभु को स्मरण करने का एक मात्र रास्ता है। लेख में आपने समझाने का प्रयास किया है कि प्रभु की शिक्षाओं को भली प्रकार जानना तथा उसकी पूजा करना, मनुष्य जीवन के यह दो काम हैं।"

कैसे हम प्रभु की इच्छा व अनिच्छाओं को जानें और कैसे प्रभु की पूजा करें? जीवन यात्रा में स्वाभाविक रुप से उपजे, इन प्रश्नों पर यह चिन्तन शील रहा है। विनोबा जी के जेल में दिए गये गीता प्रवचन पर सर्वोदय साहित्य से पब्लिश पुस्तक पढ़कर समाप्त करते ही, साथ–साथ, मन में प्रश्न उठा था, कि इसको पढ़ने से क्या मिला? त्वरित जहाँ से प्रश्न उठा था वहीं से उत्तर मिला कि 'स्वधर्म' का पालन करना चाहिए। यह उत्तर मिलते ही, दूसरा प्रश्न वहीं से उठा कि स्वधर्म है क्या? इसका भी उत्तर वैसे ही त्वरित मिला कि जो काम सहज प्राप्त हों वही 'स्वधर्म' है। गीता की मुख्य शिक्षा स्वधर्म पालन की ही है। आगे चलकर एक मार्ग दर्शन में हमारे गुरुदेव ने बताया कि "जो काम स्वतः आते हैं, वे परमात्मा के भेजे हुए होते हैं। कर सकें तो करना चाहिए, मजबूरी की बात और है।" स्वधर्म शब्द की, इसे यह सरल अभिव्यक्ति लगी। जीवन यात्रा के अपने अनुभव में हमने इन बातों के प्रयोग में job satisfaction (संतुष्टि) के मापदण्ड पर यथार्थ पूर्ण पाया है।

दूसरी बात डॉ. गाँधी ने पूजा की कही है। प्रभु की पूजा–क्यों करें, कैसे करें? के प्रश्न भी इसके चिन्तन में आये। इनके भी उत्तर इसे अपने गुरुदेव से ही मिले। पूजा का मुख्य उद्देश्य प्रभु की याद करना ही है, जिससे हमारे मन पर विचारों के बोझ को, उस स्तर तक लाया जा सके और वह स्थिति बने जो अर्जुन की निशाना साधते हुए चिड़िया की आँख पर आ गई थी। ऐसी एकाग्रता कि, बस प्रभु याद या फिर वह कर्म ही याद में रह जाय जो हाथ में है। गीता हर वक्त 'कृष्णभावामृत' में रहने की बात कहती है, अर्थात हाथ काम में; मन प्रभु याद में। हमें, अपने स्वाध्याय, सत्संग साधना और अनुभव में यह समझ बनी। कबीर दास ने इस अवस्था का वर्णन इस प्रकार किया है–

"आँख न मूदौं कान न रूधौं तनिक कष्ट नहि धारौं।
खुले नैन पहिचानों हँसि हँसि सुन्दर रूप निहारौं।।"

सारे काम हो रहे हैं और साथ-साथ प्रभु की याद भी बनी हुई है। यह सहज ध्यान की अवस्था है जो निरंतर बनी रहती है और पूजा से ही बनती है। निरंतर का अर्थ है, सोते-जागते, खाते-पीते, दुनिया का हर व्यवहार करते अपने ईष्ट की याद बनाये रखना, ऐसा ध्यान। इसी में ही कबीर दर्शन की सारी बात निहित है। अतीत में हुए राजा जनक को विदेह होने की कही गई बात ऐसी ही स्थिति में होने से ही प्राप्त थी, जिसका अनुभव ज्ञान उन्हें अष्टावक्र जी ने कराया था।

प्रश्न उठता है कि ऐसी स्थिति बने कैसे? गृहस्थ सन्त महात्मा यशपाल (भाईसाहब) जी ने अपनी जीवन यात्रा में कबीर का सा जीवन जीते हुए, दिन के 24 घण्टे ध्यान की स्थिति बने, के लिए आठ-आठ घन्टे की सुगम साधन पद्धति तीन स्टेप्स की साधना द्वारा गृहस्थियों के लिए सुझाई। साधना की विशेषता है कि गृहस्थ की दिनचर्या का खाली समय ही साधना में लगाना है। उदाहरणार्थ रात के सोने के 6 छण्टे, नित्य क्रिया में लगने वाला समय - नहाने धोने का समय, भोजन का एक घण्टा....ऐसे कामों में लगने वाले समय को प्रभु याद में लगाकर प्रभु याद की आदत बनाना। इस सिद्धांत से प्रभावित हो, हमने 40 वर्ष तक के इस विषय पर शोध में देखा कि गीता की बात 'कृष्णभावामृत' में रहना (हाथ काम में मन प्रभु याद में) संभव है। पद्धति अत्यंत सरल है, आवश्यकता बस साधना में निरंतरता बनाये रखने की है। इससे सम्बन्धित, अपने व तमाम अध्यात्म साधकों के अनुभवों को एक पुस्तक 'गृहस्थ जीवन में अध्यात्म' में समेटने का प्रयास किया है, जो यशपाल कथनामृत के रुप में प्रकाशित हुई है। आज के इंसान के पास जो अध्यात्मिक अनुभव ज्ञान उपलब्ध है, वह उससे अनभिज्ञ है, उसका लाभ लेने से वंचित है। महात्मा राकेश कुमार मित्तल, संस्थापक कबीर शान्ति मिशन, लखनऊ का अनुभव ज्ञान जो उन्होंने साहित्य के रुप में सृजित किया है वह जाने-अनजाने में कबीर दर्शन की डिकोडिंग है, आज की पीढ़ी के लिए एक आध्यात्मिक साहित्य संपदा है, जिसको साधनात्मक परिपेक्ष्य में विश्लेषित करके लाभ लिया जा सकता है। इसी तरह का साहित्य हमारे गुरुदेव महात्मा यशपाल जी का है, जो जाने-अनजाने प्रैक्टिकल अनुभव से गीता की

डिकोडिंग है। इन दोनों सन्तों पर 'शोध' नि:संदेह इन्हें आधुनिक कबीर साबित करेगा, ऐसा यह मानता है।

17-06-2021

प्रतिक्रिया: मैंने अभी तक स्वधर्म पर चलने की कोशिश की और मुझे सफलता मिली। बैंगलोर से शिलांग Scientist 2 पद पर ज्वाइन करने को मैंने माना कि यह ईश्वर की तरफ से है। बहुत लोगों एवं संस्थान के निदेशक के मना करने के बावजूद ज्वाइन किया। आगे अच्छी सफलता मिली। अंदर की पहली आवाज आत्मा की होती है। यदि मान लिया जाय तो उत्तम है। इसी तरह ज्वाइंट डाईरेक्टर और लखनऊ में ट्रान्सफर लेना सब ईश्वर की तरफ से मानते रहने से जीवन उत्तम गुजरा डॉ. आर.पी. शुक्ला; Very inspiring indeed- Prof. Manendra Pratp Singh.

2.11 स्वधर्म पालन

गृहस्थ जीवन में 'साधक व साधना' की बात कर्त्तव्य भावना में निहित रहती है, क्योंकि मानव कर्त्तव्य पालन (स्वधर्म) की भूमिका में होता है। भारतीय समाज में, मानव जीवन यात्रा अधिकांशत: स्वाभाविक प्रक्रिया के तहत, ईश्वरीय प्रेरणा से संचालित होती है। इसके तहत जो काम जैसे आता गया करते जाते हैं और आगे बढ़ते रहते हैं। अतीत से इसी प्रक्रिया में, एक से बढ़कर एक आध्यात्मिक और अनुकरणीय महापुरूष (राजा जनक, कबीर; गाँधी जी....जैसे और आज के समय में यशपाल (भाई साहब), राकेशकुमार मित्तल, मोरारी बापू जैसे....) लोग आते रहे हैं, जिनसे समाज लाभान्वित होता रहा और हो रहा है। वर्तमान में भारत के प्रधानमंत्री नरेन्द्र मोदी जी ऐसे ही व्यक्तित्व के लगते हैं। मानव विकास (Self-evolution) की इस प्रक्रिया में, स्थानीय स्तर पर विभिन्न स्तर के ऐसे लोग, भले इंसान हैं के भाव में जाने जाते व चर्चित रहते हैं। इसका कारण उनकी साफ सुथरी व अनुशासित जीवन यात्रा होती है। जीवन यात्रा में अनजाने में ऐसे लोग व्यवहार में साधनात्मक तथा सैद्धांतिक और समाज में प्रभावशाली भी होते हैं। इस बात का अनुभव हम जैसे हजारों साधक गृहस्थ सन्त महात्मा यशपाल जी के सानिध्य में रहते हुए किये।

विविध अनुभवों से गुजरते हुए यह, पत्नी व बेटी, इसके सेवा निवृत्ति के 18 वर्ष बाद अन्ततः दिल्ली से अपने गृह जनपद सुलतानपुर आ गये, जो कभी हमारी सोच व प्लानिंग में दूर-दूर तक न रहा था। इसके पहले भी जो परिवर्तन जीवन की यात्रा में हुए वे सभी स्वाभाविक प्रक्रिया के तहत हुए व सुखद ही रहे, "जो होता है अच्छा होता है," कहावत के अनुभव रहे। यहाँ हमारे पड़ोसी के रूप में श्री दिनेश प्रताप सिंह मिले, जो महात्मा यशपाल जी के अनुयायी और पिछले 30 वर्षों से 'आनन्दयोग' के साधक रहे हैं।

दिनेश जी बताते है कि उनका जीवन, बदलते ग्रामीण परिपेक्ष्य का रहा है जो प्रारम्भ में संयुक्त परिवार किसानी का था, कशमकश की अर्थव्यवस्था थी। उस व्यवस्था में बहुत भावनात्मक पीड़ा के अनुभव रहे, अधिकांशतः मूक दर्शक ही रहे। समाज में भी पीड़ित मानवता को देख, बड़े दुःखी हो जाते थे। ऐसे विचारों के साथ इसकी जिज्ञासा बढ़ती रही कि यह सब क्या है की बातें मन में आतीं। वे किसी कथा-वार्ता या सत्संग में नहीं जाते थे, लेकिन कभी-कभी आते-जाते सत्संग आयाजनों के प्रवचनों में ऐसे शब्द कि चोरी नहीं करनी चाहिए, बेईमानी नहीं करनी चाहिए, हमेशा खुश रहना चाहिए! सुनते। सुनकर विचार आता कि क्या इनके कह देने मात्र से, सुन लेने मात्र से, पढ़ लेने मात्र से यह हो सकता है? ऐसे चलता रहा। पत्नी मंजू सिंह की पहल पर गृहस्थ सन्त यशपाल जी के सत्संग में गये। आपसे सुना कि आज के इंसान की परेशानियों का कारण जीवन में 'राम-नाम' की कमी का हो जाना है। परमात्मा का वह नाम जो आपको पसंद हो जीवन में जोड़ना चाहिए। ऐसा करने में, जीवन में से कोई चीज घटाने को नहीं है, कुछ छोड़ना नहीं है, बस राम-नाम को जोड़ लेना है। यह सुनकर कुछ नया लगा, क्योंकि समाज में राम-नाम, भजन-कीर्तन की कमी स्पष्ट दिखने लगी थी, स्थानीय साधू-सन्त भी कम हो रहे थे। जीवन में परमात्मा का नाम जोड़ने की बात ने इनका ध्यान आकृष्ट किया और यह आपके बताये रास्ते को अपनाये। वर्ष 1992 में यशपाल जी ने इन्हें सुलतानपुर में सत्संग प्रचार-प्रसार का काम सौंपा। तब से रविवार को दो घण्टे तथा बृहस्पतिवार को डेढ़ घण्टे का ध्यान (आंतरिक सत्संग) व स्वाध्याय का कार्यक्रम अपने निवास पर नियमित रखते रहे हैं।

कहते हैं कि गृहस्थ जीवन में, दिनचर्या के खाली समय को इस साधना में लगाने से, स्वतः स्वयं में धीरे-धीरे बदलाव का अनुभव हमने किया है,

सोच में सकारात्मकता आती गई। करने-कराने वाला परमात्मा है में विश्वास होने लगता है। हमारा कुछ नहीं, सब कुछ परमात्मा का ही है, वही करने कराने वाला है, हम यन्त्र हैं। जब से इस काम में लगे दुकान या पारिवारिक कार्य से जो समय बचता है, सत्संग से संबंधित काम में ही लग जाता है, दुनिया के तमाम पचड़ों से बचत होती है। अपने और अनुभवों की बातें बताईं। बताया कि भइया एक स्टेज पर हमें डुप्लीकेट सामान के बेचने की बात गलत है का आभास हुआ। मैं निर्णय नहीं कर पा रहा था क्योंकि इनकम प्रभावित होनी थी। आपने गुरु महाराज जी को पत्र लिखा, जबाब आया कि जो आपकी आत्मा कहे, वह करो। हमारी आत्मा ने डुप्लीकेट सामान बेचने से मना कर दिया। हमने ऐसा ही किया, इनकम पर किसी असर का आभास नहीं हुआ, कुछ पता ही नहीं चला। सब काम पहले जैसे ही होते रहे।

दूकान पर भिक्षा मांगने वाले आते ही रहते है, कुछ न कुछ हम लोग देते रहते हैं, वे भी ग्राहक की ही तरह लगते हैं। एक दिन विचार बना कि उनकी कोई एक इच्छा हम वर्ष में पूरी करने की कोशिश करें। कब करें? के लिये हमने अपना जन्मदिन चुना। ऐसे लोग अपनी कोई भी एक खास आवश्यकता लिखा जाते हैं। जन्मदिन जब नजदीक आता है तो वह सामान मँगा कर रख लेते है और वे लोग ले जाते हैं। उनकी जरुरतें भी कोई बहुत बड़ी नहीं होती, जो आसानी से पूरी की जा सकती हैं।

एक सज्जन कपड़े की दुकान करते थे, दुकान चल नहीं पा रही थी, हमारे पड़ोस में थे। मुझसे बोले कि मैं यह दुकान बेचना चाहता हूँ आपके मौके पर है, पहले आपको आफर करता हूँ, मैंने कहा कि क्यों नहीं आप कुछ दूसरा काम कर लेते। मुझे चाहिये भी नहीं था और हमारे पास पैसा भी नहीं था। कहने लगे कि क्या काम करूँ, इसने कहा कि हमारा वाला ही काम कर लो, जो हार्डवेयर का था। बोले कि हमें कोई आइडिया भी नहीं है और न इतने पैसे ही हैं। इसने कहा कि धीरे-धीरे सब सीख जाओगे। यदि आप तैयार हों तो मैं सामान क्रेडिट पर दिला दूँगा। वह मान गये दुकान खुल गई। हमारे एक पड़ोसी भाई बोले कि यह आपने क्या किया, खुद पैर पर कुल्हाड़ी मार लिये। आपकी दुकान प्रभावित हो जायेगी। इसने कहा कि अरे भाई वह अपने भाग्य का खायेगें, हमारे ऊपर क्या प्रभाव पड़ेगा? भइया आज 10 वर्ष हो गये हैं, उनकी दुकान हमसे कई गुना आगे बढ़ गई है, कई और उनकी दुकानें हो

गई हैं, हम पर कोई प्रभाव नहीं पड़ा। उल्टे हमारे ग्राहकों की संख्या बढ़ गई, कितनों को वह हमारे पास भेजते रहते हैं। ऐसे ही उत्साहवर्धक तरह-तरह के विचार व अनुभव जो सत्संग में आते हैं, उन्हें भी होते रहते रहते हैं क्योंकि जीवन में सकारात्मकता की भावना बढ़ने लगती है।

यह है गृहस्थ में साधक व साधना का प्रभाव। सत्संग व साधना दिनचर्या का हिस्सा बन जाते हैं साथ-साथ बिन प्रयास संतोष, कर्म के प्रति निष्ठा, सकारात्मक सोच, और साथ-साथ अपना आत्मिक विकास (जिसका कोई आभास नहीं होता और न जानने की कोई ख्वाहिश, बेहतर परमात्मा जाने)। देखने में लगने वाले सीधे-सादे सरल स्वभाव के ये साधक अपने मुहल्ले व बाजार में एक अच्छे इंसान के रूप में देखे जाते हैं। साथ-साथ एक संतुष्टि के साथ स्वाभाविक जीवन यात्रा भी हो रही है, ईश्वरमय आडम्बर रहित कबीर का सा जीवन। सुख-दुख आते-जाते रहते हैं, ईश्वर कृपा से सब पार हो जाता है। परमात्मा के विधान में समयानुकूल पद्धतियों में परिवर्तन होता है। हाँ! इंसान में सकारात्मक व नकारात्मक भागों की बढ़ोत्तरी व घटोत्तरी होती रहती है। भौतिकवाद के प्रभाव में नकारात्मक भागों/विचारों से आज विश्व की पूरी मानवता पीड़ित है। कोरोना ऐसी महामारियाँ प्रकृति में होते हुए असंतुलन की चेतावनी देती रहती हैं।

ऋषि तुल्य अनुभवी साधक भारत के वर्तमान प्रधानमंत्री मोदी जी का कहना है कि "कोरोना के बाद यह दुनिया और धरती कभी भी पहले जैसी नहीं रह जायेगी।" क्या पता इंसान अपने को समझने का प्रयास करे और आध्यात्मिक जीवन की ओर अग्रसर हो, जिसमें ही मानव समस्याओं का हल है। आचार्य श्री राम शर्मा जी का कहना कि 'हम सुधरें, जग सुधरेगा' का यह सरल व अनुकरणीय उदाहरण और साथ-साथ जीवन में अध्यात्म विज्ञान की उपयोगिता दर्शाता है।

20-06-21

प्रतिक्रिया: I have gone through these unique experiences, expressed in simple and real sense. I am also anxious to contribute my experiences and share with you and your team.Congratulation for this dedication and devotion to the cause of creating awareness about grihasth spirituality. With kind regards Dr R.K. Sahu; नये पत्र में साझी किये गये

अनुभव सराहनीय हैं। एक बार यह सेवक लिखा था कि जीवन में दैनिक कार्यों के अनुभवों में छोटे-छोटे आनंद को भोगते हुए, महसूस करते हुए आनन्द को पूर्ण आनन्द में परिवर्तित किया जा सकता है। यही आनन्द योग है। हमारा संपूर्ण दैनिक कार्य यदि आनन्दमय हो तो जीवन स्वतः ईश्वरमय हो जायेगा। परमात्मा सत् चित आनन्द ही है। धन्यवाद - सद्‌गुरु कृपा केवलम-दुख हरन चौधरी

2.12 पी.यच.डी. डिग्री

अध्यात्म पर गत चर्चाओं में डायरी लिखने के महत्व की बातें कई बार हुई हैं। यह डायरी की बात स्वयं (अपने) अध्ययन से सम्बन्धित है। इसमें अपने अनुभवों का विवरण लिखते रहते हैं। मानव मन की एक बीमारी अहम् (ego) की होती है, जिससे बचना कठिन है या यह भी कहा गया है कि अपने स्वयं के पुरुषार्थ से इससे मुक्त होना असंभव है। गुरु कृपा से ही, इंसान इससे मुक्त हो पाता है, यह बात शास्त्रों में आई है। कबीर साहब ने अहम् से मुक्त अपने मन की दशा का वर्णन किया है-

"ना कुछ किया न कर सका, न कुछ किया कबीर।
जो कुछ किया सो हरि किया, कहत कबीर कबीर।"

महात्मा यशपाल जी जब यह बात अपने प्रवचनों में बताते, समझ में तो आ जाती, लेकिन इस समझ में स्थायित्व न हो पाता। यह हमने किया (कर्तापन का भाव जाता नहीं)। सेवा निवृत्त होने के बाद पी.यच.डी. करने से सम्बन्धित अपनी लिखी डायरी पढ़ने लगा तो पाया कि, लिखा था "डायरी न लिखता तो बंधा रहता", कर्त्तापन के भाव में। यह अनुभव ज्ञान हम यहाँ साझा करते हैं।

प्रभु कृपा से 'काम ही पूजा है' (work is worship) की भावना की नहीं, बल्कि सच्ची लगन व कर्मनिष्ठा की आवश्यकता है, यह बात इसके मन में रहती थी। अतः वर्ष 1981 तक पी.यच.डी. करने का कोई विचार न था। लेकिन दुनिया तो दिखावे व डिग्री धारकों को महत्व देती है। ऐसा हुआ कि स्वाभाविक प्रक्रिया के तहत, पैतृक गांव के पास के जिले फैजाबाद (उ.प्र.) में स्थित, कृषि विश्वविद्यालय कुमारगंज, के एक पद (कोआर्डिनेटर) के लिए

आवेदन कर दिया। वैसे, कहीं और जाना नहीं चाहता था क्योंकि शिलांग में जिस काम में लगा था, उसमें अच्छा Job satisfaction का आनन्द आ रहा था। साक्षात्कार के दिन दिल्ली में पाया कि बोर्ड के सभी सदस्य पहचान के और कुछ हमारे शुभ चिन्तक भी थे। साक्षात्कार दो दिन चला, हमारा पहला ही दिन था। उस दिन शाम को एक सदस्य प्रो. यसवन्त सिंह, हमारे गुरुदेव यशपाल जी से मिलना चाहते थे, यह उन्हें वहां ले जा रहा था, रास्ते में आपने पूछा कि यह बताओ कि इस सेलेक्शन में तुम क्या चाहते हो? हमारा उत्तर था कि जो बोर्ड का निर्णय हो (ईश्वर इच्छा)। खैर दूसरे दिन जब उनसे मिला तो आपने हमें, पी.यच.डी. करने की सलाह दी। उनकी इस बात का असर पड़ा और हमने अपने गुरुदेव 'भाई साहब' जी को पत्र लिखा। आपका जबाब आया कि 'आपने पी.यच.डी. के बारे में लिखा है। यदि आसानी से नौकरी करते हुए पी.यच.डी. में कहीं admission मिल सकता हो तो ऐसा सुअवसर क्यों खोया जाय। आप admission ले लें, परम पिता परमात्मा की कृपा होगी तो आपको अवश्य सफलता मिलेगी।"

इसने प्रभु याद में प्रयास शुरु किया। 16 सितम्बर 1981 को इसे और डा. आर.यन. प्रसाद को सरकारी काम से कलकत्ता टूर पर जाना हुआ। प्रसाद साहब की प्रेरणा से हम दोनों, विधान चन्द्र कृषि विश्वविद्यालय कल्यानी गये। वहाँ हमारी मुलाकात, आई.आई.टी. खड़गपुर में सहपाठी रहे डॉ. आर.के. घोष से हुई, जो उस समय कृषि अभियंत्री विभाग में प्रोफेसर व हेड थे। दादा घोष बड़े प्रेम से मिले और कहने लगे कि Ph.D Guide तो मैं भी हूँ, लेकिन तुम सोचोगे कि यह तो क्लास फेलो हैं। प्रभु कृपा से इसके मुँह से निकल गया कि ऐसा कुछ नहीं, आप तो प्रोफेसर हो, Ph.D Guide करना तो आपका काम है। मुझमें ऐसा कुछ नहीं, रजिस्टर करवा लेते हैं। हम लोग शिलांग वापस आ गये। 23 सितम्बर को दादा घोष से एक लिफाफा मिला, जिसमें रजिस्ट्रेशन कराने का फार्म था। आश्चर्य इस बात का हुआ कि कोई स्टाम्प लिफाफे पर नहीं लगा था, उसकी जगह बोल्ड लेटर में 'bearing' लिखा था, जिससे डाकिया डबल चार्ज लेकर हमें यह पत्र अवश्य दे दे। लेकिन यह पत्र सामान्य डाक की तरह हमें मिला। इस बात पर आश्चर्य हुआ, जो क्षण मात्र में काफूर हो, प्रभु कृपा के भाव में बदल गया। समय कम था, शिलांग में डिस्टरबेंस चल रहे थे, कठिन परिस्थितियों में मात्र प्रभु कृपा से फार्म भर कर

भेज सका। इस घटना पर अपनी डायरी में 26-09-1981 को लिखा "If at all this *patit* succeeds, it will be only due to His *kripa*, otherwise impossible. How and what will be done is not known"। इसके बाद 22-03-82 को डॉ. घोष का पत्र मिला जिसमें रजिस्ट्रेशन हो जाने की सूचना थी। डॉ. आर.यन. प्रसाद इसके लोकल गाइड बने।

प्रभु कृपा से एक सरकारी कार्य के लिए डॉ. आर.के. घोष सपत्नीक शिलांग पधारे। उन्हें अपना काम दिखाया, वे बोले कि यह काफी है, आप इसे आबजक्टिव वाइज कम्पाइल करें। बहुत काम करना पड़ेगा। यह बात हुई और वह चले गये। नया संस्थान बन रहा था, बहुत काम रहता था जो हमारी प्राथमिकता थी। धीरे-धीरे पाँच वर्ष बीत गये, थीसिस के लिए कुछ न कर सका। ऐसी प्रभु प्रेरणा हुई कि कल्याणी जाकर समयावधि बढ़वा ली जाय और यह 1 जनवरी 1986 को अचानक दादा घोष के यहाँ कल्यानी पहुँच गया। वे आश्चर्य से देखकर बोले "अरे! अक्षयबर यह अचानक कैसे?" इसने कहा कि वह थीसिस के काम का समय समाप्त हो रहा है, कुछ करना चाहिए। वे जोर से हंसते हुए बोले कि "मैं तो भूल ही गया था कि तुम पी.यच.डी. करोगे।" खैर, यह उनके साथ 5 दिन रुका, 12-14 घण्टे रोज बात होती रही, काम करते रहे। जब वह हमें रेलवे स्टेशन, जो पास में ही था विदा करने आ रहे थे तो कहा कि "अक्षयबर, मुझे बड़ा आश्चर्य है कि कैसे 5 दिन में यह 75% काम हो गया, जो 2-3 वर्ष में मुश्किल से हो पाता है।" इसने कहा कि "दादा इसी को ईश्वर कृपा कहते हैं।" इस विजिट से काफी साहस बढ़ा।

शिलांग, हमारे पड़ोस में एक वैज्ञानिक डॉ. पार्थसारथी रहते थे, जो सांख्याकि व कम्प्यूटर की अच्छी जानकारी रखते थे। दोनों तरफ से अहम् की समस्या की वजह से घनिष्टता न बन पाई थी। एक दिन सुबह काम कर रहा था, ऐसी प्रेरणा हुई कि इन भाई से मिलकर सहायता ली जाय और यह सुबह ही सुबह उनके यहाँ जाकर घण्टी बजा दी। वह बड़े प्रेम से मिले, चाय पिलाये और फिर तो ऐसा काम हुआ कि कुछ तो पड़ा रहा जो बाद, कालांतर में हमारे स्टूडेंट के काम आया जिसका यह वर्ष 2000 में पी.यच.डी. गाइड बना। दादा घोष ने थीसिस की चार प्रतियाँ बनवाई जिनमें से दो तो इंजीनयरिंग वैज्ञानिकों, एक इतिहास और एक इंगलिश के प्रोफेसर के कमेंट के लिए भेजीं। हम लोगों के ही सहपाठी रहे डॉ. ए.के. भट्टाचार्य का कमेंट हमें सीधे

मिला। पढ़कर अपनी डायरी में यह विचार इसने लिखा "Challenging comments: but they disturbed me for the whole night. I did have appreciation for Dr. Bhattacharya who took great pain for reviewing the thesis.Gold does not come out so easily from ore. It has to pass through tough processes. सत्य साबित करना बड़ा कठिन है।" वास्तविकता है कि आदमी कुछ नहीं कर सकता। परमात्मा ही रास्ता दिखाने व करने वाला है, हम मात्र यंत्र हैं।

22–30 मई के बीच डॉ. घोष शिलांग पधारे। विशेषज्ञों से प्राप्त कमेंट के आधार पर थीसिस को फाइनल रूप दिया गया। इस प्रक्रिया में जो इसे आश्चर्य लगा वह था, कि लगभग 150 पेज का मटेरियल 80 पेज में सिमट गया। Dr Ghosh took lot of pain and his way of working approach was good learning for me and I found him as a good guide. My colleagues in Shillong were wondering as what we were doing? It was a tough job but with God's help I could finalize the work. 'Let Thy wish be fulfilled,' was comment that I recorded in my diary. इस बीच तमाम बाधाएँ आई, प्रभु कृपा से पार होती गई। अन्ततोगत्वा प्रभु कृपा से इसे एक व्याख्यान देने कलकत्ता जाना पड़ा और 2–11–87 को थीसिस की 4 प्रतियाँ, डिपार्टमेंट आफ एग्रीकल्चराल इंजीनीयरिंग में जमा कर दिया। The Viva Voce was held on 22-07-88 at Mohanpur, Campus of the University. The examiner wanted to be aggressive but could not succeed. It was His grace and support that a practical field work under the able guidance of Dr. R. K. Ghosh and Dr. R. N. Prasad could be presented to fetch a Ph.D. Degree. इस समय भी हमें और डॉ. प्रसाद जी को ऑफिस के काम से कलकत्ता जाना पड़ा था और वहीं से कल्यानी चले गये थे। On 25-08-88 received a letter from Dr, Gosh, addressing me as Dr Akshayaber Singh. After receiving the certificate in the month of December informed my Gurudeo Bhai Sb ji. डॉ. प्रसाद साहब के माध्यम से बधाई संदेश भेजा।

यह है हमारी आध्यात्मिक जीवन यात्रा का एक अनुभव जो स्पष्ट संदेश देता है कि परमात्मा की कृपा हम सबको उपलब्ध है। प्रत्येक को उसके द्वारा प्रदत्त कर्म के प्रति प्रतिबद्धता के अनुरूप ही अनुभव होते हैं। इसी बात को हमने पहले की इस अध्यात्म विज्ञान से सम्बन्धित चर्चाओं में स्वाभाविक जीवन यात्रा, स्वधर्म पालन, कर्त्तव्य निष्ठा....ऐसे शब्दों के माध्यम से व्यक्त

किया है। अब्दुल कलाम साहब से सम्बन्धित साहित्य पढ़ने पर भी ईश्वर कृपा व अध्यात्म की बातें स्पष्ट मिलती हैं। आप भी यदि अपनी जीवन यात्रा का विश्लेषण करें तो अध्यात्म का स्पष्ट अनुभव मिलेगा, भले ही पूजा, पाठ या कर्म कान्ड से दूर रहे हों। कर्म ही पूजा रही है आपके लिए। आत्मिक विकास के लिए संस्कारानुसार सबकी अलग-अलग जरूरतें होती हैं, इसकी व्यवस्था स्वाभाविक जीवन यात्रा में हुई होती या होती जाती हैं, लेकिन मायावी बातें हमें भटकाती रहती हैं। इसीलिए महापुरूषों ने अच्छे लोगों का साथ करने की सलाह दी है, शास्त्र स्वाध्याय व सत्संग की बात करते हैं। आईए विचारशील बनें, चिन्तन करें, इन बातों पर चर्चा करें और स्वयं को जानने का प्रयास करें।

18-06-2021

प्रतिक्रियाः अच्छी भूमिका, अच्छे लक्ष्य, अच्छे विचारों वाले लोगों को हमेशा याद किया जाता है, मन से भी, शब्दों से भी और जीवन में भी। Sir, you are aware, Is it a daily routine? a regular habit, I wrote simplification and inspiration from Bhai saheb. Also told about B.B.Singh for long time your association with research work, keen interest in God and like wise with satsang is truly very practical and useful. Honest interventions and ways satsang can be rememberence of God.Very useful work you are doing for seekers of present and future. - Y.P. Sharma; I have gone through your new document. It denotes ईश्वर कृपा ही केवलम्, यह ईश्वर की अहैतुकी कृपा है जो जाने या अनजाने हम सबको प्राप्त होती रहती है- दु:ख हरन चौधरी; सत्गुरुदेव पर विश्वास, उनकी कृपा का प्रसाद- यस0यन0 खन्ना; आपकी लिखी पंक्तियों में पहुँचने के बाद स्वयं का पता नहीं चलता। आप एक प्रतिभा सम्पन्न प्रतिभाशाली व्यक्तित्व के स्वामी हैं। इतना कठिन विषय और इतनी सरल भाषा में और पूरे विस्तार से। आप पर परम पूज्य भाई साहब जी की विशेष कृपा दृष्टि पड़ी है। उन्हीं के समान शब्दों का चयन, उन्हीं के समान भाषा शैली, उन्हीं के समान भाषा तथा भावार्थ प्रकाशित करने की कला। ऐसा लगता है कि वे स्वयं आपके मस्तिष्क में बैठकर लिखवा रहे हों। ऐसा कहना अतिशयोक्ति नहीं लग रहा है। धन्य हैं आप। अध्यात्म विद्या स्वयं की पहचान, to achieve self realisation come a realized soul realizing a sachidananad awastha to live a meaningful life where only "WILL OF GOD PREVAILS" ये तुच्छ सेवक तो माटी का

माधो है केवल सूर्य को दीपक दिखाने का काम कर पाता है – यन0डी0 पाठक, अध्यक्ष अखिल भारतीय सन्तमत सत्संग, दिल्ली – 7

2.13 जो हुआ अच्छा हुआ

'अध्यात्म' को संतों ने तरह–तरह से परिभाषित करने का प्रयास किया है। इसे जीवन में 'सर्वोन्मुखी संयम और अनुशासन' से जोड़कर देखें, तो इसके पीछे तीन तत्वः गुरु के प्रति समर्पण, विश्व मानव के प्रति छलकती संवेदना और जीवन पक्ष को सर्वांग सुंदर बनाने का अनवरत प्रयास होता है। गीता शास्त्र की शिक्षा में इसे 'जीवन जीने की कला' कहा गया है। इसके लिए, जीवन को ईश्वरमय बनाने का अभ्यास और इस प्रक्रिया में, जीवन में परमात्मा को प्रथम स्थान देना होता है। हमारे गुरुदेव गृहस्थ सन्त महात्मा यशपाल जी का तकिया कलाम था 'परमात्मा तू ही है, तेरी इच्छा पूरी हो' यह अक्सर आपको ऐसा कहते सुनता।

अभी हाल में ही हमारी बात कोरोना बीमारी से मुक्त हुए, वाराणसी में रह रहे हमारे पूर्व साथी व सहकर्मी डॉ. आर.यन. राय से हुई। आप 'ध्यान' आधारित अध्यात्मिक साधक रहे हैं। बात–बात में आपने कहा कि "आपके गुरुदेव 'भाई साहब' का "परमात्मा तू ही है, तेरी इच्छा पूरी हो" का कहना वास्तव में महामंत्र है, जो परमात्मा रूपी ऊर्जा श्रोत से जुड़ा होता है। इस भाव के बनाये रखने से, धीरे–धीरे इच्छाएं कम होती जाती हैं और जो हो रहा है उसे ही हम अच्छा मानने लगते हैं। हम तो अपनी इस बीमारी में यही कहते रहे थे, नहीं तो इस अस्सी प्लस की अवस्था में ऐसी बीमारी से लड़ना बहुत कठिन है। हमारे बहुत से साथी तो चले गये। यह एक अजीब बीमारी है, शरीर के किसी न किसी अंग को खराब कर देती है। ईश्वर कृपा से हमारे सारे अंग ठीक काम कर रहे हैं और मैं पहले जैसा महसूस कर रहा हूँ, थोड़ी कमजोरी रह गई है।"

डॉ. राय की यह बात आध्यात्मिक जीवन के सकारात्मक पहलू का द्योतक है और ऐसी भावना का बनना जीवन पर्याप्त मानसिक/आंतरिक अभ्यास तथा कर्मनिष्ठ व्यक्तित्व का होना है। वैसे हम दोनों की जीवन यात्रा का प्रारम्भिक लम्बा समय नार्थ ईष्ट (हिमालय क्षेत्र) में रहा, जो साधू–सन्तों की तप–स्थली रही है और यहीं पर हमारा संपर्क भाई साहब से शिलांग में

और डॉ. राय का महेश योगी से हरिद्वार में ऐसे मार्गदर्शक साधको से हुआ। पिछली अनुभव ज्ञान चर्चा हमने 'कर्मफल' बंधन (कर्त्तापन के भाव) पर अपने Ph.D करने के अनुभव को लेकर की थी। वह कुछ ऐसा समय था कि संस्थान के अधिकांश सदस्य समर्पित कर्म भावना के धनी और अनजाने में ही आध्यात्मिक जीवन यात्रा के थे। ऐसा माहौल हमने संस्थान के शुरुआती 15-16 वर्षो में वहां रहते हुए अनुभव किया, खूब काम भी हुआ और अच्छे-अच्छे अनुभवी वैज्ञानिक पैदा हुए जिन्होंने राष्ट्रीय स्तर पर सम्बन्धित विज्ञान के कई क्षेत्रों में (शोध प्रबन्धन) भी अग्रणी भूमिका निभाई। स्वधर्म पालन के साथ-साथ हमारी दीन व दुनिया दोनों सवंरी कहूं! तो अतिश्योक्ति न होगी। हम अनुभव ज्ञान की बात कर रहे हैं। जैसा की, डॉ. राय का अनुभव है "परमात्मा तू ही है, तेरी इच्छा पूरी हो" ही को कहते रहना, बहुत बड़ी साधना है जो सहज-सहज में, हर परिस्थिति में रहने की संतुलित मानसिक स्थिति प्रदान कराने में सहायक है। हम अपने जीवन यात्रा की, सेवा निवृति के बाद का एक अनुभव साझा करते हैं।

हमारे गुरुदेव कहते थे कि सत्संग संस्था को अपना मानना चाहिए। यह भावना आपकी कृपा से मुझमें दृढ़ता से प्रतिष्ठित हो गई और आपके सिद्धांत व मिशन के विकास की ही बातें हमारी दूसरी प्राथमिकता बन गईं (पहली तो स्वधर्म पालन ही है)। आपने दूरदृष्टि के साथ मुख्य संस्था के हित में एक 'कोआपरेटिव हाउस बिल्डिंग सोसायटी' की स्थापना के लिए कुछ साधकों को प्रेरित कर मार्ग दर्शन किया जो अस्तित्व में आईं। स्वयं उसमें शामिल नहीं हुए, लेकिन उसका नामकरण अपने गुरुदेव के नाम 'सेन्ट बृजमोहनलाल निकेतन' से किया। यह सदस्य बनकर, सक्रिय रूप से शामिल हुअ और सेवा निवृत्ति के बाद (2003) वहीं मकान बना कर रहने लगा, पहला मकान हमारा ही बना। उद्देश्य था- अध्यात्म, भविष्य में बेटी जो एकांगी आध्यात्मिक जीवन यात्रा की साधना अपनाई थी के लिए सुरक्षित स्थान तथा संस्धा में सेवा। संस्थापक के पर्दा लेने के लगभग 10 वर्ष बाद मिशन के मूल सिद्धांतों में नकारात्मक बदलावों (आध्यात्मिक दृष्टिकोण से) का ऐसा सिलासिला चला कि हमारी जीवन यात्रा 3 वर्ष (2014-2017) लखनऊ में रहने की होते हुए मार्च 2018 में स्थाई रूप से सुलतानपुर (उ. प्र.) पहुँच गई जहाँ अब हम पत्नी व बेटी के साथ रह रहे हैं। परमात्मा ने बहुत सुन्दर अनुभव 'होइहें

वही जो राम रचि राखा – कोकरि तरक बढ़ावै शाखा' का कराया। इन अनुभवों ने गीता शास्त्र में आई बात "जो हुआ अच्छा हुआ, जो हो रहा है अच्छा हो रहा है, जो होगा अच्छा होगा" का हर दृष्टिकोण से सुखद दृष्टिदर्शन रहा। इस बदलाव में घटनाक्रम, अमूमन तमाम परेशानियों व तनाव के कारण बनते हैं, लेकिन ईश्वर कृपा से हम सब के अनुभव में सामान्य सी स्थिति रही। इसका संक्षिप्त विवरण भी साझा करते हैं:-

सेवा निवृत्ति के बाद मकान बनाकर निकेतन में रहने लगा। पास में सत्संग आश्रम जो मानस में वर्णित कागभुषुण्डी के आश्रम अनुरुप निखर रहा था, आश्रमवासियों के आपसी प्रेम, अनुभव की बात थी। कालांतर में धीरे-धीरे माया के प्रभावों ने ऐसा बदलाओं का सिलसिला चलाया कि हम लोगों को स्थान छोड़ना ही पड़ा। यशपाल महाराज जी के संपर्क में आने के बाद, अध्यात्म साधना स्वभावत: स्वत: ही शोध का विषय बन गया क्योंकि आपका काम भी शोधात्मक ही था। इन बदलावों के कुछ अनुभव, साझा करना, वैज्ञानिक दृष्टिकोण से सामयिक होंगे, और खास कर तब, जब यह विषय 'गुरूडम' को लेकर बड़े भ्रमात्मक रूप में विकसित हो रहा है।

वर्ष 2015-18 के बीच, ईश्वर कृपा से जीवन यात्रा स्वाभाविक प्रक्रिया में हुई और यह बदलाव आध्यात्मिक दृष्टिकोण से लाभदायक रहा। नकारात्मक बातें गौण लगीं। लखनऊ में कबीर शान्ति मिशन के संस्थापक श्री राकेशकुमार मित्तल जी से मुलाकात हुई जो मानव जीवन के सकारात्मक पहलू (positivity) पर सामाजिक काम कर रहे थे। आपके साथ का तीन वर्ष के सम्पर्क से, बेटी सरिता के लिए, सत्संग के सहज रूप 'आध्यात्मिक जागृति सेवा' का विचार बना जो वह अब सुलतानपुर में कुछ सहयोगियों के साथ करने का प्रयास कर रही हैं। इसके अलावा भी, जितने भी बदलाव हमारी स्वाभाविक जीवन यात्रा में हुए, अच्छे ही अनुभव के रहे। जाने अनजाने हम सभी ईश्वरवादी रहे। भाई साहब (हमारे गुरुदेव) से मिलने के बाद तो सब ठीक ही रहा। सही कहा गया है 'कुछ न बिगड़ेगा तेरा, सद्‌गुरु शरण मिलने के बाद।'

निकेतन में लगभग हम ऐसे 108 सदस्य में से, 25-30 मकान ही बन पाये थे तब तक। ईश्वर कृपा से हर परिस्थिति में, मन में हमेशा 'ईश्वर इच्छा' की ही बात रही, जिससे तनाव से बचत होती रही। इस बात पर प्रबंधन को हमने कई मेल लिखे लेकिन कोई जबाब नहीं। कुछ सत्संगी भाई, इस

अन्याय पूर्ण घटना की खिलाफत कर रहे हैं। उनसे बात चीत होती है तो मानसिक रुप से ऐसे सभी सकारात्मक हैं, तनाव रहित हैं, मात्र गल्त होने की बात को लेकर जो संभव है, उचित कानूनी कार्यवाही कर रहे हैं- हम उनसे सहमत हैं। यह विषय शोध के मामले में अछूता रहा है, लेकिन है मानव के जीवन के शान्तिमय बनाने के पक्ष का। प्रबुद्ध जन विचार करें और अपने अनुभवों से जन हित में अपनी जीवन यात्रा के सार्थक अध्यात्म के अनुभव पक्ष को साझा करें, तो समाज में जागरूकता बने।

20-06-21

प्रतिक्रिया: जय सद्गुरुदेव जय पदशरणम्। धन्यवाद सर, अध्यात्मिक अनुभवों से परिपूर्ण। बहुत सुंदर, सराहनीय, दिशा निर्देशक। लेकिन विगत वर्षों की अप्रिय घटनाओं को भूल जाना ही श्रेयस्कर होता है। बार-बार उन्हें आर्वत्ति करने से हमें उसके आसक्त....मोह के बन्धन से निकलने नें कठिनाई होती है। वैसे तो श्रीमान स्वयं अनुभवी साधक हैं। सत्संग, सत्गुरु, सतनाम से दीर्घकाल से जुड़े हुए हैं। एक अनुज एवं सत्संगी भाई के नाते कुछ कहने का साहस किया है। पूज्यपाद कहा करते थे कि 'यह रास्ता मुहब्बत का है' और मुहब्बत के लिए दिल कोई ढूंढ टूटने वाला। यह वह मय है जिसे रखते हैं भावगीनों में। एक टूटे हुए दिल की फरियादें जब निकलती हैं तो दीवारें टूट जाती हैं, पहाड़ें झुक जाती हैं कृपा मन साथ देती हैं, मरा मन खून दिखाती हैं। धन्यवाद, सादर नमस्कार, सद्गुरु कृपा ही केवलम् - दुःख हरन चौधरी; (लेखक का उत्तर- हम आपकी बात से शतप्रतिशत सहमत हैं। लेकिन यहा प्रयास अध्यात्म विज्ञान को समझने का है। अमेरिका ने जापान पर एटम बम फोड़ा। सब भुलाया जा चुका है। फिर भी आवश्यकतानुसार याद आता रहता है और किसी न किसी परिपेक्ष्य में उपयोगी साबित होता हैं; विज्ञान के विकास के परिपेक्ष्य में ऐसे अनुभव उपयोगी होते हैं; आपकी अध्यात्म में रुचि और परमात्मा में विश्वास ही आपके जीवन को चला रहे हैं और सब कुछ ठीक है, आगे भी ठीक रहेगा, ऐसा सेवक को विश्वास है। मेरा तो मालिक में पूरा विश्वास है। उनसे प्रार्थना है कि यह विश्वास बनाये रखें- डॉ. आर.पी. शुक्ला।

2.14 आध्यात्मिक प्रार्थना

पिछले पत्र में, स्वयं के स्वाभाविक आध्यात्मिक जीवन यात्रा के अनुभवों की चर्चा की है। ऐसे अनुभव किसी इच्छा या मांग के तहत नहीं होते, बल्कि स्वाभाविक जीवन यात्रा, कर्म के प्रति निष्ठा तथा लगन के फलस्वरूप होते हैं। हमारे अनुभव व विश्लेषण में तो ऐसा ही आता है। कोई समस्या आई तो अध्यात्म का साधक परमात्मा से प्रार्थना करता है, अपनी समस्या बताता है, फिर कहता है कि तू वैसा कर जो इसके लिए अच्छा हो। वह नहीं जानता कि उसके लिए क्या अच्छा है क्या नहीं। वह तो स्वतः प्राप्त कर्म में ही बिना किसी फल की इच्छा के लगा रहता है। ऐसी जीवन यात्रा आध्यात्मिक, सरल तथा आनंददायी ही होती है। इस परिपेक्ष्य में, उदाहरण स्वरूप अब्दुल कलाम साहब का नाम बार-बार याद आता है या फिर वे गृहस्थ सन्त जिनका यह बार-बार जिक्र कर रहा है, जिनको समीप से देखने व पढ़ने का अवसर मिला।

अतीत के उदाहरण में, कबीर दास जी के अनुभव शिक्षाप्रद व अनुकरणीय हैं। कबीर की जीवन यात्रा स्वाभाविक, भक्तिपूर्ण तथा आध्यात्मिक रही है। बाद के सन्तों ने कबीर दास जी का परमात्मा से अर्ज करना कि 'सांई इतना दीजिए जामें कुटुम्ब समाय, मैं भी भूखा न रहूँ, साधु न भूखा जाए' को बड़ा महत्व दिया है। यह अपने को भाग्यशाली मानता है कि इसे ऐसे दो सन्तों का साथ मिला जो ऐसा जीवन जीते हुए आज के आधुनिक समय में सारी भौतिक सुख सुविधाओं के बीच गृहस्थ की जीवन यात्रा करते हुए, अध्यात्म के ऊँचे मापदण्ड स्थापित किये और अनुभवों का विशाल भण्डार छोड़ गये। यह संभव है कि सकारात्मक भाव रखते हुए, परमात्मा ने जो भी पारिवारिक या दुनियावी जिम्मेदारियाँ तथा संसाधन दिये हैं उसमें दीन व दुनिया बखूबी संवारी व संभाली जा सकती है। यही अध्यात्म है। हमारे गुरुदेव महात्मा यशपाल जी स्वयं इसका उदाहरण प्रस्तुत करते हुए हम जैसे हजारों गृहस्थियों को ऐसी जीवन यात्रा का अनुभव कराया, वह भी सामान्य जीवन यात्रा व चर्या में।

हम बार-बार गीता के उपदेश "जो हुआ अच्छा हुआ, जो हो रहा है अच्छा हो रहा है, जो होगा अच्छा होगा" का जिक्र कर रहे हैं वह उपरोक्त कथनी के परिपेक्ष्य में ही है, अनुभव गम्य है करके ही देखना तथा अनुभव करना होगा। स्वाभाविक जीवन यात्रा में वे सभी बदलाव जो बिना स्वयं की इच्छा के होते हैं, वे अच्छे के लिए होते हैं । यही है ईश्वर इच्छा तथा अच्छा

का तात्पर्य है कि तनाव मुक्त जीवन यात्रा। गीता का उपरोक्त कथन हमारी समझ से ऐसी जीवन यात्रा के लिए है। दिक्कत तब होती है जब हम अपनी इच्छा से जीवन यात्रा करने का प्रयास करते हैं और तमाम तरह की समस्याओं में घिर जाते हैं तो ऐसे अनुभव नहीं हो पाते।

महात्मा यशपाल जी कहते थे कि जो परमात्मा के आश्रित होकर कर्मनिष्ठ होते हैं, परमात्मा उनकी भी दुनियावी जिम्मेदारियां निभवा ही देता है। यदि हम चिन्तन व अध्ययनशील हों तो इस बात का अनुभव स्वयं तथा समाज में बहुतों के साथ होते हुए अनुभवों में देख सकते हैं। स्वाध्याय में हमने पाया है कि जितने भी गृहस्थ सन्त हुए हैं, उनकी जीवन यात्रा ऐसे अनुभवों से भरी पड़ी है। हमने अपने ही परिवार में अनुभव किया है, साधारण कृषि अर्थव्यवस्था में, परिवार की अनजाने में ही आध्यात्मिक जीवन यात्रा जो 150 वर्ष से चली आ रही थी दो परिवारों के संयुक्त रुप की रहनी-सहनी में, कैसे 17 लड़कियों के शादी-ब्याह की व्यवस्था सम्पन्न हुई। सुख-दुख, उतार चढ़ाव से तो कोई बच नहीं सकता, लेकिन ऐसे में ईश्वर कृपा व लीला देखते ही बनती है।

कितनी बड़ी बिडंबना है कि जिस देश व समाज में अध्यात्म विज्ञान का उद्‌भव हुआ आज वह किस स्थिति में है। समाज के जीवन मूल्यों में होती गिरावट से हम सब परिचित हैं। विचार में आता है क्या किया जा सकता है? इस कोरोना काल में, मीडिया में अध्यात्म की आती खबरों का हमने एक अध्ययन किया था। इस सम्बन्ध में जो सबसे अधिक सार्थक बात लगी, वह थी कथा वाचक मोरारी बापू की बच्चों के लिए सलाह। उनका कहना था कि बच्चों को रोज एक घण्टा परमात्मा को देना चाहिए। पाठक बन्धु, इस सलाह पर विचार करें, हम इस लेख के माध्यम से यह कहना चाहते हैं। कैसे करें के माडल परिवार आधारित व स्व-विकसित करने होगें, जिसमें सारे परिवारी जन लाभान्वित होंगे। किसी भी बच्चे को माता-पिता इससे बड़ा कोई उपहार नहीं दे सकते कि बच्चे में ईश्वर चिन्तन का बीजारोपण हो जाय।

हमें अपने बचपन की, एक बात जीवन यात्रा में बार-बार याद आती रही है। एक धूमिल याद है, कि अपनी सत्संगिनी दादी से लेकर पढ़ी पुस्तक से यह बात मन में आ गई कि 'जो होता है अच्छा होता है।' इससे इसकी सोच सकारात्मक बन गई और नकारात्मकता में भी, सकारात्मकता खोजता फिरता,

और इस कथनी की सत्यता ही पाता। सुखी जीवन के लिए, सकारात्मक भाव का होना अत्यंत महत्वपूर्ण है। जीवन यात्रा में हम दंपती को पाँच बेटियाँ रही, लेकिन ऐसी तनाव की स्थिति नहीं बनी कि जो याद हो। ईश्वर कृपा ही है कि उन सबकी जीवन यात्रा आध्यात्मिक है। कहने का तात्पर्य यह है कि बच्चों में वह भाव पैदा हो कि जीवन ईश्वरमय बने, आध्यात्मिक बने। "परमात्मा हम सब पर दया करें।"

05-07-21

प्रतिक्रिया: आज आध्यात्मिक मूल्य गिरते जा रहे हैं। लोग पैसे को ज्यादा महत्व दे रहे हैं- डॉ. आर.पी. शुक्ला; बहुत सुंदर। ईश्वर में अटल अटूट निष्ठा का परिचायक। सद्गुरुदेव जी में दृढ़ श्रद्धा....विश्वास का अभिलाषी। परमात्मा तू ही है तेरी इच्छा पूरी हो- दु:ख हरन चौधरी।

2.15 स्वाभाविक जीवन यात्रा (2)

स्वाभाविक जीवन यात्रा (स्वधर्म पालन), ईश्वर इच्छा का पोषण है और इसी में मानव का सर्वांगणीय विकास (भौतिक तथा आध्यात्मिक) निहित है। स्वाभाविक जीवन यात्रा में कबीर दास जी की प्रार्थना "सांई इतना दीजिए जामें कुटुम्ब समाय, मैं भी भूखा न रहूँ, साधु न भूखा जाये।" के भाव के यर्थाथ का स्पष्ट अनुभव मानव जीवन में दिखता है। अधिकांश मानव जन दुखमय जीवन यात्रा करते हैं। राजयोगी मिलख राज संधा लिखते हैं कि मनुष्य जीवन में जितना भी दु:ख है उसमें 25% भाग शारीरिक और 75% भाग मानसिक है। गीता सुधा पुस्तक में महात्मा यशपाल जी ने मन की 100 बीमारियों (क्रोध, लालच, काम चोरी ईर्ष्या, पीठ पीछे किसी की बुराई/निंदा करना....) का जिक्र किया है। इन बीमारियों का सरलतम इलाज है स्वाध्याय, ध्यान तथा सत्संग और सबसे उपयुक्त साधन क्षेत्र है गृहस्थ जीवन। आपने-अपने अनुभवों का आधार लेते हुए 'आनन्दयोग' साधन पद्धति में ईश्वरमय जीवन बनाने का रास्ता गृहस्थियों के लिए सुझाया। इस साधना की मूल बातें: गृहस्थ जीवन यात्रा, ईश्वर के होने में विश्वास, तथा दैनिक जीवन चर्या के खाली समय को साधना में लगाने का है। साधना है जीवन में परमात्मा का नाम जोड़ना, छोड़ना कुछ नहीं और वह भी दिनचर्या का खाली समय लगा कर।

जीवन में अध्यात्म पक्ष का विकास स्वाभाविक प्रक्रिया के तहत होता है, मानवीय इच्छा के दखल से यह सिलसिला टूट/अवरुद्ध/मंद हो जाता है। यह बात व्यक्तिगत जीवन और सम्बन्धित आध्यात्मिक शिक्षण संस्थाओं में भी स्पष्ट रुप से देखने को मिलती है। संस्थाओं के मुख्य संस्थापक के जाने के बाद, मनमत का स्पष्ट प्रभाव हम देखते हैं, जिसे समाज में व्याप्त नकारात्मक ऊर्जा का प्रभाव कह सकते है। संस्थाएं जिन्दा तो रहती है, लेकिन एक प्रेरक व शिक्षा के काम की ही रह जाती हैं, साधना के दृष्टिकोण से उपयोगिता सीमित हो जाती है। बहुत से साधक 'pass out' की स्थिति में आकर, गुरु कार्य को आगे बढ़ाते हुए मानव विकास के evolution process को गति देने में सहायक बनकर सकारात्मक कार्य भी करते हैं। वैसे भी, संत जन साधकों के लिए आध्यात्मिक विकास में स्वयं के पुरुषार्थ की आवश्यकता पर जोर देते रहे हैं। अनुभव में आता है कि अच्छे-अच्छे साधक संस्थाओं में नकारात्मक बदलाओं (भौतिकता की ओर झुकाव) से आहत हो, साधन मार्ग से भटक भी जाते हैं। ईश्वर कृपा से, ऐसी ही परिस्थिति में स्वाभाविक प्रक्रिया (सकारात्मक सोच के आधार पर) के तहत हम अपनी और कुछ अन्य साथियों की 75+वर्ष की जीवन यात्रा में पाता हूँ कि साधना की निरंतरता, यथार्थ पूर्ण प्रतिफल के साथ किसी न किसी रुप में बनी रहती है।

अपनी 80 वर्ष की जीवन यात्रा के अनुभवों में जो बचपन में एक संयुक्त परिवार की प्रेमभरी यादों के साथ आज की स्थिति 'हाय रे इंसान की मजबूरियाँ – पास रहकर भी हैं कितनी दूरियां' में तबदील होते देखा। ऐसी स्थिति बनने का एक कारण, समाज में व्याप्त शिक्षा नीति है जो त्याग की जगह स्वार्थ की ओर लक्षित है, अर्थ प्रधान है और इंसान के मन को 'मन की बीमारियों' में लपटते हुए जीवन यात्रा की सहजता को बिगाड़ने क ही काम करती रही है। लगभग हर इंसान का धनार्जन प्राथमिकता बन गया है। ऐसी परिस्थिति में मानव आज भौतिक दृष्टि से सम्पन्न होते जाते हुए भी दु:खी है, परेशान है। ऐसे में आध्यात्मिक दृष्टिकोण से महात्मा तुलसीदास जी की कही बात 'सकल पदार्थ है जग माहीं कर्म हीन नर पावत नाहीं' की ओर जाता है। हमारे गुरुदेव कहते थे कि मानव की परेशानी का कारण, जीवन में राम नाम की कमी हो जाने का है।

हम अनुभव ज्ञान की बात कर रहे हैं। आध्यात्मिक जीवन यात्रा कर रहे हमारे एक पूर्व साधक साथी श्री चिरंजीलाल शर्मा जी 90 वर्ष की जीवन यात्रा पूरी करते हुए, पारिवारिक माहौल की सारी सुख सुविधाओं के होते हुए भी मौनीबाबा आश्रम रामघाट (बुलन्दशहर)में रहना पसंद करते हैं। सेठों ने यह आश्रम निराश्रित साधुओं के लिए जो आध्यात्म साधना में लगे हैं, गंगा जी के किनारे स्थापित किया है। मात्र कुछ विभिन्न पंथ के आध्यात्म रुचि रखने वाले साधक साधु सन्त यहाँ आश्रय पाये हुऐ हैं और अपनी-अपनी साधना में लगे रहते हैं। शर्मा जी कहते हैं कि यह आश्रम शान्ति तथा साधना के दृष्टिकोण से एक अद्भुत स्थान है। शर्मा जी की पत्नी का वर्ष 2013 में स्वर्गवास हो चुका है। आप पेंशन भोगी होने के नाते अपना खर्च स्वयं वहन करते हैं और आश्रम में श्रमदान स्वरूप कुछ न कुछ वहां की व्यवस्था में सहयोग भी करते रहे हैं। आपका लड़का रेलवे विभाग में बड़ा इंजीनियर है, कोरोना काल में जबरन इन्हें अपने साथ हर प्रकार की सुख सुविधा के साथ बड़े बंगले में रहने को मजबूर कर दिया था। जब बात होती तो इनमें हम एक तरह की असहजता पाते थे। अन्ततोगत्वा यह किसी तरह सहमति बनाने में कामयाब हो, कुछ दिन पहले मौनी बाबा आश्रम पहुँच गये। अब जब बात होती है, तो विशेष प्रकार का बदलाव उनकी बातों में पाता हूँ। वह कहते हैं "शायद मुझे ऐसा अनुभव हो रहा है, जैसे पिजड़े में कैद पक्षी को उसमें से निकलकर भाग जाने में होता होगा, शब्दों में नहीं वर्णित हो सकता। अप्रत्याशित रूप से स्वास्थ्य में सुधार देख रहा हूँ, हांलाकि यहाँ की भौतिक व्यवस्था बेटे के यहां रहने की तुलना में कुछ भी नहीं है 'तप साध्य है,' मन के आनन्द की जगह आत्मानंद का अनुभव। सही कहा है "तात स्वर्ग अपवर्ग सुख धरिय तुला एक अंग - तूल न ताहि सकल मिलि जो सुख लव सत्संग।'

भारतीय दर्शन में वानप्रस्थ की अवस्था जीवन यात्रा का एक तरह से लेखा-जोखा, अध्यात्म चिन्तन, स्वाध्याय ऐसी बातों के लिए कहा गया है: अर्थात पूर्ण रूपेण ईश्वरोपासना। प्रभु प्रेरणा ही थी कि सेवा निवृत्ति के बाद, हमारे मन में भी यह बात आ गई थी कि रिटायर तो रिटायर। आज 20 वर्ष रिटायर हुए हो गये हैं। बस यही साझा करना चाहूंगा कि, शर्मा जी का अनुभव स्वतंत्रता के साथ स्वाभाविक जीवन यात्रा करने में आध्यात्म साधना की सुंदर अनुभूति है। इस संसार में घटित होती घटनाएँ, ईश्वर की लीला

समझ, उसी की याद में देखते रहने और जो हो सके सकारात्मक भाव में करते रहने में ही सुख है। बहुत सही किसी ने कहा है कि "कुछ न बिगड़ेगा तेरा सद्गुरु शरण आने के बाद।" शर्मा जी गुरु ध्यान में संतुष्ट दिखते हैं, यही हम भी स्वयं अपने तथा कुछ पूर्व साथियों में पाता हूँ। आगे की ईश्वर जाने। जीवन के आध्यात्म पक्ष पर, क्या खूब हमारे शास्त्रों की शिक्षा है, इंसान को स्वाध्यायी बनना चाहिए जिसकी शुरुआत कभी भी की जा सकती है। ईश्वर चाहेंगे तो अवश्य सकून का अनुभव होगा। परमात्मा हम सब पर दया करें।

29-06-21

प्रतिक्रिया: I uphold the same values – Dr K B. Agarawal; मुझे तो लगता है कि सब कुछ गुरु पर छोड़ देने से स्वतः सब कार्य हो जाते हैं, लेकिन समर्पण पूर्ण कर्मनिष्ठा होनी चाहिए डॉ. आर.पी. शुक्ला; आपने निजी आध्यात्मिक अनुभव का अच्छा विश्लेषण किया है। सद्गुरु कृपा केवलम्-दुख हरन चौधरी।

2.16 अपने को देखना

आध्यात्मिक जीवन यात्रा में, सत्संग का बड़ा महत्व है। 'सत्संग' शब्द से जो विचार बनता है वह है अच्छे लोगों का साथ। ऐसे लोग जिनके विचार सकारात्मक व ईश्वरवादी हों के साथ को सत्संग ही कहेंगे। जीवन यात्रा के 35 वर्ष की अवधि तक यह ऐसे ही सत्संग में था लेकिन इस शब्द के महत्व से अनभिज्ञ रहा। अब पता चलता है कि सत्संग शब्द के बहुत रूप व आयाम हैं। जैसा कि यह कहता रहा है, हमारे पारिवार का परिपेक्ष्य, अनजाने में पांच पुस्तों से सत्संग का रहा था। अधिकांश सदस्य साधु प्रवृत्ति के हुए। बचपन में देखा कि साधु सन्तों का घर पर आना-जाना रहता था। गांव व समाज का सामाजिक वातावरण भी आध्यात्मिक (सहयोग तथा प्रेम) माहौल का था। घर के प्रांगण में हनुमान जी का मंदिर तथा आम के बाग में, परिवार के साथ अतीत में रह गये बाबा भोलादास की समाधि तथा वहां अनौपचारिक सामाजिक-धार्मिक गतिविधियां सत्संग माहौल के अंग थे। परिवार जनों के विचार सकारात्मक तथा ईश्वर में आस्था के रहे। हमारी जैसे-जैसे समझ बढ़ी तो 'Work is Worship' तथा 'जो होता है अच्छा ही होता है' ऐसे विचार मन में जगह बना लिए। परिवार के माहौल से ही स्वाध्याय की आदत बन गई।

'Looking for positivity in negativity' स्वभाव में आ गया। आज भी स्वाध्याय की आदत बनी हुई है और या कोई पूछे कि, आध्यात्मिक जीवन के लिए हमें क्या करना चाहिए, तो हमारी सलाह नियमित स्वाध्याय की होगी। इसके बाद तो ईश्वर कृपा से आगे का रास्ता खुलता जाता है।

यही बात 'गुरु' शब्द के साथ भी रहा। इस पवित्र शब्द के महत्व का भी ज्ञान नहीं था। कालान्तर की जीवन यात्रा में जो समझ बनी वह 'गुरू' शरीर नहीं 'तत्व' है और यही तत्व ही परमात्मा है। जन्म के साथ ही हमें यह 'तत्व' मानव शरीर में माँ के रूप में उपलब्ध हो जाता है जिसे शास्त्र प्रथम गुरु की संज्ञा देते हैं। इसके बाद जैसे-जैसे जीवन यात्रा आगे बढ़ती है, गुरु की उपलब्धता आवश्यकतानुसार होने लगती है। स्कूल, कालेज, विश्वविद्यालय में शिक्षकों के रूप में गुरू की प्राप्ति स्वतः होती जाती है। हम जिनसे कुछ सीखते हैं, वे सब गुरु ही हैं उससे हमारा भौतिक तथा आध्यात्मिक विकास दोनों होता है। इन्हीं शिक्षकों के साथ से हम जीवन में अनुशासित होते जाते हैं। अन्ततोगत्वा समय आने पर जब पात्र (आंतरिक विकास की भूमि) तैयार हो जाती है तो यही तत्व हमें किसी महापुरूष के रूप में स्वतः उपलब्ध हो जाता है जिसे शास्त्रों ने 'सद्गुरु' कहा है। ऐसे महापुरूष को ढूढ़ना नहीं पड़ता और न ढूंढ़ा ही जा सकता है। इनके मार्ग दर्शन में, मानव भवसागर पार (जन्म मरण से छुटकारा) करता है। स्वाधाय से शनैः शनैः साधक अनुभव करता है कि यही तत्व, जीवन यात्रा में साये की तरह साथ रहते हुए 'आत्मा की आवाज' के रूप में मार्गदर्शन करता रहता है। इसीलिये कहा गया है कि हमें आत्मा की आवाज पर चलना चाहिए। मन जिस काम को कहे और आत्मा न कहे, उस काम को न करें। यही जीवन के आध्यात्मिक पक्ष के विकास का सरल सूत्र है।

आज के समाज में 'गुरु' शब्द का तथाकथित गुरुओं ने दुरुपयोग करते हुए स्वार्थ के चलते इस पवित्र शब्द को भ्रमित कर दिया है। गुरुओं की भरमार है। अधिकांश साधक अंधविश्वास व गुलामी का सा जीवन जीने को बाध्य हैं। यशपाल जी महाराज के साथ का एक अनुभव हमें शिक्षाप्रद लगा। हमारे एक 'आनन्दयोग' के अच्छे समर्पित साधक डॉ. बीरबल सिंह जब महाराज आसन पर बैठने जा रहे थे अपने को भावावेश में रोक न सके साष्टांग प्रणाम करते हुए जमीन पर लोट गये, आप ठहर गये। उसके बाद जब

आसन पर बैठे, कुछ देर चुप रहने के बाद, बोले "डा. साहब सेवक भी साधक ही है।" इस बात में हमें गहरा अर्थ दिखता है। किसने जाना है परमात्मा को? संतों ने तो अपने-अपने अनुभव से 'नेति-नेति' (not this not that) कहा है, वह अनुभव गम्य है। हां, जैसे-जैसे साधक अपने को पाक पवित्र (holy) बनाता जाता है उसकी अनुभूति करते हुए, कदम-कदन पर जीवन यात्रा में किसी अदृश्य शक्ति की सहायता का अनुभव करता है यही गुरु तत्व/परमात्मा है, भले ही वह हमें दिखाई न दे। इससे आस्था में बढ़ोत्तरी के साथ, साधक निष्काम कर्म करते हुए आत्मानन्द में डूबता जाता है, सर्व साधारण के बीच रहता हुआ सामान्य जीवन यात्रा करता है। यहीं साधक पर सद्गुरु की कृपा होती है, चाहे वह शरीर में हों या पर्दा ले चुके हों। इसके आगे ईश्वर जाने। महात्मा यशपाल जी के सिलसिले में पहले जितने भी गुरु हुए वे सभी अपने को घरेलू नाम से लाला जी, दद्दा जी, चच्चा जी भाई साहब... कहलवाना पंसद किया। गुरु ऐसे सम्बोधनों से असहजता महसूस करते। लेखक जीवन यात्रा में भौतिक विज्ञान के क्षेत्र में पी.यच.डी. गाइड (मार्ग दर्शक) रहा है। यशपाल जी महाराज द्वारा डॉ. बीरबल सिंह जी को दिये मार्ग दर्शन में निहित भाव का अनुभव गुरु-शिष्य के ज्ञानवर्धन की प्रक्रिया में समानता (एकरूपता) पाता है, दोनों ही साधक रोल में होते हैं, अंतर केवल अनुभव का होता है। दोनों के बीच एक पतली दीवार 'अदब' की होती है जो, शिष्य को आगे बढ़ाती है। इस प्रक्रिया में कोई भी भौतिक कार्य सिद्ध होने की इच्छा का स्थान नहीं है। दोनों की भौतिक आवश्यकतायें परमात्मा पूरी करता है। लेखक के अनुभव व चिन्तन में जब अनुभव ज्ञान व आध्यात्म विज्ञान की बात आती है, तो यह वैज्ञानिकों/बुद्धिजीवियों के वर्ग में एक क्षमता देखता है, जो अपने मुख्य काम (स्वधर्म) के साथ, बिना किसी नकारात्मक प्रभाव के अध्यात्म विज्ञान का भी काम स्वयं व जनहित में कर सकते हैं। यही बात हमने गृहस्थ सन्त महात्मा यशपाल जी में देखा और आपकी कथनी, कि दुनियावी कार्य और अच्छे होते जाते हैं की यथार्थता का अनुभव किया।

उपरोक्त बातों के संदर्भ व आध्यात्म साधना के परिपेक्ष्य में, योगानन्द जी के द्वारा लिखी गई बात ध्यान देने योग्य है। आपने क्रियायोग विज्ञान पर लिखा है "धर्मग्रंथों का यह स्पष्ट वचन है कि मानव मस्तिष्क को विश्व चैतन्य की अभिव्यक्ति के लिए समुचित रूप से पूर्ण सक्षम बनाने के निर्मित दस लाख

वर्ष के स्वाभाविक तथा व्याधि रहित विकास की आवश्यकता पड़ती है। साढ़े आठ घण्टे में एक हजार बार क्रिया का अभ्यास एक दिन में 3 लाख 65 हजार वर्षों का विकास एक वर्ष में। इस प्रकार क्रिया योगी, प्रज्ञापूर्वक आत्म प्रत्येष्टा तीन वर्ष में वही परिणाम प्राप्त कर लेता है जिसे प्राकृतिक रूप से प्राप्त करने में 10 लाख वर्ष लगते हैं। निश्चय ही क्रिया का संक्षिप्त मार्ग केवल अत्यंत विकसित योगियों द्वारा ही अपनाया जा सकता है। गुरु के मार्ग दर्शन में ऐसे योगियों ने सावधानी पूर्वक अपने शरीर और मस्तिष्क को इस प्रकार तैयार किया है कि वे उग्र अभ्यास से उत्पन्न शक्ति को सहन कर सकें (योगी कथामृत पे. 349 से उद्धृत)।' आध्यात्म साधना की बहुत सी साधन पद्धतियाँ उपलब्ध हैं। हमारा मानना है कि जिन्हें स्वाभाविक जीवन यात्रा के तहत जो भी पद्धति उपलब्ध है और वह उस पर आरूढ़ है, वही उनके लिए सबसे उत्तम व श्रेष्ठ है। बदलाव की आवश्यकता होने पर वह स्वाभाविक रूप से ही स्वतः होता है, वैसी ही परिस्थितियाँ बन जाती हैं। यह वैसे ही है, जैसे दुनियावी शिक्षण क्षेत्र में छात्र एक कक्षा से दूसरे कक्षा में जाता है। अध्यात्म जगत में इसकी स्पष्टता न होने से साधक दुविधा में पड़ जाता है, बंधा सा महसूस करता है, शोषित होता रहता है और अंधविश्वास की हालत में जीवन यात्रा करता है। यह स्पष्टता स्वाध्याय तथा सत्संग से ही आ पाती है।

सरल स्वभाव के एक ग्रामीण खेतिहर जिज्ञासु श्री राम दुलारे यादव, वर्षों बाद आध्यात्मिक चर्चा में बताने लगे कि महात्मा यशपाल जी ने दीक्षा देने के पहले कहा था कि यदि तुम्हें हमसे कोई और अच्छा गुरु मिले तो बिना किसी संकोच उसे गुरु बना लेना। यादव जी ने इसे बताया कि "भइया हमें आजतक उनसे अच्छा कोई दिखा ही नहीं?" यादव जी को आध्यात्म के बारे में कुछ भी पता नहीं है, लेकिन आध्यात्मिक जीवन जी रहे हैं। दिन-रात खेती-किसानी में व्यस्त रहते हैं, सुबह शाम भगवान का नाम लेते हैं, मौका मिला तो कुछ स्वाध्याय भी कर लेते हैं। इससे ऐसा प्रतीत होता है कि अध्यात्म विद्या भी दुनियावी विद्या की तरह ही है और एक स्तर के विकास के बाद गुरु तत्व और किसी महापुरूष के रूप में उपलब्ध हो प्रेरक होता रहता है। यदि, साधक निष्ठावान है तो प्रकृति व्यवस्था बनाती जाती है और अपनी आत्मा की आवाज पर चलता हुआ; साधना में अग्रसर होता रहता है। ऐसे ही अनुभव ज्ञान हमें अध्यात्म विज्ञान को समझने, जनोपयोगी बनाने तथा प्रेरक होते

हैं। यह शोध का विषय है और स्वयं के स्तर पर हम सब शोधक ही हैं, आवश्यकता है स्वयं के अनुभवों को संज्ञान लेने, विश्लेषण करते रहने और स्वाध्यायी बनने की।

12-07-21

प्रतिक्रिया: बहुत ही ज्ञानवर्धक एवम् आध्यात्मिक अनुभवों से भरपूर है। कृपा के लिए धन्यवाद -दुख हरण चौधरी; बहुत ही प्रेरक डॉ. के.बी. अग्रवाल; बहुत अच्छा। अध्यात्म में ध्यान अहम है। सारा ज्ञान विज्ञान सबको साधक की पात्रता के अनुसार परमात्मा देता है। पढ़े लिखे, अनपढ़, चक्षुहीन, अपंग सभी को प्राप्त होता है। आपका वर्तमान प्रसंग हृदयग्राही, मार्गदर्शक और अदभुत है। सादर धन्यवाद डॉ. बीरबल सिंह।

2.17 जो हो रहा है स्वीकारें

Got whatsapp message forwarded by a spiritualist well-wisher on July 16, 2021 with a question "Whom to Salute?" – a dialogue between APJ and Manekshaw reading " Dr. Abdul Kalam as President, visited Coonoor. On reaching he came to know that Field Marshall Sam Manekshaw was in the Military Hospital there. The visit was unscheduled. Arrangements were made. At the bedside, Kalam spent about 15 minutes talking to Sam & enquiring about his health. Just before leaving Kalam asked Sam "Are you comfortable? Is there anything I could do? Do you have any Grievance? or any requirement that would make you more comfortable. Sam said "Yes Your Excellency, I have one grievance". Shocked with concern and anguish, Kalam asked him what it was.

Sam replied "Sir my grievance is that I am not able to get up and salute my most respected President of my beloved Country" Kalam held Sams's hand and both were in tears.

During this meet Sam did tell APJ that he was not paid the pension of the Field Marshal's rank, till then, for nearly twenty years.

An aghast president went to Delhi and passed the pension with arrears within a week and sent the cheque of nearly 1.25 crores through Defense Secretary by a special plane to Wellington, Ooty, where Sam was ailing. That is the greatness of APJ.

Sam received the cheque and promptly donated it to the Army Relief fund.

Whom will you salute now? To both, I would say.

In fact such personalities of this stature expect salute from every one of us but they do not except any gesture as they belong to category who, normally attain/cross spiritual height described by couplet "माया तजना सरल है और तिरिया का नेह। मान बड़ाई ईर्ष्या तजे सो बिड़ला कोय", mostly unknowingly. And this is spiritual science related matter, Man is yet to think, learn and imbibe in our educational system that once was a part of our वैदिक शिक्षा पद्धति।

यह है आध्यात्मिक जीवन की एक झलक जो जन्म-जन्मांतर से विकसित होते आ रहे संस्कारों का प्रतिफल होती है और समाज में ऐसे व्यक्तियों की संख्या अच्छी खासी होती है जिनसे समाज को शांति कायम रहते हुए विकास की प्रक्रिया को अनजाने में गति मिलती रहती है। प्रकृति (nature) ऐसे ही काम करती है, जिसे आध्यात्म विज्ञान के माध्यम से समझा और लाभ लिया जा सकता है। आज ही राजयोगी मिलखराज संधा की लिखी पुस्तक 'आंतरिक बल' में पढ़ा, "जीवन में कोई हादसा होता है तो अधिकतर लोगों का मनोबल टूट जाता है, विश्वास कमजोर हो जाता है। इन हादसों के माध्यम से प्रकृति आपकी नींद तोड़ना चाहती है, आपको जागृत करना चाहती है। पृथ्वी पर जो काम करने आप आये है, वह हो पाये यही हादसों का उद्देश्य होता है। कुदरत आपके बारे में आपसे ज्यादा जानती है कि आपका धरती पर आने का लक्ष्य क्या है। जब आप लक्ष्य से भटक रहे होते हैं तब हमारे सामने परिस्थितियाँ खड़ी करती हैं। बड़ा सुंदर उदाहरण नोबेल पुरुस्कार की स्थापना करने वाले वैज्ञानिक का है, जिन्हें गलती से छपा समाचार 'मौत का सौदागर वैज्ञानिक परलोक सिधारा' को पढ़कर उन्होंने अपनी रिसर्च की दिशा बदल दी जिससे लोग उस रुप में उन्हें याद न करें।"

यदि इंसान अपने अनुभवों को देखना व विश्लेषण करना शुरू कर दे और साथ-साथ स्वाध्याय की आदत बना ले तो वह आध्यात्म के मार्ग पर स्वत: मजबूती से बढ़ता हुआ, स्वधर्म का पालन करते हुए, जीवन के लक्ष्य की ओर ही अग्रसर होगा। आध्यात्मिक दृष्टिकोण से यही बात उपरोक्त महापुरूषों के इस उदाहरण में दिखती है, जो इनकी जीवन यात्रा में यह दोनों बातें अवश्य

रही होंगी। ऐसे व्यक्ति ही गीता में आई बात 'जो हुआ अच्छा हुआ, जो हो रहा है अच्छा हो रहा है, जो होगा अच्छा होगा' से सहमति रखते हुए, जाने अनजाने आनन्दपूर्ण जीवन यात्रा करते हैं। हम साधारण लोगों की जीवन यात्रा भी ऐसी ही होती है। हाँ स्तर (level of spiritual development) का फर्क होता है जो विचारों की शुद्धता व सकारात्मकता की भावना पर निर्भर करता है। इस विषय में आज के समाज में, आध्यात्मिक जागृति की शिक्षा का अभाव है, जो अनुभव ज्ञान के माध्यम से सहज में समझ व ग्राह्य हो सकती है।

ऐसी सोच व भावना पर आधारित हम अपने एक आध्यात्मिक अनुभव ज्ञान को साझा करते हैं। ऐसी परिस्थिति स्वाभाविक जीवन यात्रा के कारण बनी, न कि किसी इच्छा या प्लानिंग के तहत, जिसे ईश्वर इच्छा ही कहेंगे। हमारा रोल दृष्णात्मक ही रहा और यह अब पता चलता है जब हम पिछली जीवन यात्रा के अनुभवों पर गौर करते हैं।

गृहस्थ सन्त महात्मा यशपाल जी के सम्पर्क में आने के बाद, पारिवारिक माहौल ईश्वर चर्चा का विषय बन गया। बच्चों पर बिना किसी अतिरिक्त प्रयास के अच्छे आध्यात्मिक प्रभाव पड़े। हमारी एक लड़की सरिता सिंह का झुकाव, ईश्वरोपासना की ओर ऐसा हुआ कि उसने इसे ही जीवन की प्राथमिकता व उद्देश्य बना लिया। स्वाभाविक है, जीवन यात्रा में ऐसी असहज परिस्थितियाँ आती ही रहती हैं और यदि इंसान धैर्य बनाये रखे और परमात्मा के नाम का सहारा लिए रहे, तो जीवन में समस्या 'समस्या' नहीं रह जाती। सब कुछ अच्छे के लिए हो रहा है की भावना बनती और अनुभव होते हैं। महात्मा यशपाल जी के आध्यात्मिक साधना के प्रयोग में बदरपुर दिल्ली बार्डर (NCR) के पास अनंगपुर गांव में एक स्कूल की स्थापना 'Centre for Social Service' की भावना रखते हुए आपने की थी। समय के साथ-साथ यह उपक्रम सीनियर सेकंडरी के स्तर तक विकसित हुआ। आपने इसे स्कूल का चेयरमैन बनाया। अपका कहना था कि स्कूल का उद्देश्य होगा देश में अच्छे नागरिक का निर्माण और इसमें ऐसे शिक्षक हों, जिनके जीवन की प्राथमिकता अध्यात्म हो। हमारे कार्यावधि में तीन ऐसे शिक्षक मिले भी, जिसमें सरिता सिंह भी रहीं। इस स्कूल का व्यवसायीकरण न किया जाय, यशपाल जी महाराज की सोच थी। लेकिन अन्ततोगत्वा ईश्वर इच्छा ही प्रिवेल करती है। यशपाल जी महाराज के परदा लेने के बाद, हमारी चाह के विपरीत वह स्थान छोड़ना पड़ा। समाज में बदलाओं के

सिलसिले में नकारात्मक शक्तियाँ ही प्रबल होती हैं। हमसे कहा गया कि यशपाल जी की बातें उन्हीं तक थीं। हम लोग लखनऊ शिफ्ट हो गये।

सरिता ने अपने जीवन के अनुभवों से एक पुस्तक लिखी 'हर बच्चा है खास।' पुस्तक के प्रकाशन के लिए इन्होंने 'कबीर शान्ति मिशन' के संस्थापक राकेश कुमार मित्तल से सम्पर्क किया, उन्होंने कहा कि आप जब आयें अपने पिता जी के साथ आयें। ईश्वर इच्छा ही थी हमारी पहचान इन महापुरुष से हुई जो कालन्तर में आध्यात्मिक दृष्टिकोण से उपयोगी व शिक्षाप्रद साबित हुई। सरिता के जॉब के लिए लखनऊ के प्रतिष्ठित स्कूल Lucknow Public College के डाईरेक्टर से मिला तो ऐसे लगा जैसे वहाँ ऐसे टीचर का इंतजार हो रहा हो। आर्थिक दृष्टि से भी दिल्ली की तुलना में इन्हें दो गुनी पे उन्होंने दिया, जो हम सबके लिए आश्चर्य रहा। खास कर देखा गया है कि अधिकांश प्राईवेट स्कूलों में शिक्षकों का आर्थिक शोषण ही होता है। हम यहाँ चार वर्ष रहे। इस बीच पूर्व संस्था के बंधन से मुक्त होने से हमें 'पास आऊट व स्वतंत्र होने की भावना बनी' जैसे अनुभव रहे। हमारी चार पुस्तकें ('आओ कबीर को जिऐं', 'गृहस्थ जीवन में आध्यात्म-सन्त यशपाल कथनामृत', 'आध्यात्मिक क्रांति के बढ़ते कदम-सन्त यशपाल के जीवन यात्रा प्रयोग' तथा 'मानव जीवन में अध्यात्म कोरोना काल में एक अध्ययन') प्रकाशित हुई, जो अनंगपुर के संस्थान में रहने से संभव नहीं था।

ईश्वर कृपा से गृह जनपद सुलतानपुर में आवश्यकतानुसार मकान बन जाने से हम लोग वर्ष 2018 में यहां शिफ्ट हो गये। इस परिवर्तन में बेटी सरिता को लखनऊ पब्लिक कालेज की ही तरह यहां सुलतानपुर में KNICE में हेडमिस्ट्रेस का जॉब मिल गया। यहां भी इनकी पे प्रोटेक्ट करते हुए कुछ और ही बढ़ोत्तरी के साथ पोस्टिंग मिली। ईश्वर कृपा से, यहां हमारे पड़ोस (next door) में यशपाल जी महाराज का गृहस्थियों के लिए 'आनंदयोग' साधना का केन्द्र है। सरिता ने केन्द्र के संचालक महोदय के साथ मिलकर, मुहल्ले के बच्चों के लिए पारिवारिक स्तर पर 'आध्यात्मिक जागृति सेवा केंद्र' बना लिया है। बच्चों के लिए एक घण्टे का रामायणी साप्ताहिक सत्संग, इंगलिश स्पीकिंग कोचिंग, म्यूजिक, आर्ट, आध्यात्मिक पुस्तकालय, स्वाध्याय ऐसी संस्कार की बातें यथा-संभव सेवा भाव से करती हैं।

उपरोक्त अनुभव ज्ञान ईश्वर इच्छा के दृष्टिकोण से देखें तो योगीराज संधा

जी के कहने के अनुसार जीवन यात्रा में आती आपदायें, हमें जगाने के लिए हमारे हित में ही होती हैं, लेकिन आध्यात्मिक जागृति के अभाव में इंसान परेशान होता रहता है, दूसरों को कोसता रहता है। हम तो यही कहेंगे कि इन सारे बदलावों में जिनका जिक्र आया है, मात्र आध्यात्मिक दृष्टिकोण रखने से हम सबके लिए सहज रहे जिसका श्रेय हमारे पूवर्जो, गुरुकृपा, सत्संग व ईश्वर कृपा का है, जिनसे संस्कार मिले। इस अनुभव व प्रक्रिया के अंदर जाय तो अध्यात्म विज्ञान नजर आयेगा, जिस पर मानव हित में शोध की दरकार है।

17-07-21

प्रतिक्रियाः I learn a lot from you. There are many sadhaks who remain incognito. Dr. K.B. Agrawal, Sanrakshak Kabir Shanti Mission Lucknow; आध्यात्मिक अनुभवों से परिपूर्ण। खासकर पूर्व राष्ट्रपति एवं पूर्व जनरल का संवाद, क्रियाशीलता सराहनीय एवं स्मरणीय है। आभार-दुख हरण चौधरी; डॉ. कलाम एक अध्यात्मिक पुरुष थे, जो महान आत्मा थी। सरिता का कार्य बहुत ही महान है। मालिक से प्रार्थना है कि वह इस कार्य में सरिता का मार्गदर्शन करते रहें- डॉ. आर.पी. शुक्ला।

Wow! What a vivid exposition, प्रकाश ही प्रकाश, चकाचौंध करता हुआ प्रकाश। परम पिता परमेश्वर, परम पूज्य भाई साहब जी की ऐसी अनूठी कृपा आप पर सदा बनी रहे। अहंकार व शंका रहित अध्यात्मिक विद्या का बृहद दिग्दर्शन और वह भी इतने सुगम, सरल वर्णनात्मक शैली में। इस तुच्छ के पास वो शब्द नहीं जिनसे इतने उच्च कोटि के प्रयास की सराहना की जा सके। एन.डी. पाठक, अध्यक्ष अखिल भारतीय सन्तमत सत्संग दिल्ली 16, वाकई में पाठक साहब भाई साहब की लीला हमें भी समझ में नहीं आई। हम ऐसा लिख ही नहीं सकते। कुछ याद ही नहीं रहता। जब पढ़ते हैं तब नया लगता है–लेखक

2.18 कर्त्तव्यनिष्ठा

अध्यात्म को किसी एक परिभाषा से परिभाषित नहीं किया जा सकता। अध्यात्म साधना मानव के संस्कार, गुरु का मार्ग दर्शन तथा स्वयं के पुरुषार्थ की बात है, गुरु शब्द को हमें यहाँ व्यापक रूप में लेना होगा। जिससे हम

कुछ सीखते हैं, उसके प्रति गुरू की भावना (श्रद्धा) रखने से स्वयं के स्वभाव में निखार आता है। किसी भी आध्यात्मिक संस्था से स्वाभाविक जुड़ाव हो जाने के बाद, साधक के लिए संस्था, वैसे ही है जैसे हम किसी स्कूल में शिक्षा के लिए दाखिला लेते हैं। शिक्षा प्राप्ति के बाद, पास आउट होना आवश्यक है। अपवाद हो सकता है कि कोई शिक्षण के कार्य में लग वहीं रह जाय तो बात अलग है। नहीं तो प्रकृति की ऐसी व्यवस्था है कि आप स्वयं निकल जायेंगे या निकाल दिये जायेंगे। हमारा अनुभव इस मामले में इन दोनों स्थितियों के समिश्रण का रहा है, अर्थात निकले भी और निकाल भी दिये गये जैसे डिग्री पूरी हो जाने पर होता है, ऐसा ईश्वर इच्छा से होता है। क्योंकि परमात्मा/प्रकृति, शिक्षा पूरी होने पर व्यक्ति विशेष से कुछ और काम लेना चाहता है। ऐसा हमारा अध्यात्म और इसके विज्ञान पर स्वाध्याय तथा चिन्तन का अनुभव रहा है। इस विषय पर गत पत्र में भी चर्चा की थी।

हमें स्वधर्म (जो काम सहज प्राप्त हों) को अपनाते हुए, ज्ञान प्राप्ति के लिए वैज्ञानिकी दृष्टिकोण अपनाना चाहिए। स्वाध्याय व अनुभव से मेल खाता हुआ ज्ञान कहीं से मिले बिना हिचक लेकर साधना में अपनाते हुए आत्म विकास के मार्ग में आगे बढ़ना है। अध्यात्म मानव विकास से सम्बन्धित है, धर्म व पद्धतियाँ मात्र साधन हैं जैसे हम कहीं जाने के लिए पैदल, रेल, टैक्सी, बस या हवाई जहाज का माध्यम अपनाते हैं। इस का सुन्दर उदाहरण, वाट्स अप पर पढ़ा कि आजतक 283 बुद्धिमानों ने श्रीमद्भगवगद गीता का अनुवाद किया है अलग-अलग भाषाओं में जिनमें से 58 बंगाली, 44 अंग्रेजी, 12 जर्मन, 4 रुसी, 4 फ्रेंच, 13 स्पेनिश, 5 अरबी, 3 उर्दू, और अन्य कई भाषाओं में। सबसे दिलचस्प बात यह है इन सभी अनुवादकों ने बाद में हिन्दू धर्म को अपना लिया। यहाँ धर्म नहीं, आध्यात्मिक ज्ञान कारक रहा। पहला व्यक्ति जिसने इंग्लिश में अनुवाद किया उसका नाम चार्ल्स विलिक्नोस था। उसने बाद में हिन्दू धर्म अपनाते हुए कहा था कि दुनिया में केवल हिंदुत्व ही बचेगा। हमारे विचार से यह प्रतिक्रिया मानव के evolution के परिपेक्ष्य में है। इसी पद्धति में ही विश्वबन्धुत्व की कल्पना की गई है। यह है सनातन धर्म और इसके धार्मिक ग्रंथों में संकलित ज्ञान की मानव विकास में उपयोगिता का स्वाभाविक उदाहरण। अभी हाल में ही यह 100 वर्ष पहले BHU, Varanasi से प्रकाशित पुस्तक 'Sanatan Dharm' इंटरनेट पर पढ़ी। इसे लगा कि यह

तो मानव के आध्यात्मिक विकास (evolution) के दृष्टिकोण से कक्षा 1 से लेकर पी.यच.डी. स्तर तक के लिए अनिवार्य रुप से शिक्षा के पाठ्यक्रम का हिस्सा होना चाहिए था। ऐसा न होने से आज का मानव विकास एकांगी है और सामाजिक विकृतियाँ बढ़ती ही जा रही हैं।

अध्यात्म में संस्कार तथा भाग्य की बात आती है। हमारा अनुभव रहा है कि इस विषय में किसी की रुचि बनें, इन्हीं दोनों शब्दों में निहित ऊर्जा (सकारात्मक या नकारात्मक) से संचालित होती है। कोई किसी की सहायता नहीं कर सकता और जो भी किसी की मदद होती है वह अच्छे लोगों का साथ/सत्संग मिलने से होती है। आपसी संवाद से सकारात्मक ऊर्जा में वृद्धि तथा सुख व शान्ति की अनुभूति के साथ-साथ आत्मबल की समृद्धि बढ़ती है। परिवार का महत्वपूर्ण योगदान संस्कार बनने में तथा स्वयं का पुरूषार्थ (कर्म), भाग्य का निर्माता होता है। ईश्वर कृपा/इच्छा से हमें ऐसी परिस्थितियों का अनुभव रहा है। सक्रिय रुप से सत्संग से जुड़ाव होने के पहले हमारे सहकर्मी डॉ. यस.यस. ताम्हन ने हमें योगानन्द की लिखी एक पुस्तक 'योगीकथामृत' पढ़ने को दी थी (1978)। पुस्तक बहुत अच्छी लगी और इससे प्रभावित हो हमने अपने दो सहकर्मी साथियों को पढ़ने को दिया, जो दोनों सीनियर प्रधान वैज्ञानिक थे। डॉ. जे.यन. सचान ने एक तरह से उसे बकवास करार दिया जबकि डॉ. आर.यन. प्रसाद पर इसका प्रभाव मांसाहारी से शाकाहारी में बदलाव होने का बना। हमारे आश्चर्य की बात यह रही कि पुस्तक में कहीं भी मांसाहारी या शाकाहारी होने या न होने का जिक्र नहीं था। कालान्तर में डॉ. ताम्हन तो सन्यास ले लिए और आज विश्व स्तर पर अनुभवानन्द के नाम से सद्भावना ट्रस्ट चलाते हुए ज्ञानोपदेश में लगे हैं। डॉ. सचान 90 वर्ष की उम्र में अपनी दिव्यांग बेटी की सेवा में रत हैं, डा. प्रसाद वर्षों तक, सत्संग मिशन की सेवा में रहते हुए, सार्थक अध्यात्म साधना का जीवन जीते हुए, जीवन यात्रा पूरी की। हमारे अध्ययन में इन साथियों का जीवन तमाम उतार-चढ़ाव के बीच गीता में वर्णित योगियों की तरह का रहा है। डॉ. सचान किसी भी उपासना कर्मकान्ड में विश्वास न करते हुए कर्म को ही प्रधानता देते हुए आज भी संतुष्टी की जीवन यात्रा कर रहे हैं। ऐसी जीवन यात्रा आध्यात्मिक ही है। मानव जीवन में आवश्यकता है किसी सिद्धांत पर आरूढ़ता और अनुशासित जीवन यात्रा की।

आध्यात्मिक चिन्तन में अब हमारी रूचि अध्यात्म विज्ञान को अनुभव ज्ञान के माध्यम से अध्ययन करने की बनी है। हमारे कुछ सहकर्मी साथियों का जीवन आध्यात्मिक रहा है जिनकी रूचि धार्मिक कर्मकाण्डों में नहीं रहीं। भौतिक क्षेत्र में अच्छी सफलता हासिल किये जो मन की एकाग्रता तथा कर्म के प्रति निष्ठा तथा समर्पण की भावना का प्रतिफल रहा। ऐसे साथियों/मित्रों से हमारा आग्रह रहा है कि अपना जीवन वृत्तांत लिखें। यह एक अद्‌भुत, आध्यात्मिक साधना होगी जो स्वयं को लाभान्वित करते हुए, प्रेरणात्मक व जनोपयोगी भी होगा। सबसे ज्यादा तो यह यदि ईश्वर ने चाहा तो अध्यात्म विज्ञान विषय का आनन्ददायक good time pass की अनुभूति होगी। विचार कीजिए।

18-07-2021

प्रतिक्रिया: आपके विचार हमेशा से विशुद्ध आध्यात्मिक व सकारात्मक ऊर्जा से ओतप्रोत रहते हैं। ईश्वर आपका लम्बे समय तक इसी प्रकार स्वस्थ व उर्जावान बनाये रखे यही प्रार्थना है। बहुत-बहुत आभार नन्दलाल ऐटा; अति उत्तम, प्रेरणादायक सराहनीय- दुःख हरण चौधरी

2.19 उर्जा

यह संसार परमात्मा की एक अद्‌भुत व्यवस्था है, जिसमें सारा खेल ऊर्जा का है, ऐसा हमारे ऋषियों-मुनियों ने अनुभव किया, शास्त्रों में कह गये, आज के भौतिक विज्ञानी भी इसी नतीजे पर पहुँचे हैं। हम जो भी देखते है, वह सब उसी ऊर्जा के विभिन्न रूप हैं और एक दूसरे से ऐसे जुड़े हैं जिसमें समय व दूरी की कोई बाधा नहीं है। लेकिन यह व्यवस्था आम इंसान व हम जैसे बुद्धिजीवियों की समझ से अभी बहुत दूर है। कुछ आध्यात्मिक साधक जिनका झुकाव शोध की तरफ है, इसके यथार्थ को समझने तथा सरलीकरण करने का प्रयास कर रहे हैं। एक पुस्तक 'आंतरिक बल' में राजयोगी मिलख राज संधा ने ऐसा ही प्रयास किया है। पुस्तक में 'नमस्कार' शब्द की व्याख्या ने हमारा ध्यान आकृष्ट किया जिसका विश्लेषण, ऊर्जा के परिपेक्ष्य में किया गया है। स्वाध्याय तथा आध्यात्मिक चर्चा में हम पढ़ते व सुनते आये हैं कि जो दिखाई देता है, वह सत्य नहीं है (things doesn't exist), लेकिन बात साधारण बुद्धि से समझ में नहीं आती। संधा जी का विश्लेषण पढ़कर लगा

कि यही तो अध्यात्म विज्ञान की बातें है, जो हम अनुभव ज्ञान के माध्यम से समझ व उपयोग में ला सकते हैं। कैसे यह विज्ञान हम जैसे आम आदमी के लिए उपयोगी हो, देखना दिलचस्प होगा। आईए, नमस्कार की प्रक्रिया में ऊर्जा कैसे काम करती है, को देखते हैं।

संधा जी लिखते हैं कि आपको कोई भी व्यक्ति बूढ़ा, बच्चा, जवान कहीं भी दिखे तुरंत मन से उसे नमस्कार कहो। आपके संकल्प उनसे टकराकर उन्हें सकारात्मक ऊर्जा देंगे और आपको सकून मिलेगा। जहां जाओगे पसंद किये जाओगे। किसी भी जानवर गाय, भैंस, बिल्ली, चिड़िया, शेर, चीता...., उसे मन से नमस्कार करें, वह आप पर आक्रमण नहीं करेंगे। आपके मन में उनके प्रति प्रेम पैदा होगा बदले में वे भी प्यार करेंगे। ऐसे ही आवाजाही के साधन कार, स्कूटर, रेलगाड़ी, हवाई जहाज को देखें, उसे मन में नमस्कार कहें। वास्तव में यह सभी साधन 'ऊर्जा' हैं। इनकी ऊर्जा और हमारे मन की ऊर्जा एक समान होती है। हम मन में जो सोचते हैं, वह इन साधनों को प्रभावित करते हैं। उसी के अनुसार यह पदार्थ व्यवहार करते हैं। आपको कभी भी इन साधनों से हानि या कष्ट नहीं होगा। यह शब्द नम्रता का प्रतीक है। अगर हम नम्र बन जाते हैं तो बहुत सी समस्याओं से बच जाते हैं। अध्यात्म में नम्र बनने की सबसे सरल विधि है, मन से नमस्कार करते रहो। घर में जो रसोई के बर्तन कप, प्लेट, कटोरी, गिलास....हैं उनका प्रयोग करने के पहले नमस्कार करें, प्रयोग करने के बाद धन्यवाद करें। यह बर्तन और पदार्थ ऊर्जा हैं और यह ऊर्जा मन की ऊर्जा को समझती है। ऐसा करने से आपको अद्‌भुत ऊर्जा का अनुभव होगा।

पिछले दो वर्षों से कोराना महामारी बीमारी के दौरान मीडिया में ओशो तथा जग्गी सद्‌गुरू के ऊर्जा व डर सम्बन्धी विचारों की अच्छी खासी चर्चा रही। आध्यात्मिक विचार के चिंतक चिरंजी लाल जी ने ऑनलाइन चर्चा में, जग्गी सद्‌गुरु के लेख की एक बात हमें बताई, जो संधा जी की बातों की पुष्टि करती है। कोई शिष्य अपने गुरु के पास किसी समस्या के समाधान के लिए गया। मकान में घुसने के पहले बड़ी लापरवाही से जूते उतारते हुए अस्त-व्यस्त स्थिति में छोड़ते हुए मकान में दाखिल हुआ। वही बात दरवाजा खोलने और बंद करते समय भी रही। जाकर बैठा। महात्मा जी शांत बैठे रहे। जब वह कुछ कहने को हुआ, तो गुरू जी ने कहा कि, ऐसा है पहले आप

बाहर जाओ और अपने जूते से क्षमा मांग कर, उन्हें ठीक से रखो और ऐसा ही दरवाजे के साथ भी करो। तब बात करते हैं। शिष्य ने ऐसा ही किया। आकर बैठा तो गुरु जी ने पूछा कि यह बताओ कि आपके मन की शान्ति की अवस्था पहले जब आकर बैठे थे तब और अब में क्या कुछ अंतर पाते हो। उसने कहा कि अब पहले से बेहतर है अच्छा अनुभव हो रहा है। यह है ऊर्जा तथा आध्यात्म विज्ञान की एक झलक।

शर्मा जी के ही शोधात्मक रूचि का लाभ लेते हुए, इस विषय को अनुभव ज्ञान के आधार पर देखते हैं, जिसे इन्होंने हमें पत्र के माध्यम से अवगत कराया था। आइंस्टीन पदार्थ (matter) के विज्ञानी थे। पदार्थ माने वह चीज जिसे ज्ञानेंन्द्रिय के जरिये देखा, सुना या छुआ जा सके और इसलिए जो बुद्धि की पहुँच में सीधी तरह से आ सके। भौतिक विज्ञानी को किसी भी निष्कर्ष के लिए visible proof चाहिए होता है। आइंस्टीन जीवन भर शोधकार्य में खपते रहे और अंत में शोध तृष्णा पेंडिंग में डाल गये, जिस शोध की तमन्ना उनके मन में शेष रह गई। इच्छा व्यक्त कर गये कि यदि अगला जन्म मिला तो वे शोध करना चाहेंगे कि आखिर वह कौन सी सत्ता है जो मुझसे या किसी से भी काम करा लेती है। इस कथन से कुछ अधिक स्पष्ट कथन डॉ. ए.पी.जे. अब्दुल कलाम का है कि मैं तो कुछ करता नहीं, मेरे माध्यम से परमात्मा ही करते हैं। तीसरा उदाहरण मेरी नजर में महात्मा यशपाल जी का है जो हर कार्य के आरम्भ और अंत में भावपूर्ण मुद्रा में कहते थे "परमात्मा तू ही है, तेरी इच्छा पूर्ण हो।" जैसे की परमात्मा बिल्कुल उनके सामने ही हो। इन तीनों महापुरूषों में अंतिम दोनों के पास शोध करने हेतु कोई काम पेंडिंग में नहीं रह गया था।

अध्यात्म विज्ञानी स्वामी जगदीश्वरा नन्द जी की एक रिपोर्ट भौतिक व अध्यात्मिक विज्ञान पर यथार्थ पूर्ण प्रकाश डालती है। इस रिपोर्ट के अनुसार वैज्ञानिक श्री बर्नर आइजन वर्ग (जर्मनी) ने, श्री नील बोर (डेनमार्क), श्री लुईस बोगली (फ्रांस) तथा श्री पाल डिरेक (ब्रिटेन), मिलकर सन् 1920 में पदार्थ (matter) कणों की प्रकृति पर शोधकार्य शुरू किया था। अणु, परमाणु, इलेक्ट्रान, प्रोटोन, न्यूट्रोन के बाद आगे की बात थी। और वाईजान, मीसान तथा अन्य इनसे भी अधिक छोटे-छोटे कणों के बीस से भी अधिक कणों की खोज कर ली गई थी। इसके बाद भी यह तय नहीं हो पा रहा था कि पदार्थ

का सबसे छोटा सा कण कौन सा है। पदार्थ के कणों के कंपन का अध्ययन करते हुए पता चला कि पदार्थ के किसी कण का वजूद ही नहीं है अर्थात पदार्थ का ही अस्तित्व असिद्ध हुआ और जो कुछ यह कंपन है, ऊर्जा की तरंगें हैं। परंतु शंका शेष रही कि जब पदार्थ अथवा उसके कण कही हैं ही नहीं तो यह तरंगे कहां से उठ रही हैं।

इस मुकाम पर पहुँच कर वैज्ञानिकों की टीम तरंगों का अध्य्यन करने लगी। अध्ययन करते-करते वैज्ञानिक आईजन वर्ग को भारत तथा यहाँ के ऋषियों की याद आई, और अपने वैज्ञानिक साथियों के साथ 1929 में भारत आये और यहां शान्ति निकेतन में गुरुदेव रविन्द्रनाथ टैगोर से मिले। अपने अनुभव बताते हुए कहा कि हम जानना चाहते हैं कि पदार्थ के सभी नाम तथा रूप यदि मिथ्या हैं तो फिर सत्य क्या है। इसके उत्तर में रवीन्द्र नें उन्हें आदिशंकराचार्य द्वारा रचित विवेक-चूरामणि का एक श्लोक (क्रमांक 229) पढ़कर सुनाया जिसका अर्थ है कि- 'यद्यपि पूरे विश्व में नाना प्रकार के रूपधारी व नामधारी तत्वों का वजूद प्रतीत होता है किन्तु वस्तुतः वह सब भावनादोष (अर्थात मिथ्या) हैं। वास्तव में वे सब भिन्न-भिन्न न होकर एक ही हैं और उस एक का नाम है 'ब्रह्म।' ब्रह्म के अतिरिक्त सब निथ्या है।' सारांश यह है कि सारा पार्थिव जगत तथा इसकी सारी हलचल ब्रह्म की ऊर्जा की तरंगे मात्र हैं। पदार्थ से शुरु हुई कहानी ब्रह्म में जाकर पूर्ण होती है। इसी आधार पर भौतिक विज्ञान तथा आध्यात्मिक विज्ञान दोनों की सम्मिलित घोषणा है 'ब्रह्म सत्यम, जगत मिथ्या।' इससे यह प्रतीत होता है कि सत्य का पूर्ण रुप से दर्शन मैटर तथा ब्रह्म को एक साथ जोड़कर देखने से और समझने से होता है। किसी एक को देखना अधूरा देखना है। परन्तु देखने और समझने की सीमायें ये हैं कि मैटर को समझने के लिए तो बुद्धि का साधन काफी है। पूर्ण सत्य (ब्रह्म) तक पहुँचने के लिए साधन 'कल्पना शक्ति' होता है। कल्पना के पंखों पर चढ़कर ही हम जगत से ब्रह्म तक का सफर तय करते हैं, जबकी वास्तव में दोनों के बीच कोई दूरी ही नहीं। ब्रह्म का ही Manifestation जगत है।

उपरोक्त अनुभव ज्ञान का संकलन आध्यात्म विज्ञान से सम्बन्धित है। संधा जी का प्रयास मानव कल्याण हेतु अनुभव आधारित व्यवहारिक बातों का ग्राह्य सरलीकरण, आध्यामिक जीवन अपनाने के लिए सार्थक व सकारात्मक प्रयास

है। यशपाल जी का साधना प्रयास अध्यात्म ऐसे गहन विषय की सरल साधन पद्धति प्रस्तुत करना, कलाम साहब का भौतिक और अध्यात्म की समझ का सुंदर उपयोग व अभिव्यक्ति, चिरंजीलाल शर्मा जी का आध्यात्मिक चिन्तन और यह उपलब्ध अध्यात्मिक अनुभव ज्ञान का संकलन करने का प्रयास; वैज्ञानिक तथा बौद्धिक वर्ग के बन्धुओं के लिए विचारणीय उदाहरण है। अपार जनहित संभावना के संसाधन यह वर्ग अपने में समेटे हुए है जो किसी भी स्तर के अध्यात्मिक विज्ञान के विषय के चिंतन में सहायक हो सकते हैं। ऐसे लोग विचार करें और सेवानिवृत्ति के बाद आध्यात्मिक सेवा के माध्यम से स्वयं व पीड़ित मानवता की सहायता करने का लाभ लेते हुए सार्थक काम कर सकते हैं।

21-07-21

प्रतिक्रिया: बहुत सुन्दर उदाहरण हैं - डॉ. आर.पी. शुक्ला; वास्तविक अध्यात्मिकता का वर्णन किया है आपने। मानसकार लिखते हैं 'जड़ चेतन जग जीव जत सियाराम मय जानि-बंदऊ सबके पद कमल सदा जोग जुग पानि।। सूरदास जी दर दीवार दर्पण भये...जित देखूँ तित तोय। कांकर पाथर ठीकरी....भये आरसी मोय।। संत कबीर दास जी "लाली मेरे लाल की....जित देखूँ तित लाल।" लाली न में गईं मैं भी हो गई लाल। सद्‌गुरु कृपा ही केवलम्- दु:ख हरण चौधरी

2.20 गुरु पूर्णिमा

इस वर्ष की गुरूपूर्णिमा आज, 24 जुलाई की है। कल हमारे एक गुरु भाई डॉ. उत्तम चन्द शर्मा जी से इस पर्व पर शुभकामना का संदेश था 'गुरुपूर्णिमा की हार्दिक शुभकामनाएँ।' हमारे जबाब में लिख उठा 'Thanks Sharma ji. I too, wish for a happy Gurupurnima to you. As I feel pass out from ABSS, *'Gurupurnimaparva'* seems to be similar to practical classes that we attended during our college/University educational days. Once trained or educated one has to work for some purpose that makes society to progress and evolve towards better in postive sense. This is what, we both are trying to do even, now during this *Vanprasth Ashram* life journey. And I have no doubt that this is the wish of God and Guru. Name and form differs but *tatva* in both these identities is same.

Incidentally, we both feel satisfied with the task at hand and this is tribute to our Guru ji who considered himself as Sadhak in Grihastha life's journey.'

इस अवसर पर और कुछ भाईयों से गुरूपूर्णिमा की शुभकामनाओं का आदान प्रदान आनलाइन होता रहा। ऐसे अवसरों पर हमारा स्वभाव रहा है, कर्मकाण्डी उत्सवों में देखा-देखी शामिल होते रहना, लेकिन अंतरमन (Conscience) इसकी आवश्यकता स्वीकार न करता। फूल-माला का चढ़ावा दिखावा लगता और यंत्रवत करता रहता। मन में कुछ चाह नहीं होती, लेकिन कर्त्तव्य के प्रति समर्पण की भावना नैसर्गिक (natural) तो थी ही। मन के इस स्वभाव की गांठ और इस पर प्रश्न बना ही रहा। वर्षों बाद, भाई साहब (यशपालजी महाराज) के खास व प्रिय अनुयायी श्री आशानन्द जी, जो गुरूपूर्णिमा के उत्सव में आंतरिक प्रबन्धन में रहते थे एक चर्चा के दरमियान अपना अनुभव इस प्रकार बताया "एक बार गुरूपूर्णिमा के रोज सुबह-सुबह भाई साहब जी के पास प्रणाम करने गुलाब फूल की डण्डी की भेंट लेकर पहुँच गया। आप प्रोग्राम में जाने के लिए कपड़े पहन रहे थे। प्रणाम किया, फूल भेंट किया। बड़े गौर से हमारी तरफ देखते हुए आप बोले कि आशानन्द जी क्या आप अब भी इसकी आवश्यकता समझते हो।" वर्षो से मन में पड़े प्रश्न का उत्तर हमें मिल गया।

गुरू शब्द पर हमारे मन में चिन्तन व अध्ययन बना रहा और समय के साथ-साथ, अनुभव के आधार पर स्पष्टता बनती गई। आज की तारीख में हमारा मानना है कि गुरू एक तत्व है जो विभिन्न रुप में (ईश्वर, ईष्ट और मानव शरीर के माध्यम से सद्गुरू) हमारी दीन (आत्मिक) व दुनिया (सासांरिक) के विकास में सहायक होता है। प्रत्यक्ष न हो, तो भी यही तत्व 'आत्मा की आवाज' के माध्यम से मार्ग दर्शन करता रहता है। यही तत्व हमें माँ और शिक्षकों के रूप में, आवश्यकतानुसार जीवन यात्रा में उपलब्ध होता रहता है, मार्ग दर्शन मिलता रहता है। आज का यह शुभ दिन विशेष रुप से सद्गुरू (आध्यात्मिक) के परिपेक्ष्य में मनाया जाता है। परमात्मा की यही व्यवस्था है, इस सम्बन्ध में एक साधक का अनुभव शिक्षाप्रद है- "दीक्षा की प्रार्थना लेकर जब दिलीप राय उन संत के पास पहुँचे, तो वह इस पर बहुत हँसे और कहने लगे तो तुम हमें श्री अरविन्द से बड़ा योगी समझते हो। अरे वे तुम पर शक्ति पात नहीं कर रहे, यह भी उनकी कृपा है। दिलीप को

आश्चर्य हुआ– ये सन्त इन सब बातों को किस तरह से जानते हैं। पर वे महापुरूष कहे जा रहे थे। तुम्हारे पेट में भयानक फोड़ा है। अचानक शक्ति पात से यह फट सकता है और तुम्हारी मौत हो सकती है। इसलिए तुम्हारे गुरु पहले इस फोड़े को ठीक कर रहे हैं। इसके ठीक हो जाने पर तुम्हे शक्ति पात दीक्षा देंगें। अपने इस कथन को पूरा करते हुए उन योगी ने दिलीप से कहा 'मालूम है तुम्हें यह बातें हमे कैसे पता चलीं? अरे अभी तुम्हारे आने से थोड़ी देर पहले सूक्ष्म शरीर से महर्षि अरविन्द स्वयं आये थे। उन्होंने ही मुझे तुम्हारे बारे में सारी बातें बतायीं। उन सन्त की बातें सुनकर दिलीप तो अवाक् रह गये। अपने शिष्य वत्सल गुरु की करुणा को अनुभव कर उनका हृदय भर आया। पर ये बातें तो महर्षि उनसे भी कह सकते थे। फिर कहा क्यों नहीं? यह सवाल जब उन्होंने वापस पहुँचकर श्री अरविन्द से पूँछा, तो वह हँसते हुए बोले यह तुम अपने आप से पूँछ, क्या तू मेरी बातों पर आसानी से भरोसा कर लेता। दिलीप को लगा; हाँ यह बात भी सही है। निश्चित ही मुझे भरोसा न होता। पर अब भरोसा हो गया। इस भरोसा का परिणाम भी उन्हें मिला निश्चित समय पर श्री अरविन्द ने उनकी इच्छा पूरी की।

यह सत्य कथा सुनाकर गुरू जी (आचार्य श्री राम शर्मा) बोले– "बेटा! गुरू को अपने हर शिष्य के बारे में सब कुछ मालूम होता है। वह प्रत्येक शिष्य के जन्मों–जन्मों का साक्षी व साथी है। किसके लिये उसे क्या करना है, कब करना है वह बेहतर जानता है। सच्चे शिष्य को अपनी किसी बात के लिए परेशान होने की जरुरत नहीं है। उसका काम है सम्पूर्ण रूप से गुरु को समर्पण और उन पर भरोसा। इतना कहकर वह हँसने लगे, तू यही कर। मैं तेरे लिए उपयुक्त समय पर सब कर दूँगा। जितना तू अपने लिए सोचता है, उससे कहीं ज्यादा कर दूँगा। मुझे अपने हर बच्चे का ध्यान है। अपनी बात को बीच में रोककर अपनी देह की ओर इशारा करते हुए बोले–बेटा! यह शरीर रहे या न रहे, पर मैं अपने प्रत्येक शिष्य को पूर्णता तक पहुँचाऊँगा। समय के अनुरूप सबके लिए सब करूँगा। किसी को भी चिन्तित–परेशान होने की जरूरत नहीं है।" गुरुदेव के यह वचन गुरुपूर्णिमा पर प्रत्येक शिष्य के लिए महामंत्र के समान हैं। आपने कहा गुरू के आश्रय में बैठे किसी शिष्य के लिए कोई चिन्ता और भय नहीं है। (अखण्ड ज्योति जुलाई 2003, पे. 39)।'

ऐसे आध्यात्मिक अनुभव ज्ञान की सामग्री बहुलता में उपलब्ध है, लेकिन स्वाध्याय की कमी के कारण, आम जन इसके लाभ से वंचित ही रहते हैं। सही समझ बनने, दूसरे लोगों की बातों पर चलने की सहजता, किसी चाह की पूर्वाग्रह से अंधविश्वासिता के चक्कर में लोग फंस जाते हैं, विश्वास नहीं बन पाता। जो भी हो इस सम्बन्ध में निश्चित रूप से कुछ कहा नहीं जा सकता। सारा खेल प्रारब्ध का ही लगता है। अध्यात्म साधना पूर्णतः व्यक्तिगत है, 'सुने सबकी करे अपनी' की कहावत सही है। दूसरी बात स्वयं के पुरूषार्थ की है, सत्गुरू मार्गदर्शक के साथ, साधक ही होता है। यह विषय नेति-नेति का है। विज्ञान के दृष्टिकोण से अपार सम्भावनायें हैं इसमें, जिसके जानने व समझने के लिए, परमात्मा ने खासकर वैज्ञानिक बन्धुओं को 'स्वधर्म' का पालन करते हुए अध्यात्म विज्ञान के विकास के लिये आंतरिक बल व संसाधन दिये हैं। आवश्यकता है आध्यात्मिक जागृति बनने की व इसको संज्ञान में लेने की। परमात्मा हम सब पर दया करें।

24-07-21

प्रतिक्रियाः बहुत बहुत सुंदर बातें लेख में आई हैं। हम लोगों को follow करना चाहिए- डॉ. आर.पी. शुक्ला।

2.21 नाम जप मय जीवन

आध्यात्मिक जीवन यात्रा की बात हम कर रहे हैं। इस विषय पर इसके विभिन्न वैज्ञानिक पहलुओं तथा अनुभव ज्ञान के आधार पर विषय वस्तु हनुमान जी के लंका दहन के समय पूँछ की तरह आगे बढ़ती जा रही है। पिछले अंकों की चर्चा व विश्लेषण में आध्यात्मिक जीवन यात्रा के हमारे साथी रहे श्री चिरंजी लाल शर्मा जी के अनुभवों का लाभ, इस प्रयास में आन लाइन चर्चा के माध्यम से मिलता रहा है। आजकल शर्मा जी बेटे के साथ रहने की सारी सुख सुविधा छोड़कर 88 वर्ष की अवस्था में बुलन्दशहर मौनी बाबा आश्रम में स्वेच्छा से रह रहे हैं, जहां दुनिया के प्रपंचों से दूर रहते हुए कुछ अलग-अलग साधना पद्धतियों के सन्तों के साथ रहने में सकून मिलता है, ऐसा वह कहते हैं। हालांकि अपने सारे काम (भोजन बनाने को छोड़कर), स्वयं करना होता है, जिसमें यथा संभव श्रमदान भी शामिल है।

कोरोना काल में लगभग प्रायः हमारा शर्मा जी से, ऑनलाइन सत्संग होता रहा है। गत 24 जुलाई को गुरूपूर्णिमा का पर्व था। 23 जुलाई को आपने कहा कि यहां अगले तीन दिन भीड़-भाड़, रहेगी, हम भी व्यस्त हो जायेंगे बात न हो सकेगी। आज 26 जुलाई को शाम हमने फोन किया, तो पता चला कि आप अपने डेढ़ वर्ष से बन्द पड़े मकान, अलीगढ़ पहुँच गये हैं और जब से आये हैं, साफ-सफाई, बिजली-पानी, गैस सिलिण्डर की व्यवस्था में ही ऐसे व्यस्त होना पड़ा कि थक गये हैं, आज बात करने की हिम्मत नहीं है। कहने लगे कि पानी के लिए खाली पड़ी टंकी में एक घण्टे मशीन चलाये रखा, ऊपर नल खुला था, छत पर पानी भरता रहा और तब तक वाटर सप्लाई बन्द हो गई। पीने के लिए पानी पड़ोस के घर से मांग कर लाया हूँ। वहीं दूध भी गरम करने को दे दिया है, उसे लाने जाना है। हमने कहा कि कहाँ चक्कर में पड़ गये। बोले कि कुछ लोगों के साथ आश्रम के बैंक के काम से आना हुआ था, सोचा रुककर मकान की हालत देखता चलूँ।

हमने गुरू पूर्णिमा के पर्व के बारे में पूछा कि कैसा रहा। बोले कि वहां का माहौल ऐसे अनुयायिओं का था कि जिनके साधना की प्राथमिकता कोई काम/प्रयोजन सिद्धि (पुत्र प्राप्ति, बीमारी से मुक्ति, गरीबी से छुटकारा....) की होती है। इसी बात की चर्चा लोग करते रहे कि हमारे गुरू जी ऐसे थे, कैसे मदद मिलती थी। वैसे आश्रम में जो मंदिर है, वह प्रख्यात सन्त प्रवोधानन्द जी का है जो उड़िया बाबा के शिष्य रहे है। कहने लगे कि उन्होंने लिखा है कि जो चीज मैं देना चाहता था, कोई लेने वाला मिला नहीं। तो यहाँ अध्यात्म की बात दिखती नहीं। लेकिन आश्रम की अच्छी बात यह है कि जिनमें रूचि व संस्कार हैं, उन्हें वहां साधना/तपस्या हेतु आश्रय मिलता है। पूछा कि कब तक अलीगढ़ में रहोगे? कोशिश करूंगा कि कल शाम तक आश्रम वापस लौट जाऊँ। शर्मा जी ने खेत वगैरह बेचकर सब अपने बच्चों में बाँट दिया है, यह मकान छोटे बेटे को दे दिया है, जो नेपाल में सर्विस करता है। मन नहीं मानता, मकान को देखने भाई साहब यह जहमत उठा बैठे कि देखें कि क्या हाल है मकान का। यही माया है। त्याग के बाद भी, चीजों से लगाव बना रहता है, सूक्ष्म अहंकार (कर्त्तापन का भाव कि हमने ऐसा कर दिया) परेशान करता रहता है। निरंतर साधना और गुरु कृपा से ही इस भावना से मुक्ति मिल पाती है। इस पूरी चर्चा के समय अनायास ही यह हँसता ही रहा जो इसके

स्वभाव में नहीं है। शर्मा जी कहते रहे कि थक जरूर जाता हूँ, लेकिन इन बातों में कर्त्तव्य पालन की अनुभूति होती है, भले ही मन ने चक्कर में डाल दिया है। याद आती रही आध्यात्मिक कहावत–

"मेरा मन सकल सुखों को धावै पर कोई सुख हाथ न आवै,
जैसे करि सेमर की सेवा सुआ बैठ पछतावै।"

आगे कहा गया है।

"सांचो सुख, दु:ख के भीतर है, इसे कौन समझावै।" मेरा मन सकल सुखों को धावै....

जब दु:ख आता है तो परमात्मा की याद आती है। हर वक्त परमात्मा की याद बनाये रखने के लिए सन्त जन कहते हैं। उपरोक्त कथनी के पीछे जो रहस्य है वह है 'ध्यान' (चित्त की एकाग्रता बनें)। अध्यात्म का विकास ध्यान मार्ग से ही आगे बढ़ता है। गीता शास्त्र 'कृष्णभागमृत' में रहने की बात कहता है। सूफी सन्तों ने 'दस्त बकार, दिल व यार' (हाथ काम में, दिल परमात्मा की याद में) रहने की बात कही है। नानक देव जी ने कहा है–

"सब स्मृतियाँ शास्तर नानक लिए टटोल।
तौल न उसके आ सके नाम उसका अनमोल।।"

सतत् नाम जपते रहने या याद बनाये रखने के प्रयास से ही ध्यान की स्थिति बनती है। ध्यान करने की बहुत सी पद्धतियाँ, उपलब्ध हैं। नाम जाप की बात सरलतम है। वैसे सभी कर्मकाण्डी उपासनाओं के मूल में मन परमात्मा की याद में लगा रहे, की साधना निहित है। चित्त की एकाग्रता हमारे विचार को प्रभावित करती है, सकारात्मक भावना बनने लगती है और इंसान सत्यानुसरण की ओर अग्रसर होता है। मानव जीवन में आध्यात्मिक दृष्टिकोण से कदम-कदम पर परीक्षा होती रहती है। कुरान में आया है "इंसान को दुनिया में परीक्षा के लिए पैदा किया है और परीक्षा के उद्देश्य से यह बात खुद उस पर छोड़ी गई है कि वह सत्यमार्ग की ओर जाना चाहता है या गुमराही की ओर। अगर वह खुद ही पथ भ्रष्ट होना चाहे तो अल्लाह अपनी इच्छा से उसको सत्यमार्ग पर चलने को बाध्य नहीं करता।" एक दिन हमारे गुरुदेव (भाई साहब जी) अचानक हमसे कह बैठे कि "सिंह साहब इस मार्ग में बड़ी परीक्षाएँ होती हैं।" मन में आया कि साहब ऐसा न करना, बड़ी परीक्षाएँ हो

चुकी हैं। नहीं तो तुम्हीं ने दर्द दिया, तुम्हीं दवा देना की बात करनी होगी। आप मुस्करा कर रह गये, कहा कुछ नहीं। हम और शर्मा जी आपके बताये 'आनन्दयोग' के साधक रहे हैं। साधना भी गृहस्थ जीवन में 'झूठल खेलल, सच्चल होय' के ही अनुभव रहे हैं। यह गुरूपूर्णिमा के अवसर पर शर्मा जी के साथ संवाद 'अनुभव ज्ञान' की ही बात है। 'आनन्दयोग', हर हाल में आनन्द। प्रभु जी दया करें।

26-07-21

प्रतिक्रिया: शर्मा जी का अनुभव बहुत सुन्दर है। आजकल काफी जगहों पर लोग दुनियावी प्राप्ति के लिए जाते हैं, लेकिन 'आनन्द योग' की साधना का मूल मंत्र है 'परमात्मा तू ही है, तेरी इच्छा पूर्ण हो'- इस पर चलने की मालिक शक्ति दें- डॉ. आर.पी. शुक्ला; मैं पुनः पुनः यही कहता हूँ कि परम पूज्य आराध्य गुरुदेव भाई साहब जी महाराज के सानिध्य में आपके साथ हुई वार्ताऐं इस सेवक को बहुत-बहुत सुख व आनन्द प्रदान करती हैं। आभार। चिंरजी लाल शर्मा जी को यहीं एटा में नौकरी के प्रवास के दौरान ही पूजा मिली थी। वह वर्षो तक एटा में ही रहे। उनका सम्पूर्ण जीवन कष्टों का पर्याय रहा है। पर अपने गुरुदेव पर उनका अटल विश्वास रहा है। कठिनाइयों से अविचलित रहे। वस्तुतः He is a wonderful soul and very good satsangi, very true satsangi – Nanad Lal

---

2.22 अध्यात्म और परिपक्वता

"मेरा मन सकल सुखों को धावै, पर कोई सुख हाथ न आवे।....
सांचो सुख-दुःख के भीतर है, इसे कौन समझावे।।"

कबीर दास जी ने सुख के लिए, दुःख को बड़ा महत्व दिया है। इसका कारण है, कि जब दुःख आता है तभी मन को परमात्मा की याद आती है। दुःख के निवारण के लिए प्रार्थना करता है, बार-बार हृदय उन्हें पुकारता है, याद करता है। विचार करें तो इस प्रक्रिया का सम्बन्ध वास्तव में 'ध्यान' (चित्त की एकाग्रता) से है, निरंतर परमात्मा की याद बने रहने से है। चित्त की एकाग्रता होने से ही हमारे विचारों में शुद्धता आती है, परोपकार की भावना बनती है जो विश्व-बन्धुत्व के भाव की ओर ले जाने की प्रेरणा देती

है, जीवन में बदलाव आता है, सकारात्मक भाव बनने लगते हैं। यह है, आध्यात्मिक जीवन यात्रा में इस बात को समझने की। हाथ काम में, मन परमात्मा की याद में हो, की वकालत हमारे शास्त्रों में की गई है जिससे ध्यान की स्थिति बढ़ती है।

गृहस्थ जीवन में, इस अवस्था को प्राप्त करने की साधना में हमें अपनी कमियों को दूर करने का प्रयास करना होता है। महात्मा यशपाल जी ने टिक डायरी की सहायता से अपनी कमियों को दूर करने की बात पर प्रयोग किया। आपका कहना था कि यदि हम अपनी कमियों की लिस्ट बनायें, दिन में प्रयास करते रहें कि उन गलतियों को करने से बचें, अगले रोज उन पर सही या क्रास के निशान लगाते चलें तो हम अपनी कमियों को दूर कर सकते हैं। ऐसे में जिन बातों पर 12 वर्ष तक सही का निशान लगता चला जाय तो समझो वह कमी दूर हो गई। आपने स्वयं में सकारात्मक परिवर्तन लाने के लिए ऐसी 35 कमियों की बात लिखी है (बृजमोहन वचनामृत भाग-2) वैज्ञानिकी स्वभाव के चलते, ऐसा ही प्रयास हमने भी अपनी 28 कमियों/कमजोरियों पर, 20 वर्ष तक किया, सकारात्मक प्रभाव देखा, जिसका विस्तृत विवरण, पुस्तक 'गृहस्थ जीवन में आध्यात्म-सन्त यशपाल कथनामृत' में आया है।

आध्यात्मिक अनुभव ज्ञान की चर्चा हम कर रहे हैं। हमारा मानना है कि हर इंसान में आध्यात्मिकता का एक स्तर होता है, जो सकारात्मक रुख से प्रदर्शित होता है। किसी न किसी प्रकार की ईश्वरोपासना, कर्त्तव्य बोध और उस पर आरूढ़ता, तथा व्यवहार (कथनी करनी में सामंजस्य) से इस भावना में वृद्धि होती रहती है। कुछ लोग 'काम ही पूजा है' के भाव में होते हैं, परमात्मा को मानते है, मंदिरों/कथावार्ता से दूर रहते हुए भी उच्च स्तर की आध्यात्मिक जीवन यात्रा करते हैं। हमने बहुतों को कहते सुना है "उनमें बड़ी maturity है, he is a matured person" यह गुण व्यक्ति में आध्यात्मिक स्तर का द्योतक है, चाहे वह कोई पूजा पाठ, उपासना करता हो या न करता हो। आदि शंकराचार्य जी ने इंसान की परिपक्वता (maturity) की बात करते हुए कुछ गुणों का जिक्र किया है, जो किसी के लिए भी वैज्ञानिकी दृष्टिकोण से स्वयं की आध्यात्मिकता के मूल्यांकन का एक पैमाना (Yardstick) है। शंकराचार्य जी ने परिपक्वता के विषय में कहा है:-

1. परिपक्वता वह है- जब आप दूसरों को बदलने का प्रयास बंद कर दें। इसके बजाय स्वयं को बदलने पर ध्यान केन्द्रित करें। (When you stop trying to change others, instead focus on changing yourself.)
2. परिपक्वता वह है- जब आप दूसरों को, जैसे है, वैसा ही स्वीकार करें। (When you accept people as they are)
3. परिपक्वता वह है- जब आप यह समझें कि प्रत्येक व्यक्ति, उसकी सोच के अनुसार सही है। (When you understand every one is right in their own perspective).
4. परिपक्वता वह है- जब आप 'जाने दो' वाले सिद्धांत को सीख लें। (when you learn to 'let go')
5. परिपक्वता वह है- जब रिश्तों से लेने की उम्मीदों को अलग कर दें और केवल देने की सोच रखें। (When you are able to drop 'expectations' from a relationship and give for the sake of giving).
6. परिपक्वता वह है- जब आप यह समझ लें कि आप जो भी करते हैं, वह सब आप की स्वयं की शान्ति के लिए है। (When you understand whatever you do, you do for your own peace.)
7. परिपक्वता वह है- जब आप संसार को यह सिद्ध करना बंद कर दें कि आप कितने अधिक बुद्धिमान हैं। (When you stop proving to the world, how intelligent you are)
8. परिपक्वता वह है- जब आप दूसरों से उनकी स्वीकृति लेना बंद कर दें। (When you don't seek approval from others.)
9. परिपक्वता वह है- जब आप दूसरों से अपनी तुलना बंद कर दें। (When you stop comparing with others)
10. परिपक्वता वह है- जब आप स्वयं में शान्त हैं। (When you are at peace with yourself)
11. परिपक्वता वह है- जब आप जरूरतों और चाहतों के बीच का अंतर करने में सक्षम हो जाए और अपनी चाहतों को छोड़ने को तैयार हों। (When you are able to differentiate between 'need' and 'want' and are able to let go of your wants.)

12. आप तब परिपक्वता प्राप्त करते हैं- जब आप अपनी खुशी को सांसारिक वस्तुओं से जोड़ना बंद कर दें। (When you stop attaching happiness to material things.)

पिछले पत्रों में हमने 'आनन्दयोग पद्धति' के साधक श्री चिरंजी लाल शर्मा जी के साथ जीवन यात्रा के एक ताजा अनुभव ज्ञान की चर्चा की थी। आध्यात्म साधना पूर्णतया व्यक्तिगत तथा पुरूषार्थिक है, जिसमें औरों के अनुभव मात्र प्रेरणा दायक, शिक्षाप्रद तथा उत्साह वर्धक ही होते हैं। क्या करना है, करना है या नहीं करना है, कैसे करना है। हम दोनों ने परिपक्वता के उपरोक्त पैमाने पर अपना मूल्यांकन करने का प्रयास किया। 'बहुत आसान है गैरों से मिलना, लेकिन खुद अपने से मिलना बहुत मुश्किल है।' हमारी साधना के दिनों में ऐसी स्थिति बनी कि अपने में कमियाँ ही कमियाँ ऐसी दिखने लगीं, जैसे सबसे खराब आदमी मैं ही हूँ। अजीब सा लगने लगा। अपने मार्ग दर्शक भाई साहब जी को इस बाबत पत्र लिखा, आपने इसे ईश्वर की बड़ी कृपा बताया। कबीर जी ने परमात्मा के विषय में कहा है कि 'मोको कहां ढूंढ़े रे बन्दे मैं तो तेरे पास में।' जाने-अनजाने जब साधक जन अपने को परिष्कृत करने का प्रयास करते है (जिसे हम साधक और साधना कह रहे हैं) तो सुधार तो होता है। 'झूठल खेलल-सच्चल होय' की कहावत अध्यात्म में बहुत सही कही गई है, जिसका अनुभव साधक जनों को होता है। उपरोक्त परिपक्वता का स्व-मूल्यांकन, ऐसा कुछ नहीं कि वे कोई विशिष्टता हासिल कर लिये हैं, लेकिन गुरु कृपा से 'परमात्मा तू ही है, तेरी इच्छा पूरी हो' की भावना पर, आरुढ़ता के समीप तो पहुँच ही रहे हैं का आभास तनाव मुक्त जीवन यात्रा से तो होता ही हैं। सुख-दुख जब तक शरीर है लगा ही रहता है।

'आनन्दयोग' के हमारे एक वैज्ञानिक साथी डॉ. राजेन्द्र प्रताप सिंह ने हमें बताया था कि 'जब हमें भाई साहब पूजा (दीक्षा) दे चुके तो हमने अपनी कमजोरी बताई कि साहब, हम नियमित कोई काम नहीं कर पाते आप चुप रहे! कुछ देर बाद बोले कि अच्छा यह बताओ कि लगे तो रहोगे। हमने उत्तर दिया हाँ, इसमें कोई संदेह नहीं।' पिछले 35-40 सालों में हमने उनकी इस बात को सही पाया है। 73 वर्ष की आयु में, तमाम विषम परिस्थितियों में भी हमने उन्हें हँसते हुए व प्रसन्न पाया है। अध्यात्म में गुरु के प्रति निष्ठा व विश्वास ही काम आता है और यह विश्वास अनुभव से ही बनता है।

मानव जीवन में हम मोक्ष (जन्म मरण के बंधन से मुक्ति) की बात भी सुनते हैं। साधक के दृष्टिकोण से महात्मा यशपाल जी की गीता के श्लोक की विवेचना भी प्रेरणात्मक व उत्साहवर्धक है। भगवत गीता के अध्याय 2 के अन्तिम श्लोक का निरूपण करते हुए महात्मा यशपाल जी महाराज कहते हैं कि 'ईश्वरीय कृपा और सद्‌गुरू अनुकम्पा से जब साधक को आत्मिक उड़ान प्राप्त होती है और वह दिव्य दृष्टि प्राप्त कर अपने सूक्ष्म शरीर और अपनी विश्व व्यापी आत्मा का अनुभव ज्ञान प्राप्त कर लेता है तो उसका मन उस आत्म-ज्ञान से सदैव ओत-प्रोत रहता है। इस स्थिति को प्राप्त होकर योगी (साधक) फिर संसारी विषय-वासनाओं के मोह जाल में नहीं फँसता। वह इस संसार में रहते हुए, सब काम धर्मानुकूल करते हुए निरन्तर सहज समाधि में मग्न रहता हुआ जीवन-मुक्त होकर विचरता है। अन्तकालेपि 'अन्तकाल' में (शरीर छोड़ते समय) भी स्थित प्रज्ञ की यह अवस्था अटल बनी रहती है और वह जन्म-मरण के बन्धन से मुक्त हो जाता है। ज्योति-ज्योति से एकाकार हो जाती है। कभी-कभी ऐसा भी होता है कि सारे जीवन भर साधक परमात्मा और सद्‌गुरू में सच्चे विश्वास के साथ साधन में तत्पर रहता है। निरन्तर परमात्मा के चिन्तन में अपने मन को लगाये रहता है पर आत्मा का अनुभव ज्ञान (आत्मसाक्षात्कार) प्राप्त नहीं होता। परमात्मा की विशेष कृपा ऐसे जीव पर जब होती है तो अन्तकाल में उसके सारे चक्र ज्वालामुखी की तरह एक साथ जागृत हो जाते हैं और आत्मसाक्षात्कार के साथ-साथ उसकी आत्मा अपने सच्चे स्वरूप में विलीन हो जाती है। फिर उसे जन्म नहीं लेना पड़ता' (गीता सुधा भाग 2 पे0 06)।

यह बातें आध्यात्म साधना व इसके विज्ञान से सम्बन्धित हैं और गृहस्थ जीवन में सहज रूप से साध्य हैं और वह भी स्वधर्म पालन की दिनचर्या का खाली समय, साधना में लगाकर। निःसंदेह समाज में आध्यात्मिक जागृति की आवश्यकता है। आइए अपने अनुभवों को साझा करें, स्वाध्यायी व साधक बनें।

28-07-21

प्रतिक्रिया: 12 point test is an self appraisal programme – Dr K.B. Agrawal; हमारी समझ में कहावत आती है 'सब मर्ज की एक दवा, प्रभु की यादें मुहब्बत यानी निरंतर महवियत।' इसी मैदान में तो सेवक को आपने कृपा

कर उतारा है। यही सच्ची सूझ–बूझ और परिपक्वता है। हमारा काम तो अपने को तथा जो सद्मार्ग में मिलें उन्हें प्रभु की तरफ उन्मुख करना ही है। चलें न चलें उनकी इच्छा और प्रभु कृपा जानें। सादर दीनता पूर्वक चरणों में नमन, उन्मुक्त भगवते नमः साचो सुःख–दुःख के भीतर है.... बहुत अच्छा लिखा है पर किसी के पल्ले आसानी से नहीं आने वाला क्योंकि रास्ता बड़ा दुर्गम है– डॉ. बीर बल सिंह; परिपक्वता के बारे में बहुत अच्छा लिखा है. डॉ. आर.पी. शुक्ला; Excellent – G. P. Tripathi; बहुत–बहुत धन्यवाद सहित साधुवाद। आध्यात्मिक अनुभवों के लिए निर्धारित माप दण्ड बिन्दुवार सही है। इनके आधार पर अपनी प्रगति का मूल्यांकन किया जा सकता है। कुछ साधक किये भी हैं और कुछ करने के क्रम में हो सकते हैं। लेकिन प्रश्न है जो अपना सब कुछ सत्गुरुदेव को समर्पित कर चुका है, उन महात्मा के हाथों का औजार यन्त्र मान लिया है...., जैसे रखें वैसे रहें को अपना मूल मंत्र बना लिया है, उसका तो स्वयं (self) merge हो चुका है, तो वह self-assessment कैसे करेगा। इसी assessment की चरम परिस्थिति है 'परमात्मा तू ही है तेरी इच्छा पूरी हो'। वेद मूल पाठ में भी आहूति अर्पण करते हुए कहा जाता है इदंम् अग्नेय स्वाहा... इदंम् अग्नेय नमन्। यह हवन सामग्री अग्नि देवता को समर्पित किया जाता है। यह उन्हीं का है मेरा नहीं। क्षमा करें सर अधिक लिख गया– दुःख हरण चौधरी; परम पूज्य भाई साहब जी की कृपा तो देखिए इस तुच्छ को आपके द्वारा कैसे पाठ दुहरवा रहे हैं। अहोभाग्य। बहुत आभार बहुत धन्यवाद। your goodself has made me rewise the lessons taught to me by P P sadgurudev ji. I am grateful to you sir. This book shall be a great help, certainly like a torch, road light for the aspirants, sadhaks of adhyatmic science leading to ishtpad, nishkam karmata and ultimately the devine blissful jeewan mukt highest level of living status. N D Pathak.

2.23 आध्यात्मिक जागृति

गत पत्र में हमने परिपक्वता पर चर्चा की थी। परिपक्वता आती है आध्यात्मिक मूल्यों के वरण से जो जाने या अनजाने में सकारात्मक सोच के साथ विकसित होती रहती है। आध्यात्मिक मूल्यों का ज्ञान हमें मिलता है शिक्षा से, वह भी स्वाध्याय से। अतीत में भारत शिक्षा के क्षेत्र में अग्रणी रहा है जो समग्र विज्ञान (आध्यात्मिक/भौतिक) के आधार पर विकसित होता हुआ

हमारे मानव समाज को ज्ञान (Knowledge) के मामले में विश्वगुरू और अर्थ व्यवस्था में भी अग्रणी बनाये हुआ था। इसे सोने की चिड़िया कहा जाता था। सामाजिक जीवन आध्यात्मिक था, जिसकी 1950 के आस पास के समय की धूमिल यादें हमें ग्रामीण परिवेश की आज भी बनी हुई हैं। ऐसे जीवन जीने की कला को मनीषियों ने शास्त्रों के रूप में मानव कल्याण हेतु संकलन किया जो उपलब्ध हैं, मार्ग दर्शक है। भारत को आक्रान्ताओं ने गुलामी के दौर में ऐसा फंसाया कि इसकी पूरी शिक्षा व अर्थ व्यवस्था ध्वस्त होती गई। आजादी मिलने के बाद भी देश ने जो शिक्षा पद्धति अपनाई वह भी गुलामी की मानसिकता से न बच पाई जो पश्चिमी देशों की नकल और 'अर्थ' (भौतिक विकास) पर आधारित थी। इसका प्रभाव आज हम, मानव जीवन मूल्यों में आती गिरावट में साफ देखते हैं जो आध्यात्मिक विकास के परिपेक्ष्य में चिन्ता का विषय है। इसके प्रभाव से भारतीय दर्शन की व्यवहारिक विचार धारा भी न बच पाई और इसके भी व्यवसायीकरण की आज हमारे समाज में वास्तविकता है। ऐसी शिक्षा का प्रभाव आज की आती पीढ़ी का चित्रण करते हुए डॉ. रश्मि सोनी लिखती हैं "Present generation that are coming up are totally technological with the result that they are becoming more and more depressed, anxious, violent, aggressive, intolerant and even murderers. They are the most confused group of people with a lot of conflicts and contradictions in their decisions and feelings"(kabir's way to emotional intelligence से उद्धृत)।

गृहस्थ जीवन में अध्यात्म के साधक श्री चिरंजी लाल शर्मा बताते हैं कि उनके दो लड़के आधुनिक शिक्षा व्यवस्था के दुष्परिणाम से भटकते दिखे, तो इन्होंने उस समय उपलब्ध गुरूकुल शिक्षा पद्धति के स्कूल में शिफ्ट किया, सुधर गये और बाद मे इंजीनियरिंग की डिग्री प्राप्त किये और उनमें आध्यात्मिक मूल्यों का भी विकास हुआ। गुरुकुल शिक्षा पद्धति के बारे में, वाटसअप पर आई एक पोस्ट ने हमारा ध्यान आकृष्ट किया जिससे इस पद्धति की कुछ बातों को साझा करने के लिए प्रेरित हुआ। वास्तव में हम अपनी परम्परा को जानते ही नहीं। परम्परा एक आध्यात्मिक विज्ञान है, जिस विज्ञान को आज हम सभी जानते हैं उससे बहुत ही समृद्ध विज्ञान ही अध्यात्म था/ है....।'

इंग्लैंड में पहला स्कूल 1811 में खुला था। उस समय भारत में 732000 गुरुकुल थे जो यह सब बन्द हो गये। हमारे सनातन संस्कृति परंपरा के गुरुकुल

में आज के ज्ञात सारे विषय पढ़ाये जाते थे जैसे अग्नि विद्या (Metallurgy); वायु विद्या (Flight); जल विद्या (Navigation); अन्तरिक्ष विद्या (Space Science); पृथ्वी विद्या (Environment); सूर्य विद्या (Solar Study); चन्द्र व लोक विद्या (Lunar Study); मेघ विद्या (Weather Forecast); पदार्थ विद्युत विद्या (Battery); सौर ऊर्जा विद्या (Solar Energy); दिन रात्रि विद्या (Day and Night Science); सृष्टि विद्या (Space Research); खगोल विद्या; (Astronomy); भूगोल विद्या (Geography); काल विद्या (Time); भू गर्भ विद्या (Geology Mining); रत्न व धातु विद्या (Gems and Metals); आकर्षण विद्या (Gravity); प्रकाश विद्या (Light Energy); तार विद्या (Communication); विमान विद्या (Plane); जलयान विद्या (Water Vessels); अग्नेय अस्त्र विद्या (Arms and Ammunition); जीव जन्तु विज्ञान विद्या (Zoology Botany); यज्ञ विद्या (Materials Science) व्यावसायिक और तकनीकी विद्याएँ:

वाणिज्य (Commerce); कृषि (Agriculture); पशुपालन (Animal Husbandry); पक्षी पालन (Bird Keeping); पशु प्रशिक्षण (Animal Training); यान यंत्रकार (Mechanics); रथकार (Vehicle Designing); रत्नकार (Gems); सुवर्णकार (Jewellary Designing); वस्त्रकार (Textile); कुम्भकार (Poterry); लोहकार (Metallurgy); रंगसाज (Dying); तक्षक; खटवाकर; रज्जुकर (Logistics); वस्तुकार (Architect); पाकविद्या (Cooking); सारथ्य (ड्राईविंग); नदी प्रबन्धन (Water Management); सुचिकार (Data Entry); गोशाला प्रबन्धन (Animal Husbandry); उद्यानपाल (Horticulture); वन पाल (Forestry); नापित (Paramedical)

कोरोना काल में मीडिया में आती अध्यात्म विज्ञान की बातों के विश्लेषणों से लगता है कि अतीत का विज्ञान आज से कहीं अधिक विकसित था, समग्र (भौतिक तथा आध्यात्मिक) था। जो यह भौतिक विकास आज हम विश्व में देख रहे हैं इसका आधार भारतीय शास्त्र ही रहा हैं। यह बातें हम तथाकथित साधारण बुद्धिजीवियों के संज्ञान में ही नहीं आतीं, क्योंकि यह बताया या पढ़ाया ही नहीं गया कभी। जो विषय उस समय गुरुकुलों में पढ़ाये जाते थे आज के परिपेक्ष्य में आश्चर्य से लगते हैं क्योंकि अब जिस समग्रता की ओर हम शिक्षा क्षेत्र में बढ़ रहे है, उसकी ही नकल है जो विदेशी आक्राताओं के कारण बाधित हो गई थी। आज हमारी पारम्परिक योग विद्या का पूरा विश्व

कायल हो रहा है। मानव विकास में, गीता की स्वीकारिता लगभग मानने के कगार पर है। चिन्तन में आता है कि तथाकथित विकास की सोच में आज को मानव ने अध्यात्म के विकास को भूलकर भौतिक विज्ञान को ही सब कुछ समझ रखा है और इससे उपजी अशान्ति में ही शान्ति खोज रहा है, वैसे ही जैसे 'कस्तूरी कुण्डल बसे मृग ढूंढे बन माहिं', मृग मरीचिका की स्थिति है। आध्यात्म के दृष्टिकोण से मानव विकास की प्रक्रिया के evolution process में विचार आता है "Nature/God has some system of governing Universe. What we see in our world is a parallel rough copy/blueprint of that system. It is heading towards matching with that perfect system through the process of evolution. In this process man has to know himself to find that he is not different than that who is running this show. The Science that will make it possible is 'Spiritual Science'.

कबीर दास ने परमात्मा के बारे में कहा 'कि मोको कहाँ ढूढ़े रे बन्दे मैं तो तेरे पास में' का ज्ञान अध्यात्म विज्ञान के माध्यम से ही सम्भव होगा। जब इंसान यह जान जाय तो 'जानत तुमहि तुमहि होई जाई' की स्थिति बनती है, यह हमारे शास्त्र कहते हैं। इंसान और भगवान में कोई अंतर नहीं रह जाता; शास्त्रों ने इसे ही मोक्ष (जनम मरण से छुटकारा) कहा है। लेकिन यह भी कहा गया है कि 'बहुत कठिन है डगर पनघट की।' हम सब उसी डगर में हैं, यह चर्चा भी उसी की अनुभूति होने के प्रयास का एक अंग है, ऐसा यह मानता है। हम कितने लोग अपनी अतीत की शिक्षा की पारंपरिक खूबियों से अवगत हैं? उसे जानना, लाभदायक हो सकता है, अतः आओ जानने का प्रयास करते हैं। परमात्मा ने वैज्ञानिकों/बुद्धिजीवियों को संसाधित कर रखा है और खास कर सेवा निवृत्ति के बाद तो, जीवन को अध्यात्म के परिपेक्ष्य में स्वयं को लाभान्वित करते हुए समाज सेवा का सार्थक काम कर सकते हैं। एक अमेरिकन शोध कहता है कि मानव के जीवन का 60 से 70 वर्ष आयु का समय सार्थक योगदान के लिए सबसे उत्तम समय होता है, दूसरे व तीसरे स्थान पर क्रमश; 70 से 80 और 50 से 60 वर्ष की आयु का समय आता है।

अध्यात्म व इसके विज्ञान के बारे में संतों ने कहा है कि 'जा पर कृपा राम की होई पाँव देई यह मारग सोई।' हम इस चर्चा में ईश्वर कृपा की बात करते आये हैं।' यही ईश्वर कृपा है कि यह पत्र आप पढ़ रहे हैं। सोचिए! कहाँ आपने सोचा था इसे पाने या पढ़ने का। यह उसी विशाल संसार व्यवस्था

तंत्र के चलाने के तहत है, ऐसा हम मानते हैं। विचार कीजिए और अपनी जीवन यात्रा के बहुमूल्य आध्यात्मिक अनुभव ज्ञान से इस विज्ञान को समझने व समझाने में सहायक बनें। हम वैज्ञानिक/बुद्धिजीवी वर्ग स्वाध्याय, अनुभव, विश्लेषण व प्रस्तुति के माध्यम से, अध्यात्म विज्ञान का सार्थक काम तो करते हुए 'आप सुधरें जग सुधरेगा' की कहावत का लाभ लेते हुए समाज को भी लाभान्वित कर सकते हैं। परमात्मा हम सब पर दया करें।

12-07-21

प्रतिक्रिया: Very appropriate – Dr. K.B. Agrawal; अत्यंत ज्ञान वर्धक लेखन डॉ. बी.बी. सिंह; हिन्दू संस्कृति के विकास की गतिविधियों को समाप्त करने वाले अँग्रेज मैकाले ने 18वीं शताब्दी में गुरुकुल को समाप्त करके अँग्रेजी शिक्षा की शुरुआत की, तभी कहा था कि हिन्दुस्तान में रहते हुए यहाँ का प्रत्येक व्यक्ति अँग्रेजी मानसिकता का हो जायेगा तभी अंग्रेज अच्छा शासन कर पायेंगे और उसने कर दिखाया। उसी के साथ अध्यात्म का ह्रास होता चला गया– हरिभान सिंह

2.24 राज योग की बातें

अध्यात्म विज्ञान को समझने का यह छोटा सा प्रयास है। आज स्वाध्याय में राजयोगी मिलख राज संधा की पुस्तक 'आन्तरिक बल' (भाग 1) में 'प्रेम तथा कुंडलनी' शब्दों ने, पिछले कुछ विचारों व अनुभवों की यादें दिला दी। प्रेम के बारे में तो हम अपने अनुभवों का जिक्र पहले के पत्रों में करते रहे हैं, जो एक ऐसी ऊर्जा है जिसका अनुभव गुरू कृपा से किया जा सकता है और इसका प्रभाव ही आम इंसान के सुखी जीवन के लिए महत्वपूर्ण है। इस शक्ति का प्रभाव सद्गुरु के भण्डार तथा शक्तिपात से मिलते रहना प्रेमी भक्त के लिए निरंतर परमात्मा की याद बनाये रखने में सहायक होता है। 'कुण्डलनी' शब्द के बारे में इसकी समझ शून्य ही रही है, जिसके जागरण के लिए मीडिया में जब यह महात्माओं के विज्ञापन देखता तो मन में प्रश्न उठता कि इसको जागृत करके क्या करेंगे? और यह होता क्या है!

'अध्यात्म विज्ञान' को जानने का विचार और इसे जीवनोपयोगी बनने के परिपेक्ष में, संधा जी के प्रस्तुति से 'कुण्डलनी' के बारे में कुछ स्पष्टता

अवश्य बनी। आप लिखते हैं 'सारे ऊर्जा के केन्द्र मनुष्य की रीढ़ की हड्डी में स्थित हैं। महत्वपूर्ण आधार केन्द्र मेरुदण्ड के सबसे निचले मनके में स्थित है। यहाँ एक प्रकाश का बिन्दु है जो शक्ति का स्त्रोत है। कुण्डलनी सांप की तरह इसी में लिपटी रहती है। कुण्डलनी के मूल गुण हैं- प्रेम, निर्माण और कल्याण। कुण्डलनी शक्ति का मूल स्वभाव है 'प्रेम'। इसलिए आपके साथ कोई कैसा भी व्यवहार करता है और आप में सदा उसके प्रति प्यार का भाव मन में आता हो, तो समझो आपने कुण्डलनी जागरण की ओर पहला कदम उठा लिया है। हमारे से जुड़े हुए लोग या जो हमारे पर निर्भर हैं, हमारे लिए काम करते हैं, जिनके सहयोग से हम बड़े बने, वह लोग जब आपके पास आयें और महसूस करें कि हम अपने घर में आ गये हैं, यहाँ चैन ही चैन है, तब समझो आपकी कुण्डलनी जागृत हो गई है।'

कुण्डलनी जागृत करने के प्रयास का एक अनुभव गृहस्थ जीवन में यात्रा करते हमारे एक, साधक साथी श्री के.यल. मलहोत्रा ने (मन्डी हिमाचल प्रदेश) इस प्रकार का सुनाया- "जीवन यात्रा के एक स्टेज पर योगानन्द जी की पुस्तक, योगी कथामृत से कुण्डलनी तथा आध्यात्मिक चक्रों पर हमारी रुचि ऐसी बनी कि, अध्ययन व साधना अपने प्रयास के बूते ही करते हुए मैं बड़े चक्कर व परेशानी में पड़ गया। ईश्वर कृपा से, ऐसी स्थिति बनते ही हमारा सम्पर्क महात्मा यशपाल जी से हो गया। आपने कृपा कर हमें, ध्यान पद्धति की दीक्षा दी और बताया कि आपके सारे आध्यात्मिक चक्र जागृत हैं, लेकिन इन चक्करों में नहीं पड़ना चाहिए। हम गृहस्थियों को सीधे-सीधे भगवान का नाम लेते हुए अपना काम करते रहना चाहिए। बाद में हमारे एक मित्र ने बताया कि आप उनसे कह रहे थे कि मल्होत्रा भाग्यशाली है कि परमात्मा ने उन्हें यहाँ भेज दिया, नहीं तो खतरा हो जाता। इसके बाद तो हम इन चक्करों को भूल ही गये। 'आनन्दयोग' ही हम गृहस्थियों के लिये अच्छा है। आगे चलकर यशपाल जी ने मल्होत्रा जी को पूर्ण इजाजत खिलाफत देते हुए, आचार्य की पदवी से नवाजते हुए सत्संग कराने व मार्गदर्शन करने की इजाजत भी दी, जो यथासंभव वह 86 वर्ष की अवस्था में भी सेवा करते हुए निभा रहे हैं।

हम इस श्रृंखला में, गृहस्थ जीवन में अध्यात्म के परिपेक्ष्य में 'अनुभव ज्ञान' के मुद्दे पर मुख्य रूप से चर्चा कर रहे हैं। इंसान को चाहिए क्या? शांतिपूर्ण जीवन यात्रा! महात्मा यशपाल जी के साथ अब तक 40 वर्षों के

सफर में (20 वर्ष से सूक्ष्म शरीर में), कुण्डलनी से सम्बन्धित उपरोक्त व्याख्या के 'आनंद' शब्द का, जीवन यात्रा में हमने व हमारे कुछ साथियों ने अद्भुत अनुभव किया है। महाराज जी की बात 'अजब सिलसिला है सलारे हक का कि ले जाते हैं परदे में हरम तक', जिसमें गुरु के शरण और फजल से अभ्यासी के जजबात से चढ़ाव उतार में सहूलियत आती है, अहंकार नहीं होने पाता। क्योंकि गुरू उसको अपने मुकामों से बेखबर रखता है। एक साधक दु:ख हरण चौधरी कहते हैं 'दैनिक कार्यों के क्रम में अनुभूति छोटे-छोटे आनंद को भोगते हुए, महसूस करते हुए बड़े आनंद को....पूर्ण आनंद में परिवर्तित किया जा सकता है, यही 'आनंदयोग' है। हमारा संपूर्ण दैनिक कार्य यदि आनंदमय हो जाये तो स्वत: जीवन ईश्वरमय हो जायेगा। परमात्मा सत्-चित् आनंद ही तो है।'

महात्मा यशपाल जी महाराज कहते हैं कि ईश्वरीय कृपा और सद्गुरू अनुकम्पा से जब साधक को दिव्य दृष्टि प्राप्त करते हुए विश्व व्यापी आत्मा का अनुभव ज्ञान हो जाता है तो उसका मन उस आत्म-ज्ञान से सदैव ओत-प्रोत रहता है। इस स्थिति को प्राप्त होकर योगी (साधक) फिर संसारी विषय-वासनाओं के मोह जाल में नहीं फँसता। वह इस संसार में रहते हुए, सब काम धर्मानुकूल करते हुए निरन्तर सहज समाधि में मग्न रहता हुआ जीवन-मुक्त होकर विचरता है अन्तकालेपि अन्त काल में (शरीर छोड़ते समय) भी स्थित प्रज्ञ की यह अवस्था अटल बनी रहती है और वह जन्म मरण के बन्धन से मुक्त हो जाता है। ज्योति-ज्योति से एकाकार हो जाती है। कभी-कभी ऐसा भी होता है कि सारे जीवन भर साधक परमात्मा और सद्गुरू में सच्चे विश्वास के साथ साधन में तत्पर रहता है। निरन्तर परमात्मा के चिन्तन में अपने मन को लगाये रहता है पर आत्मा का अनुभव ज्ञान (आत्म-साक्षात्कार) प्राप्त नहीं होता। परमात्मा की विशेष कृपा ऐसे जीव पर जब होती है तो अन्तकाल में उसके सारे चक्र ज्वालामुखी की तरह एक साथ जागृत हो जाते हैं और आत्मसाक्षात्कार के साथ-साथ उसकी आत्मा अपने सच्चे स्वरूप में विलीन हो जाती है। फिर उसे जन्म नहीं लेने पड़ते (गीता सुधा भाग 2 पे0 06)।

आज इंसान भौतिकता में कितना फँस व भटक गया है कि वह अपने को समझ नहीं सका कि वह क्या है और न जानने का प्रयास ही कर रहा है।

जिन लोगों को अपने बारे में थोड़ा बहुत पता है, वे कहते रहे है कि "The most outstanding discoveries will come when our scientist turn away for a while from metal and stone and electricity to examine and explore the nature of self within the laboratory of man. Scientist already know that the real seeing agent in sight is not the eye but the mind and uses that organ. They have yet to discover what is that works the mind. And when they do that they will come into contact with the real self of man, the being out of whom both mind and body derive their existence and maintain their life." (महर्षि रमन)। ऐसी ही सलाह योगानन्द जी के गुरु युक्तेश्वर जी महाराज अपने डाक्टर बन्धुओं को देते रहे हैं– 'जिन लोगों ने शरीर विज्ञान का अध्ययन किया है उन्हें और आगे बढ़ना चाहिए और आत्म विज्ञान का अध्ययन करना चाहिए। शरीर ढाँचे की आड़ में एक सूक्ष्म आध्यात्मिक तंत्र छिपा है।'

सोचिए! यदि अध्यात्म विज्ञान मेडिकल सांइस का हिस्सा रहा होता तो आज, मानव विकास कहाँ पहुँचा होता। सारा का सारा ज्ञान हमें बनाने वाले ने हम में ही दे रखा है लेकिन मानव भटक रहा है। जैसे 'कस्तूरी मृग में बसे, वह ढूंढ़े बन मांहि।' संधा जी की पुस्तक अध्यात्म विज्ञान की बातों को सरल भाषा में बताने का सुंदर प्रयास है। महात्मा यशपाल जी का प्रयास इस क्षेत्र में, अध्यात्म साधना के सूत्रों को गृहस्थ जीवन में सहज–सहज, खेल–खेल में अपनाने की बात कही है। यह दोनों प्रयास 'राज योग' के सहज व सरल प्रारूप। विज्ञानी बन्धु, स्वयं व जनहित में, इन बातों पर विचार करें।

28–07–21

प्रतिक्रिया: आपने प्रेम तथा कुण्डलनी के सम्बन्ध में लिखा है। बड़ा सुन्दर वर्णन है। इससे इस सेवक में कुछ प्रेम पूर्ण विचार आ रहे हैं। परम पूज्य महाराज जी ने गीता सुधा में अति विस्तार से वर्णन किया है। कितना प्यारा लिखा है 'जब साधक अपने ईष्ट की गहरी याद में, अक्षय प्रेम में फूट फूट कर रोता है तो कुण्डलनी शक्ति जागृत हो उठती है। ऐसे प्रेमी भक्तों को वह सब कुछ मिलता है जो पचासों वर्षों की कठोर साधना से भी मिलना दुर्लभ है। परम सत्य है। अपने सत्संग में इस तरह के प्रेमी भक्तों को ऐसे अनुभव यदा कदा होते रहते हैं और वे कृतार्थ हो जाते हैं। अपने प्रभू जी का साहित्य सम्पूर्ण है, आप भी दुआ करिए कि हम सब इस रास्ते को दिल व

दांतों से पकड़े रहें। आभार। नन्दलाल एटा; बहुत अच्छा ज्ञान-वर्धक विश्लेषण- डॉ. बी.बी. सिंह; Statemaent of Dukh Haran Caudhary is worth Meditating- Dr. K. B. Agrawal;

2.25 साधना में हिसाब किताब

नवभारत टाइम्स पेपर में, प्रेम रावत जी का लेख पढ़ा 'जब तक जीवन में सांस है, जीवन में आशा का वास है।' जीवन में चार चीजें आपने जरूरी बताईं: (1) तुम अपने को जानो (2) जीवन में सदैव हृदय आभार से भरा रहे (3) तुम्हारे बारे में लोग क्या सोचते हैं, यह सोचना छोड़ दो और (4) जीवन में आशा बनी रहे। अगले रोज विनोद कुमार यादव का लेख पढ़ा, 'प्रार्थना मनुष्य को ईश्वरीय आनंद का एहसास कराती है।' इसके पक्ष में कोरोना काल के समय में आपने अमेरिका तथा इंग्लैड में हुए अध्ययन की बात कही है। जो लोग आस्तिक होते हैं वे मुसीबतों का सामना धैर्य पूर्वक करते हुए जल्दी उबर जाते हैं। यह बातें, अनुभव आधारित हैं और हम अक्सर इस प्रकार के लेखों, अध्ययनों तथा अनुभवों में पाते और व्यवहारिक जीवन में देखते हैं। यह यथार्थ, अध्यात्म व इसके विज्ञान के सार्थक पहलू है जो हमारे विचारों को परिष्कृत कर शुद्ध करता है और सकारात्मक बनाता है। लेकिन हम कैसे विश्वास (आस्था) में दृढ़ता प्राप्त करें कि तकनीकी बातों पर बहुत कम चर्चा होते पाते हैं। महात्मा सुकरात चिंतन के लिए प्रेरित करते थे, रमन महर्षि चुप रहने (silence) को कहते थे। अधिकांश सन्तों ने परमात्मा के नाम का जाप करते रहने को कहा है। तमाम चिन्तकों ने जीवन में 'विचारों' के महत्व को देखते हुए, नियमित स्वाध्याय को विचार की शुद्धता का सशक्त तरीका माना है। हमारे गुरुदेव महात्मा यशपाल जी ने 'कम से कम बोलने' और सुबह-शाम, आधे-आधे घण्टे 'ध्यान' (परमात्मा की याद)/पूजा करने को कहा है। साथ-साथ जीवनचर्या के खाली समय में परमात्मा की याद करने का अभ्यास भी बताया है। आपका कहना था कि ईश्वर की याद बनाने के प्रयास का भी लेखा-जोखा रखे तो क्या कहने। उदाहरणार्थ:- सुबह पूजा किया 1/2 घण्टा, शाम पूजा किया +1/2 घण्टा, रात सोने के पहले आत्मनिरीक्षण करके अपने ईष्ट की याद करते करते सोये और सुबह इन्हीं विचारों में उठे तो +6 घण्टे)....। आप कहते थे कि इंसान हर चीज की

कीमत आंकता है लेकिन अपनी कीमत के बारे में नहीं सोचता। आप साधना में, ईश्वर की याद के समय का भी हिसाब-किताब रखते थे। यह साधना है, जीवन को ईश्वरमय बनाने की। कहते कि अपनी डायरी के पन्ने के ऊपर जो कन्नस होती है वह परमात्मा को दें। इस पर परमात्मा की याद बनाये रखने के समय का एकाउन्ट रखें। कैसे? सुबह आधा घन्टा पूजा की, कन्नस में लिखिए 1/2, सायं पूजा परमात्मा की याद में की तो लिखिए +1/2, लंच परमात्मा के याद में किया तो लिखिए +1/2, रात का भोजन परमात्मा की याद में किया लिखिए +1/2, परमात्मा की याद करते-करते सोये और सुबह उठते उसकी याद है तो लिखिए +6.... टोटल कीजिए 8/24. इस तरह रोज जीवन चर्या का जो समय खाली है अपने ईष्ट की याद में लगाने का प्रयास करते रहें, हिसाब लिखते रहें तो देखेंगे कि ईश्वर की याद का समय बढ़ता जायेगा। इसका लाभ आप स्वयं महसूस करेंगे। यही साधना एक दिन अपने स्वयं को जानने की स्थिति में ला देगी, जो रावत जी ने कहा है कि अपने आपको जानो।

यशपाल जी अपने को एक साधक कहते व व्यवहार में दिखते भी थे। आपके एक साधक सहयोगी श्री आशानन्द जी ने अभी हाल में ही अपनी डायरी के कुछ अंश अनायास ही हमें वाट्सअप पर भेज दिए जिसमें ऐसा हिसाब-किताब लिखने व इसके लाभ के अनुभव का जिक्र था। इससे सम्बन्धित डायरी का एक अंश साझा करते हैं जो ज्ञान वर्धक तथा प्रेरणात्मक है।'....श्री सत्गुरुदेव जी सोने से पहले डायरी लिखते थे कि चौबीस घण्टे में से कितना समय ईश्वर की याद में गुजरे। इसके अतिरिक्त घरेलू खर्च का भी हिसाब रखते। कहने का अर्थ यह कि पूर्ण गृहस्थ का व्यवहार लेकिन पूर्ण संत थे। श्री गुरुदेव जी का ध्यान 24 घण्टे लगा रहता था तथा गृहस्थ का सब कार्य सुचारु रूप से चलता था। लिखा जाता था जैसे 2+2+4+6....=24 घण्टे।....थोड़े दिन बाद जब यह दास सत्गुरुदेव के स्थान पर पहुँचा, और आपके डायरी लिखने की बात जो इसको मित्र ने बताई थी आपको बताया। तब गुरुदेव ने कहा कि यह तुम कैसे कह सकते हो? दास ने कहा कि इसके पास सबूत है। आप अपनी डायरी में घर का खर्च के अतिरिक्त ध्यान के घण्टे भी लिखते हैं जो की 24/24 है। आपने कहा यह डायरी किसी को दिखाने की नहीं होती। यह एक पूर्ण गृहस्थ और संत ही कर सकता है।

आशानन्द जी की डायरी का एक और अंश साझा करते हैं। "....आजकल श्री बृजमोहन वचनामृत रात को लिखा जा रहा था अतः यह दास आपके यहाँ जाया करता और रात को रुकता था। एक दिन आप थे नहीं, थोड़ी देर में दफ्तर से आये और कुशल क्षेम पूछने के बाद आराम कुर्सी पर बैठ गये। भोजन के बाद रात्रि में 9 से 10 बजे तक बृजमोहन वचनामृत डिक्टेशन द्वारा लिखा गया। इसके बाद सब सो गये। कुछ दिनों से दास के मन मे एक समस्या चल रही थी जिसका उत्तर दास को नहीं मिल रहा था। समस्या यह थी, दास के चार लड़की और एक लड़का है तथा फिर गर्भ रह गया है जिसे लगभग 9 सप्ताह हो गये हैं। रात को मन में विचार आता है कि यदि लड़की ने जन्म लिया तो कैसा होगा। यह चिन्ता खाये जा रही थी। यह भी मन में आता कि क्यों न गर्भ गिरा दिया जाय।

श्री सत्गुरुदेव महाराज रात्रि के 2.30 से 3.00 बजे के बीच जाग जाते थे और नित्यकर्म से फारिग होकर वचनामृत का लिखना शुरु होता था। दास भी उठ गया था और सोच रहा था कि क्यों न इस समस्या को श्री सत्गुरुदेव के चरणों में रख दिया जाए। सद्गुरु जी महाराज जब पधारे तो दास ने बहुत हिम्मत जुटाकर आपकी सेवा में सब हाल कह सुनाया। यह सब सुनकर आप ध्यान की अवस्था में चले गए और 5 मिनट बाद आँखें खोली और फरमाया- अपनी माता जी को बुलाओ। दास ने जाकर माता जी को जगाया और कहा कि साहब बुला रहे हैं। कुछ समय बाद माता जी आईं और साहब की बराबर वाली चारपाई पर बैठ गईं। इसके उपरांत श्री सद्गुरुदेव जी ने घुड़क कर फरमाया देखो यह लड़का भ्रूण हत्या करने जा रहा है जो कि महापाप है। दास बहुत घबड़ाया और सोचने लगा कि अब क्या होगा। परंतु यह चुपचाप बैठा रहा। आप ध्यान में चले गये, थोड़ी देर बाद आँखें खोलीं और फरमाया कि अगर दो भाई हो जाएं तो तुम्हें कोई एतराज है। दास ने चुपचाप से सिर झुकाकर मन ही मन कहा- जैसी आपकी इच्छा। इसके 9 महीने बाद पुत्र प्रमोद का जन्म हुआ जिसका नामकरण भी आपने अपनी गोदी में लेकर किया। यह है सच्छे संत की महत्ता। आशानन्द जी आगे ऐसे संतों के बारे में लिखते हैं-

"उनसे जो मांगे हद के सिवा देते हैं।
खुद भी देते हैं और खुदा से भी दिला देते हैं।।

अपकी शान न समझा है न समझेगा कोई।
आप अल्लाह से बन्दे को मिला देते हैं।।
उनका तालिब जो हुआ, उनसे लगी लव जिसकी।
उसकी बिगड़ी हुई हर बात बना देते हैं।।
जब भटकता है मदीने का मुसाफिर कोई।
खुद आकर उसे मंजिल का पता देते हैं।।'

इस अनुभव ज्ञान में जो बात ध्यान देने की है वह है स्वाभाविकता। दोनों साधकों के बीच केवल ईश्वर इच्छा की ही बात दिखती है। एक है साधक और दूसरा साधक होने के साथ-साथ मार्ग दर्शक। ऐसे अनुभव आध्यात्मिक जीवन में सामान्य प्रक्रिया के तहत होते हैं, साधना प्रयास आदत बन जाती है। यशपाल जी ने लिखा है जब आपके गुरुदेव कहते कि हर वक्त की परमात्मा की याद और दुनियावी काम भी होते जाये तो यह सोचता कि कैसे ऐसा हो सकता है, बात समझ में न आती, मैं रिसर्च स्कॉलर था। लेकिन मैं कभी पूछता नहीं था, मैं सलाह भी नहीं लेता था। देखता था कि वह जो कहते थे, अपने जीवन में ढ़ाली हुई थी, इसके अलावा मुँह से एक शब्द भी नहीं निकलता था। लेकिन मुझे इस बात का विश्वास नहीं होता था, कैसे होगा यह? ईश्वर की याद और साथ साथ काम? लेकिन धीरे-धीरे अनुभवों ने ऐसा शत प्रतिशत संभव होने की स्थिति में ला दिया। कबीर दास ने इस दशा को सहज समाधि की अवस्था कहा है। राजा जनक, कबीर और तमाम गृहस्थी सन्तों की ऐसी ही रहनी-सहनी रही होगी। इसी को गीता शास्त्र 'कृष्णभावामृत' में रहने की बात कही है। यह बातें साधना व शोध की हैं, जो आज के बौधिक वर्ग की समझ में यदि आ जाये तो यह समाज विकास में कहाँ का कहाँ पहुँच जाय। दीन व दुनिया दोनों सँवरे।

12-08-21

प्रतिक्रिया: This is the highest level of evolution – Dr. K.B.Agrwal; बहुत सुन्दर अनुभव डॉ. आर.पी. शुक्ला; धन्यवाद सर, साधुबाद आपको। परम सन्त सद्‌गुरुदेव की चर्चा श्री आशानन्द जी के प्रसंग में दिया है। वह गुरु सत्ता की असीम कृपा का परिचायक है। ऐसा कोई सन्त सद्‌गुरु ही कर

सकता है। परम पूज्य महाराज जी ऐसे ही समर्थ सद्गुरु थे। हम सब परम सौभाग्यशाली हैं जो ऐसे सन्त का साहचर्य, सानिध्य एवं कृपाधार प्राप्त हुआ है और हो रहा है। धन्यवाद दु:ख हरण चौधरी; पुराने सत्संगी भाईयों के महाराज जी के पावन सानिध्य में जो अनुभव हुए तथा उन्हें सुनता था, पढ़ता हूँ तो मन को बहुत शान्ति व आनन्द मिलता। उनकी याद दिल में तरोताजा हो जाती है। बहुत बहुत धन्यवाद, नन्दलाल, ऐटा; बहुत अच्छा है Good learning no doubt. To save humanity our personal soul with love and peace, we must follow these – Dr R. K. Samnta.

2.26 ध्यान व विचार

कहते हैं कि सत्य बिखरा पड़ा है, सेवा करो, सत्य बटोर लो। 'सेवा' वह कार्य है जिसके लिए हम कोई पारितोषिक नहीं लेते। ऐसी ही स्थिति अध्यात्म में भी है। मीडिया में नया-नया अनुभव ज्ञान रोज ही परोसा जा रहा है, बिखरा पड़ा है, बिना कुछ दाम दिए हम ले सकते हैं। यह एक आध्यात्मिक दृष्टिकोण है। आजकल विज्ञापनों में कुछ आइटम्स में हम देखते हैं लिखा होता है कि buy one, take one free (एक खरीदो दूसरा मुफ्त में लो)। आज ऐसे ही वाट्सअप पर अध्यात्म से सम्बन्धित नीचे लिखी बात पढ़ने को मिली 'एक खरीदें एक मुफ्त में पायें।'

लिखा था-

- जब हम 'ईर्ष्या' खरीदते हैं तो हमें 'सिरदर्द' मुफ्त में मिल जाता है
- जब हम 'क्रोध' खरीदते हैं तो हमे 'एसिडिटी' मुफ्त में मिल जाती है
- जब हम 'नफरत' खरीदते हैं तो 'अल्सर' हमें मुफ्त में मिल जाता है
- जब हम 'तनाव' खरीदते हैं तो 'रक्तचाप' हमें मुफ्त में मिल जाता है

और -

- जब हम बातचीत से 'विश्वास' खरीदते हैं तो 'मित्रता' मुफ्त में प्राप्त होती है
- जब हम 'व्यायाम' खरीदते हैं तो 'स्वास्थ्य' मुफ्त में प्राप्त होता है
- जब हम शांति खरीदते हैं तो अच्छी नींद मुफ्त में प्राप्त हो जाती है

- जब हम 'प्यार भाव' खरीदते हैं तो हमे सभी अच्छे गुणों के साथ 'ईश्वर की कृपा' मुफ्त में प्राप्त हो जाती है
- जब हम 'सत्संग' खरीदते हैं तो हमें 'शांति मुफ्त' में प्राप्त हो जाती है

उपरोक्त बातें सही हैं, जिसका अनुभव हम अधिकांश जनों को होता है। लेकिन आध्यात्मिक जागृति के अभाव में, इसके लाभ से वंचित रह जाते हैं। इंसान इस सृष्टि में परमात्मा की अद्‌भुत रचना है और शास्त्र तो कहते हैं कि रचनाकार ने इसे अपने ही रूप में बनाया है। जिन्होंने इसका अनुभव किया है, उनकी सलाह होती है कि 'आप अपने को जानें।' अपने को जानने का तरीका अध्यात्म व इसका विज्ञान है। पिछली चर्चाओं में, हमने देखा कि हमारा मन ही हमें चलाता है, और यह शक्तियों का भण्डार है। हमारे विचार ही इन उपरोक्त बातों को निर्धारित करते हैं। 'सकारात्मक' विचार हमें शांति की ओर ले जाते हैं और नकारात्मक विचार बीमारियों की ओर। अपने को जानने का रास्ता सकारात्मक विचारों से ही प्राप्त होता है। विचारों का विज्ञान ऐसा है कि कोई भी विचार आने के साथ-साथ हमारा सम्पर्क पूरे ब्रह्माण्ड के कण-कण के साथ होकर वहाँ से स्वयं के विचारों के अनुरूप (सकारात्मक या नकारात्मक) ऊर्जा प्राप्त कर हमें स्वस्थ या अस्वस्थ बनाता रहता है। प्रकृति में यह स्वाभाविक प्रक्रिया है। स्थूल शरीर की तरह हमारा मन भी तरह-तरह की बीमारियों से ग्रस्त रहता है जो स्थूल शरीर की अधिकांश बीमारियों का कारक होता है। इसे एक उदाहरण से समझने का प्रयास करते हैं-

'प्रत्येक व्यक्ति की शक्ल एक मोबाइल नम्बर है। यह मोबाइल नम्बर सूक्ष्म शरीर (मन) में होता है। हमारा स्थूल शरीर मृत्यु के साथ बदल जाता है परंतु सूक्ष्म शरीर नहीं बदलता। सिम नम्बर वही रहता है सेट चाहे किसी भी कंपनी का प्रयोग करें। अगर हम किसी मृत के बारे में सोचे, उस व्यक्ति की शक्ल मन में आते ही हमारा मन उस व्यक्ति से जुड़ जाता है चाहे उसने कहीं भी जन्म ले रखा हो या हो और उसकी शारीरिक शक्ल कुछ भी हो। आप जो भी वर्तमान पल में किसी के बारे में कुछ भी सोच रहे हैं वह आपके विचार सुन रहा है। यह सिस्टम अटल है चाहे हम जानें चाहे हम न जानें, चाहे हम मानें, चाहे न मानें। यह सिस्टम ईथर के कारण कार्य करता है करता रहेगा। यह स्पष्ट रुप से स्थापित है कि जितने भी बुरे विचार आते हैं वह आपके विचार नहीं हैं। यह किसी विरोधी ने आपके बारे में ऐसा सोचा है।

जिसकी शक्ल आपके दिमाग में बार-बार आती है या आ रही है उसी व्यक्ति ने सोचा है या सोच रहा है। कई बार बुरे विचार आ रहे होते है, लेकिन शक्ल नहीं बनती। ऐसी दशा में जिस व्यक्ति के बारे में विचार आ रहे हैं समझें वही व्यक्ति आपके बारे में बुरा सोच रहा है। किसी भी दशा में अपने को दोषी न मानें। जब कोई व्यक्ति हमारे बारे में बुरा सोचता है तो हमें क्रोध आने लगता है। जब कोई हमारे व्यवहार से निराश है, तब हम भी निराश होने लगते हैं, जब हमारे बारे में किसी के विचार अपवित्र हैं तो हमें काम विकार सताने लगता है। जब कोई व्यक्ति हमारे व्यवहार से लाचार महसूस करता है तो हमें आलस्य आने लगता है, जब कोई हमारे बारे में नफरत की सोचता है तो हमें उससे नफरत होने लगती है। जब कोई हमें आगे न बढ़ने देने की बात सोचता है तो हम उसकी आलोचना करने लग जाते हैं। जो व्यक्ति हमारी उन्नति से जलते हैं उन्हें देखते ही हमें बुरा लगने लगता है। अगर कोई पिछले जन्म का व्यक्ति हमारे बारे में कुछ बुरा सोचता है तो हम अकारण ही निराश हो जाते हैं, बेचैन हो जाते हैं समझ नहीं आता कि ऐसा क्यों हो रहा है। कई बार हमारे बोल से हमारे प्रिय जन नाराज हो जाते है और बोलते नहीं तो उनकी इस सोच के कारण भी हम बेचैन हो जाते हैं। ईथर के कारण दूसरे के विचार हम तक और हमारे विचार दूसरों तक पहुँच जाते हैं। जब ऐसे विचार आते हैं तो हमारे मन में उस व्यक्ति की छोटी सी शक्ल बन जाती है। उससे मन ही मन में कहो, आप ऐसा नहीं सोचो, ठीक सोचो, आप खुद भी परेशान हो रहे हो और हमें भी परेशान कर रहे हो। हम मिल जुलकर रहेंगे। यह वह सुन रहा होता है। फिर भी विचार न बदलें तो कोई न कोई पुस्तक पढ़ने लगो। ऐसा करने से हमारा मानसिक संपर्क उस व्यक्ति से कट जायेगा और बुरे विचारों से छुटकारा मिल जायेगा (राज योगी मिलख राज संधा की पुस्तक आंतरिक बल से उद्धृत)।'

नकारात्मक विचारों से छुटकारा पाने का तरीका महात्मा यशपाल जी ने ध्यान की आधे-आधे घण्टे सुबह-शाम की नियमित साधना के माध्यम से बताया है, जिस पर इस श्रृंखला में काफी चर्चा हो चुकी है। 'ध्यान में मन को हम एक जगह लगाते है, विचार शून्यता लाने का प्रयास करते हैं मन को रेस्ट मिलने लगता है। ऐसा होने से मन का सीधा सम्बन्ध आत्मा से हो जाता है, आत्मा में है आनंद और चैतन्यता। इसके बाद बहुत हल्का-फुल्का महसूस

होता है, अनुपम शान्ति और आनंद। बहुत सुन्दर-सुन्दर विचार आते हैं। वह समस्याएँ हल होती हैं, जो सारी जिन्दगी नहीं हल हो सकीं। ऐसी ऊँची शक्ति प्राप्त होती है, सच्चे मनुष्य के भाव पैदा होते है, अपना सच्चा ज्ञान प्राप्त होने लगता है, you know what you are. जब यह अनुभव हुआ तो हमें अपना वास्तविक रुप नजर आने लगता है कि कोई गैर नहीं है सब हमीं हैं। महात्मा तुलसी दास ने कहा 'जड़ चेतन जग जीव जत सकल राम मय जानि।' सूरदास जी को हर प्राणियों में, पशु में, लता में, वृक्षों में भगवान कृष्ण ही नजर आते थे। ईशा ने कहा अपने पड़ोसी को भी अपनी आत्मा की तरह प्यार करो (Love Thy neighbor as Thyself)। यह तभी हो सकता है जब अनुभव हो जाय कि सब हमीं हैं। ऐसा होने पर विचार सकारात्मक होने लगते हैं, फिर चाहेंगे कि संसार के लोग आनंद से रहें, सब सुखी हों, दु:ख संसार से मिटे। दूसरों की सेवा करने के लिए आप अपना जीवन न्योछावर कर देंगे। विचार शुद्ध करने का यह सरल उपाय है। यही ध्यान की अवस्था निरंतर दिन के 24 घण्टे की बन सकती है, संभव है, दुनियावी काम आज से अच्छे होने लगते हैं, यह महात्माओं ने अनुभव किया और कहा है (यशपाल जी की पुस्तक साधन पद्धति से उद्धृत)।' कबीर दास जी एक सफल गृहस्थ थे। उनका एक अनुभव ज्ञान इन बातों की पुष्टि करता है।

काशी के एक विद्वान जयंत आचार्य ने कबीर दास से पूछा कि आप दिन भर कपड़ा बुनते रहते हैं, तो ईश्वर का स्मरण कब करते हैं? कबीर ने उन्हें एक औरत को जो पानी का घड़ा सिर पर रख कर जा रही थी, उसके चेहरे पर प्रसन्नता व चाल में रफ्तार थी, घड़ा उसने पकड़ नहीं रखा था, फिर भी वह पूरी तरह संभाली हुए थी, की तरफ इशारा किया। कबीर ने जयंत आचार्य से कहा, उस औरत को देखो। वह जरूर कोई गाना गुनगुना रही है। शायद कोई प्रिय जन घर आया होगा। वह प्यासा होगा, उसके लिए वह पानी लेकर जा रही है। जयंत आचार्य ने जवाब दिया, उसे घड़े की याद नहीं होती, तो अब तक वह नीचे गिर चुका होता। सुनते ही कबीर तपाक से बोले, यह साधारण सी औरत सिर पर घड़ा रख कर रास्ता पार करती, मजे से गाती है, फिर भी घड़े का ख्याल उसके मन में बराबर बना हुआ है। यह सब देख कर तुम्हें महसूस हो गया होगा कि मुझे परमात्मा के स्मरण के लिए अलग से वक्त निकालने की क्यों जरूरत नहीं है? कपड़ा बुनने का काम शरीर करता

है, आत्मा नहीं। परमात्मा का सच्चा स्मरण हृदय से होता है, शरीर तो निमित्त मात्र है।

हमने अपने जीवन में स्वाध्याय की आदत को आध्यात्मिक दृष्टिकोण से बहुत उपयोगी पाया है। संधा जी ने अपनी पुस्तक में बार-बार स्वाधाय को अपना स्वभाव बनाने की बात लिखी है। प्रबुद्ध जनों से हमारा आग्रह है कि स्वाध्याय पर प्रयोग करें और अनुभव के आधार पर जन/समाज हित में इस आदत को प्रचारित करें।

"परमात्मा तू ही है, तेरी इच्छा पूरी हो।"

04-09-2021

प्रतिक्रिया: साधुवाद सर। वास्तव में आप आध्यात्मिक चिन्तन विश्लेषण के साथ मानव के मानसिक स्थिति का भी चितेरा शोधक बन गये हैं। मानवीय मन के अंतरनिहित भावनाओं को उजागर करते हुए इस नये लेख में सूक्ष्मता से विश्लेषण किया है आपने। बहुत-बहुत धन्यवाद। यह एक अनमोल लेख बन गया है- दु:ख हरण चौधरी; अभी तक का सबसे अच्छा लेख - राम सिंह; अति सुन्दर ज्ञान वर्धक, परमात्मा सबका भला करें। ध्यान किये हरि पद मिले, मिले भजे दातार। हर पल श्री पद भज रहंऊ मिले जन्म उद्धार। your spiritual matters, style and methodology presentation are of very high value. Let saheb's grace be more and more on you and such developments emerge – Dr B. B. Singh; बहुत-बहुत आभार व हार्दिक धन्यवाद - नन्दलाल; एटा; Please create a book for publication by KPM. I have asked Sh G. P. Tripathi to publish your Book – Dr. K.B. Agrawal, Sanrakshak Kabir Peace Mission Lucknow.

2.27 भारत विज्ञान का जन्म दाता

भारत में आक्रांताओं की मार झेलने के बाद जब स्वतंत्रता मिली, तो शिक्षा के क्षेत्र में विज्ञान को धर्म से अलग करके देखा जाने लगा, जबकि हमारा अतीत मानव विकास के परिपेक्ष में धर्म का आधार लेकर स्वाभाविक रुप से विकसित हो सनातन विज्ञान को जन्म देकर समृद्ध हो रहा था। इसी प्रक्रिया में भौतिक विज्ञान का भी विकास अग्रणी था। आधुनिक काल में जैसे-जैसे विज्ञान विकसित हो रहा है, हमारे शास्त्रों पर हो रही शोध से इस

बात की पुष्टि होती जा रही है। अभी हाल में ही वाट्स अप पर पढ़ा कि 'आखिरकार ब्रिटिश यूनिवर्सिटी ने स्वीकार कर ही लिया कि गुरुत्वाकर्षण की खोज न्यूटन ने नहीं भारत के ऋषि कनाद ने किया था। न्यूटन ने इसकी नकल की थी। ऋषि कनाद ने कहा था: वेग: निर्मित विशेषात् कर्मणो जायते (The change of motion is due to impressed force)

वेग: निमिता पेक्षात् कर्मर्णो जायते नियत्दक् क्रियाप्रबंध हेतु (The change of motion is proportional to the motive force impressed and is made in the direction of right line in which the force is impressed) वेग: संयोग विशेषा विरोधी (To every action there is always an equal and opposite reaction)

विज्ञान में तो भारत आगे था ही। इस बारे में अब्दुल कलाम साहब की पुस्तक इगनाइटेड माइंड, अच्छा प्रकाश डालती है। आज भी अमेरिका के प्रसिद्ध 'नासा' संस्थान में भारतीय मूल के वैज्ञानिकों की संख्या एक तिहाई से अधिक है। गड़बड़ हुई, पाश्चात्य देश की शिक्षा प्रणाली अपनाये जाने से जो 'अर्थ' आधारित है, विज्ञान और धर्म को अलग-अलग देखती है। अभी हाल में BHU से 100 वर्ष पहले प्रकाशित पुस्तक 'SANATAN DHARM (सनातन धर्म) को पढ़ने का अवसर मिला जो विज्ञान शिक्षा की समग्रता को इंगित करती है। तभी तो मानवता के दृष्टिकोण से 'वसुधैवकूटुम्बकम' की भावना के साथ भारत विश्व गुरु था, आर्थिक क्षेत्र में भी अग्रणी था। मूलत: आज भी वह बनने की क्षमता तो है ही, आवश्यकता है हमें अध्यात्म विज्ञान को समझने की और शिक्षा में उपयुक्त स्थान देने की।

विज्ञान स्थूल जगत का और अध्यात्म सूक्ष्म जगत का अध्ययन करता है। विज्ञान लोक कल्याण तथा धर्म-अध्यात्म, आत्म कल्याण की खोज करता है, हैं दोनों सत्य की खोज। अलग-अलग नतीजों का समन्वय कठिन है, अत: हमारे मनीषियों ने इन दोनों को समग्र रूप से देखा और मानव विकास के लिए अपनाया। मानव शिक्षा की समझ में हमारा समाज नि:संदेह भटक गया है। आज दुनिया में स्वार्थ तथा नकारात्मकता के बढ़ते प्रभाव का कारण विज्ञान और धर्म की बढ़ती दूरी है। धर्म दुष्प्रवृत्तियों से निवृत्ति का मार्ग है और मानव को मानवता के पथ पर अग्रसर करता है। गुरुदेव रवींद्रनाथ टैगोर से मिलने के बाद आइंस्टीन को कहना पड़ा था कि धर्म के बिना विज्ञान लंगड़ा है और विज्ञान के बिना धर्म अंधा।'

इस परिपेक्ष्य में हम जैसे लोग व्यक्तिगत स्तर पर मानवता के लिए क्या कर सकते हैं? विचारणीय प्रश्न है। हमारा अपना अनुभव आधारित जबाव है कि हम अपने मन के स्वास्थ्य की तरफ ध्यान दें और स्वयं के प्रयास से इसके सकारात्मक सोच के पहलू को मजबूत बनायें। इस काम के लिए 'ध्यान' सबसे सरल व प्रभावकारी उपचार है। इस सीरीज के गत पत्रों में, मन की बीमारियों तथा डायरी के माध्यम से उपचार की सरल विधि का जिक्र आया है। इसके पहले वाले पत्र में भी तरीकत (technique) पर भी अनुभव आधारित चर्चा थी। स्वाध्याय को अपनाते हुए, जीवन यात्रा के अनुभवों का विश्लेषण करते हुए, अनुभव ज्ञान को जन मानस के साथ साझा करते रहने से समाज में अध्यात्मिक जागृति व स्वयं का अध्यात्मिक विकास स्वत: होता है। आचार्य, श्री राम शर्मा जी की कही बात 'हम सुधरें जग सुधरेगा' बहुत सही है, आखिर एक-एक बूँद से ही तो समुद्र बना है। इसी कहावत के संदर्भ में ही अभी तक की चर्चा में क्या करें? के उत्तर मिलते हैं।

पिछली चर्चाओं में हमने बार-बार 'स्वाभाविक जीवन यात्रा' की बात की है। महात्मा यशपाल जी की कही बात का भी बार-बार जिक्र किया है 'जो काम हमारे पास स्वत: आते हैं वे परमात्मा के भेजे हुए होते हैं, कर सकें तो करना चाहिए, मजबूरी की बात और है।' अपने अनुभवों में हमने इसे खरा तथा संतुष्टिकारक पाया है। नवभारत टाइम्स में ब्रह्माकुमारी शुक्ला ने लिखा है "इच्छाओं की वृद्धि न करें पर आवश्यकताओं की पूर्ति अवश्य करें। भौतिक इच्छाएं इंसान को कभी अच्छा बनने या अच्छा करने नहीं देती। इच्छा पूर्ति के लिए व्यक्ति अच्छाई को नजर अंदाज कर देता है। सच्चाई से दूर हो जाता है। शास्त्रों ने इसे अज्ञानता का सूचक कहा है।" इस बात से अधिकांश जन सहमत होंगें। इससे उबरने का सरल तरीका या अभ्यास हमने महात्मा यशपाल जी के उपरोक्त उस मार्ग दर्शन में पाया है 'जो काम हमारे पास स्वत: आते हैं....। यदि अपनायें तो यही ईश्वर इच्छा होगी जो धीरे-धीरे हमें इस भाव में पहुँचा देगी 'परमात्मा तू ही है तेरी इच्छा पूरी हो' जो आध्यात्मिक जीवन का महामंत्र है। 'बीती ताहि बिसार दे आगे की सुधि ले' बहुत सही कहा गया है। तमाम संतों के जीवन में (वाल्मिकी, प्रभुपाद, तुलसीदास....) इस कहावत के यथार्थ दिखते हैं।

लगभग हर व्यक्ति जीवन यात्रा में किसी न किसी स्टेज पर कोई न कोई ईश्वरोपासना का तरीका अपनाता ही है। वही सबसे उत्तम मार्ग उसके लिए है, जिसमें अनुभव के आधार पर बदलाव या परिवर्तन करते रहना आवश्यक है। उसी तरह जैसे एक वैज्ञानिक सत्यज्ञान को देखता है, न कि किसने उसे खोजा है या उजागर किया है, धर्म व सम्प्रदाय से कोई मतलब नहीं प्रत्यक्ष रुप में सद्गुरु के अभाव में आत्मा की आवाज ही सही मार्ग दर्शन करती है। मुख्य बात है कि कैसे हम अपने जीवन को ईश्वरमय बनायें, बस वही वह रह जाय, दीन व दुनिया ऐसी रहनी-सहनी में संवरती है। '"परमात्मा तू ही है, तेरी इच्छा पूरी हो।"'

05-09-21

प्रतिक्रियाः धन्यवाद सर! एक जिज्ञासा....वैज्ञानिक....शोधकर्त्ता के पास सत्य परखने के लिए, जाँचने के लिए कसौटी या फारमूला क्या होता है? दास तो मानवीय कमजोरियों से ग्रसित....अपूर्ण होता है। एक अपूर्ण सत्य को कैसे जाँच सकता है? सत्य को परखने के लिए समर्थ सतगुरु की आवश्यकता होती है जो सत्य की सत्ता के साथ साक्षात्कार कर लिया हो। आगे सद्गुरु कृपा केवलम् - दुःख हरण चौधरी; I agree with your views. Education Programme must include it from beginning. Om Shanti- Dr. K.B. Agrawal; आप बराबर योगदान कर रहे हैं। आपको साधुवाद - अशोक शर्मा; वास्तव में भारत केवल ऋषियों मुनियों की वजह से विश्वगुरु था। जब हम लोग पश्चिम की नकल करने लगे तो सब कुछ खो दिया। अपने शास्त्रों में सब कुछ लिखा है। वह सब अंग्रेज ले गये और फायदा उठाया- डॉ. आर. पी. शुक्ला।

2.28 आत्म निरीक्षण

कल शिक्षक दिवस था। समाचार पत्रों में बहुत सारी, सारगर्भित बातें लिखी गई थीं। हमारा ध्यान विशेष रुप से, दार्शनिक राधाकृष्णन की कही इस बात पर गया 'अगर हम दर्शन शास्त्र की बातें मानें तो यह हमारी नाकामी, दुःख, कष्ट और निराशा के खिलाफ रक्षा करेगा। अगर सफलता का मतलब दौलत जमा करने से है तो दर्शन सफलता नहीं दिला सकता। यह बेशकीमती आदर्शों से प्रेम करता है जिसकी ओर आम लोग ध्यान नहीं देते।' आप ने यह

भी कहा है 'जितने वक्त मैं विद्यार्थियों के साथ रहता था, मैं दिल से यही कोशिश करता था कि वे आध्यात्मिक और नैतिक संसार में भरोसा करना सीख जाएं। अगर अध्यात्म-विद्या, दान, प्रेम और कुदरत के अहम सच हमारे दिल में बस जाएं तो उन गैर धार्मिक प्रवृत्तियों का हम पर कोई असर नहीं होगा जो हमें बाद की जिंदगी में घेर लेती हैं। बहुत से लोग अपने को धोखे में रखते है। आत्मनिरीक्षण से ही हम खुद को बचा सकते हैं। यह ईश्वर की आराधना का हिस्सा है।'

ऐसी समझ, उद्गार और भावना के रहे एक आध्यात्मिक साधक, कर्त्ताराम जी की बात हमें याद आ गई। किसी अपने खास मित्र को अध्यात्म पथ पर लगाने के असफल प्रयास पर यह दु:खी था। उन्हें बस में बिठाकर लौटते समय रास्ते में कर्त्ताराम जी से भेंट हो गई और हमने इस बात का जिक्र उनसे कर दिया। आपकी प्रतिक्रिया उपरोक्त दार्शनिक के 'दौलत' सम्बन्धित विचारों से मेल खाती है। उनका कहना था कि "सिंह साहब दुनिया में दो तरह की दौलत हैं। एक राम-नाम तथा दूसरी पैसे की। अंतर यह है कि जिसको राम-नाम की दौलत मिलने लगती है, वह चाहता है कि यह सबको मिले और पैसे वाली के बारे में इंसान सोचता है कि सबसे ज्यादा यह हमें ही मिले, यह अंतर है। आपको इस अनुभव से दु:खी होने की आवश्यकता नहीं है। आपने कोशिश की, अच्छी बात है।" इन दिनों यशपाल जी महाराज (भाई साहब) के साथ, दिल्ली में यह ठहरा हुआ था। रात्रि भोजन के समय डाइनिंग टेबल पर महाराज जी अपने पौत्र प्रणव से अचानक कहने लगे कि प्रणव जी "गिरते हैं सह-सवार ही मैदाने जंग में। किसी भी अच्छे प्रयास में हमें जो भी परिस्थिति बने बहुत प्रसन्न या निराश नहीं होना चाहिए।" कर्त्ता राम जी आपके सहयोगियों में एक अनन्य भक्त थे, रात प्राय: आपके यहाँ ही ठहरते थे। यह था गृहस्थ संत का हम जैसे भाइयों को अध्यात्म शिक्षा देने का तरीका। अध्यात्म साधना में आपने हम गृहस्थियों के लिए बड़ी सरल विधि 'आत्मनिरीक्षण' की बताई थी, वह हम यहाँ साझा करते हैं। आपने बताया-

"जब दुनिया के सारे काम समाप्त हो जायें; आप अपनी चारपाई पर बैठिये। बैठकर दो काम कीजिये। पहला Self-introspection (आत्म निरीक्षण), यह अपनी आत्मा से पूछिये कि आज आपसे कोई अच्छा काम बना क्या, ऐसा काम जिससे किसी दूसरे की आत्मा को प्रसन्नता प्राप्त हुई हो। अगर

ऐसा कोई परोपकार का काम आपसे बना है तो उसे भगवान को अर्पण कर दीजिये कि हे प्रभो! आपकी दया-कृपा से बना है, इस सेवक में कहां शक्ति है कि इससे ऐसा काम बने। आपने अवसर प्रदान किया और हो गया। O Lord! You created circumstances. इस अच्छाई को भगवान को अर्पण कर दीजिये कि आपकी दया-कृपा से हुआ अर्पण है। फिर सोचिये कि आपमें कोई कमी तो नहीं है, खराबी तो नहीं है। अपनी आत्मा से पूछिये, इसके लिये किसी गुरू की आवश्यकता नहीं है। आपकी आत्मा सबसे बड़ा गुरू है- your soul is your guide. अगर आत्मा कहती है कि नहीं है, तो बड़ी अच्छी बात है। अगर कहती है कि झूठ है, कपट है, अपनी जिन्दगी में काम है, क्रोध है, लोभ है, मोह है, अहंकार है। अगर ऐसी कोई चीज नजर आती है तो इसके लिये प्रायश्चित करना बड़ा आवश्यक है और हम भगवान के सामने प्रायश्चित करें कि परमात्मा हमें इन कमियों से मुक्त करें। प्रार्थना बहुत बड़ी चीज है। परमात्मा के सामने अगर ऐसा करते हैं तो भगवान हमारी आत्मा को ऊँचा उठाता चला जाता है और प्रार्थना करने का सबसे अच्छा तरीका यह है कि हम अपनी आत्मा से पूँछे कि हम से यह गलत काम हो जाते हैं, बड़ी गड़बड़ है तो उनमें से सबसे छोटी बात को पकड़े बड़ी को न पकड़ें। आदत वश हो जाते हैं, जैसे गप्प लगाने की आदत पड़ गई है, उसमें झूठ बोल जाते हैं, इससे कोई फायदा नहीं, झूठ तो है ही। बिना मतलब झूठ क्यों बोले? अगर आपकी आत्मा कुढ़ती है तो ऐसी छोटी-छोटी बातें पकड़िये परमात्मा से प्रार्थना कीजिये कि प्रभू! हमें ऐसी शक्ति प्रदान करो कि कल से यह जो छोटी सी खराबी है, यह न हो। परमात्मा से वायदा कीजिये और अगले रोज से उस छोटे से दुर्गुण को छोड़ दीजिये। अगर आप छोड़ते चले जायेंगे तो आपकी Will Power (इच्छा शक्ति) बढ़ती चली जायेगी। धीरे-धीरे बड़ी-बड़ी कमियाँ/खराबियाँ जो आपमें है जिन्हें आप सोचते थे नहीं जा सकेंगी, उनमें भी परिवर्तन होता नजर आयेगा, वह भी छूटती नजर आयेंगी। शर्त यह है कि जिस बात का वायदा आप भगवान से करें उसे फिर पूरा अवश्य करें। अगर वायदा करके पूरा न करेंगे तो आपकी इच्छा शक्ति घटेगी। न करना अच्छा है लेकिन वायदा करके पूरा न करना खराब है। जो वादा करें, पूरा करें Will Power (इच्छा शक्ति) बढ़ती चली जायेगी।

इसके बाद ईश्वर (अपने इष्ट) का ध्यान कीजिये और जब ध्यान लग जाये तो उसी ध्यान में सो जायें। यह है अभ्यास। अगर यह अभ्यास करेंगे तो इसके बहुत विशेष लाभ आपको मालूम होंगे। जिन्हे ऊट-पटांग स्वप्न आते हैं ऐसे सपने आना बंद हो जायेंगे और फिर अच्छी नींद (sound sleep) आयेगी, बेखबर होकर सोयेंगे। जैसे-जैसे आत्मनिरीक्षण का अभ्यास बढ़ेगा तो आपके सपने बदल जायेंगे। सुंदर-सुंदर सपने आयेंगे, देखेंगे कि आप पूजा कर रहे हैं, you are sitting in concentration. कभी-कभी आप देखेंगे कि आप अपने इष्ट के मंदिर में बैठे हैं, पूजा कर रहे हैं, इष्ट का दर्शन अपने गुरू का दर्शन, कभी सत्संग में बैठे हैं। सोते-सोते अनन्त सूर्यों का प्रकाश नजर आयेगा, सारा शरीर electrified (विद्युत से ओतप्रोत) महसूस होगा। जब ऐसा साधक सोकर उठता है तो वास्तव में उसके शरीर में बिजली दौड़ रही होती है तो बड़ा अचम्भा होता है, बड़ी हैरत होती है। ऐसा साधक जिस ध्यान में सोता है जब उठता है तो वही ध्यान बना होता है। उसके मुंह से परमात्मा का नाम निकलता है। अपने अंदर ध्यान की सुंदर अवस्था पाता है। जिस ध्यान की अवस्था में सोया था उससे अच्छी ध्यान की अवस्था में उठा। तो यह जो छः घण्ठे सोने के हैं वास्तत्र में पूजा (ध्यान) में बदल जाते हैं। (यशपाल जी के प्रवचनों की पुस्तक 'अखिल भारतीय सन्तमत सत्संग की साधन पद्धाति' से उद्धृत)।

राधाकृष्णन जी योग का मकसद बताते हैं 'आंतरिक जीवन व बाहरी जीवन में पूरी तरह सामंजस्य बिठाना, जिसमें 'मौन, ध्यान और आत्म-निरीक्षण इन तीनों साधनों का इस्तेमाल किया जाता है।' आप अपना अनुभव लिखते है 'मुझे 20 साल से जानने वाले एक दोस्त ने मेरे बारे में मजाक करते हुए कहा कि मुझे गुस्सा नहीं आता। मैं न सिर्फ मूर्खो को बल्कि पापियों को भी खुशी से सहन कर लेता हूँ। मेरे ख्याल से उन्होंने सही कहा है। अच्छे और बुरे लोगों में फरक करना आसान नहीं है। सैद्धांतिक रुप से विचारों का तो अच्छे और बुरे में बंटवारा हो सकता है लेकिन लोगों का नहीं। ऐसा इसलिए क्योंकि हममें से हर एक में कुछ अंश अच्छे, कुछ बुरे या कुछ सच और झूठ मौजूद होते हैं।' ऐसा व्यवहार व सोच किसी भी व्यक्ति की आध्यात्मिकता का द्योतक है। इसीलिए आदि गुरू शंकराचार्य जी ने परिपक्वता के माप दण्ड में यह भी रखा है कि 'जब आप दूसरों को जैसा है वैसा स्वीकार करें।'

उपरोक्त आत्मनिरीक्षण के तरीके में, निष्काम कर्म की साधना भी बड़ी, आसानी से हो जाती है। जितने, दिन में हमसे अच्छे काम हुए हैं, सभी भगवान को अर्पण कर देते हैं। इस तरह धीरे-धीरे 'मैं' (I) का (Illimination) हो जाता है। विश्वास हो जाता है कि वही करता है और मैं कुछ नहीं करता, दुनिया कुछ भी कहती रहे, जो सच्चा भक्त है वह सपने में भी नहीं ख्याल करता कि वह कुछ करता है। जो करता है ईश्वर करता है। अपने अनुभव में हमने पाया है कि उपरोक्त आत्मनिरीक्षण का तरीका मात्र अपनाने की हिम्मत भर करना है, उसके बाद तो इसका प्रतिफल किसी को भी आध्यात्मिक पथ पर अग्रसर होने में सहायक होता जाता है। परमात्मा तू ही है, तेरी इच्छा पूरी हो।

06-09-2021

प्रतिक्रियाः Trustee behaviour is the best way to control ego (I) which is the cause of pain and discontent. This has to be practiced in our daily routine and introspection. I fully agree with your example. God grant you peace and love.Om Shanti— Dr. K. B. Agrawal, Sanrakshak Kabair peace Mission Lucknow.

2.29 Destiny and पुरुषार्थ

महापुरुषों ने अपने-अपने अनुभव से अध्यात्म पर तरह-तरह से प्रकाश डाला है। लेकिन सभी एक मत दिखते हैं कि व्यक्ति विशेष को आध्यात्मिक अनुभूतियों के लिए निरंतर साधना, अभ्यास व पुरूषार्थ की आवश्यकता है। अंततोगत्वा साधना का मुख्य लक्ष्य है 'हाथ काम में हो और मन परमात्मा की याद में' अनुभव बताते हैं कि यह संभव है, भले ही कर्ता को यह एहसास न हो कि उसे परमात्मा की याद बनी हुई है और अगर ऐसा है तो किसी भी व्यक्ति की अध्यात्म में यह एक ऊँची अवस्था है। ऐसी ही स्थिति निष्काम सेवा भाव से जीवन यात्रा कर रहे व्यक्ति की होती है। ऐसे में मन की हालत समुद्र में जाते जहाज पर उस पक्षी की तरह होती है जो उड़ान मारते हैं, कोई और स्थान नहीं होता, जहाज पर ही लौटकर उतरते हैं। यही दशा बिल्कुल मन की हो जाती है। मन काम में व्यस्त हुआ, ईश्वर की याद से हटा और काम से छूटा तो ईश्वर की याद, काम से छूटा ईश्वर की याद (automatic) अपने

आप स्वतः। साधना करते-करते दुनिया में विचरने वाले मन का बर्हिमुखी बहाव का स्वभाव ईश्वर की ओर हो जाता है, जब 'खाली' ईश्वर का चिन्तन। लेकिन कोई-कोई ही ऐसी अवस्था प्राप्त कर पाता है, कठिन है असम्भव नहीं। साधना में वैसी ही बात है जैसे दुनियावी विद्या हासिल करने में कोई-कोई ही डाक्टर, इंजीनयर, आई.ए.एस., शिक्षक, नेता.... बन पाते हैं। भाग्य, पुरुषार्थ, अवसर (opportunity) ऐसी बातें हैं जो कारक बनती हैं। वैसे अपवाद (पूर्व जन्म के संस्कार, ईश्वर कृपा) भी हैं कि किसी-किसी में बिन प्रयास ही आध्यात्मिक गुण प्रकट हो जाते हैं, जिसके उदाहरण अध्यात्म जगत में भरे पड़े हैं।

पूर्व संस्कारों के कारण, things are destined, and the creator knows better, what job HE wishes to take from individual in HIS scheme of things. यहीं पर कुरान की एक बात बहुत सारगर्भित लगती है "यह बात खुद इंसान पर छोड़ी गई है कि वह सत्य मार्ग की ओर जाना चाहता है या गुमराही की ओर। अगर वह खुद ही पथ भ्रष्ट होना चाहे तो अल्लाह अपनी इच्छा से उसको सत्य मार्ग पर चलने को बाध्य नहीं करता।" इस परिपेक्ष्य में यदि विचार करें तो देखते हैं कि कितने बुद्धिजीवी, पुरुषार्थी, तथा अध्यात्मवादी भी ऐसा अनैतिक काम कर डालते हैं कि बेचारे समाज में जलील होते हैं और जेलों में जाते हैं। कारण तथाकथित विकास की इस भौतिक व्यवस्था में प्राथमिक स्तर पर आध्यात्मिक शिक्षा का अभाव है, मानव जीवन के असली उद्देश्य को न जानने (आध्यात्मिक जागृति) की कमी है। अतीत की पारित्रारिक परम्परा में इन बातों पर रहनी-सहनी में एक स्वाभाविक प्रक्रिया थी जिसमें ऐसी शिक्षा स्वतः हो जाती थी। सात-आठ दशक पहले, जाने अनजाने अधिकांश जनों का पारिवारिक जीवन अध्यात्मिक था। अनुभव व चिंतन में पाता हूँ कि हमारे परिवार के साथ गाँव के बहुतों की जीवन यात्रा आध्यात्मिक थी। उन दिनों, जीवनोपयोगी चीजों का अभाव था, सेवा/सहयोग/ प्रेम/त्याग का जन समुदाय का स्वाभाविक गुण था। अध्यात्म में भाग्य तथा नियति (Luck and destiny) की बातें हम सुनते हैं। हमारी समझ से अध्यात्म में गीता शास्त्र का सार 'जो हुआ अच्छा हुआ, जो हो रहा अच्छा हो रहा है और जो होगा अच्छा होगा' बहुत ही सारगर्भित और यथार्थ पूर्ण है। इस सार का अनौपचारिक विश्लेषण अपने स्वयं, सहयोगियों तथा समाज के स्तर पर देखें तो Process of evolution के दृष्टिकोण से सही है। आध्यात्मिक अनुभव ज्ञान के उदाहरण, इस

महत्वपूर्ण विषय में जागृति के आधार और प्रेरक बनते हैं, ऐसे कुछ और उदाहरण जो संज्ञान में आये यहाँ साझा करते हैं।

A disciple taking courage asked Maharshi–"The Maharshi directs his followers to keep quite, but Mahatma Gandhi whose statue is here, by his own example, goads everyone to be continuously active. The Maharshi's face brodened with unparallel smile. He asked 'who told you that I am sitting quiet? He replied in all humility that I had seen it with my own eyes. He said "Why do you think that what you are seeing with your physical eyes is the truth? He had no answer". Later he could understand the truth import of Geeta's teaching: He who sees 'inaction' in 'action' and 'action' in'inaction' is wise among men. He is a yogi who has accomplished all action (प्रो0 लक्ष्मी नरायणन की पुस्तक Face to face with Sri Raman Mahrshi से उद्धृत)। महर्षि जैसे साधकों को ईश्वर का साक्षात्कार हो चुका होता है, ईश्वर की तरफ से नियुक्त, मार्गदर्शक होते हैं। इस स्तर के साधक और भगवान में कोई अंतर नहीं रह जाता, लेकिन इन्हें उनके जीवन काल में कोई जान नहीं पाता और ऐसे महापुरुष, भविष्य में अपनी कृतियों के कारण प्रकाश में आते और अनुकरणीय बनते हैं। वर्तमान में साधकों और मात्र कुछ लोगों के लिए कौतुहल के विषय बने रहते हैं। यह बात स्वामी रामकृष्ण जी तथा विवेकानन्द के बीच हुई चर्चाओं से भी स्पष्ट होती है। ऐसी ही एक घटना महात्मा यशपाल जी के साथ भी किसी बहन जी के उनसे हुए वार्तालाप की हमने सुनी है। बहन जी नें पूछा कि भाई साहब क्या भगवान को देखा जा सकता है! आपका instant उत्तर था कि क्यों नहीं बहन जी! देखा जा सकता है, लेकिन पहचानेंगी कैसे? जब किसी ने इस वार्तालाप का जिक्र हमसे किया तो instantly हमारे मन के विचारों में reflection था कि 'बैठा तो हूँ, पहचानो!'

अध्यात्म, आस्था व विश्वास का विषय है, पूर्णतय: वैयक्तिक। सच ही कहा है कि– "न जाने किस भेष में बाबा मिल जाये भगवान रे।" जब यह साधना की बात सोचता है तो 'झुठल खेलल सच्चल होय' की कहावत इस मार्ग में यथार्थ पूर्ण लगती है। तात्पर्य है लगे रहना और 'मंत्र मूलम् गुरूर वाक्य' पर विश्वास बनाये रखना। भाई साहब कहते थे कि विश्वास अनुभव के आधार पर होना चाहिए, अंधविश्वास तो गड्ढे में गिराने वाला होता है। साधना के एक स्टेज पर इसके मन में बार-बार आता था कि जो चाहूँ भाई

साहब जी के माध्यम से मिल सकता है। साथ-साथ आपके गुरुदेव गृहस्थ सन्त श्री बृजमोहनलाल जी के जीवन के अन्तिम दिन सत्संग प्रवचन मे कही बात याद आती कि "क्या माँगू कुछ थिर न रहाई, देखत नयन चला जग जाई। एक लख पूत सवालख नाती ता रावण घर दिया न बाती। क्या मांगूँ....।" कोई इच्छा ही न रह गई थी।

अध्यात्म साधना में विविध मार्ग (सिलसिला) व मार्ग दर्शक है, things are destined जो जिस पद्धति में लगा है, उसी मार्ग मे पुरुषार्थी बनकर अनुभव ज्ञान के सहारे अग्रसर रहे तो भला ही भला है। लेकिन अध्यात्म साधना जीवन की प्राथमिकता होना मांगती है। तनाव मुक्त जीवन यात्रा, चाहे जो परिस्थिति हो के अनुभव के साथ जीवन यात्रा सम्भव है। स्वयं के अध्ययन, अनुभव व विश्लेषण में पाता हूँ कि इंसान को चाहिए क्या? तनाव रहित जीवन यात्रा। ऐसी स्थिति के लिए स्वधर्म पालन व इच्छा रहित पुरूषार्थ ही जीवन यात्रा को प्रकृति के विधान के अनुसार स्वतः संचालित होती है। इस सम्बन्ध में महात्मा यशपाल जी का मार्ग दर्शन कि "जो काम हमारे पास स्वतः आते हैं परमात्मा के भेजे हुए होते हैं कर सके तो करना चाहिए, मजबूरी की बात और है।" हमें सकारात्मक व सार्थक लगा। मन जैसा कहे वैसा न करें, आत्म जैसा कहे वैसे करें (inner voice), इंसान के अंदर परमात्मा का दिया हुआ साधना हेतु यह अनुपम मार्ग दर्शक तंत्र है। सामान्य शिक्षा में हम देखते हैं कि कैसे एक ही व्यवस्था से तरह-तरह के कर्मी निकलते हैं और संसारिक व्यवस्था को चलाने में सहायक बनते हैं। अपना कुछ नहीं चलता, ईश्वर इच्छा ही prevail करती है। जो इन बातों को मानकर चलता है, तनाव रहित जीवन यात्रा करता है। इसी प्रक्रिया में आध्यात्मिक शिक्षक तथा कर्म योगियों के उदाहरण हम देखते है, हालांकि उनकी संख्या बहुत ही कम है। आध्यात्मिक विकास में स्वाध्याय बहुत-बहुत भूमिका अदा करता है, हम तो यह कहेंगें कि जैसे शरीर को स्वस्थ रखने के लिए भोजन आवश्यक है, वैसे मन को स्वस्थ रखने के लिए स्वाध्याय। "परमात्मा तू ही है, तेरी इच्छा पूरी हो।"

08-09-2021

प्रतिक्रिया: What you say is coming from your sadhna. Thanks – Dr K. B. Agrawal, Sanrakshak, Kabir Shanti Mission Lucknow; God may bless you to continue. Like this very very thankful to you for sending this blissful thoughts continuously by which I am much benifitted spiritually. Thanks a lot. Nand Lal Etah.

2.30 आसक्ति में निरासक्ति

अध्यात्म विषय पर अनुभव आधारित, यर्थाथपूर्ण और सारगर्भित बातें आज की मीडिया में भरपूर उपलब्ध हैं। कुछ लोगों का ध्यान क्षणिक रूप से इन बातों की ओर जाता है, चिन्तन भी करते हैं लेकिन बहुत थोड़े से लोग प्रेरणा पाकर उसका लाभ लेने का प्रयास करते हैं और इसमें से कुछ लोग ही वांछित लाभ ले पाते हैं। आज आध्यात्मिकता का क्षेत्र भी भौतिकता से प्रभावित हो, प्रचार-प्रसार मार्ग के स्तर पर एक प्रोफेशन (व्यवसाय) का रूप ले चुका है। यह प्रक्रिया मानव विकास में सकारात्मक तथा प्रेरक तो है, लेकिन सच्चे अध्यात्म में पैठ नहीं करा सकती। चिन्तन में आता है कि मानव विकास के प्रयास का आध्यात्मिक पक्ष समय के साथ-साथ कमजोर होता गया है और हो रहा है। यही समाज में बढ़ती अव्यवस्था का सबसे बड़ा कारण है।

स्वयं के आध्यात्मिक विकास के लिए भगवान बुद्ध का दिया उपदेश आज भी प्रासंगिक है। आपने कहा था कि "Do not accept what I have said to you because it has been so said in the past; do not accept it because it has been handed down by tradition; do not accept it, thinking it may be so; do not accept it because it is also in the holy scriptures; do not accept it because it can be proved by inference; do not accept it thinking it is worldly wisdom; do not accept it seems plausible; do not accept it because it is said by a famous monk; but if you find that it appeals to your sense of discrimination and conscience as being conducive to your benefit and happiness, then accept and live up to it." Live upto it! यही अन्तिम कही बात ही अध्यात्म साधना है। अब्दुल कलाम साहब का कहना था 'Are you aware of your inner signals? Do you trust them? Do you have the focus of control over your life in your own hands? Take this from me. The more decisions you can make avoiding external pressures, which will constantly try to manipulate and immobilize you? The better your life will be, the better your society will become. The entire Nation will benefit by having strong, inner-directed people as their leaders." महर्षि रमन जी ने अपने किसी अनुयायी से कहा कि- "तुम भविष्य की चिन्ता क्यों करते हो? तुम वर्तमान समय को संभालो, भविष्य अपने आप ही

ठीक बन जायेगा। इस संसार पर एक महान शक्ति शासन करती है और यह उसका काम है कि वह उसकी देखभाल करे। वह जो इस संसार को जीवन प्रदान किया है, इस बात को अच्छी तरह जानता है कि इसे किस तरह पालना चाहिए। इस संसार का भार उसी के ऊपर है, तुम्हारे ऊपर नहीं। जैसे तुम हो वैसा ही यह संसार है। अगर तुम अपने को नहीं समझ सकते तो संसार को समझने से क्या लाभ हो सकता है।"

अध्यात्म की एक गहन बात हमारी समझ में अब्दुल कलाम साहब की पुस्तक 'Wings of Fire' में आई है। आप जब आगे की पढ़ाई जारी रखने के लिए घर छोड़ रहे थे, इनकी माता जी दुःखी हो रही थीं तो आपके पिता जी ने Khalil Gibran की कही बात कह कर उन्हें समझाया 'Your children are not your children. They are the sons and daughters of life's longing for itself. You may give them your love but not your thoughts, they have their own thoughts." यही लगाव है (attachment) और इंसान के दुखों का कारण है। जिसकी समझ न होने से इंसान अपने को इच्छाओं के जाल में फँसाता जाता है। सन्तों ने इसका उपचार 'ईश्वर इच्छा' पर आरूढ़ता बनाने की बात कही है। जब हमारी जीवन यात्रा प्रारम्भ होती है, तो शिक्षा (दुनियावी/रुहानियत) प्राप्त करना पहली सीढ़ी होती है। समय के साथ-साथ हमने अपने सात दशक के जीवन काल में रुहानियत (अध्यात्म) की शिक्षा जो परिवार में अनौपचारिक रूप से मिलती थी, को समय के साथ-साथ व्यापक स्तर पर समाप्त होते जाने का अनुभव किया है और अगर उसका नमूना कहीं थोड़ा बहुत बचा दिखता है तो बचे खुचे संयुक्त परिवारों या फिर ऐसे परिवार जो हैण्ड टू माउथ की जिंदगी जीने को बाध्य हैं। कबीर साहब ने आध्यात्मिक स्थिति के लिए जो कहा है वह आज भी प्रासांगिक है 'साई इतना दीजिए जामें कुटुबं समाय। मैं भी भूखा न रहूँ साधु न भूखा जाये।" इसका तात्पर्य यह हरगिज नहीं है कि हम गरीब बने रहें। बल्कि संतोष, धैर्य और कर्मशीलता से स्वयं के समग्र विकास में रत रहें। जब मैं इस बात पर चिन्तन करता हूँ तो गृहस्थ सन्त महात्मा यशपाल जी तथा महात्मा राकेश कुमार मित्तल साहब को, जिन्हें नजदीक से देखा तो ये सन्त जन आधुनिक कबीर लगते हैं। कैसे इन संतों ने जीवन यात्रा में अपना समग्र विकास करते हुए समाज के समक्ष उदाहरण पेश करते हुए अनुकरणीय बने। जीवन में राम-नाम को प्राथमिकता देते हुए अपनी दीन व दुनिया दोनों सँवारी। ऐसे

हजारों लोग समाज में, हर काल खण्ड में यात्रा करते रहे हैं और आज भी हैं, जिसका मापदण्ड है 'सदाचारयुक्त' जीवन यात्रा। इस मामले में कितनों को हम कहते सुनते हैं, कि हमारे माता-पिता ऐसे थे, जिनसे हमें यह संस्कार/शिक्षा मिली। मानव मूल्यों में गिरावट आज की हमारी एकांगी शिक्षा व्यवस्था की देन है जो मानव जीवन को सिर्फ-पैसा, पैसा, पैसा.... की भावना से प्रदूषित कर रही है। अध्यात्म हमारे जीवन को इस संसार में कमलवत 'आसक्ति में निरासक्ति' (detachedment in attachment) मनः स्थिति में लाता है।

आध्यात्मिक जीवन में श्रीमती सुधा मूर्ति ने अपने अनुभव 'Attachment in Detachment' पर एक पोस्ट लिखा है जो शिक्षाप्रद व प्रेरक है:-"When my daughter, the elder of two, wed and left home, I felt a part of me gone. With a daughter and a son, I know what both mean, differently. When she was in her teens I felt as if she was my "physical extension"! So when she left home to set up her own, I felt I lost a limb. Next time she came to stay with us, I was astonished how her priorities had changed. We too must've given the same shock to our parents! When she said Amma, she meant her mother-in-law, not me!

I felt she was always in a hurry to go back to her house and not stay with me for a few more days. That was the first time, it dawned on me that I have to start practicing detachment with attachment. Two years after daughter's marriage, my son left for higher studies to US. Having experienced a child separation once, I was better equipped emotionally. I plunged head long into various classes held in the city starting from Vedanta to healing to ikebana. I just wanted to be away from home since my husband was a 24/7 workaholic.

My son use to write how he was missing my home cooked food, how he was waiting to come back to live in Chennai with us. After a few years, he did come back and we got him married. He started living separately with his wife and we were also happy that they wanted to be independent from the beginning. But now it was all changed. When in US he missed my cooking, and now if I called him to come over with his wife for a meal, it was always some excuse like "oh" *amma*, we have other plans for the day, please don't mistake us if we don't drop in today. I could see that his priorities had also changed!

We talk so many things and give so much advise to others, but when it comes to our own children, acceptance comes very late. Our next step is to just leave them undisturbed in every way. It was at that time, that I made the following, my 'new profile'. In all my relationship, rather interactions, I give my best and do my best to live up to what I say. My detachment with them is complete. However I remain detached in the sense that I do not expect them to reciprocate my affection. Most importantly, I make a conscious effort, not interfere on the lives they choose to lead. My concern to my near and dear ones will not fade with my detachment. If you, let go of the one's you love, they will never go away- This is the beauty of attachment with detachment. I have learn to love and let go.This dictum has developed tolerance in me. When I let the people live the way they want to, I learn to accept them for what they are.

I learn to tolerate the world around me and this tolerance brings in me a sense of peace and contentment. Since my both children live in Chennai, I follow this very strictly, you know why! Now I have realized that we start growing mentally much more only after the children leave the house and we have to tackle the emotional vacuum, that arises, along with age-related problems. I specially dedicate this experience to my friends, who are totally dependent on their children's lives, to nurture their own selves emotionally. Please develop your own interests, hobbies etc, however mundane they seem to be - to love whatever we do instead of doing whatever we love."

Mrs. Murthy का यह अनुभव ज्ञान हमें यह सीख देता है कि यदि हम जीवन यात्रा में अपनी परम्पराओं को जानने का प्रयास करें, तो अपने माता-पिता, दादा-दादी, नाना-नानी, पड़ोसी बुजुर्गों के अनुभवों से बहुत कुछ सीख सकते हैं और अपने आस-पास गाँव, गली मुहल्ले में बच्चों को मानव मूल्यों का संस्कार देते हुए स्वयं का आध्यात्मिक विकास कर सकते हैं। समाज में सेवा निवृत्त सीनियर सिटीजनस (वानप्रस्थी), बड़े उपयोगी संसाधन साबित हो सकते हैं, यदि यह वर्ग अपने सदुपयोग के बारे में सोचे और स्वान्तः सुखाय का लाभ ले सकें। हम अपनी सोच सकारात्मक रखते हुए भगवान बुद्ध के उपदेश पर चलने का प्रयास करें तो श्रीमती मूर्ति जी की मनः स्थिति पाना सुलभ हो सकता है। गृहस्थ जीवन में अध्यात्म साधना का यशपाल जी महाराज का अनुभव भी अनुकरणीय है। आपने कहा है कि– "जो काम हमारे पास स्वतः आते हैं परमात्मा के भेजे हुए होते हैं, कर सकें तो करना चाहिए, मजबूरी की बात और है।" ""परमात्मा तू ही है, तेरी इच्छा पूरी हो।""

10-09-2021

प्रतिक्रिया: Many many thanks for your better collection of real life experiences of various types of portions of this document. These are experiences such like on what one realize Adhyatmic phenominon. Thanks- Dukh Harn chaudhary; Educative. We learn from so many sources – Dr. K.B. Agrwal

---

2.31 बिडम्बना लेकिन शिक्षाप्रद

अध्यात्म जीवन जीने की कला है जिसकी मूल शिक्षा हमें रामचरितमानस तथा गीता से मिलती है। समाज में साधारण जन मानस के व्यवहार व अनुभव भी शिक्षाप्रद होते हैं। बौद्धिक वर्ग इन शिक्षाओं से भली-भाँति परिचित हैं, भले-बुरे की पहचान भी रखते हैं लेकिन इस मायावी संसार में मुश्किल से आचरण में आ पाता है। हमारे जीवन को आध्यात्मिक बनाने के लिए ऐसे अनुभव ज्ञान बहुलता में उपलब्ध हैं और होते रहते हैं। हमारे देश में बौद्धिक वर्ग के आई.ए.यस. ग्रुप की कुछ अलग ही पहचान है और इस समुदाय के लोग अपने को कुछ विशिष्ट मानते भी हैं। सामाजिक सुधार का काम यदि यह वर्ग ठान ले तो कोई कारण नहीं कि हमारा देश आज भी सोने की चिड़िया या विश्वगुरु की हैसियत पा सकता है। बिडम्बना है कि समृद्ध बुद्धिमत्ता के बावजूद भी इस वर्ग के अधिकांश जन स्वार्थ परक जीवन यात्रा ही अपनाते हैं। देखते हैं कि अध्ययनशीलता के कारण, इस वर्ग का आध्यात्मिक साहित्य में भी अच्छा योगदान है। कथनी करनी के सामंजस्य बरतनें के लोग भी इस वर्ग में अच्छी खासी संख्या में हैं। ईश्वर की लीला बड़ी विचित्र है। वह भटकते इंसान को तरह-तरह की परिस्थितियाँ बना के चेताने का अवसर भी देता है, इंसान लाभ नहीं ले पाता। आज नव भारत टाइम्स के पेपर में भूतपूर्व कैबिनेट सचिव (भारत सरकार), श्री टी.एस.आर. सुब्रमणियम् की पुस्तक 'बाबूराज और नेतांचल' से एक घटना का उद्धरण छपा था, मुलायम ने कहा कि– "आप लोग पैर क्यों छूते हैं।" इस लेख ने आध्यात्मिक दृष्टिकोण से हमारा ध्यान आकृष्ट किया।

सुब्रमणिय ने लिखा है कि "1990 में मैं जेनेवा से भारत इस धारणा को लेकर ही लौटा, कि मुझे अनुसंधान करना है कि कैसे ये होनहार और कर्तव्यनिष्ठ नौजवान अधिकारी कुछ वर्षों के बाद निम्न स्तरीय दिखाई पड़ने

लगते हैं। लौटने के बाद मैंने अपने गृह काडर यूपी के सेवा सप्ताह में भाग लिया। तीन दिन चलने वाला यह वार्षिक उत्सव था। मुलायम सिंह यादव मुख्य मंत्री की हैसियत से मुख्य अतिथि थे और उन्होंने बैठक में सम्मिलित हुए लगभग दो सौ आई.ए.एस. अधिकारियों को सम्बोधित किया। उन्होंने जो कहा, उसने वास्तव में मेरी नींद उड़ा दी। उनके द्वारा कही हुई पंक्तियां इस प्रकार हैं: "आपके पास श्रेष्ठ दिमाग और शिक्षा है; आपमें कुछ बड़े विद्वान है; कुछ तो ऐसे विद्वान हैं जिनके पास नोबेल प्राइस जीतने का मस्तिष्क है; आप जिस ओर अपना ध्यान लगा दें, उसी क्षेत्र में आप सफल हो सकते हैं, आपके पास बढ़िया नौकरी है; आप अपने बच्चों को अच्छी शिक्षा दिला सकते है और आप सबका समाज द्वारा आदर किया जाता है। फिर आप मेरे पास आकर मेरे पैर क्यों छूते हैं? आप मेरे पास आकर मेरे जूते क्यों चाटते हैं? अपने व्यक्तिगत हित के बारे में आप मेरे पास क्यों आते हैं? यदि आप ऐसा करोगे तो मैं आपकी इच्छा के अनुसार कार्य कर दूँगा और फिर आपसे अपनी कीमत वसूल करूँगा।" सुब्रमणियम ने लिखा है कि– "यह एक विस्मयकारी वक्तव्य था क्योंकि इसने बड़े सारगर्भित रूप में स्थिति का सारांश प्रस्तुत कर दिया था।"

हमारे चिन्तन में प्रश्न उठता रहा है कि बुद्धिजीवियों में अपनी अन्तर्आत्मा के विपरीत जाकर नकारात्मक प्रवृत्ति कैसे प्रबल हो जाती है? यहीं पर हमारे हिन्दू धर्म में कही गई 'संस्कार' की बात आती है जिसमें परिवार और खासकर माता-पिता की जिम्मेवारी बनती है, वे ही ऐसी पीड़ादायक स्थिति बनने के लिए जिम्मेवार हैं। उपरोक्त उदाहरण में हमारी समझ से श्री मुलायम सिंह जी के मुँह से यह बात ईश्वर इच्छा की अभिव्यक्ति थी न की मुख्यमंत्री जी का अध्यात्म परिपेक्ष्य में दी गई कोई सलाह, जो इस प्रबुद्ध वर्ग को झंझोरने के लिए उस परवरदिगार की तरफ से हुई थी।

'संस्कार' से सम्बन्धित हम अपना एक अनुभव साझा करते हैं। हमारे जीवन यात्रा के पूर्वार्द्ध के समय की घटना है। जैसा कि हमने पिछले पत्रों में कहा है कि हम दम्पत्ति को पाँच बेटियाँ रहीं। ईश्वर कृपा से हम लोगों को कभी भी बेटियों को लेकर सोच व चिन्ता का भाव न रहा। संयुक्त कृषक परिवार में 17 लड़कियां थीं, एक-एक करके शादी ब्याह का सिलसिला चल रहा था। इसका जुड़ाव गृहस्थ संत महात्मा यशपाल जी से हो गया था।

एक दिन, हमारे विभाग के एक शुभ चिन्तक सुबह-सुबह हमारे यहाँ पधारे। वे विकास कार्यों की जिम्मेदारी संभाल रहे थे। मुझे कुछ रूपये देने लगे। बोले कि साहब आपके लड़कियाँ हैं, शादी-ब्याह के लिए पैसे की जरूरत पड़ेगी, आप यह रख लें, ऐसे मैं इस कार्य के लिए पैंसे का प्रबन्ध करता रहूँगा। ईश्वर जाने क्यों क्या हुआ कि उनकी बात सुनकर यह बड़े जोर-जोर से चिल्ला कर रोने लगा। वह भी घबड़ा गये और हमारा रोना सुनकर बेटियाँ तथा धर्मपत्नी ड्राइंग रुम में आ गई कि क्या हुआ। मामला शांत हुआ, इसने चाय बनाने को कहा। बात करते रहे, उन्हें समझाया कि भाई किसी एक को तो इस बीमारी से बचना चाहिए। हम सत्संग करते व कराते हैं। शादी वगैरह की चिन्ता न करो यह सब ईश्वर देखेगा हमें अपना काम करते रहना चाहिए। यह इसके लिए एक अप्रत्याशित अनुभव था। यह तय हुआ कि आप इस पैसे को सत्संग के काम के लिए इस्तेमाल करें। यही संस्कार की बात है जो हमें संयुक्त परिवार के आध्यात्मिक आचरण से मिला था। गुरु कृपा से ऐसे भटकावों से रक्षा होती है। ऐसे संस्कार हमें परिवार व माता-पिता से स्वतः उस व्यवस्था व उन लोगों के आचरण से मिलते हैं। जीवन यात्रा में, सारे काम परमात्मा सही तरह से प्राप्त संसाधनों से पूरा करा दिया, हमें कभी कहीं भी कोई ऐसी परेशानी नहीं हुई जो मन के स्वास्थ्य पर नकारात्मक प्रभाव डाले। संस्कार के प्रभाव का और उदाहरण लेते हैं।

हमारे और एक साथी की बात याद आ गई जो उन्होंने हमें बताया। वह अपने विभाग के निदेशक बनने की इच्छा नहीं रखते थे। लेकिन कुछ दिन आफिसियेट करना पड़ा। कह रहे थे कि एक रोज विभाग का एक बाबू आया और जानना चाहा कि साहब आप अपना हिस्सा कैसे लेना चाहेंगे। बोले कि पहले वाले कैसे करते थे। उसने बताया कि वह हिस्सा लेने के बाद ही सप्लाई आर्डर पर हस्ताक्षर करते थे। तो यह बोले कि सप्लायर से कहो कि वह बिल में हमारे हिस्से के बराबर की कीमत काटकर बिल बनाये। बाद में उनके आश्चर्य की सीमा न रही, वह भी अपने हिस्से का ऐसे करना शुरू कर दिया, सम्भवतः प्रचलित व्यवस्था में वह मजबूरी में शामिल होता था। ऐसे ही हमारे एक सत्संगी साथी इंजीनियर के मन में विचार आया कि यह कमीशन लेना और राम-नाम दोनों साथ नहीं चलेगा। उन्होंने ऐसी व्यवस्था बनवाई कि उनके हिस्से के बराबर लेबर मस्टर रोल में गैर हाजिर दिखाकर बिल बनाया

जाय। उनके एक और साथी इन्जीनियर ने भी यही तरीका अपनाया, ऐसा वे इसे बताये। यह सब सत्संग और सद्‌गुरु मिलने का प्रभाव था, इंसान आत्मा की आवाज पर चलने लगता है। हम किसी भ्रष्ट व्यवस्था को बदल नहीं सकते, लेकिन आत्मा की आवाज पर चलकर अपने को बचा सकते हैं, ईश्वर मदद करता है। हम अपने और कुछ साथियों के अनुभव से यह कह सकते हैं कि जो कहा जाता है कि जिन्हें अवसर नहीं मिलता वह ही इमानदार होने का ढ़ोंग रचते हैं, गलत है। यह संस्कारों और आत्म विकास का मामला है जो प्रारब्ध, परिवार की विरासत/परिपेक्ष्य तथा सत्संग/अच्छे लोगों के साथ से मिलता है। इससे प्राप्त लाभ अनुभवगम्य है।

आज हमारे समाज में बढ़ती भ्रष्टता के चलते, मानव समुदाय में एक दूसरे के लिए ख्याल रखने की प्रवृत्ति में कमी आती जा रही है, जो समाज के गिरते आध्यात्मिक चरित्र का द्योतक है। इस पर एक वैज्ञानिक अध्ययन भी हुआ है। दुनिया के 3 बड़े देशों के नागरिकों पर शोध किया गया, यह जानने के लिए कि लोग अपने व्यवहार में दूसरों के सुख-दुख का कितना ख्याल रखते हैं। इसमें जापानी लोगों की संवेदनशीलता के मानक सबसे ऊँचे पाये गये। सौ के पैमाने पर उनका स्कोर था 72, उसके बाद आस्ट्रेलिया का 69, मैक्सिको का 68, ब्रिटेन का 64, चीन का 62, अमेरिका का 58 और भारत का 50। मुझे पूरा विश्वास है कि जब हम विश्व गुरु थे और 'वसुधैव कुटुम्बकम्' की भावना रखते थे, तो भारत ऐसे मामले में पहले स्थान पर रहा होगा। जापान ऐसा देश जिसने आज भी बहुत कुछ अपनी पारंपरिक विरासत को बचा रखा है, आध्यात्मिक मूल्यों में अग्रणी है और हम पश्चिम की नकल करने के चक्कर में, भूलते गये हैं। परंपरा ही आध्यात्मिक मूल्यों के संरक्षण में सहायक होती है।

सूफी सन्तों ने आध्यात्मिक जीवन यापन के लिए, हक व हलाल (अपने पुरूषार्थ) की कमाई की बात कही है और इसकी साधना के लिए गृहस्थ जीवन को सबसे उत्तम व साधन क्षेत्र माना है। हमेशा से और आज भी ऐसे गृहस्थों की संख्या समाज में अच्छी खासी है जो जाने-अनजाने आध्यात्मिक जीवन जीते हुए अपने व सम्पूर्ण मानवता के आत्मिक विकास में सहायक हैं। हमारा ऐसा कहना स्वाध्याय व स्वानुभव तथा इस विषय पर बनी समझ पर आधारित है। इंसान को स्वयं सुधार लक्ष्य के साथ, स्वधर्म पालन, स्वाभाविक

जीवन यात्रा तथा परिवार की सेवा के साथ जीवन यात्रा करते हुए 'सर्वेभवन्तु सुखिना....' की भावना के साथ रहना व बरतना ही उत्तम है। सन्तों ने गृहस्थ जीवन को पृथ्वी पर स्वर्ग कहा है। मनुष्य का युग-युग का अनुभव बताता है कि जो सुख पारिवारिक जीवन में है, वह किसी अन्य प्रकार की जीवन पद्धति में नहीं है। आश्रम व्यवस्था का प्रचलन करने वाले ऋषियों-मुनियों ने गृहस्थ आश्रम को सबसे पुनीत, समाज के विकास में उपयोगी, सुखद व सार्थक बताया है। जीवन की सारी व्यवस्था परिवार पर निर्भर रहती है। शेष तीन आश्रम भी गृहस्थ पर निर्भर रहते आये हैं। अध्यात्म अपने में एक विस्तृत विज्ञान है। इसकी समझ व स्वयं के लाभान्वित होने की प्रक्रिया सरलतम रुप से स्वाध्याय में निहित है। जब भी खाली हों, पढ़ते रहें, परमात्मा चाहेंगे तो जीवन यात्रा में सकारात्मक प्रभाव का अनुभव होगा, तमाम समस्याओं का हल मिलेगा। "परमात्मा तू ही है, तेरी इच्छा पूरी हो।"

12-09-2021

प्रतिक्रियाः बहुत सुन्दर व शिक्षाप्रद डॉ. आर.पी. शुक्ला।

2.32 यथार्थ पूर्ण अध्यात्मिक सोच

वर्ष 2015 के बाद परिस्थितियाँ ऐसी बनीं कि हमारी जीवन यात्रा में सोच के विपरीत अप्रत्याशित बदलाव आये। साधारणतया, इंसान ऐसे बदलावों से परेशान हो उठता है। ऐसी परिस्थिति में गीता शास्त्र में आई बात 'जो होता है अच्छा ही होता है' की भावना और धैर्य बड़ी मदद करते हैं। फरीदाबाद के एक सत्संग संस्था के उपक्रम, कोआपरेटिव हाउस बिल्डिंग सोसायटी में एक फ्राड के तहत, मकान छिन जाने से, विस्थापित होकर लखनऊ आना पड़ा, जहाँ हम लोग 3 वर्ष रहे। इस परिवर्तन के अनुभव 'ईश्वर इच्छा तथा जो होता है अच्छा होता है' की बात की सत्यापन के अनुभव की रही। साथ-साथ आध्यात्मिक जीवन यात्रा में 'कुछ न बिगड़ेगा तेरा सद्‌गुरु शरण आने के बाद' के अद्‌भुत अनुभव हम और हमारे जैसे कुछ अध्यात्म साधक साथियों के रहे। कुछ साथी जन तो महाभारत की शिक्षा के अनुरुप पांडव के रोल में भी आ गये। लेकिन हमारी रुचि अध्यात्म साधना के शोध कार्य में ही बनी रही। लखनऊ में गृहस्थ सन्त राकेश कुमार मित्तल साहब से हमारी मुलाकात

हुई जो 'कबीर शान्ति मिशन' की स्थापना कर, समाज में सकारात्मकता के भाव जनमानस में बनें, के प्रचार करते हुए जन सेवा कर रहे थे। ऐसे ही कार्य का अनुभव हमारा अपने गुरुदेव गृहस्थ सन्त महात्मा यशपाल जी (भाई साहब) के साथ का भी रहा था। आपका समाज सेवा कार्य का माध्यम था, मानव में निहित ध्यान प्रवृत्ति की निरंतरता को 24 घण्टे, दिनचर्या के साथ-साथ बनाये रखने की साधना (हाथ काम में, दिल परमात्मा की याद में) और उसका प्रचार।

यहाँ, उपरोक्त जीवन यात्रा के संदर्भ में हम अपने एक 'आनन्द योग' के साधक साथी श्री चिरंजीलाल शर्मा जी के जीवन यात्रा के प्रेरक व शिक्षाप्रद अनुभव साझा करते हैं। हम और शर्मा जी लगभग दस वर्ष तक महात्मा यशपाल जी द्वारा 'Center for Social service' की भावना से स्थापित 'सैण्ट बृजमोहन लाल सीनियर सेकण्डरी स्कूल' फरीदाबाद में क्रमशः चेयरमैन तथा एकाउन्टेन्ट के तौर पर समाज सेवा में सहयोग कर रहे थे। ईश्वर इच्छा से जीवन यात्रा में, संस्थापक महोदय के न रहने पर, बदलावों का सिलसिला ऐसा चला कि 'तुम्ही ने दर्द दिया, तुम्ही दवा देना', की कहावत के अनुरुप अनुभव होने लगे। सकारात्मक भावना, धैर्य व कर्मशीलता बनी रहने से, ईश्वर इच्छा की अनुभूति होती है। हाँ, परमात्मा की शरणागति बनी रहे तो "जाहि विधि राखे राम ताहि विधि रहिए" की कहावत का यथार्थ भी अनुभव में आता है।

शर्मा जी का जन्म वर्ष 1933, ग्राम खण्डेहा, जिला अलीगढ़ (उ.प्र.) में हुआ। आपके माता-पिता धार्मिक प्रवृत्ति के थे। पत्नी का साथ वर्ष 1953 से 2013 तक का रहा। दोनों ने तीन पुत्रों तथा एक पुत्री की शिक्षा दीक्षा की जिम्मेदारी संतोषजनक रुप से पूरी की। आपका संपर्क वर्ष 1979 में महात्मा यशपाल जी से हुआ और आप साधना में लग गये। वर्ष 1993 में उ.प्र. सरकारी सेवा से सीनियर आडीटर फाइनेन्स के पद से अनूप शहर चीनी मिल से सेवा निवृत्त हुए। आज 90 वर्ष की आयु में शरीर कमजोर होने के बावजूद आप एकांतवास की प्रवृति बनने के कारण मौनी बाबा आश्रम, जो गंगा जी के किनारे, बुलन्दशहर (उ.प्र.) में स्थित है रहना पसंद करते हैं। आये दिन कुछ न कुछ स्वास्थ्य समस्या बनी रहती है। आश्रम के पास कुछ दूरी पर उनकी बेटी सुमन शर्मा का गाँव है। बड़े बेटे श्री अखिलेश शर्मा जो रेलवे में

इंजीनियर हैं, वाराणसी में पोस्टेड हैं, वह भी आपका काफी ख्याल रखते हैं। बेटे और बेटी की सेवा को आप क्रमशः कर्त्तव्य बोध व स्नेह की भावना का बताते हैं। इतनी लम्बी जीवन यात्रा में मौनी बाबा आश्रम तक की पहुँचने की कहानी का विवरण आपने हमें एक विस्तृत पत्र में लिखा था जो एक संकलित पुस्तक 'गृहस्थ जीवन में अध्यात्म-सन्त यशपाल कथनामृत' में विस्तार से आया है। हमारा और शर्मा जी का साथ/सम्पर्क सत्संग के माध्यम से वर्ष 1986 से अब तक का रहा है और दोनों इस विषय में एक दूसरे से आध्यात्मिक दृष्टिकोण से लाभान्वित होते रहे हैं। हमारी चर्चा का विषय, महात्मा यशपाल जी द्वारा प्रतिपादित गृहस्थ जीवन में अध्यात्म साधना पद्धति 'आनन्दयोग' के व्यवहारिक पक्ष तथा अनुभव ज्ञान का रहा है। शर्मा जी ने जीवन यात्रा की एक स्टेज पर अपनी खेती की जमीन बेच व बच्चों में बाँट कर पेंशन पर आश्रित सेवा तथा अध्यात्म साधना भाव से आश्रमों में रहने लगे। आप एक चिन्तक होते हुए पत्रिकाओं में अनुभव आधारित लेख भी लिखते रहे हैं। जीवन यात्रा में, कदम-कदम पर इंसान ठोकरें खाता हुआ ही परिपक्व होता है और यदि दीन व ईमान बना रहा तो गुरुकृपा से संसार में अनाशक्ति (detachment) होने का अनुभव करता है। शर्मा जी इन दोनों बातों के धनी रहे। आपके जीवन यात्रा के एक आध्यात्मिक अनुभव ज्ञान को उपरोक्त पुस्तक के एक अंश को साझा करते हैं। आप कहते हैं-

"....अलीगढ़ (अपना मकान) में मैं स्वस्थ नहीं रह पाता। वहाँ व बनारस (बेटे के पास) जितने दिन भी मैं रहा हूँ लगातार बीमार रहा हूँ। यहाँ, जहाँ आया हूँ (मौनी बाबा आश्रम), यदि नहीं आया होता तो तय है कि मेरे शरीरांत की खबर आप सुन चुके होते। परम पूज्य भाई साहब जी ही (गुरुदेव यशपाल जी) मुझ पर दया करके मुझे यहां भेज दिये हैं (गुरु कृपा की भावना)। शुद्ध जलवायु है, हरियाली है। सूर्य की पहली किरण से धूप की उपलब्धि मेरे कमरे में सहज होनी शुरू हो जाती है। संतों का संग है। देवालय है। शहर का शोर ट्रैफिक नहीं है। मुझे यहाँ आने के लिए effort नहीं करना पड़ा, सहज आ गया। घर जमीन जो हमारे पास था, पेंशन के अलावा वह सब अपनों में बांट आया। इसलिये न तो कोई मेरे पीछे लगता है और न मैं ही किसी से कोई गरज रखता हूँ। शरीर पूरा होने पर यदि कोई अपना नहीं भी आया तो इस व्यवस्था में सारा क्रियाकर्म हो जायेगा ऐसी व्यवस्था परमात्मा

ने कर दी है। मोह ममता के बंधनों से छूटने में अब अधिक कठिनाई नहीं है। यह सब भाई साहब के शिक्षण का ही प्रभाव है। उन्होंने एक प्रसंग में मुझसे 1984 में कहा था कि देखों भाई मोह-ममता में कुछ नहीं रखा है, सिर्फ परिवार के प्रति ड्यूटी करनी है, कौन कहना मानता है, कौन नहीं, इस पचड़े में नहीं पड़ना है। उन्होंने अंत में यह कहकर अपना संदेश पूरा किया था कि मैं खुद अपने परिवार में यही करता हूं जो कह रहा हूं।....जब मैं कहता हूँ कि सद्‌गुरु का स्मरण बना रहे, तो कहने का तात्पर्य यह होता है कि मैं गुरू के बताये मार्ग का अनुसरण करता रहूं; न कि केवल दोनों समय गुरू की आरती उतारूँ। बल्कि गुरु की पूजा-आरती को मैं गैर जरूरी मानता हूँ, कारण यह कि मात्र आरती वंदन करके गुरु के प्रति जवाब देही पूरी कर ली गई, यह मान लेना नाकाफी है। इसके उलट यदि मैं गुरु के उपदेश को जीवन व्यवहार में उतारने का गंभीर प्रयास करता रहूँ तो गुरु के प्रति बेहतर जवाब देही का निर्वहन करता हूँ, ऐसा मेरा सोचना है। मैंने देखा है कि गुरु को भगवान की जगह बिठाकर पूजा अर्चना करने में उलझे रहने वाले अनेक व्यक्ति अपने जीवन में आचरण में गुरू को निराश ही करते हैं। वे लोग आचरण नहीं बनाने की कोशिश करते जैसे की अपेक्षा गुरू ने उनसे की हो। उनकी जीवन-पद्धति, सोच तथा आचरण चिल्लाकर यह कहता हुआ प्रतीत होता है कि गुरुदेव: हम आपकी पूजा तो करेंगे मगर आपका कहना नहीं मानेंगे, करेंगे अपने मन की।

परम पूज्य भाई साहब जी ने जो कुछ हमें जीवन में अपनाने हेतु शिक्षण प्रदान किया उसे संक्षेप में निम्नलिखित सूत्रों में परिभाषित किया जा सकता है:-

1. पहला सूत्र - 'परमात्मा तू ही है, तेरी इच्छा पूर्ण हो' का भावदृढ़ हो।
2. दूसरा सूत्र - निष्काम कर्म करते रहें।
3. तीसरा सूत्र - परमात्मा के प्रति हर समय शरणागत् भाव सहित उनका स्मरण।

यह तीनों सूत्र पृथक-पृथक दिखते हैं, पर एक दूसरे के पूरक हैं और कुल मिलाकर एक ही संदेश देते हैं कि जो कुछ इंद्रियों से हमें दीखता है या महसूस होता है कि वह सब परमात्मा ही है, उसके अलावा अन्य कुछ यहाँ है ही नहीं, वही कर्त्ता-धर्त्ता है जो चाहे करे और जो वह करे उसे मैं सहर्ष

स्वीकार करूँ कि परमात्मा मेरा संरक्षक है मैं उसकी गोद में माँ की भाँति निश्चित और शांत हूँ। इस संदेश में सम्पूर्ण ज्ञान, भक्ति तथा कर्म ये तीनों समा जाते हैं। भाई साहब जी ने अपने जीवन में ये पूरे योग उतारे थे और अपने समस्त उपदेशों तथा लेखों में जो कुछ उन्होंने कहा, अथवा उनके अतिरिक्त अन्य किसी भी संत, महात्मा व विचारकों ने कहा वह सब इन तीन सूत्रों में समाहित होता है। समस्त शास्त्रों एवं धर्मग्रंथों में भी सिर्फ यही है। इसलिए परमपूज्य भाई साहब जी को मैं जीती जागती गीता (Embodiment) कहता था।"

यह कहानी वर्ष 2015 की है। आजकल शर्मा जी अस्वस्थ हैं, गंभीर स्थिति में बेटी सुमन के साथ रहना पड़ जाता है। बेटा बाथरुम में गिर कर, पैर के फ्रैक्चर का इलाज करा रहा है। कल शाम (19-09-2021), सत्संग हेतु फोन से कान्टैक्ट किया तो पता चला कि आप आज मौनी बाबा आश्रम आ गये हैं, क्योंकि स्वास्थ्य में सुधार है। इसके लिए यह आश्चर्य की बात थी। चर्चा का विषय आपकी ऐसी परिस्थिति में 'मन:स्थिति' पर थी। आप कहते हैं कि यहां पहुँच जाने पर किसी पर निर्भर न होने से एक विशेष प्रकार की संतुष्टि का अनुभव होता है (आत्मिक स्वच्छता)। कोई किसी प्रकार के विचारों के दबावों से मुक्ति हो, आत्मनिर्भरता हो। ऐसी ही बनी पूर्व परिस्थितियों में किसी अवसर पर आपसे एक गजल लिख उठी जिसकी कुछ पंक्तियाँ आपके आज की मन: स्थिति के यथार्थ का चित्रण करती दिखती हैं:-

"तूफान उठ रहा है और छा रहा अंधेरा।
ऐसे में मेरे मालिक दामन न छूट जाये।।

अब तेल चुक गया है और जल चुकी है बाती।
साधन का दीप मालिक अब कैसे टिमटिमाये।।

युग-युग से चल रहा हूँ जामें बदल-बदल कर।
जितना बड़ा सफर है जो खत्म हो न पाये।।

बाजारे जिन्दगी में सब कुछ ही तो है खरीदा।
बस रह गया वो बाकी जिसके लिये थे आये।।

अब इंतहा हुई है मेरे भरम की।
ये तेरे मेरे परदे अब तक भी हट न पाये।।

मर्जी अगर हो तेरी इतना करम तो करना।
बाकी रही जो सांसे, तेरी याद में ही जायें।"

अब (2022) आपका शरीर बा-मुश्किल से साथ दे पा रहा है। ऐसी परिस्थिति में कहते हैं कि सगे, सम्बन्धी जिनसे हम सेवा की अपेक्षा रखते हैं, उनकी भी मजबूरी है, क्योंकि आधुनिक शिक्षा और आज की जीवन शैली, उन्हें ऐसे मुकाम पर लाकर खड़ी की है कि वे अपनी ही समस्याओं में ऐसे उलझे हैं कि उन्हें सुलझाने के अलावा और कुछ कर ही नहीं सकते। हम सबके बचपन में संयुक्त परिवार व्यवस्था में बड़े बूढ़ों की देख-रेख सहज-सहज में हो जाती थी। तमाम लोग भाई-बहन, बच्चे, बुआ, मौसी, भतीजे, भाभी, पड़ोसी ऐसे लोग उपलब्ध होते थे। आज वही सब होते हुए, भी अपनी तमाम समस्याओं के भार से सभी त्रस्त हैं। क्या किया जाय। मैं किसी पर भार नहीं बनना चाहता। परमात्मा यह आत्म-निर्भरता निभवा दे बस यही प्रार्थना रहती है। चर्चा में शर्मा जी, भविष्य में ऐसी परिस्थिति का हल राम-नाम में ही देखते हैं। कहते हैं कि आपके मुहल्ले में श्री दिनेश प्रताप सिंह व सरिता द्वारा प्रारम्भ किया गया 'आध्यात्मिक जागृति सेवा केन्द्र' एक अच्छा प्रयास है। रामहि केवल प्रेम पियारा, जानि लेहि जो जाननि हारा।। को सत्संग के माध्यम से यथार्थ में लाने का प्रयास गली-गली, मुहल्ले-मुहल्ले में सकूनदाई हो सकता है। भगवान जैसा चाहेंगे होगा। अच्छा ही होगा।

यह है एक आध्यात्मिक साधक की जीवन यात्रा में गुरु-कृपा की एक झलक, जो गृहस्थ में रहते साधक सहजता से बिना किसी विशेष कर्मकान्ड के, महज ईश्वरमय जीवन बनाते हुए, दुनियावी थपेड़ों को झेलते व तनाव रहित रहते हुए कर सकता है। यह एक स्वाभाविक जीवन यात्रा का उदाहरण है। यही बात कबीर साहब के माध्यम से उनकी साखियों में आई है। लेखक को विश्वास है कि महात्मा यशपाल जी और महात्मा राकेश कुमार मित्तल साहब आज के युग में कबीर का सा जीवन जीते हुए हम सबके लिए सेवा की सरल पद्धति छोड़ गये, बिल्कुल वैसे, जैसे कबीर साहब कह गये। "“परमात्मा तू ही है, तेरी इच्छा पूरी हो।”"

16-09-2021

प्रतिक्रिया: बहुत बहुत शुक्रिया। हृदय से अपार धन्यवाद। उपरोक्त लेख में श्री चिरन्जीलाल शर्मा जी के परम पूज्य गुरुदेव के द्वारा गृहस्थ जीवन में सच्चे जीवन यापन हेतु दिये गये पवित्र उपदेश व संदेश ने इस सेवक के हृदय को एक महान शक्ति व आनन्द से परिपूर्ण कर दिया है। लगता है कि एक नया सूत्र मिल गया है। मेरे जीवन से मेल खाता है। बहुत-बहुत आभार- नन्दलाल एटा; इतने गूढ़ महान रहस्य को इतनी सरलता व सफलता पूर्वक, श्री चिरंजी लाल शर्मा के जीवन विवरण को माध्यम बनाकर क्या सटीक वर्णन कर दिया। बहुत खूब। विशेषकर तीन सूत्र। और फिर ये कि गुरुदेव के बताये रास्ते पर चलने से मंजिल तय होगी। केवल ज्ञान होने से, रास्ता जान लेने के बाद उस ओर चलना भी आवश्यक है। बिना चले जहां थे वहीं खड़े रह जायेंगे। ईश्वर मालिक हैं उनकी मर्जी के बगैर पत्ता भी नहीं हिलता। बिनु सत्संग विवेक न होई, राम कृपा बिनु सुलभ न सोई। जा पर कृपा राम की होई, ता पर कृपा करे सब कोई। पहले सूत्र को पूर्ण रूपेण अपनाया। फिर भी परम पूज्यगुरु देव जी ने निज कृपा पर जोर दिया है। ये बड़े मर्म की बात है और अति आवश्यक निर्देश भी। - एन.डी. पाठक

2.33 आनन्द

युग निर्माण योजना पत्रिका में आये लेख 'भगवान बुद्ध का बुद्धत्व' ने हमारा ध्यान आकृष्ट किया 'भगवान बुद्ध ने अपने बोधज्ञान के महाशिखर पर आरूढ़ होकर ईश्वर के अस्तित्व को ही नकार दिया। अध्यात्म जगत् में महानास्तिक होकर भी वह अध्यात्म के सिरमौर थे। बुद्धत्व की प्राप्ति अध्यात्म जगत की महान घटना है। विरले ही इसका स्पर्श पाते हैं। बुद्ध, बुद्धत्व के सघन और जीवंत पर्याय थे। अध्यात्म के अनेक आयाम उन्हीं से खुलते हैं। बौद्धत्व की घोषणा है कि दुखों से मुक्ति संभव है, उसके पार आनंद का सागर लहराता है और इसे इसी जीवन में प्राप्त किया जा सकता है। अब तक की यह सर्वप्रथम घोषणा थी। यह घोषणा थी अति वैज्ञानिक (super scientific) और घोषणाकर्त्ता बुद्ध थे। प्रथम ऐसे महान वैज्ञानिक, जिन्होंने दुखों की ढ़ेरी में ऐसी आग लगाई कि सब कुछ जलकर समाप्त हो गया और जो बचा था वही था वास्तविक। इस दुस्साहस भरे कार्य भगवान बुद्ध ने किए और इसकी तकनीक जन-जन के लिए जनभाषा में प्रचारित-प्रसारित

की।' लेख में शाकुंतलम की प्रसिद्ध पंक्ति 'अये लब्धं नेत्र निर्वाणम् अर्थात आँखों को उनका आनंद मिल गया।' इस अभिप्राय से निर्वाण 'आनंद' है। शाश्वत आनंद, परमानंद, दिव्यानंद अर्थात आनंद ऐसा कि कभी न चूके, उससे परे कुछ न हो और जो सबसे श्रेष्ठ हो निर्वाण को इन अर्थों से भी अभिहित किया जाता है की बात भी लेख में कही गई थी।

इसे पढ़ने के बाद हमें अपने गुरुदेव गृहस्थी सन्त यशपाल जी महाराज की कही एक बात याद आ गई। इसके पहले कि उस बात का जिक्र करें, अभी दो दिन पहले, यू-ट्यूब पर गृहस्थ संत राजगोपाल चारी जी का एक प्रवचन सुना जो सन्तों की उसी परंपरा (आदिगुरु रामचन्द्र जी महाराज 'लाला जी') के रहे, जिसके हमारे गुरुदेव थे। उनका कहना था कि प्रतिदिन आपके अनुयायिओं से 25 से 50 पत्र आपको मिलते हैं, जिसमें केवल दुःख, परेशानियों, इच्छाओं से सम्बन्धित बात ही होती है। पूरे वर्ष में एकाध ही पत्र होता है जो प्यार, प्रेम या परमात्मा से सम्बन्धित होता है। यह सुनकर हमें अपने गुरुदेव की यह बात समझ में आई कि भंडारे में आने वाले जो हजारों की संख्या में आये हैं, इसमें ईश्वर को चाहने वालों की संख्या उंगलियों पर गिनी जा सकती है, ऐसे मुट्ठी भर भी लोग नहीं हैं। लेकिन अच्छा है, लोग इस मार्ग में लगे हैं। यह भी कहते कि भंडारे में जो नये लोग आते हैं, अगर एक भी परमात्मा की राह में लग गया तो यह आयोजन सफल माना जाता है। कई दशक पहले स्वामी चिन्मयानन्द जी से प्रश्न पूछा गया था "अध्यात्म मार्ग में बहुत धोखा है, महात्मा लोग भोली भाली जनता को ठगते हैं आश्रम पर आश्रम बनाते जाते हैं, इस पर आप क्या कहेंगे।" आपका कहना था कि कोई बात नहीं, लोग परमात्मा की तरफ तो उन्मुख होते हैं। इससे पता चलता है कि कैसे मानव, जीवन के मूल उद्देश्य से अनभिज्ञ रहा है। इतना जबरदस्त प्रभाव माया का इस संसार में है। माया वह है जो हमें ईश्वर की याद से हटा दे। हां तो आते हैं पत्रों की बात पर। हमारे गुरुदेव जी के पास भी ऐसे ही साधक बन्धुओं के पत्र आते थे और उनमें भी अधिकांश बातें दुनियादारी की ही होती थीं। आप हम ऐसे कुछ साधकों को पत्रों का उत्तर लिखने को मार्क कर देते थे। किसी-किसी पत्र पर स्पेशल शब्द लिख देते, जिसका उत्तर आपसे पूछकर लिखना होता था। ऐसे पत्रों व उत्तरों का संकलन बाद में आपके रहते हुए 'जीवन मुक्त अवस्था की ओर' नाम से पुस्तक के रुप में

प्रकाशित हुआ। एक दिन आपके पास यह अकेला बैठा था, पत्र पढ़ते समय आपके मुँह से 'हूँ' शब्द के साथ, आवाज सुनाई दी कि इनको ध्यान के समय बड़ा आनन्द आता है, No stage. अरे भाई it is beyond 'आनन्द।' यह कहते हुए पत्र आपने हमें उत्तर लिखने के लिए पकड़ा दिया। बुद्ध जी पर उपरोक्त संदर्भित लेख में आनन्द की बात (शाश्वत आनंद, परमानंद, दिव्यानंद अर्थात आनंद ऐसा कि कभी न चूके, उससे परे कुछ न हो और जो सबसे श्रेष्ठ हो) पढ़ने पर, इसे भाई साहब जी की यह बात याद आ गई। भाई साहब जी, सच्चे आनन्द को इंसान के तीनों शरीरों (स्थूल, सूक्ष्म और कारण) और योग साधना के परिपेक्ष में अपने प्रवचनों में समझाते थे।

स्थूल शरीर	सूक्ष्म शरीर	कारण शरीर
↓	↓	↓
विषयआनन्द	वासनाआनन्द	आनन्द

कहते कि किसी तरह से हम स्थूल शरीर से विषय, और सूक्ष्म शरीर से वासना को दबा दें (मिटाने की बात नहीं), तो तीनों जगह आनन्द ही आनन्द रह जायेगा। सूफी सन्तों ने इसका सरल तरीका 'आनन्द योग' (चित्तवृत्तियों के निरोध) के माध्यम से हम गृहस्थियों के लिए बताया है। 'आनन्द योग' जीवन यात्रा के चर्या का खाली समय लगा कर ही ईश्वर की याद बनाये रखने की पद्धति है। गृहस्थ जीवन में राजा जनक, कबीर, ऋषी जनों की तरह जीवन यात्रा सम्भव है और इसी में वह मानसिक स्थिति बनती है जो, beyond आनन्द की होती है 'यानि कस्तूरी हृदय बसे, मृग ढूँढ़े बन माहिं' का समाधान शाश्वत आनन्द की खोज का मिल जाता है और साधक को पता भी नहीं चलता और वह स्वधर्म पालन में ईश्वरमय जीवन यात्रा करता है। ऐसी जीवन यात्रा का वर्णन कबीर ने 'सन्तो सहज समाधि भली?' के पद में वर्णन किया है।

"कहत कबीर यह उनमुनि रहनी सो परगट कर गाई।
दुख-सुख से कोई परे परमपद तेहि पद रहा समाई।।"

ऐसे व्यक्ति का सुख-दुख एक सा हो जाता है। सुख में फूलता नहीं और दुःख में ईश्वर के चरणों को कसकर पकड़ता है। जो आत्ममयी अवस्था बनती है, न सुख से विचलित होती है न दुःख से विचलित होती है। जीवन का एक ध्येय बन जाता है कि "तू रहे तेरी रजा रहे, न मैं रहूँ न मेरी आरजू

रहे।" कोई इच्छा नहीं, केवल ईश्वर की याद बनी रहे और यह विश्वास हो जाता है कि जब आखिरी वक्त आयेगा तो जरूर उस परमात्मा की याद बनी रहेगी। वेद भगवान ने कहा है कि जो व्यक्ति मुझे याद करते-करते अपना शरीर फूल की तरह छोड़ता है, वह मुझे पाता है। जरूर ज्योति से ज्योति एकाकार होगी, ऐसा विश्वास हो जाता है।

मन को रेस्ट देने के ध्यान के तरीके पर डॉ. बन्धुओं से बात करते हुए महात्मा यशपाल जी ने कहा कि आप भगवान को मानें या न मानें कोई फर्क नहीं पड़ता, वह आपकी पूजा का भूखा नहीं है। लेकिन आप अपनी हस्ती को तो मानेंगे, you exist (आपका अस्तित्व है)। अपने सच्चे विकास के लिए मन को रेस्ट देना होगा। इसे एक तरफ लगा देते हैं (ध्यान), विचार शून्यता आ गई, जब ऐसा हुआ तो मन का सीधा सम्बन्ध आत्मा से हो गया और आत्मा में है आनन्द, चैतन्यता, जो मन में आ गई। धीरे-धीरे, जिस आनन्द की बात, बुद्ध ने कहा है, वह गृहस्थ जीवन में प्राप्य है। आवश्यकता है, स्वाध्याय, सत्संग तथा साधना की और वह भी जीवनचर्या के खाली समय का सदुपयोग करते हुए। यही बात 'आनन्दयोग' साधना में कही गई है। दिन के 24 घण्टे, ध्यान की अवस्था में रहते हुए, सर्व साधारण की तरह सामान्य जीवन यात्रा सम्भव है। "परमात्मा तू ही है, तेरी इच्छा पूरी हो।"

17-09-2021

प्रतिक्रिया: You appears to have reached higher stage of sadhna during this life while leading a life of a karm yogi. Dr. K.B. Agrawal Snarakshak Kabir Shanti Mission Lucknow.

2.34 स्वाध्याय - कल्याण कारक

अधिकांशतः लोग आध्यात्मिक अनुभवों को एक 'अजूबे' (Miracle) दृष्टिकोण से देखते हैं लेकिन ऐसा है नहीं। यदि हम सनातन धर्म के साहित्य को देखें तो आध्यात्मिक अनुभवों के पीछे मनुष्य का आचरण तथा वैज्ञानिक सिद्धांत होते है। ऋषि कनाद ने लिखा है, (To every action there is always an equal and opposite reaction) जिसे बाद में न्यूटन ने अपने तीसरे सिद्धांत के रुप में जाना और कहा। यदि कोई क्रोध करता है, स्वार्थपरक काम करता

है, ईष्या का भाव रखता है....तो इन्हीं बातों की प्रतिक्रिया बीमारी, दुःख या तनाव का कारण बनती है। अन्ततोगत्वा सभी कुछ तो ऊर्जा का ही रूप है और आपस में जुड़ा हुआ है। महात्मा तुलसी दास जी ने कहा "नहि कोऊ केउ सुख-दुख कर दाता। निज कृत कर्म भोगु सब भ्राता।" कुछ लोग कोई कार्य करने से पहले उसके विभिन्न पहलुओं पर विचार करते हैं, देखते हैं कि इससे किसी व्यक्ति का अहित तो नहीं हो रहा है। यह भी ध्यान रखते हैं कि दूसरों को उनके कार्य से कोई कष्ट या दुःख तो नहीं पहुँचेगा तथा कार्य न्याय संगत है या नहीं। कुछ मनुष्य केवल अपने हित के विषय में सोचते हैं, उस कार्य से किसी और के नफे या नुकसान की परवाह नहीं करते। पहले तरह के लोग सकारात्मक सोच के होते हैं, ऐसा दृष्टिकोण ही आध्यात्मिक है। उनके साथ जो भी अनुभव होते हैं वे ही miracle (अजूबे) से लगते हैं, जीवन यात्रा सुखद, उत्साहवर्धक और बिन प्रयास आध्यात्मिक प्रगति की होती है। ऐसी बातें स्वयं के कर्म (मनसा, वाचा) कर्मणा के प्रतिफल होते हैं, भगवान कुछ नहीं करता, ऐसा शास्त्रों में आया है।

यह अध्यात्म विज्ञान से सम्बन्धित बातें है जो मूलतः सकारात्मक सोच से प्रचलित होती हैं। सकारात्मक सोच बनती है, ध्यान (चित्त की एकाग्रता) से, कर्त्तव्य निष्ठा से, निष्काम कर्म से, सदाचार युक्त जीवन यात्रा से। यह कहना अतिशयोक्ति न होगी कि अध्यात्म का लाभ लेने के लिए हर व्यक्ति को विज्ञानी होना पड़ेगा, बिल्कुल वैसे, जैसे भौतिक विज्ञानी होते हैं और वे जो अनुभव करते हैं उसी के आधार पर अपनी सोच व विश्लेषण को आगे बढ़ाते हैं, दूसरों के अनुभवों से अपने विचारों की पुष्टि, प्रेरणा व समझ को समृद्ध करते रहते हैं। भौतिक विज्ञानियों के बनाये उपकरणों को तो सब जन इस्तेमाल कर सकते हैं, करते हैं- लेकिन अध्यात्म विज्ञान को तो केवल स्वयं साध कर अनुभव किया और लाभान्वित हुआ जा सकता है। अभी तक के चर्चा से यह स्पष्ट होता है कि एक भौतिक विज्ञानी साथ-साथ एक अच्छा अध्यात्म विज्ञानी हो सकता है और यदि कहें तो होता भी है। अधिकांश कर्मयोगी सच्चे अध्यात्मवादी मार्गदर्शक (गुरु) के अभाव में सूक्ष्म अंहकार (कर्त्तापन) के कारण स्वयं के आध्यात्मिकता के प्रति अनभिज्ञ रहते हैं।

इस लेख के विषय वस्तु की प्रेरणा, स्वाध्याय में आचार्य श्री राम शर्मा जी के साथ एक भक्त के अनुभव को पढ़कर हुई। आचार्य शर्मा जी ऐसे

गृहस्थ सन्त वैज्ञानिक, मार्ग दर्शक–जन साधारण के बीच रहते हुए, मुश्किल से पहचान में आते हैं, प्राय: विनोदप्रिय भी होते हैं, अपने को साधक ही मानते हैं तथा छुपाये रहते हैं। लेख में था– "....गुरुदेव तपोभूमि में दो कार्य-कर्त्ताओं के साथ बैठे हुए थे। इनमें से एक कार्यकर्त्ता को लम्बी दाढ़ी, बढ़े हुए बाल रखने का शौक था। वार्तालाप का क्रम चल ही रहा था कि एक व्यक्ति ने कमरे में प्रवेश किया। इन तीनों के पास पहुँच कर बोला कि "मुझे गुरु जी से मिलना है।" गुरु जी हँसते हुए बोले– "पहचान लो इन्हीं तीनों में कोई गुरु जी हैं।" आगंतुक थोड़ी देर तक इधर–उधर देखता रहा। फिर लम्बी दाढ़ी वाले कार्यकर्त्ता के चरणों में माथा रख दिया। बेचारे कार्यकर्त्ता भौंचक्के हो समझाने लगे कि गुरु जी मैं नहीं, वह रहे इधर। वह सारे तमाशे को देख हँसते हुए कह रह रहे थे– "बहकावे में न आकर गुरु के चरणों को मत छोड़ देना, वही गुरु जी हैं।" आस पास कुछ लोग और आ गये, देर तक ठहाके गूँजते रहे। काफी देर बाद असली गुरु के बारे में जान पाया, वह भी उनकी बालवत् हंसी देख मुग्ध हो गया। (युग निर्माण योजना, 2021, वर्ष 57, अंक 12)।

ऐसे ही एक अनुभव यशपाल जी महाराज के साथ का डॉ. कृष्ण बल्लभ शर्मा जी ने लिखा है जो भीड़ में खोये (छिपे), सन्त/सद्गुरु जन साधारण होने का स्पष्ट उदाहरण है। आप लिखते हैं "....बाल्यावस्था में ही सम्प्रदाय विशेष में दीक्षित यह सेवक अपने–आपको लगभग 20 वर्षों तक अध्यात्म–पथ पर अग्रसर होने हेतु मार्ग–दर्शक विहीन अनुभव करता रहा। क्या सच्चे मार्ग दर्शक की उपलब्धि न हो सकेगी? ऐसे में इसके एक मित्र ने आश्वासन दिया कि तुम जिस प्रकार उल्टा सीधा परमात्मा का नाम लेते हो, लेते रहो जब समय आवेगा तो सच्चा मार्ग दर्शक स्वत: ही तुम्हारे पास आ जायेगा। ऐसा ही करता रहा। उन्हीं मित्र महोदय ने एक बात और इससे कही थी कि सांसारिक विद्याएँ (पी.यच.डी. आदि) सारहीन हैं, इससे शोध कार्य के प्रति भी यह उदासीन होता गया और उस ओर प्रयत्नशील रहना छोड़ दिय। इसी बीच पड़ोसी बन्धु श्री राम बल्लभ शर्मा जी के यहाँ श्री यशपाल (भाई साहब जी) की लिखी पुस्तक श्री बृजमोहन वचनामृत देखी। इस पुस्तक का पारायण किया। इसका एक–एक शब्द इसके हृदयपटल पर एक स्थाई प्रभाव छोड़ गया। पढ़ते समय इसे उसमें एक सत्य सा बोलता प्रतीत हुआ। लेखक की

दृष्टि इन शब्दों पर पड़ी "लेखक 'दास' यशपाल" में 'दास' शब्द के प्रयोग ने इसे प्रभावित किया। आगे चलकर समर्पण की इस वाक्यबल का "उस परम पवित्र परममुक्त आत्मा को जो परम पिता परमात्मा में विलीन हो गई, दीनता पूवर्क समर्पित है" इस सेवक के हृदय पर अत्यधिक प्रभाव डाला। सेवक ने भाई राम बल्लभ जी से लेखक से मिलने की अभिलाषा प्रकट की।

सौभाग्य से एक वर्ष पश्चात पता चला कि यशपाल जी, 25 दिसम्बर 1965 को श्री राम बल्लभ शर्मा जी के यहाँ मथुरा सत्संग हेतु पधार रहे हैं। उस दिन यह स्टेशन की ओर आपसे मिलने लपका जा रहा था कि मार्ग में दो ताँगे आते दिखाई दिये, जिसमें यशपाल जी भी थे। इसे बतलाया गया था कि भाई साहब जी एक गृहस्थी सन्त हैं, साधारण वेशभूषा में ही रहते हैं। यह उनकी मूर्तिमान छवि का अनुमान लगाने लगा कि इसकी दृष्टि श्री जगमोहन दत्त मुलतानी पर जमी। गौर वर्ण, उन्नत ललाट, सुंदर स्वास्थ्य, आकर्षण श्वेत परिधान यही सब थे अनुमान के आधार। उमाशकंर जी को और सत्संगी भाइयों को लेने स्टेशन जाना था, अतः ताँगे वाले भाईयों को मुझे ही रामबल्लभ जी के निवास स्थान ले जाने का उत्तरदायित्व संभालना पड़ा। किसी से परिचित न होने के कारण, यह आगे दूर-दूर ही रहने का प्रयास करता रहा। मार्ग में भाई साहब जी की दृष्टि इस पर पड़ती जाती थी, लेकिन यह उन्हें पहचानता न था। एक चौराहे पर आगे का मार्ग बताने के लिए इसे रुकना पड़ा। पास आने पर आपने इस सेवक को 'नमस्ते' कह कर अभिवादन किया। सेवक ने संकोच व लज्जा के साथ प्रत्युत्तर दिया किन्तु तब तक भी इसे यह ज्ञात न था कि आप ही भाई साहब जी हैं। लज्जा बस संकोच इसलिए हुआ कि एक वयोवृद्ध सज्जन जो पेंट और कोट आदि की वेशभूषा में अत्यधिक सुसम्य व शिक्षित जान पड़ते थे, पतित जो आयु में उनके पुत्र के समान है, प्रणाम कर रहे हैं। घर पहुँचने पर ज्ञात हुआ कि आप ही भाई साहब जी हैं। पतित का पूर्वानुमान गलत निकला। सत्संग में भाग लिया एक अवसर पर शंका समाधान सत्र में, इसने आपको 'गुरु जी' शब्द कह कर सम्बोधन किया। आपने कहा, देखो भाई यहाँ गुरु जी कोई नहीं है सभी चेले हैं, ये सम्बोधन छोड़ो- जहाँ तक अपने इष्ट का प्रश्न है, कोई एक ही ईष्ट जो आपकी आत्मा को अच्छा लगे, चुन लो तथा उन्हीं के दर्शन सब मूर्तियों

में करो। सेवक को बात समझ में आ गई। गुरु जी के सम्बोधन से लज्जित था तथा आगे से आपको भाई साहब के शब्दों से सम्बोधित करने लगा। फिर समय के साथ अनुभवों के आधार पर आपका ही होकर रह गया। एक समय आपके दर्शनार्थ मथुरा जंक्शन गया था। आपको एक पत्र समर्पण किया जिसमें सेवक ने अपने शोध कार्य को स्थगित करने की सूचना दी थी। यह तो सर्वात्म भावेन एक ही कार्य में लग जाना चाहता है। एक सप्ताह पश्चात आपका उत्तर प्राप्त हुआ जिसका आशय था कि आप पी.यच.डी. करने का पूरा प्रयत्न करें। अपनी तरफ से कोई कोशिश उठा न रखें। अध्यात्म तो केवल दिल की विद्या है। कोई भी शुभ कार्य इसमें बाधक नहीं होता। सेवक पर इन बातों का बड़ा भारी प्रभाव पड़ा और इस कार्य में जुट गया। आपकी कृपा से ही सेवक को उक्त उपाधि प्राप्त हुई, ऐसा सेवक का विश्वास है।

अध्यात्म, अध्यात्म विज्ञान तथा अनुभव ज्ञान के उपरोक्त उदाहरणों को 'संस्कार' के परिपेक्ष्य में देखने, शोध, तथा मानव हित में विश्लेषण से समाज में व्याप्त अंधविश्वासिता को सुलझाने में सहायक है। स्वयं का पुरुषार्थ तथा अनुभव आधारित विकसित विश्वास ही अध्यात्म में काम आता है। 'मानो तो भगवान नहीं तो पत्थर' की कहावत यथार्थपूर्ण है, अनुभव आधारित है तथा विश्वासवर्धक है, (भगवान शंकर की कृपा से बच्चा अच्छे नम्बरों से पास हो गया, सरीखे विचार विश्वास में मजबूती लाते हैं)। इसका सीधा सम्बन्ध ध्यान (चित्त की एकाग्रता) से है, ईष्ट की याद करने या बने रहने से मन की एकाग्रता बढ़ती है। अध्यात्म विज्ञानी भी साधक के रोल में ही जीवन यात्रा करते हैं। समाज में किसी भी स्तर पर (शिक्षित, अशिक्षित, गरीब, अमीर, देखने में पागल सरीखे, रोजी-रोटी कमाते ठेले वाले, कोबलर, व्यापारी, नौकरी पेशे वाले, पतिव्रता महिलायें....) जिन्हें दुनिया पहचान नहीं पाती 'आत्म ज्ञानी' हो सकते हैं। ऐसे तमाम अनुभव दर्शाते हैं कि सच्चा मार्गदर्शक ढूंढ़ना कठिन है, वह स्वतः जीवन में परिपक्वता आते ही मिल जाता है, जो मार्गदर्शन करते हुए बचे खुचे संस्कार, भोगवा कर जीवन मुक्त करा देता है। साहित्य कहता है, अन्तिम बाधा कर्त्तापन के सूक्ष्म अहंकार की होती है। प्रयास! साधक को ही करना होता है, गुरु तो केवल मार्गदर्शन कर सकता है। यह अजब का विज्ञान, बहुत सरल और बहुत कठिन भी है। ईश्वर हम मानव जाति का कल्याण करें और हमें अनुशासित बनायें। स्वाध्याय की आदत,

आध्यात्मिक जीवन यात्रा बनने में बहुत मदद करती है। ""परमात्मा तू ही है, तेरी इच्छा पूरी हो।""

22-09-2021

प्रतिक्रिया: Faith and prayer, both are invisible but they make impossible things possible– Dr Rajesh Lucknow

---

2.35 सनातन विज्ञान

आज वाट्स अप पोस्ट में एक Secular minded journalist, with Hinduism in poor light, vis a vis other relgions और स्वामी चिन्मयानन्द जी के साथ हुए प्रश्नोत्तर को पढ़ा। Journilst said that prophet Mohammd and Jesus Christ were founder of Islam and Christiniaty, but there is no founder, hence Hinduism is not a religion. Swami ji said "You are right. Hinduism is not a religion. It is a 'science'. Many many persons, from time to time, contributed to the wealth of knowledge to this science. Hindu Dharma is a science, developed over the centuries, contributed by saints and sages for giving right direction to the society by their own research and experiences. Islam has only one book – Quran, Christianity has only one book –Bible. But for Hindus, I can take you to a library and show you hundreds of books. Because, Hinduism is a Scientific religion – called Sanatan Dharma." याद आता है कि कुछ दिन पहले भारत की सुप्रीम कोर्ट से हिन्दू धर्म पर टिप्पणी थी कि यह एक 'वैज्ञानिक संस्कृति', (Scientific culture) है।

इसे पढ़कर my quest of search on Spiritual Science (अध्यात्म को विज्ञान होने की बात) came to end, having got logically convinced. Next question cropped up was about such saints and sages! God willing, a article in my regular reading (स्वाध्याय), provided, satisfactory answer to this question too, that I share, here. कौन से ऐसे लोग थे जिनका योगदान इस विज्ञान में यादगार है।

अतीत के कुछ अध्यात्म विज्ञानी और उनका योगदान

क्र.स.	*नाम*	*योगदान*
1.	परशुराम	दुष्ट और भ्रष्ट जनमानस को उलटकर सीधा करने का पुरुषार्थ उन्होंने निभाया।
2.	भगीरथ	जल–दुर्भिक्ष के निवारण हेतु कठोर तप करके स्वर्ग से गंगा को धरती पर लाने में सफलता प्राप्त की।
3.	चरक ऋषि	केदारनाथ के दुर्गम क्षेत्रों में वनौषधियों की शोध करके रोगग्रस्त को निरोग करने वाली संजीवनी खोज निकाली
4.	ब्रह्मऋषि व्यास	व्यास गुफा में गणेश जी की सहायता से पुराण लेखन का कार्य किया था।
5.	पतंजली	रुद्रप्रयाग में अलकनंदा और मंदाकिनी के संगम स्थल पर योग विज्ञान के विभिन्न प्रयोगों का आविष्कार और प्रचलन किया था।
6.	याज्ञवल्क्य	त्रियुगी नारायण में यक्ष विद्या का अन्वेषण किया।
7.	जमदग्नि	आपका गुरुकुल आरण्यक उत्तरकाशी में स्थित था एवं बालकों, वानप्रस्थों की शिक्षा व्यवस्था का केन्द्र था। साधना, प्रायश्चित, संस्कार प्रौढ़ों के शिक्षण की व्यवस्था थी।
8.	देवर्षि नारद	गुप्तकाशी में तपस्या की। सत्परामर्श द्वारा भक्ति भावनाओं को जगाकर प्रौढ़ता तक समुन्नत किया।
9.	आदिशंकराचार्य	ज्योर्तिमठ में तप किया एवं चार धामों की स्थापना देश के चार कोनों पर की।
10.	ऋषिपिप्लाद	ऋषिकेश के समीप अन्न के मन पर प्रभाव का अनुसंधान किया।
11.	बुद्ध	आपके परिव्राजक संसार भर में धर्मचक्र परिवर्तन हेतु दीक्षा लेकर निकले।
12.	आर्यभट्ट	सौर मन्डल में ग्रह–उपग्रहों का गृह गणित जाना था कि पृथ्वी के साथ सौर परिवार का क्या आदान–प्रदान क्रम है और इसी आधार पर धरती का वातावरण एवं प्राणी समुदाय कैसे प्रभावित होता है।

'हिमालय की ऋषि परंपरा का पुनर्जागण' लेख में इस बात पर विस्तार में हमें इस प्रश्न का आंशिक उतर मिला। आगे चलकर–चैतन्य महाप्रभु, संत ज्ञानेश्वर, समर्थ गुरू रामदास; प्राणनाथ महाप्रभु, रामकृष्ण परमहंस आदि मध्यकालीन संतों की धर्मधारणा का विस्तार से संकलन् अपने साहित्यिक माध्यम से आचार्य श्री राम शर्मा जी ने किया है। लेखक लिखता है कि, ऋषियों के तप- प्रभाव से ही यह धरती देव मानवों से धन्य हुई है (युग निर्माण योजना अंक 12, वर्ष 57, 2021 से उद्धृत)।

यह तो अतीत के कुछ प्रमुख अध्यात्म वैज्ञानिकों के नाम और इस विज्ञान में योगदान की बातें हैं। विज्ञान के दृष्टिकोण से, अध्यात्म के सिद्धांतों पर जीवन यात्रा का सबसे सरल तथा अनुकरणीय ज्ञान हमें महात्मा कबीर दास जी से मिलता है, जिन्होंने अपने अनुभवों को सरल साखियों में सहज भाव से व्यक्त किया है। यह विज्ञान इस तरह लगातार अनुसंधान का विषय रहा है। अपने स्वाध्याय में, व्यवहारिक दृष्टिकोण से हममें बार-बार विचार आता है कि और विज्ञान की शाखाएँ अध्यात्म विज्ञान की ही उपज हैं। लेकिन मानव जाति का दुर्भाग्य ही कहेंगे कि 'गुरु-गुरु रह गया चेला शक्कर हो गया।' और शाखायें तो विकसित कर गईं, अध्यात्म विज्ञान उपेक्षित होता गया। भौतिकवाद, इतना प्रबल होता जा रहा है कि इंसान है क्या? को जानने की बात आम जन की सोच के बाहर हो गई! यदि गहराई से विचार करें तो पायेंगे कि आज का इंसान नकारात्मकता में ही समस्याओं का हल भौतिकता को लक्षित कर ढूँढ़ने का प्रयास कर रहा है। जबकि वास्तविकता है कि आज की समस्याओं का हल अध्यात्म विज्ञान में है।

ईश्वर इच्छा ही कहूँगा कि हमें जीवन यात्रा में ऐसे दो आधुनिक गृहस्थ सन्त मिले जिनकी साधना मानव कल्याण के क्षेत्र में, कबीर दर्शन पर रही और एक तरह का अनजाने में ही जैसे अध्यात्म विज्ञान का प्रयोग तथा परिवारिक व्यवस्था प्रयोगशाला, सी थी। यशपाल जी महाराज (भाई साहब) 'ध्यान' तथा राकेश कुमार मित्तल 'सकारात्मकता' तत्व पर चिन्तन व प्रयोग किये और अध्यात्म के क्षेत्र में व्यवहारिक मौलिक कार्य कर गये। दोनों का जीवन तपस्वी का रहा और अपने-अपने दुनियावी कार्यो व जिम्मेदारियों के वाहन में भी अनुकरणीय रहे (दीन व दुनिया दोनों संवरी)। शास्त्र शिक्षा का अनुपालन करते हुए 'घर ही म तीरथ बनाई मंदिर हम काहे का जाई', में निहित मूल भावना का सुन्दर प्रर्दशन किया। दोनों की जीवन यात्रा आज के समय में अनुकरणीय उदाहरण है कि साधारण जीवन में अनुशासित रहते हुए, स्वधर्म का पालन करते हुए, धर्मानुकूल जीवन जीते हुए जीवन के मूल उद्देश्य मोक्ष को (Detachment in Attachment) प्राप्त किया जा सकता है।

ईश्वर कृपा से हमें इन संतों का (यशपाल जी व राकेश कुमार मित्तल साहब) का सानिध्य/संपर्क क्रमश: 20 व 3 वर्ष का रहा और अध्यात्म विज्ञान के व्यवहारिक पक्ष को समझने का अवसर मिला। यह विज्ञान हमारे जीवन में प्रेम, शान्ति, खुशी और विवेक की समझ व शक्ति प्रदान करता है। हमारा

अधिकांश समय व अध्ययन भाई साहब जी के साथ का रहा। आपने गृहस्थ जीवन में, दिनचर्या का खाली समय लगाकर, निरन्तर ईश्वर की याद (ध्यान) में रहने की तरीकत (Technology) विकसित की। महात्मा राकेश कुमार मित्तल साहब ने दुनियावी काम के साथ-साथ "think positive and things will go right", पर अद्‌भुत प्रयोग व अध्ययन किया। दुनियावी काम के साथ-साथ, जीवन यात्रा में आत्म निरीक्षण (Self-introspection) का सकारात्मक सोच विकसित करने का व्यवहारिक उदाहरण प्रस्तुत किया। उपरोक्त पुस्तक के स्वाध्याय से व्यक्ति विशेष की सोच अध्यात्मिक होती जाने की सम्भावना लगी, ऐसी वह अध्यात्मिक अनुभव ज्ञान की प्रस्तुति है।

महात्मा यशपाल जी की स्वाभाविक ध्यान की तरीकत जिसमें, दिनचर्या के खाली समय में ईश्वर की याद (ध्यान) की बात है, संक्षेप में इस प्रकार है:-

आनन्द योग साधना में ध्यान करने की व्यवहारिक तरीकत का सारांश

पहला स्टेप *8 घन्टे की साधना*	*दूसरा स्टेप* *8 घन्टे की साधना*	*तीसरा स्टेप* *8 घन्टे की साधना*
• सुबह आधा घन्टा ध्यान • सायँ आधा घन्टा ध्यान • दोपहर भोजन ईष्ट की याद मे करें (आधा घन्टा) • सायँ भोजन अपने ईष्ट की याद में करें (आधा घन्टा) • रात सोने के पहले प्रति दिन किये कार्य का आत्म निरीक्षण करना व ईष्ट की याद में सो जाना (सोने के 6 घन्टे का ध्यान स्वत;) इस प्रैक्टिस से मन दिन के 24 घन्टे में आठ घन्टे ध्यान की अवस्था में रहेगा	पहली सीढ़ी के बाद, खाली समय (सामान्य कार्य के बीच का) अपने ईष्ट की याद में लगायें- (आदत बनाना) • सुबह नित्य क्रिया के समय ईष्ट की याद • ब्रश करते हुए • शेव करते हुए • नहाते हुए • टहलते हुए • दिन में कार्य के समय का खाली समय सामान्यत: हर इन्सान के पास ऐसा ढेर सारा समय फालतू विचारों में बर्बाद हो जाता है। ऐसे समय को ध्यान की प्रैक्टिस में लगाना।	दूसरी सीढ़ी पूरा करने के बाद करें • दिन, का कार्य शुरू यह सोचते हुए करें कि हम ईष्ट के हाथ में यन्त्र हैं और मन ही मन कहें कि हे प्रभु! यह तेरा ही कार्य है तू जैसे चाहे कर। फिर कार्य में लग जायें। • जब कार्य समाप्त हो जाय तो फिर उसकी याद यह सोचते हुए करें यह कार्य तूने किया, तुझे ही अर्पण है। तूने शक्ति दी इसलिये मुझसे यह हो सका। इस प्रैक्टिस के लाभ पहली व दूसरी सीढी के पूरा करने पर आभास होगा।

यह आपके द्वारा सृजित आनन्द योग का सार है, जो सहज में साधक को जीवन ईश्वरमय बनाने में सहायक है।

आध्यात्मिक जीवन में, अनुभव आधारित साहित्य (महापुरुषों के जीवन वृतांत, आध्यात्मिक संस्थाओं की पत्रिकायें, अच्छे लोगों का साथ, सत्संग....) महत्वपूर्ण रोल निभाता है। सुनो सबकी करो अपनी का सूत्र भी, बहुत सही कहा गया है। "परमात्मा तू ही है, तेरी इच्छा पूरी हो।"

29-09-2021

प्रतिक्रिया: जब हम किसी वस्तु से आसक्त होते हैं तो आसक्ति का बल, निर्बल होने से अनुकूल परिणाम आने की सम्भावना कम होती है। जबकि अनासक्त में बल होने से परिणाम अनुकूल आता है। अतः अनासक्त प्रयास ही सर्वोच्च प्रयास है दिग्विजय सिंह; बहुत ज्ञानप्रद लेख व शिक्षाप्रद डॉ. आर.पी. शुक्ला; आपने विज्ञान धर्म एवं अध्यात्म की बहुत ज्ञानवर्धक विवेचना की है। वास्तव में विज्ञान का अर्थ ही होता है विशेष ज्ञान- special.... specific.... knowledge in every aspct of human life. हमारे प्राचीन ऋषि-मुनी महान वैज्ञानिक थे जैसा कि आपने सूचीबद्ध किया है। वे सत-प्रतिशत प्रमाणित तथा प्रभाविक हैं।...राष्ट्र कवि दिनकर जी ने लिखा है.... साक्षी है। इतिहास कहता है कि हम ही पहले जागे हैं। जो जाग्रत हो रहे हमारे ही आगे हैं। धन्यवाद सर। आपके आध्यात्मिक अनुसंधान के लिए मंगल कामना सहित आदर-दु:ख हरण चौधरी।

2.36 सकारात्मक सोच व विनम्रता

प्रसिद्ध संस्कृत कवि कालीदास जी किसी विशाल जंगल से गुजर रहे थे, सूरज तप रहा था, बहुत प्यास लगी, एक बुढ़िया सर पर पानी का घड़ा लिए मिल गई, इन्होंने पानी पिलाने की प्रार्थना की, पानी पिलाने के पहले, वह बुढ़िया ने इनका परिचय जानना चाहा, वह वार्तालाप आध्यात्मिक दृष्टिकोण से शिक्षाप्रद है:-

कालीदास: आप मुझे पथिक मानें, व कृपया पानी पिला दें।

वृद्धा बोली:- तुम पथिक कैसे हो सकते हो पुत्र, पथिक तो केवल दो ही हैं- सूर्य और चन्द्रमा, जो कभी रुकते नहीं हमेशा चलते रहते हैं। तुम इनमें से कौन हो जल्द बताओ।

कालीदास: स्तब्ध रह गये, आप सही कह रही हैं। आप मुझे मेहमान समझ लें व कृपया पानी पिला दें।

वृद्धा: तुम मेहमान तो नहीं हो सकते। संसार में दो ही मेहमान हैं। पहला धन और दूसरा यौवन। इन्हें जाने में समय नहीं लगता। सत्य बताओ कि कौन हो तुम?

कालीदास: खुद को निःशब्द महसूस कर रहे थे। वे बोले मैं सहनशील हूँ, अब मुझे पानी पिला दें।

वृद्धा: फिर असत्य, सहनशील तो दो ही हैं। पहली धरती, जो पापो-पुण्यात्मा सबका बोझ सहती है। उसकी छाती चीरकर बीज बो देने से भी वह अनाज के भण्डार देती है। दूसरे पेड़, जिनको पत्थर मारो फिर भी मीठे फल देते हैं। तुम सहनशील नहीं। सच बताओ कि तुम कौन हो?

कालीदास: लगभग मुर्छा की स्थिति में आ गये और तर्क-वितर्क से झल्लाकर बोले- फिर तो मैं हठी हूँ।

वृद्धा: नहीं पुत्र हठी तो दो ही हैं- पहला नख और दूसरा केश, कितना भी काटो बार-बार निकल आते हैं। सत्य कहें ब्राह्मण कौन हैं आप?

कालीदास: धीरज खो चुके थे और चिल्ला उठे कि मैं मूर्ख हूँ।

बुढ़िया: मुस्कराकर चिढ़ाते हुए बोली- काश! यह सत्य होता। पर मूर्ख तो दो ही हैं और तुम उनमें से नहीं हो। पहला वह शासक, जो बिना पर्याप्त योग्यता के लोगों पर शासन करता है। दूसरी वह प्रजा, जो शासक को खुश रखने के लिए उसकी जी हुजूरी करती है। भले ही राजा गलत निर्णय कर रहा हो।

कालीदास उस वृद्धा की विद्वता से विस्मित हो उसके पैरों पर गिर पड़े, पराजय स्वीकार करते हुए पानी पिलाने की याचना करते हुए गिड़गिड़ाने लगे। हे मां! मैं बड़ा अज्ञानी था जो यह समझ बैठा कि स्वयं को पहचानता हूँ। आपसे हुई वार्ता ने हमारा दृष्टिकोण बदल दिया है और मैं बहुत लज्जित हूँ। कृपया इस नादानी के लिए हमें क्षमा करें और अब मुझे पानी पिला दें मां।

कालीदास ने जब ऊपर देखा तो अपनी आंखों पर विश्वास नहीं हुआ।, वृद्धा की जगह साक्षात माँ सरस्वती वहाँ खड़ी थी। माँ मुस्कराई और अपनी स्नेहिल शांतिदायक आवाज में बोली, हे कालीदास! उठो वत्स। तुम अवश्य ही एक महान विद्वान हो और तुम्हारे शब्दों में वो ऊर्जात्मक शक्ति है जो पढ़ने वाले के जीवन का रूपांतरण कर सकती है....परंतु अपनी क्षमता पर तुम्हारा

अहंकार इन सभी उपलब्धियों का मूल्य घटा देता है। तुम शिक्षित अवश्य हो। लेकिन तुमने अहंकार को अपने मन में घर करने दिया है। अतः मुझे स्वयं ही तुम्हारा मार्गदर्शन करने आना पड़ा। माँ सरस्वती मुस्कराईं और कालीदास को जल का पात्र भेंट किया जो उन्होंने कृतज्ञता पूर्वक स्वीकार कर अमृत से अधिक मीठे स्वाद वाला पानी पिया।

एक सच्चे विद्वान की पहचान उसका ज्ञान नहीं बल्कि उसकी विनम्रता होती है। (वाट्सएप पर प्राण HFN Story Team jodhpur के सौजन्य से)।

कहीं पढ़ा था कि जो हमें दिखाई देता है वह सब परमात्मा का ही रुप (Manifestation) है, इसकी अनुभूति ही साक्षात्कार (self-realization) है जो शिक्षा, स्वाध्याय, साधना तथा गुरुकृपा से सम्भव है। गृहस्थ जीवन में इसे प्राप्त करना बहुत सरल है जो स्वधर्म पालन (स्वाभाविक जीवन यात्रा) से सम्भव है। तरीकत भी समय के साथ उपलब्ध होती रही है और उपलब्ध भी है। मानव राजनीति के जंजाल में बुरी तरह फंसता ही रहा है, जो जीवन के हर क्षेत्र में सक्रिय रही है। देवताओं व असुरों का समूह हर समय में बना रहता है। आज के समाज में भी सकारात्मक सोच के लोगों का समूह (पक्ष) व नकारात्मक सोच के लोगों के समूह (विपक्ष) में यह बात स्पष्ट देखी जा सकती है। अन्ततः विजय सकारात्मक समूह की ही होती रही है, जो रामायण या महाभारत काल के अनुभवों में स्पष्ट दिखता है। हमने अपने शोध अनुभवों में वर्ष 2013-2019 के बीच हुए देश की चुनाव प्रक्रिया में ऐसा ही पाया है। मानव जीवन की सामाजिक यात्रा में व्याप्त बीमारी और उसके इलाज का रास्ता मात्र शिक्षा है जो भटकाव से गुजर रही है। मानव हित में, भूतपूर्व प्रधानमंत्री अटल बिहारी बाजपेई जी के ब्रह्मकुमारी ईश्वरीय विश्व विद्यालय, माउंटआबू में दिये गये एक सम्बोधन से ऐसी स्थिति के उपचार के स्पष्ट आध्यात्मिक संकेत मिलते हैं।

"....हम वर्तमान में रहते हैं, हमें भविष्य की ओर देखना है। विज्ञान और टेक्नालोजी की सहायता से मनुष्य ने भौतिक सुख सुविधाओं से युक्त संसार का निर्माण करने में सफलता पाई है। लेकिन क्या भौतिक समृद्धि में सुख है या सुख की खोज अपने भीतर करनी पड़ेगी। पैसे से दवा खरीदी जा सकती है, लेकिन स्वास्थ्य नहीं खरीदा जा सकता। इससे वैभव और विलास के साधन उपलब्ध कराये जा सकते हैं, लेकिन अगर मन में पीड़ा है, अन्तः

करण में बेचैनी है तो कुबेर की सम्पत्ति भी मनुष्य को सुख व संतोत्र का अनुभव नहीं दे सकती। जिस विज्ञान और टेक्नालोजी ने इतनी प्रगति की है, अभी प्रेमदास उसका वर्णन कर रहे थे, उसको मैं दोहराना नहीं चाहता। अब टेलीग्राम का जमाना नहीं है, टेलीफोन का जमाना है। हम कुछ दिनों में विश्व की परिक्रमा कर सकते हैं। हमने स्मालपाक्स को जीत लिया है, ट्यूबरक्तोसिस पर विजय प्राप्त की है। मनुष्य ने चन्द्रमा पर अपने चरण चिन्ह अंकित कर दिये हैं, लेकिन धरती पर किस तरह जिन्दा रहना चाहिए यह नहीं सीख पाया है। हम पक्षी की तरह आकाश में उड़ सकते हैं, मछली की तरह सागर में तैर सकते हैं, लेकिन इंसान की तरह धरती पर नहीं चल सकते हैं। यह शिक्षा कहाँ मिलेगी, यह संस्कार कहां प्राप्त होंगे। विज्ञान अगर जीवन को सुखमय बना सकता है तो विज्ञान एटम बम्ब का निर्माण भी कर सकता है। अगर एटम बम्ब किसी गलत राजनीतिक नेता के हाथ में पड़ जाय तो विनाश भी कर सकता है और आज तो संसार आग के ढेर पर बैठा है। कभी-कभी मैं सोचता हूँ कि हम सच्ची दुनियां की कल्पना करें better world या चिन्ता करें कि यह दुनिया बचेगी या नहीं बचेगी। प्रश्न यह है कि विज्ञान का उपयोग कैसा होता है। आग से खाना पकाया जा सकता है और घर को भी जलाया जा सकता है। हमारी बुद्धि निर्माण की ओर हो, विनाश की ओर नहीं। The approach should be creative not distructive. It should be positive not negative. मगर यह सीख कहां से मिलेगी, यह शिक्षा कहां से मिलेगी? इसके लिए माउन्ट आबू आना पड़ेगा!"

बाजपेई जी के इस दशकों पहले दिये गये उद्बोधन से आज वर्तमान में भारत सरकार द्वारा लाई गई नई शिक्षा नीति में आध्यात्मिक शिक्षा की झलक दिखती है जो ईश्वर ने चाहा तो भारत के अतीत शिक्षा पद्धति का सनातन धर्म विज्ञान का पुनरुत्थान होगा। यह मानव विकास को नई दिशा देगा। मानव के आन्तरिक बल की समझ तथा असीम शक्ति से भरपूर 'मन' को सही दिशा की तकनीक मिलेगी। अभी हाल में ही स्थापित दो विश्वविद्यालयों के विभागों में 'अध्यात्मिक विज्ञान' विभाग का समायोजन देखकर मुझे आंतरिक प्रसन्नता की सुखद अनुभूति हुई थी। रमन महर्षि की भी याद आई जिन्होंने अपने किसी अनुयायी से कहा था कि- "तुम भविष्य की चिन्ता क्यों करते हो? तुम वर्तमान को सम्भालो, भविष्य अपने आप ठीक बन जायेगा। इस संसार पर

एक महान शक्ति शासन करती है और यह उसका काम है कि वह उसकी देखभाल करे। वह इस संसार को जीवन प्रदान किया है, इस बात को अच्छी तरह जानता है इसे किस तरह पालना चाहिए। इस संसार का भार उसी के ऊपर है तुम्हारे ऊपर नहीं। अगर तुम अपने को नहीं समझ सकते तो संसार को समझने से क्या लाभ हो सकता है।' याद आ गया, महात्मा यशपाल जी (भाई साहब) की एक बात 'इस संसार को बनाने वाला क्यों इसे नष्ट करना चाहेगा। क्या पता ये एटमबम उसी पर फूंटे जिसने बनाये हैं।'

आईये, स्वाध्यायी बनें और अपने को जानने का प्रयास करें, सकारात्मक सोच बनायें, समाज के लिए स्वयं को उपयोगी बनायें। अभी तक स्वाध्यायी न बन सके- नकारात्मक सोच है, देर आये दुरुस्त आये। करके देखें क्या होता है का स्वयं अनुभव करें। आध्यात्मिक अनुभव ज्ञान से सम्बन्धित साहित्य का विशेष लाभ है। मानव जीवन विकास में ध्यान का बड़ा रोल है। गृहस्थ जीवन ही साधना का सर्वश्रेष्ठ क्षेत्र है। "परमात्मा तू ही है, तेरी इच्छा पूरी हो।"

1-10-2021

प्रतिक्रियाः बहुत सुंदर। आपने सिद्धी प्राप्त कर ली है। आप में निवास आत्म ज्योति को मैं नमन करता हूँ- डॉ. के0बी0 अग्रवाल, संरक्षक कबीर शान्ति मिशन लखनऊ; हार्दिक धन्यवाद सर। आपने स्वाध्याय पर बहुत उपयोगी अनुभव ज्ञान का विवरण प्रस्तुत करते हुए मार्मिक.... हृदयग्राही संवेदन शीलता का परिचय दिया है। आपने सही कहा है - one should be constructive, not destructive. One should think positive, not negative. But these are the production of regular positive studies and thinking on it. What-ever we read. Thanks more for your contribution in area of spirituality- Dukh Haran Chaudhry.

2.37 जो होना है होगा

कल शाम धर्मपत्नी तथा बेटी सरिता, गाँव बभनगवां चली गई। गांव में रविवार के दिन बच्चों को दुनियावी शिक्षा में मदद करते हुए जीवन मूल्यों के बारे में 'आध्यात्मिक जागृति सेवा' का प्रयास, कर रही हैं। सरिता KNICE, सुलतानपुर में हैडमिस्ट्रेस हैं। जब यह पढ़ाई कर रही थीं तो गुरुदेव, भाई साहब जी ने कहा था कि सरिता तुम शिक्षिका बनो और बच्चों को

साथ-साथ ऐसी बातें भी सिखाओ कि वे देश के अच्छे नागरिक बनें। यह काम इन्होंने, अपने खाली समय में बच्चों को इंगलिश स्पीकिंग सिखाने के साथ-साथ जीवन मूल्यों के बारे में भी बताती हैं, जिसमें एक घण्टे का रामायणी सत्संग मुख्य माध्यम है। इन लोगों के गांव चले जाने से यहाँ सुलतानपुर में हम घर पर अकेले रह गये। ऐसे में रहने का कल रात का अपना एक अनुभव साझा करते हैं जो, आध्यात्मिक अनुभव ज्ञान से सम्बन्धित है।

सन्त महात्मा यशपाल जी गृहस्थियों के आध्यात्मिक जीवन यात्रा के लिए जो सिद्धांत बताते थे, उसमें 'ईश्वर इच्छा व आवश्यकतानुसार विकास' का है। ईश्वर इच्छा का मतलब है जो काम हमारे पास स्वतः आते हैं, कर सकें तो करना। गीता इसे 'स्वधर्म' कहती है। इसी के तहत स्वाभाविक जीवन यात्रा के उत्तरार्द्ध में विषम परिस्थितियों से गुजरते हुए, हम लोग गृह जनपद सुलतानपुर आकर मकान बनवाकर रहने लगे। इन लोगों के गांव चले जाने पर, हमारी स्वाभाविक दिनचर्या में बदलाव आया और यह सायं 8 बजे थोड़ी देर के लिए लेट गया तो नींद आ गई और 9 बजे उठा, जब अमेरिका में रह रही बेटी वर्षा सिंह का फोन आया। एक घण्टे बात होती रही। रात 10 बजे का समय इसके सोने का होता है। ईश्वर कृपा से लेटते ही नींद आ जाती है, जैसे स्विच आफ करते ही बल्ब बुझ जाय। तीन साढ़े तीन बजे नींद खुलती है और नये दिन की दिनचर्या प्रारम्भ हो जाती है।

देर हो जाने से खाना खाते समय 5 मिनट के लिए पानी की टंकी भरने के लिए मोटर की स्विच आन कर दिया। दूध गर्म किया, पीते-पीते कुछ पढ़ता रहा। 11.15 पर सोने जा रहा था, लाईट आफ किया कि घर की घंटी बजी, पड़ोसी बहन ने सूचित किया कि आपकी टंकी एक घण्टे से ओवरफलो कर रही है। मोटर बन्द किया सोने जाने के पहले पानी पीने की इच्छा हुई, गया तो ड्राइंग रुम में बेसिन के पास एक बड़ा साँप धीरे-धीरे चिकने फर्श पर चलने का प्रयास कर रहा था। क्या करें! कहीं डण्डा न दिखा, बाइपर हाथ लगा और कमरों के दरवाजे बन्द किये। पड़ोसी बहनोई श्री दिनेश जी को बुलाया, उसे मारा गया। साफ-सूफ करते रात 1 बज गये। रुटीन के अनुसार 3.30 पर नींद खुल गई। अगले दिन का रुटीन शुरु हो गया।

विचार आते रहे 'जो होता है अच्छा ही होता है' पर मन विश्लेषण करता रहा। ऐसा लगा कि हर घटना जैसे डेस्टिण्ड थी, उसका प्राणान्त होना था, घर सुरक्षित रहना था। सुबह टहलते समय दिनेश जी कहने लगे कि भईया आज तक हमने मच्छर नहीं मारा है, कोई मच्छर हाथ पर बैठता है तो उड़ा देता था। कल रात साँप मारा गया। समझ में आया कि, उसे जाना ही था, हाँ! हम लोग माध्यम बने, यही ईश्वर इच्छा थी। इनकी पत्नी (हमारी बहन) कह रही थी कि मोटर चलता रह गया था, अच्छा ही रहा नहीं तो भईया सो जाते, साँप घर में रह जाता। वैसे कहीं से कोई जगह नहीं कि साँप घुस सके, लेकिन उसकी मौत। आध्यात्मिक जीवन ऐसे चलता है, ईश्वर में विश्वास बढ़ता जाता है। लगता है कि कोई हमारी देखभाल कर रहा है जैसे माँ, बच्चे का ख्याल रखती है। लेकिन हमें बच्चा बनना होगा, माँ की याद/विश्वास बनाये रखना होगा। इसके लिए, दिनचर्या का खाली समय परमात्मा की याद करने की साधना में लगाना होगा, जीवन को ईश्वरमय बनाना होगा। यही आनन्द योग की साधना है और कदम-कदम पर भगवान रक्षा करता है और ऐसे अनुभव उत्साह बढ़ाते रहते हैं। ईश्वर की याद रखना आसान नहीं है। हमारा अनुभव तो 'झूठल खेलल सच्चल होय' की कहावत इस मार्ग में काम करती है। अपने से सम्भव नहीं है, केवल 'निजकृपा' बनाये रखने के प्रयास से ईश्वर/गुरु कृपा मिलती रहती है।

हम इस श्रृखंला में गृहस्थ साधकों के अनुभव ज्ञान की चर्चा कर रहे हैं। हमारे एक अध्यात्म के साधक साथी/मित्र डॉ. राजेन्द्र प्रसाद सिंह है, वैज्ञानिक रहे हैं। करीब 40 वर्ष से उन्हें व उनकी पत्नी को स्वास्थ्य की समस्या से निरंतर जूझते ही देख रहा हूँ। उनका स्वभाव है कि किसी से भी वह अपना दुःख या सुख साझा नहीं करते, हम ऐसे अपने खास लोगों से भी और जब किसी को कोई जरूरत हो तो सहायतार्थ लग जाते हैं, पूर्ण आत्मनिर्भरता का व्यक्तित्व। आजकल ग्रेटर फरीदाबाद में किराये के मकान में रहते हैं। पति-पत्नी दोनों के दोनों पैरों के घुटने बदले जा चुके हैं। एक हफ्ते पहले खबर मिली की बाथरुम मे स्लिप होने से पुट्ठे की हड्डी में दो फ्रैक्चर है, आपरेशन हो प्लेटें लगी हैं। 74 वर्ष की आयु है। फोन से बात हुई, क्या आत्मविश्वास दिखा, इस परिस्थिति में। कह रहे थे कि सिंह साहब इसमें किया ही क्या जा सकता है, जो है जैसा है झेलना ही है। आप एक अच्छे आध्यात्मवादी साधक रहे हैं, हमारे गुरु भाई हैं। ऐसी मनः स्थिति गुरु कृपा

से ही है। गुरुदेव के पर्दा लेने के बाद, जो महात्मा जी आये तो उनकी कार्य पद्धति ने इन व हम जैसे बहुत लोगों को विस्थापित कर दिया 'विषम परिस्थिति! यह तो आध्यात्मिक जीवन यात्रा ही है जो ऐसी मनः स्थिति बनने में सहायक है, जिसमें हम सब रह रहे हैं। यशपाल जी महाराज कहते थे कि जहाँ सुख व दु:ख का आभास न हो, वही परमानन्द है। कबीर साहब ने कहा है- "सुख दु:ख से कोई परे परम पद तेहि पद रहा समाई", ऐसी जीवन यात्रा।

हम अपने कई साथियों को ऐसी स्थिति में जीवन के उत्तरार्द्ध में यात्रा करते पाता हूँ। हमारे कहने का तात्पर्य यह है कि 'अध्यात्म' शब्द से कोई डरने या घबड़ाने की बात नहीं है। अपने छोटे-छोटे अनुभवों का संज्ञान लेते हुए, ईश्वरीय परिप्रेक्ष्य में विश्लेषण करते हुए जीवन यात्रा करें, तो बिना जाने ही हमारी यात्रा अध्यात्मिक होती जाती है, विचारो में सकारात्मकता का भाव दृढ़ होता जाता है। एक बात पक्के तौर पर मान लेना चाहिए कि वर्तमान में ईश्वरोपासना की जो भी साधन पद्धति हम फोलो कर रहे हैं, वह ही हमारे लिए सबसे उपयुक्त है। साथ-साथ यदि नियमित स्वाध्याय की आदत बना लें; तो स्वतः पद्धति में आवश्यकतानुसार बदलाव के अवसर आते हैं और बदलावों की प्रक्रिया चलती रहती है। हाँ! कठहुज्जती विचारों से बचने की आवश्यकता है। एक अनपढ़ किसान साधक को राम-नाम सिखाते हुए, महात्मा यशपाल जी ने कहा था कि 'देखो भाई यदि कोई हमसे अच्छा साधक (गुरु) तुम्हें मिले तो उसे गुरु मान लेने में संकोच न करना।' बात उन भाई ने हमें अपनी वर्षो साधना के बाद बताते हुए कहा था कि भईया उनसे अच्छा हमें कोई दिखता ही नहीं। अध्यात्म साधना में बात, एक ईष्ट, नियमितता, अनुभव आधारित विश्वास तथा कर्तव्यनिष्ठ होने की है। बौद्धिक वर्ग भाग्यशाली हैं, बाधा संस्कारों की आती है, अध्यात्म की ओर झुकाव बनने में, स्वाध्याय, सत्संग और अच्छे लोगों का साथ सहायक है। "परमात्मा तू ही है, तेरी इच्छा पूरी हो।"

03-10-2021

प्रतिक्रिया: परमात्मा की कृपा है। बहुत अच्छा है- डॉ. बी.बी. सिंह; बहुत सुंदर प्रेरणा दायक-दुख हरण चौधरी; आध्यात्मिक दान, विकास करना सबसे उत्तम सेवा है। उसके बाद शैक्षिक सेवा। सबसे बाद में भौतिक सेवा जी0पी. त्रिपाठी।

2.38 शिक्षक तथा नैतिक शिक्षा

अध्यात्म शिक्षा में, शिक्षकों की अहम भूमिका रही है। आज के परिपेक्ष्य में जब मानव मूल्यों में गिरावट एक समस्या है, तो इस बात को ज्यादा गंभीरता से लेना आवश्यक है। यदाकदा, शिक्षकों के सकारात्मक इनोवेटिव उदाहरण सामने आते भी हैं जो अनुकरणीय होते हैं। आज वाट्सअप पर शिक्षिका सरिता सिंह का एक ऐसा ही अनुभव पढ़ा, जो शिक्षकों के लिए अनुकरणीय है। शिक्षक की जीवन यात्रा में जब यह मार्ग दर्शिका/प्रबन्धन के स्तर पर पहुँची तो अपने सहयोगी सहायक शिक्षकों के साथ अपने एक वर्ष पहले के अनुभव को एक मैसेज में साझा करते हुए लिखा:

Dear teachers

One of my teaching experience:

In the year 2010 when I was an English teacher, teaching 9th class I gave a HW to my students to write good qualities of their classmates as students know each other better than the teacher. My aim of giving this project was to help children to always see the good qualities in others. So all the students wrote good qualities of their classmates. In this way I got to know so many qualities in each students. I bought envelops and designer sheets plus sparkle pens and penned down all in that designer sheet for individual students. Every day I wrote about three students and also in class for some students I read it. In this way I wrote letter to all the students. Students got so motivated to know their good qualities. Some of them got it framed. Today one of my student Kuldeep Singh has forwarded the image of letter, I wrote to him. You can do such activities to have good bonding with students. Here I am sharing with you. Negative comments discourages the students. See this letter was written by me in 2010 to kuldeep who is an engineer now.

"Anangpur

20-10-1910

Dear Kuldeep Singh

Few days ago I gave a HW to your class. In home work I asked you all to write good qualities of your class mates. To a great surprise My God! You possess many qualities. Really you can touch the sky. Let me share what your friends feel about you.

1. You are a good boy
2. You are good at studies.
3. You are polite
4. You are an intelligent boy.
5. You are good at Math, science and grammar.
6. You are smart in look.
7. You are obedient.
8. You are cheerful boy.
9. You have pretty smile.
10. Your behaviour is good.
11. You are of a helping nature.
12. You never fight with others.
13. You treat your friends like brothers.
14. You never speak ill of others.
15. Your nature is peaceful.
16. You are very positive
17. You are a good entertainer.
18. You are sincere boy

निःसंदेह! सरिता सिंह का यह इनोवेटिव एप्रोच, अध्यात्मिक व बच्चों के नैतिक विकास में अनौपचारिक स्वाभाविक प्रयास है। ईश्वर की कृपा है कि वह कुछ लोगों से ऐसा काम लेता है कि व्यक्ति विशेष के स्वयं का आध्यात्मिक विकास होते हुए, बच्चों में सकारात्मक सोच का बीजारोपण, खेल-खेल में हो जाये। इस भौतिक जगत की तरह ही सूक्ष्म जगत भी है, जिसकी गतिविधि मुक्त आत्माओं के द्वारा संचालित होती है और मानव यंत्रवत जीवन यात्रा करते हुए अपना आध्यात्मिक विकास भी करता रहता है। परमात्मा मानव हितार्थ अपने रहस्य व विकास के ऐसे तरीके प्रकाश में लाता रहता है। सरिता सिंह का उपरोक्त अनुभव इसकी छोटी सी मिसाल है। निःसंदेह ऐसे चुने हुए व्यक्तित्व के लोगों के संस्कार उज्जवल होते हैं तभी उपरोक्त ऐसी सकारात्मक सोच व प्रेरणा के माध्यम से परमात्मा अपना काम करवाता है। ऐसे ही लोगों की अध्यात्म साधना ही उन्हें अनुकरणीय बनाती है। यदि और गहराई से विचार करें तों सरिता का लिफाफा, डिजाइनर पेड और

स्पेशल पेन खरीदना, निःसंदेह अपनी आय का एक अंश अनजाने में ही जनहित के उपयोग में हो जाता है, जिसकी हमारे शास्त्रों ने 'दशांश' को परोपकार के काम में लगाने को कहा है। ऐसे निष्काम सेवा से प्राप्त आनन्द पूर्व विद्यार्थी कुलदीप सिंह के पत्र से जो सरिता को मिला होगा, वह अनुभव की बात है जिसे सन्तों ने 'आत्मिक आनन्द' कहा है। इसे शब्दों में लिखकर व्यक्त नहीं किया जा सकता। यह मानव विकास में innovation तथा evolution process की छोटी सी मिसाल है। इस उदाहरण में, कुलदीप जैसे कितने बच्चों में सकारात्मक तत्व का संचार हुआ होगा, का अंदाज लगाया जा सकता है।

सरिता जी आजकल, सुलतानपुर में कमला नेहरु इन्स्टीट्यूट आफ चाइल्ड एजूकेशन में हेडमिस्ट्रेस हैं। अपने सहयोगी शिक्षकों को लिखे गये पत्र की प्रेरणा के सम्बन्ध में यह बताती हैं कि इनके गुरुदेव यशपाल जी महाराज (भाई साहाब) ने कहा था कि सरिता तुम शिक्षिका बनो और ऐसी शिक्षा दो की देश के बच्चे अच्छे नागरिक बनें। यह बात इनके मन में बैठ गई और अपने पढ़ाई के दिनों के तथा स्वयं के शिक्षक रोल के सार्थक व्यवहारिक व प्रेरणादायी अनुभवों के संकलन की इनकी पुस्तक 'हर बच्चा है खास' भी अच्छा प्रयास रहा है। यह कहना अतिशयोक्ति न होगी कि ऐसी पुस्तकें, बच्चों के नैतिक विकास के लिए आज के परिपेक्ष्य में अतीत के संस्कारित करने वाले शिक्षकों (दादा-दादी या नाना-नानी) का एक सुंदर विकल्प सी हैं। आज के आधुनिक माता-पिता अपने व्यस्तता के समय में सहजता से बच्चों के लिए थोड़ा समय देकर नैतिक विकास की नींव डाल सकते हैं। सन्तों का स्पष्ट संदेश है कि बच्चों को रोज एक घण्टा परमात्मा को देना चाहिए। यह असंभव नहीं है, संभव है, दुनियावी शिक्षा का पूरक है, मानव के आध्यात्मिक पक्ष के विकास में बिना किसी औपचारिकता के आंतरिक व्यक्तित्व के विकास का खेल-खेल में बीजारोपड़ है। 'मोको कहां ढूढ़े रे बन्दे मैं तो तेरे पास में; बुरा जो देखन मैं चला बुरा न मिलिया कोय, जो घट ढूंढ़ा आपना मुझसे बुरा न कोय' ऐसी बातों के भाव की स्पष्टता यदि बच्चों में कराई जा सके तो नैतिक विकास के राह की नींव बन सकती है। कुलदीप की सकारात्मक खूबियों में एक है 'You never speak ill of others'. यह तो बहुत बड़ी अध्यात्मिक खूबी है। वैसे सारे characters आध्यात्मिक हैं। बच्चे को एहसास हो जाय और यह बरकरार रह जाय, तो जीवन यात्रा सकारात्मक

होती जाय। कुलदीप को तो इस प्रयोग का लाभ मिला ही, क्योंकि वह सफलता के साथ इंजीनियर बनने के स्तर तक तो पहुँच ही गया। उस पत्र को संजो कर रखना, पूर्व शिक्षिका को सम्पर्क करना दोनों के आध्यात्मिक पक्ष के विकास का द्योतक है। यही आध्यात्मिक जीवन है जो निःसंदेह सुखदाई है। सरिता हमारी बेटी है, ऐसा हम देख रहे हैं। इस तरह के आध्यात्मिक अनुभव ऐसे व्यक्ति को होते हैं जो अपने कर्त्तव्य के प्रति निष्ठावान हैं। लेकिन अधिकांश जन आध्यात्मिक जागृति के अभाव में स्वयं में तमाम खूबियों के होते हुए भी, समुचित लाभ पाने से वंचित रह जाते हैं। इसके लिए आवश्यक है कि महापुरुषों के जीवन वृतांत के स्वाध्याय या सत्संग को अपने जीवनचर्या में स्थान दें। "परमात्मा तू ही है, तेरी इच्छा पूरी हो।"

07-10-2021

प्रतिक्रिया: अति सुन्दर- दुःख हरण चौधरी

2.39 स्वाध्याय ही सर्वोत्कृष्ट सत्संग

अध्यात्म शब्द का प्रयोग व्यक्ति विशेष के चरित्र व अनुशासन का द्योतक है। व्यक्ति विशेष का सकारात्मक रुख उसे परमात्म तत्व से संगम होने की ओर बढ़ाता है। इस प्रक्रिया में ऐसे इंसान की आत्मिक अनुभूति, विषयानन्द तथा वासनानन्द से ऊपर उठते हुए, सच्चे आनन्द का स्वरूप धारण करने लगती है, जिसे शास्त्रों में 'परमानन्द' कहा गया है। इस स्थिति को कबीर दास जी ने अपने पद में "सुख-दुख से कोई परे 'परमपद' तेहि पद रहा समाई" कह कर व्यक्त किया है। यशपाल जी महाराज (भाई साहब जी) ने इसे beyond आनन्द कहा है, न सुख में सुख न दुःख में दुःख का आभास तथा परमात्मा की याद में धर्मानुकूल जीवन यात्रा। ऐसी मनः स्थिति-साधना प्रयास, गुरूकृपा या अनायास ही ईश्वर कृपा (दुर्लभ) से मिलती है। ऐसे व्यक्ति के जीवन यात्रा में प्रकृति, कदम-कदम पर सहायता वैसे करती है जैसे बच्चे की माँ, जब वह गोद में होता है। ऐसा व्यक्ति परमात्म स्वरूप हो जाता है, इसी दुनिया में सर्वसाधारण की तरह रहता हुआ, धर्मानुकूल जीवन यात्रा करता है, पहचान में भी नहीं आता, लेकिन समाज के लिए अदृश्य रुप से बहुत-बहुत उपयोगी होता है, समाज में सकारात्मक व्याप्त भावना का पोषक होता है जैसे

सूर्य से प्राप्त होती ऊर्जा। किसी सन्त ने कहा है कि 'जो जानता है बताता नहीं और जो बताता है वह जानता नहीं।' सद्गुरु जन भी अपने को जाहिर नहीं होने देते और उनकी शोहरत कालातीत में उनके किसी अनुयायी या प्रिय शिष्य के द्वारा किए गये जनहित कार्यों से होती है, वे पूज्य व अनुकरणीय बनते जाते हैं। इतिहास इस बात का गवाह है। इसके बहुत सारे उदाहरण साहित्य में उपलब्ध हैं- राजा जनक, कबीर, रामकृष्ण परमहंस और आज के समय के गृहस्थ सन्त महात्मा रामचन्द्र जी महाराज (फतेहपुर वाले लाला जी)....

इंसान को चाहिए क्या? खोज यही बताती है कि उसकी चाह रही है 'आनन्द और शांति।' इसके लिए आध्यात्मिक दृष्टिकोण से यदि उसका आज का दिन बिना किसी तनाव के बीत जाय और शाम को अच्छी नींद आ जाय तो यह आनन्द और शान्ति की ही स्थिति है। इसी अनुभव की निरन्तरता बनी रहे तो वही आध्यात्मिक जीवन यात्रा है। इसके लिए गीता शास्त्र, स्वधर्म पालन की सलाह देती है। हमारे गुरुदेव ने हमें मार्गदर्शन करते हुए कहा था कि "जो काम हमारे पास स्वत: आते हैं वे परमात्मा के भेजे हुए होते हैं, कर सकें तो करना चाहिए, मजबूरी की बात और है।" हमें यह बात बड़ी सारगर्भित, यथार्थ पूर्ण और स्वधर्म पालन की ही लगी।

आध्यात्मिक पत्रिका 'युग निर्माण योजना' के जुलाई, 2021 के अंक का स्वाध्याय करते समय, 'स्वाध्याय-एक उच्चस्तरीय सत्संग' शीर्षक के अंतर्गत लेख पढ़ा। अध्यात्म ऐसा विषय जो मानव को सच्चा इंसान, बनाता है के परिपेक्ष्य में यह शीर्षक सारगर्भित है। लेख में कहा गया है कि आज के व्यस्त व भ्रष्ट समाज में स्वाध्याय ही सर्वोत्कृष्ट सत्संग माध्यम है। पुस्तकें विद्वानों के भौतिक शरीर हैं। उनमें उनका व्यक्तित्व बोलता है, वह भी बहुत ही व्यवस्थित ढ़ंग से। प्रत्येक शिक्षित व्यक्ति को स्वाध्याय रुपी सत्संग के द्वारा ही ज्ञान का प्रकाश सरलता से मिल सकता है। स्वाध्याय में प्रवृत्त रहते हुए, दूसरों को प्रेरित करते रहना बहुत बड़ी 'लोक सेवा' कही गई है। इसी अंक में वानप्रस्थ जीवन को 'लोक सेवा' में लगाने की बात भी आई है। मानव जीवन के सच्चे उद्देश्य के परिपेक्ष्य में सनातन धर्म के उपदेशों की बात भी सारगर्भित शब्दों में कही गई है। 'जिन्होंने अपने जीवन का पूर्वार्द्ध उपभोग कर लिया है, उनका नैतिक एवं धार्मिक कर्त्तव्य है कि वे अपने जीवन का उत्तरार्द्ध, परमार्थपरक समाज सेवाओ में लगायें, इससे उनकी आत्मा का कल्याण, राष्ट्र व संसार का

हित होगा। यह बातें अनुभव सिद्ध हैं, जिसे हमने स्वयं व अपने कुछ साथियों के अनुभवों में पाया है। अध्यात्म का आनंद वे ही अनुभव करते हैं, जिनके जीवन की प्राथमिकता राम–नाम (परमात्मा) है। इसकी खूबी यही है कि जो भावना बनती है 'तेरा तुझको सौंपता क्या लागे है मोर।' सब काम परमात्मा के हैं, हम यंत्र है, करने वाला वह है। ऐसी समझ स्वाध्यायी सत्संग से बनती है। मुख्य रूप से संतों व महापुरूषों के जीवन वृत्तांत पढ़ना, अध्यात्मिक विकास में बहुत ही उपयेगी है, व्यवहारिक शास्त्र हैं।

हमारी इस चर्चा का मूल आधार; प्रथम हिन्दू सूफी सन्त आदिगुरु महात्मा रामचन्द्र जी महाराज (लाला जी) की अध्यात्म शिक्षा है, जो आज विभिन्न रूपों/पद्धतियों में, विश्व के लगभग हर देशों में गृहस्थ जनों में प्रचलित है। इस विषय में आपका कहना रहा है कि 'यही जाना कि कुछ नहीं जाना।' आपका आध्यात्मिक कार्य क्षेत्र 'गृहस्थ' रहा है, जिसका स्वरूप साधन के दृष्टिकोण से आज भी कायम है और प्रचार–प्रसार का तरीका 'contact (संपर्क) का है। एक चिराग से दूसरा चिराग जलता है। गृहस्थ जीवन मे घर को 'इल्म और बर्दाश्त का स्कूल' तथा विभिन्न प्रकार की समस्याओं से जूझने व हल निकालने को तप कहा है। अध्यात्म साधना में, आपने 'मानसिक शोषण' शब्द का प्रयोग करते हुए लिखा है कि 'शोषण वह है कि जिसमें मैं सोचूं और आप मान लें अथवा आपको जबरदस्ती मनवा दूं। पहले में, आपने मेरा शोषण किया जबकि दूसरे मामले में, मैंने आपका शोषण किया। जब किसी व्यक्ति की आत्मा या सोच छिन जाती है तब उसका सब कुछ छिन जाता है। आज सारा संसार जो आध्यात्मिक व मानसिक रूप से गुलामी की जंजीरों में जकड़ा हुआ है, उसका मूल कारण यह ही है कि आज का व्यक्ति मानसिक आलस्य अथवा मेंटल लेथार्जी से बुरी तरह घिरा हुआ है।' महात्मा यशपाल जी इसी सिलसिले में गृहस्थ सन्त हुए जो कहते थे कि विश्वास, साधना में स्वयं के पुरुषार्थ से हुए अनुभव के आधार पर ही करें, नहीं तो अंधविश्वास होगा जो गड्ढे में गिराने वाला होगा। महात्मा जे. कृष्ण मूर्ति ने कहा कि मैं भगवान नहीं इंसान हूँ। जो उठा है अपने ही कर्मों या पुरुषार्थ से उठा है। जो गिरा है उसे अपने कर्मों ने ही गिराया है। दूसरे किसी को सलाह भर दे सकता है, पर ऐसा नहीं हो सकता कि अपने बलबूते किसी का उद्धार कर सके।

मानव जीवन के उत्तरार्द्ध की कुछ खूबियों से अधिकांश जन अनभिज्ञ होते हैं और आज के बढ़ते नकारात्मक भाव के चलते, निराशा या हताशा से प्रभावित होकर तनाव का जीवन जीने को बाध्य हैं। जीवन का यह भाग अनुभव की अपार संपदा संजोये हुए होता है और बहुत से लोग अनुभवों का अच्छा खासा जनोपयोगी साहित्य सामग्री लिख कर छोड़ जाते हैं। हाल में आई एक अमेरिकन रिसर्च का दावा है कि आदमी के जीवन में सकारात्मक बौद्धिक योगदान की सबसे प्रोडक्टिव उमर 60–70 वर्ष के बीच की होती है। उसके बाद क्रमशः 70–80 और 50–60 का समय होता है। विचार करें तो योगदान चाहे दुनियावी क्षेत्र में हो या आध्यात्मिक, यह बात यथार्थ पूर्ण है।

अध्यात्म पूर्णतया व्यक्तिगत मामला है, जिसमें जाने अनजाने व्यक्ति विशेष अपने को परिष्कृत करता जाता है जिसमें अच्छी आदतों को अपनाता और नकारात्मक बातों का परित्याग होता रहता है। इस प्रक्रिया में स्वाध्याय और सत्संग प्रभावी रोल अदा करते हैं। स्वाध्यायी बनकर औरों को प्रेरित करें, समाज व राष्ट्र के विकास में सकारात्मक योगदान का यह सरल व स्वयं के विकास का उत्तम तरीका है। "परमात्मा तू ही है, तेरी इच्छा पूरी हो।"

09–10–2021

प्रतिक्रियाः अति सुन्दर – एस. एन. खन्ना

2.40 आत्मिक उड़ान

एषा ब्राम्ही स्थितिः पार्थ नैनां प्राप्य विमुहयति।
स्थित्वास्यामन्तका ले पि ब्रम्ह निर्वाणमृहछति।।72।।

गृहस्थ सन्त महात्मा यशपाल (भाई साहब) जी ने गीता के द्वितीयो अध्याय के श्लोक – 72 की अनुभव आधारित व्याख्या करते हुए लिखा है "हे पार्थ! यह ब्रह्म प्राप्त हुए पुरुष की स्थिति है, इसको प्राप्त होकर योगी कभी मोहित नहीं होता और अन्तकाल में इसी ब्रह्म स्थिति में स्थित होकर ब्रह्मानन्द को प्राप्त हो जाता है। ईश्वरीय कृपा और गुरु अनुकम्पा से जब साधक को 'आत्मिक उड़ान' प्राप्त होती है और वह दिव्य दृष्टि प्राप्त कर अपने सूक्ष्म शरीर और अपनी विश्व व्यापी आत्मा का अनुभव ज्ञान प्राप्त कर

लेता है तो उसका मन उस आत्म ज्ञान से सदैव ओत-प्रोत रहता है। इस स्थिति को प्राप्त होकर योगी फिर संसारी विषय-वासनाओं के मोह जाल में नहीं फँसता। वह इस संसार में रहते हुए, सब काम धर्मानुकूल करते हुए निरंतर सहज-समाधि में मग्न रहता हुआ जीवन मुक्त होकर विचरता है। 'अन्तकालेऽपि' अन्त काल में (शरीर छोड़ते हुए) स्थित प्रज्ञ की यह अवस्था अटल बनी रहती है और वह जन्म मरण के बन्धन से मुक्त हो जाता है। ज्योति से ज्योति एकाकार हो जाती है? (गीता सुधा भाग-2 से उद्धृत)।

उपरोक्त संदर्भ में 'आत्मिक उड़ान' शब्द आया है। भाई साहब ने अपने इस अनुभव का जिक्र विस्तार से गुरू महाराज पर लिखी पुस्तक "श्री बृजमोहन वचनामृत (भाग-1)' में किया है। आपकी यह पुस्तक पाँच भागों में है, जिसे हमने, आपको कहते हुए सुना था कि यह भविष्य की गीता होगी। यहाँ पर यह बताना उपयुक्त होगा कि आपने अपने अनुभवों के आधार पर गृहस्थियों के लिए 'राजयोग' का सरल प्रारूप 'आनन्द योग' प्रस्तुत किया है। इसकी साधना सहज-सहज में गृहस्थ जीवन में उच्च स्तरीय अध्यात्म साधना को सम्भव बनाती है। बिहार प्रान्त के 'आनन्द योग' के साधक हमारे गृहस्थी सत्संगी भाई श्री दुःख हरण चौधरी जी ने अपना एक अध्यात्मिक अनुभव जो आत्मिक उड़ान! से सम्बन्धित है, इस आध्यात्मिक चर्चा श्रृंखला में साझा किया है। आपने लिखा है, 'एक समर्थ सद्गुरु अपने शिष्यों को हूबहू वही ज्ञान, वही अनुभव, वही साधना जन्य व्यवहार (आचरण) प्रदान करता है जो उसे अपने सद्गुरुदेव से प्राप्त हुआ रहता है। यह विचलन (Diversion) का मार्ग नहीं बल्कि लकीर का फकीर बने रहने का है। जो अनुभव साधना के क्रम में, महाराज जी को हुए, लगभग वैसा ही, कुछ थोड़ा बहुत अंतर के साथ, पतित दास को भी हुआ, हो रहा है। यह सब उनकी परमकृपा, आशिर्वाद, फैज, दयादृष्टि का सुफल है। अन्यथा इस अधम के पास अपना कुछ भी नहीं था, न है। सद्गुरु कृपा केवलम। आत्मसाक्षात्कार का अपना अनुभव 'आत्मिक उड़ान' लिखते हुए चौधरी जी कहते हैं 'मानव जीवन एक शतत् प्रवाहमान धारा के तुल्य है। जीवात्मा आवश्यकतानुसार शरीर बदलती रहती है। प्रत्येक जन्म के संस्कार साधक के सूक्ष्म शरीर में जो सर्वदा उसके साथ हैं संचित होते जाते हैं। भौतिक शरीर तो विनष्ट हो जाता है पर सूक्ष्म शरीर अवशेष रह जाता है। इस प्रकार आत्मिक उपलब्धियाँ एक जन्म से दूसरे

जन्म में हस्तांतरित हो जाती हैं। जब सूक्ष्म शरीर में आत्मिक प्रकाश की झलक पैदा होती है तो साधक के पिछले संस्कार एकाएक सजग हो उठते हैं और फिर प्रारम्भ हो जाती है उसकी यात्रा, उसी मुकाम से जहां वह पिछले जन्म में तय कर चुका था।'

महर्षि पतंजली का कथन है कि सतत् अध्यात्मिक अभ्यास के पश्चात तथा हर मंजिल को सफलता पूर्वक पार करते हुए, साधक उच्चतम ज्ञान अर्थात 'आत्मसाक्षात्कार' की प्राप्ति का अधिकारी हो जाता है। इनका यह भी कथन है कि लक्ष्य तक पहुंचने में उसे चार जन्म तक लग सकते हैं। तथापि महर्षि अष्टावक्र ने आश्वासन दिया है कि साधक जिस क्षण सत्गुरु के चरण कमलों में पूर्ण रुप से आत्म समर्पण कर देता है, आत्म साक्षात्कार की प्राप्ति तत्काल ही हो जाती है। उदाहरणार्थ, राज जनक ने जैसे ही अपने सद्गुरु महर्षि अष्टावक्र जी महाराज के चरणों में आत्मसमर्पण कर दिया, पूर्ण आध्यात्मिक ज्ञान उनको उसी क्षण प्रदान कर दिया गया। इस दीन हीन सेवक को अपने सद्गुरुदेव की शुभ चिंता, प्रेम और कृपा – धार के फलस्वरूप जो अनुभव हुए, वह इस प्रकार हैं:–

करीब मध्य रात्रि का समय था और ये सेवक एकांत में गहरे ध्यान में तल्लीन था। अचानक दोनों भौहों के बीच सूक्ष्म स्पंदन आरंभ हो गये तथा आज्ञाचक्र से मस्तिष्क की ओर आंतरिक धार तीव्र गति से प्रभावित होने लगी। जिव्हा उलटकर तालू से जा चिपटी। उल्लास व आत्मिक आनंद प्रति क्षण बढ़ते ही जा रहे थे। यह सेवक गहरे ध्यान में इस प्रकार डूब गया कि सांसारिक चेतना ही खो बैठा। आत्मिक धार मस्तिष्क में इस प्रकार प्रवाहित हो रही थी कि उसे पूर्ण रुप से निमग्न कर लिया। मस्तिष्क के स्नायु अबोध गति से स्पंदित होकर शांति एवं आनंद की अवस्था का सृजन कर रहे थे। देखते ही देखते मन और आत्मा सभी आत्मिक धार के द्वारा सराबोर कर दिए गये। शीघ्र ही सेवक ने अनुभव किया कि इसके प्राण खिंचकर ऊपर चढ़ा दिए गये और उन्हें नियंत्रित करना सेवक के बस में नहीं रह गया। पुनः इसने महसूस किया कि इसके चक्षु गोलक ऊपर की ओर खिंच गए और वे नेत्र कोटर में इस प्रकार स्थिर हो गये कि पलकों को खोलना भी संभव न रह गया। जिव्हा तो पहले से ही तालू से चिपट कर रह गई थी और सेवक बोलने में असमर्थ था।

सेवक आत्मिक आनंद के महासागर में इस प्रकार निमग्न था कि देखने व बोलने की इच्छा ही नहीं शेष रह गई थी। तत्पश्चात प्रबल आत्मिक धार ने मस्तिष्क के ऊपरी भाग (चोटी) के पास दबाव डालना प्रारंभ कर दिया और सहस्र दल कमल पर स्पंदन होने लगे। असीम आत्मिक आनंद उत्पन्न कर दिए उन स्पंदनों ने जो पूरे शरीर में प्रवाहित होने लगा। शरीर का रोम-रोम इस अत्मिक आनंद से भर उठा। हृदय, मन, बुद्धि और आत्मा सभी उस आत्मिक परमानंद में पूरा-पूरा डूब गये, तथापि प्राण ऊपर की ओर चढ़ते जा रहे थे, मानों आकाश तक पहुंचने के लिए तत्पर हों। एकाएक सेवक की संपूर्ण चेतना लुप्त हो गई। आनंद की अनुभूति भी गायब हो गई। सेवक पूरी बेहोशी की स्थिति में था कि अचानक क्या देखा कि हरे रंग का सूक्ष्म शरीर जो इसके भौतिक शरीर से निकला, ऊपर आसमान की ओर बढ़ने लगा। वह सूक्ष्म शरीर कई योगियों के पास भ्रमण करता रहा कि अंतत: उसकी दृष्टि एक पूर्ण योगी पर जा पड़ी, जिनके प्रभा मण्डल (aura) से सारा जगत प्रकाशित प्रतीत हो रहा था। उन महान योगी का दर्शन कर सेवक ने 'जय सतगुरुदेव' मंत्र का उच्चारण आरंभ कर दिया। सहसा इसने देखा एक विस्तृत सागर, प्रशांत गहरा, अनंत, अथाह! इसका सूक्ष्म शरीर उस महान योगी की ओर प्रकाश की गति से बढ़ने लगा, सागर की जल राशि को चीरते हुए। उस सागर का किनारा तो दृष्टिगोचर ही नहीं हो रहा था। उसका विस्तार तो अनंत असीम था। काफी दूर तक उस सागर की जल राशि में 'जयसतगुरुदेव मंत्र के उच्चारण के साथ तैरने के पश्चात इसने देखा की उसकी आत्मा एक श्वेत प्रकाश के रूप में सूक्ष्म शरीर से अलग हो गई और ऊपर आकाश की ओर उड़ने लगी और यह क्या? यह तो ब्रह्माण्ड की हर वस्तु में समाने लगी ऐसा एहसास हुआ; मानो यह संपूर्ण सृष्टि को धारण किये हुए है। हर पदार्थ जो अचेतन निर्जीव थे, प्रकाश से जगमगा उठे। जैसे ही आत्मा का विलय संसार के सभी पदार्थों के साथ हुआ, वे अधिक कांतिमान प्रफुल्लित प्रतीत होने लगे।

इस प्रकार इसकी आत्मा विश्व की सभी जीवधारियों और वस्तुओं में प्रविष्ट हो गई। हर पुरुष और नारी अधिक शक्ति संपन्न लगने लगे।आत्मा के प्रवेश करते ही सभी पशु पक्षी अधिक सौंदर्यवान और जीवंत हो गये। पेड़ पौधे भी सघन, अभिनव और हृदय बन गये। सेवक की आत्मा के विलय के साथ ही घर मकान, पर्वत और घाटियाँ, मैदान व सरोवर तथा पृथ्वी, जल और

आकाश में निवास करने वाले सम्पूर्ण जीवधारी नवीन प्राण और ऊर्जा से ओत-प्रोत हो गये। ऐसा लगा मानो यह आत्मा समग्र सृष्टि में समाहित हो गई है। इस प्रकार का प्रत्यक्ष अनुभव सचमुच अलौकिक व अपूर्व था। आत्म साक्षात्कार के इस अनुभव का वर्णन सहस्त्रों जिव्हा के द्वारा कर पाना संभव नहीं है। ये वह सत्य है जो शब्दों में नहीं समा सकता, केवल अनुभव के स्तर पर ही जाना जा सकता है। भला अनंत का कोई कैसे वर्णन करे। कब तक सेवक इस स्थिति में रहा और फिर कब इसकी आत्मा सूक्ष्म शरीर के साथ मृतप्राय भौतिक शरीर में प्रविष्ट हुई, इस सेवक को इसका पता न चल सका। पूज्य गुरुदेव के पाद पंकजों में इस सेवक का कोटि-कोटी प्रणाम जिनकी कृपाधार की बदौलत इस पतित को आत्मसाक्षात्कार के अनुभव प्राप्त हुए।"

चौधरी जी का यह अनुभव, बिल्कुल वैसा ही है जैसा भाई साहब जी को अपने सद्गुरुदेव के मिलने के 2 दिनों में ही हुआ था। आप कहते थे कि आत्मसाक्षात्कार के अनुभव उच्च कोटि के उन साधकों को संभव हैं जो सद्गुरु के चरणों में पूर्ण आत्म-समर्पण कर चुके होते हैं। हर साधक के अनुभव अलग-अलग हो सकते हैं लेकिन अनुभवों की प्रकृति और उसमें निहित सत्य तो सर्वदा एक ही होगा। साधक जनों को साधना में प्रतिष्ठित होने का लक्ष्य होना चाहिए न कि ऐसे अनुभवों को पढ़कर कोई ऐसी ख्वाहिश या अपनी तुलना किसी अन्य साधक से करने के चक्कर में फंसने के। 'आनन्दयोग' योग के साधकों को महात्मा यशपाल जी का स्पष्ट संदेश भी है "कभी कभी ऐसा भी होता है कि सारे जीवन भर साधक परमात्मा और सत्गुरु में सच्चे विश्वास के साथ साधन में तत्पर रहता है। निरंतर परमात्मा के चिन्तन में अपने मन को लगाये रखता है पर आत्मा का अनुभव ज्ञान (आत्म-साक्षात्कार) प्राप्त नहीं होता। परमात्मा की विशेष कृपा ऐसे जीव पर जब होती है तो अन्तकाल में उसके सारे चक्र ज्वालामुखी की तरह एक साथ जाग्रत हो जाते हैं और आत्मसाक्षात्कार के साथ-साथ उसकी आत्मा अपने सच्चे स्वरूप में विलीन हो जाती है। फिर उसे जन्म नहीं लेना पड़ता।' हमारा विश्वास रहा है कि इस मार्ग के अधिकांश साधक इसी वर्ग में साधनारत रहते हुए जीवन यात्रा करते हैं। क्योंकि सिलसिले के सन्तों का कहना रहा है कि 'अजब सिलसिला है सलारे हक का कि ले जाते हैं परदे में हरम तक' गुरु के शरण और फजल से अभ्यासी के जज्बात में चढ़ाव-उतार में सहूलियत

आती है, अहंकार नहीं होने पाता क्योंकि गुरु उसको अपने मुकामों से बेखबर रखता है। "परमात्मा तू ही है, तेरी इच्छा पूरी हो।"

17-10-2021

प्रतिक्रियाः एक समर्थ सद्गुरु अपने शिष्य को हू-ब-हू वही अनुभव, वही साधना जन्य व्यवहार, आचरण प्रदान करता है जो वह अपने सद्गुरुदेव से प्राप्त किये रहता है। यह विचलन, डाईवर्जन का मार्ग नहीं है, बल्कि लकीर का फकीर बने रहने का है। जो-जो अनुभव साधना के क्रम में महाराज की हुई, लगभग वैसा ही कुछ थोड़ा बहुत अंतर के साथ पतित दास को भी हुआ या हो रहा है। यह सब उनकी परम कृपा, आर्शीवाद, फैज, दया दृष्टि का सुफल है। अन्यथा इस अधम के पास अपना तो कुछ भी नहीं था, न है। सद्गुरु कृपा केवलम् - दुःख हरण चौधरी।

2.41 सजगता व अध्यात्म

गुरुनानक देव जी ने संसार के बारे में कहा है;-

"यह रचना जो उसने रचाई झूठम झूँठ पसारा है।
सतगुण, रजगुण, तमगुण का फैलाया आलम सारा है।।"

सत्गुण का तात्पर्य है सत्य की ओर मानव मन का झुकाव और उसी के अनुरुप जीवनचर्या; रजगुण - मौज मस्ती के साथ जीवन यात्रा और तमगुण- अनाप-सनाप व्यवहार तथा घोर स्वानुशासन के अभाव के साथ जीवन यात्रा। किसी भी व्यक्ति, समूह या संस्था का आचरण व व्यवहार, इन तीन तत्वों के वरण व उसकी मौजूदगी से संचालित तथा परिलक्षित होता है। ऐसे मानव व्यवहारों से जो निष्कर्ष भाव बनता है उसका प्रभाव ही समाज के विकास को प्रभावित करता है। लेकिन अतीत व इतिहास को देखें तो यह प्रभाव इतना सूक्ष्म बनता है कि सन्तों और समाज सुधारकों ने अपने समय को 'गया-गुजरा' ही कहा है और समाज सुधार की बात तथा प्रयास करते रहे हैं। इससे पता चलता है कि मानव तथा समाज के आध्यात्मिक पक्ष का विकास अत्यंत धीमा रहा है। मानव के छोटे से जीवन काल में समाज में पड़ने वाले समाज सुधार (जिसका मुख्य आधार अध्यात्म होता है) पर सकारात्मक प्रभाव का अंदाजा लगाना कठिन है। आज भी अतीत या वर्तमान के परिपेक्ष्य में देखें तो मानव

विकास स्वान्तः सुखाय या अनजाने में मोक्ष की ओर अग्रसर होने के आभास तक ही सीमित दिखता है। रामचरितमानस की रचना में तुलसी दास नें अपने उद्देश्य को 'स्वान्तः सुखाय' ही कहा था, हालांकि आपका काम समाज सेवा का था, लेकिन लक्ष्य का भाव नदारद था, माध्यम ईश्वरोपासना थी। अतः नानक देव जी के कहे के परिपेक्ष्य में व्यक्ति विशेष ही समाज के विकास की प्रक्रिया में सबसे महत्वपूर्ण इकाई है। इसीलिए आचार्य श्रीराम शर्मा जी ने 'हम सुधरें, जग सुधरेगा?' की भावना को लेकर गायत्री संस्था की स्थापना व समाज सुधार की प्रक्रिया के लिए उपक्रम बनाया। सूफी सन्तों ने स्वयं के आध्यात्मिक विकास के लिए परिवार को इकाई माना और इसको 'इल्म की पाठशाला तथा तपस्थली' कहा। इसी सिलसिले के गृहस्थ हिन्दू सूफी सन्त महात्मा यशपाल (भाईसाहब) जी ने अपने जीवन यात्रा के प्रयोग में राजयोग का 'ध्यान' आधारित सरल व परिवर्तित रूप 'आनन्दयोग' समाज के सामने रखा। गत 'अनुभव-ज्ञान' पत्र में गृहस्थ साधक श्री दुःख हरण चौधरी जी का 'आत्मिक उड़ान' का अनुभव, इसी साधन पद्धति के एक साधक का उदाहरण है। यह व्यक्ति विशेष के सुधार के स्वयं के प्रयास में गुरु कृपा का उत्साहवर्धन हेतु कराया गया अनुभव है। यह लक्ष्य नहीं बल्कि औरों के लिए मात्र प्रेरक है। इसके लिए हमारे मनीषी, अच्छे लोगों का साथ, स्वाध्याय व सत्संग की सलाह स्वयं के सुधार के लिए देते रहे हैं।

वास्तविकता यह है कि अध्यात्म की सारी शिक्षाओं का सार है कि कैसे भी आदमी सच्चे अर्थ में इंसान बनते हुए समाज सुधार में सकारात्मक योगदान देते हुए अपने मूल स्रोत परमात्मा में वापसी की ओर सार्थक जीवन यात्रा करे और अन्ततः उसमें विलय को प्राप्त हो। जैसे समुद्र से वाष्प बनकर, पृथ्वी पर गिर कर बहुत लम्बी यात्रा के बाद जल अन्त में नदियों के माध्यम से सागर में जा मिलता है। यह बहुत लम्बी यात्रा होती है। मानव के परमात्मा में वापसी के लिए, योगानन्द जी ने दस लाख वर्ष का समय बताया है। जनम-मरण का चक्र कर्मफल भोग के माध्यम से चलता रहता है। सारा खेल सत, रज व तम ऐसे तत्व, गुणों का है।

मानव को अपनी कमियों को दूर करने का सतत् प्रयास करते रहना चाहिए, इसी बात की शिक्षा अध्यात्म जगत में सन्त जन देते हैं। साधन काल में, हमें एक बार ऐसा लगने लगा कि सबसे ज्यादा कमी, हमीं में है और सब

हमसे अच्छे दिखने लगे। यह बात हमने अपने गुरुदेव भाई साहब जी को पत्र में लिखी। आपने उत्तर में लिखा कि 'ऐसे अनुभव ईश्वर की कृपा से ही होते हैं। ईश्वर चाहेंगे तो धीरे-धीरे यह कमियाँ दूर हो जायेंगी, सत्संग में जाते रहें, ईश्वर मालिक हैं।' कबीर साहब ने कहा है 'बुरा जो देखन मैं चला, बुरा न मिलिया कोय। जब घट ढूंढ़ा आपना, मुझसे बुरा न कोय।'

स्वयं में सुधार, अच्छे लोगों का साथ, स्वाध्याय, सत्संग तथा अपने काम से काम रखने से ही होता है। सत्संग बड़ा व्यापक शब्द है। हमारा मानना है कि किसी के साथ कोई सकारात्मक चर्चा भी सत्संग का एक रूप है। साधना काल में अनंगपुर रहने के दरमियान हम और एक सत्संगी साथी श्री जगदीश प्रसाद अग्रवाल सुबह, अरावली हिल्स की पहाड़ियों में टहलने जाते थे। करीब एक घण्टा अध्यात्म पर ही चर्चा रहती थी। हम दोनों लाभान्वित हुए। बहुत से अनुभव ज्ञान की उनकी बातें हमारी संकलित पुस्तक 'गृहस्थ जीवन में अध्यात्म -सन्त यशपाल कथनामृत' के लिए शोध सामग्री बनी। आजकल सुबह वैसे हमारा टहलना श्री दिनेश प्रताप सिंह के साथ सुलतान्पुर में होता है। इनके साथ भी सत्संग चर्चा ही होती है। उदाहरणार्थ, आज चर्चा में उन्होंने अपना एक अनुभव बताया कि बाजार में इनकी दुकान के सामने कोई गंदगी (विष्ठा) कर गया। दुकान खोलने के कई घण्टों तक वह वहीं पड़ा रहा। आने जाने वाले बचा-बचा कर निकलते रहे। इनके सहयोगियों में किसी ने भी साफ करने की हिम्मत नहीं दिखाई। यह स्वयं एक तार की जाली का टुकड़ा लेकर उसे उठाकर डस्ट बिन में फेंक आये, लोग देखते रहे। इसका मनोवैज्ञानिक प्रभाव इनके सहयोगियों पर ऐसा पड़ा कि, अब ऐसी कोई भी परिस्थिति आती है तो वह लोग बिना हिचक साफ-सफाई कर लेते हैं। यह अनुभव सुनते-सुनते गृहस्थ सन्त राकेश कुमार मित्तल कबीर शान्ति मिशन के संस्थापक के एक अनुभव की बात जो हमें उनके सहयोगी ने बताई, याद आ गई। मिशन में साप्ताहिक स्वाध्यायी सत्संग प्रारम्भ किया। 15-20 लोग आते थे, सत्संग समाप्ति के बाद चाय का प्रबन्ध करना था। आपने मिशन के चौकीदार से कहा कि चाय बना लिया करो और सर्व कर दिया करो। उसने कहा कि चाय तो मैं नहीं बनाऊँगा लेकिन दुकान से लाकर सर्व कर दिया करूँगा। आपने कहा कि कोई बात नहीं, मैं ही आकार चाय बना दिया करूँगा, तुम सर्व कर देना। इस बात का असर उस पर पड़ा और उसमें बदलाव आया।

हमने देखा कि सत्संग समाप्ति पर, मिशन के ऐसे लोग इस काम को बड़े प्रेम से करते थे। यदि हम अध्यात्म को व्यापक दृष्टिकोण से देखें तो मानव सुधार की प्रक्रिया बड़ी धीमी होती है और ऐसे छोटे-छोटे प्रयासों से इंसान में सुधार होता है। हमारे में मौजूद सत, रज व तम गुणों के शुद्धीकरण का मामला है। इसका सबसे सरल उपाय है स्वाध्याय, जिससे धीरे-धीरे तम से रज, रज से सत गुणों का परिष्कार होते हुए जीवन आध्यात्मिकता की ओर बढ़ता है।

एक और अनुभव अपने गुरुदेव के यहाँ का साझा करता हूँ। यह अपने नियमित सप्ताहिक प्रोग्राम के तहत एक शाम आपके यहाँ पहुँचा। आप ड्राइंग रूम में बैठे थे, माता जी डाइनिंग टेबल की चेयर पर बैठी थीं, पास में एक साधक डॉ. अजय खड़े थे, माहौल तनाव पूर्ण था। कुछ गड़बड़ लगी हमें। प्रणाम कर मैं आपके पास फर्श पर बैठ गया। आपका पोता टी.वी. सीरियल देखना चाहता था और माहौल को तनावपूर्ण बना रखा था। डॉ. अजय आये, बोले सर माता जी, इतना कहना कि आप चिल्ला उठे, नहीं, इन्होंने ही सब गड़बड़ कर रखा है। मैं कहता हूँ कि वह अनपढ़ रह जाये कबूल है, लेकिन टी.वी. देखकर बर्बाद हो जाय यह कबूल नहीं। आज वही लड़का इंजीनयर बन अमेरिका में सेटल है। अब सोचता हूँ कि सन्तों की क्या शिक्षा होती है। पहले तो हम एक अच्छे इंसान बनें व कम से कम अपने बच्चों को तो गाइड करें।

याद आता है अपना बचपन जब हमारे बाबा गाँव में हमें बच्चों मे मिलने जुलने से रोकते थे, बहुत खराब लगता था। अब उस बात की अहमियत समझ में आती है। आज का समय तो बहुत ही कठिन है, खास कर मोबाइल की उपलब्धता से। कथा वाचक मोरारी बापू की बच्चों को सलाह देते सुना कि रोज बच्चों को एक घन्टे का समय भगवान को देना चाहिए। सुखद जीवन यात्रा की तैयारी के परिपेक्ष्य में यह अनुभव आधारित मुफ्त की सलाह है। स्वाध्याय भी इसका अंश हो सकता है। माता-पिता व बच्चे दोनों लाभान्वित। परमात्मा हम सब पर दया करें। "परमात्मा तू ही है, तेरी इच्छा पूरी हो।"

24-10-2021

प्रतिक्रिया: अध्यात्म व सेवा, यदि दोनों आ जायँ तो सोने में सुहागा है– डा. आर.पी. शुक्ला; त्रिगुणात्मक सृष्टि की रचना के सम्बन्ध में आपने बहुत सुंदर, सटीक व यथार्थवादी भविष्यात्मक विवेचना इस अंक में की है। वास्तव में यह संसार तीनों गुणों का ही पसारा है। इसलिए भगवान कृष्ण कहते हैं त्रिगुणात्मक विषत वेदा: निष्लैय गुण भव अर्जुन।.... अर्थात इस त्रिगुणात्मक संसार से सम्बन्धित गुण को जानना चाहते हो तो इनसे ऊपर उठना होगा। गुणातीत बनके ही हम इन गुणों का निरीक्षण, यर्थावेक्षण कर सकते हैं, इनके अंदर रह कर असंभव है। एक संत महात्मा जी का कहना है....सृष्टि चक्र देखते रहें आप चक्र में नाहिं। धीर प्रबुद्ध वह आत्मा दुर्लभ है जग माहिं। काल चक्र से पृथक रह काल चक्र को देख। धन्य संयमी पुरुष वह...जीवन मुक्त परपेख। अर्थात जीवन मुक्त अवस्था प्राप्त हो जाने पर ही इन गुणों का अवलोकन कर सकते हैं और इनसे उत्पन्न होने वाले दोषों से बचाव हो सकता है।

रामकृष्ण परमहंस जी ने इन दोषों से बचाव के बारे में बहुत सुंदर दृष्टांत दिया है। वे कहते हैं हमारे पैर में काँटा गड़ जाने वाले काँटे को निकालने के लिए दूसरा काँटा या सुई की सहायता लेते हैं। फिर पैर में गड़े कांटे को निकल जाने के बाद दोनों को फेंक देते हैं, न कि जेब में रख लेते हैं। ऐसे तमोगुणी काँटे से फिर रजोगुणी काँटे को सत्वगुणी काँटे से निकाल कर अंतत: तीनों को फेंक देना ही गुणातीत हो जाना है। यह सटीक एवं व्यवहारिक उदाहरण है जो क्रमश: गुणों से ऊपर उठते जाने का मार्ग निर्देश करता है।

बहुत ही सुंदर और उपयोगी प्रसंग उठाया है आपने। जहां तक अकिंचन अल्पबुद्धि सेवक की समझदारी और अब तक जो गूढ़ विषय के सम्बन्धों में समझा है, उसके अनुसार मौज्जे का अर्थ चमत्कार होता है जो साधारणतय: साधु महात्मा दुनियादारी में दिखाया करते हैं। महात्मा बृजमोहन लाल जी का भाई साहब जी कहने का आम अभिप्राय यही था कि दुनियावी चमत्कार तो मेरे पास नहीं हैं लेकिन तुम्हारी आत्मा को ऊँचा उठा देंगे। आत्मा को ऊँचा उठाने का अभिप्राय यही है कि मनुष्य की आत्मा जीवात्मा को परमात्मा से मिला देना। आत्मबोध, आत्मसाक्षात्कार करा देना और ऐसा करके दिखा दिया।

सतगुरु देव जी को पहली पूजा, दूसरी पूजा (बैत) मिलने के एक साल के अंदर ही आत्म साक्षात्कार की स्थिति प्राप्त करा दिया। इस सम्बन्ध में विशेष कुछ नहीं कहा जा सकता है। हम लोग अपनी बातें, प्रगति, आत्मा ऊँचा उठाने के बारे में सच्चे हृदय से आत्मनिरीक्षण करें तो पायेंगे जो भी आज नहीं है, प्रत्येक सत्संगी का जीवन दस्तावेज है जो प्रतिक्षण, प्रतिदिन बदल रहा है, आत्मा ऊँची होती जा रही है। यह बात महसूस करने की है – दुःख हरण चौधरी।

2.42 गृहस्थ जीवन यात्रा का यथार्थ

आज वाट्सअप पर एक दिलचस्प विचार पढ़ने को मिला जिसका अनुभव आधारित अध्यात्मिक विश्लेषण करना सार्थक लगा। प्रारम्भ करते हैं उन विचारों से। लिखा है:– "DAD IS ALWAYS LAGGING BEHIND, do not know why?

1. Mom carries for 9 months, Dad carries 25 years, both are equal, still don't know why Dad is lagging behind.
2. Mother works without pay for the family, Dad spends all his pay for the family, both their efforts are equal, still don't know why Dad is lagging behind.
3. Mom cooks whatever you want, Dad buys whatever you want, both their love is equal, but Mom's love is shown superior. Don't know why Dad is lagging behind.
4. When you talk over the phone, you want to talk to Mom first, if you get hurt you cry 'Mom'. You will only remember dad when you need him, but did Dad ever feel bad that you don't remember him the other times? When it comes to receiving love from children, for generations, don't know why Dad is lagging behind.
5. Cupboards will be filled with colorful sarees and many clothes for kids but Dad's clothes are very few, he doesn't care about his own needs, Still don't know why Dad is lagging behind.
6. Mom has many Gold oranmemts, But Dad has only one ring that was given during his wedding. Still Mom may complain for less jewelry and Dad doesn't . Still don't know why Dad is lagging behind.

7. Dad works very hard all his life to, take care of the family but when it comes to getting recognition, don't know why Dad is lagging behind.
8. Mom says, we need to pay college tution fees this month, please don't buy a saree for me for the festival where Dad has not even thought of new clothes. Both their love is equal, Still don't know why Dad is lagging behind.
9. When parents become old, children say, Mom is at least useful in chores, in taking care of household but they say, Dad is useless Dad is behind (or 'at the back') because he is the backbone of the family. Because of him, we are able to stand on our own. Probably, this is the reason why he is lagging behind.

Dedicated to all the DADS"

Having gone through the above narration, my experiences during post retiremnt of life, journey (*Vanprastha*) and what the thinkers have written on this pious relationship, evolved in the development of *Sanatan Dharm* path, I could not resist in penning down following and replying the message to forwader, whom I do not know-

"Very correct narration. Then often Dad hears from Mom "तुम जीवन में कुछ कर न सके?" Despite this Mom takes care of Dad, reminding the childhood care of Mom. Is it not interesting? Instant reply came, Yes. It is quite intersting."

संयुक्त परिवार के साथ रह गये एक भटकते साधू 'बाबा भोलादास' के कारण हमारे पैत्रिक परिवार की 150 वर्ष की जीवन यात्रा आध्यात्मिक रह गई, जिसका मुख्य कारण आम के बाग में बनी उन साधू जी की समाधि और उसकी समाज में स्थापित मान्यता लगती है। स्मृतियों के धूमिल होने में समय लगता है, क्योंकि आज परिवार की सातवीं पीढ़ी में अब वह आध्यात्मिक जीवन जिसकी हम बात कर रहे हैं, समाप्ति की ओर है। बदलते सामाजिक मूल्यों का प्रभाव पड़ता ही पड़ता है। यह पाँचवी पीढ़ी का सदस्य है। परिवार का किसानी पेशा था जिसके लिए कहा गया है कि 'उत्तम खेती मध्यम वान निषिध चाकरी भीख निदान', जिसकी धुरी अनजाने में व्यवहारिक सच्चा अध्यात्म ही हुआ करता था। तमाम विषमताओं, सहमति/असमहति के बीच जीवन यात्रा प्रेम में निहित शक्ति (ऊर्जा) ही व्यवस्थित हुआ करती थी।

महात्मा तुलसीदास जी के अनुसार यह ऊर्जा 'रामहि केवल प्रेम पियारा जानि लेहि जो जाननिहारा' के माध्यम से निश्छल व्यक्तियों के चरित्र से प्रभावशाली होती है। यही आध्यात्मिक जीवन की खूबी है जो अतीत में आज की तुलना में कहीं ज्यादा हुआ करती थी।

एक उक्त परिवार का अनुभव, उपरोक्त Mom और Dad के लिए कहे विचारों की पुष्टि करता है। हमारी दादी जिनको 'बड़का' और उनके पति को 'बड़का बाबा' कहा जाता था, की बात है। वर्ष 1950 के आसपास थानेदारी के पद से सेवा निवृत्ति के बाद बड़के बाबा आकर घर की मलिकई संभाल लिये और करीब 85 वर्ष की अवस्था तक जीवित रहे। अंत समय बीमार रहने लगे थे। दादी कहती थीं कि मैं भगवान से प्रार्थना करती रहती हूँ कि हमारे रहते हुए ये चले जायें तो अच्छा रहेगा, नहीं तो इनकी सेवा नहीं हो पायेगी। वे भी बहुत स्वस्थ नहीं ही रहती थीं। यह भावना और क्या रहा होगा बदलता पारिवारिक परिपेक्ष्य का मात्र अंदाजा ही लगाया जा सकता है। निःसंदेह व्यवहारिक अध्यात्म की उस समय भी तथाकथित आधुनिक विकास के उदय के साथ-साथ मिटती व धूमिल होती स्थिति बनने लगी थी। पूर्व के सन्तों ने समाज के बदलते इस परिवेश के समय को 'गया गुजरा' ही कहा है। आज 'अध्यात्म' में समाज कहां खड़ा है का अंदाजा ही नहीं लगाया जा सकता। एक दयनीय स्थिति बनती जा रही है। Mom और Dad का रिश्ता भी व्यवसाय का रूप धारण करता जा रहा है।

हम आध्यात्मिक अनुभव की बात कर रहे हैं। अपने अनुभव साझा करता हूँ। 'युग निर्माण योजना' पत्रिका में एक लेख 'नारी शक्तिः परिवार एवं समाज का आधार' पढ़ते समय महर्षि रमन की कही बात ने मानव आचरण से सम्बन्धित कई यादें ताजा करा दीं। आपने कहा है "पति के लिए चरित्र, संतान के लिए ममता, समाज के लिए शील, विश्व के लिए दया, जीव मात्र के लिए करूणा संजोने वाली महाप्रकृति का नाम ही नारी है।" हमारे गुरुदेव गृहस्थ सन्त महात्मा यशपाल जी (भाई साहब) ने दीक्षा देते समय कहा था कि गृहस्थ में अध्यात्म साधना में यह देखना है कि 'व्यभिचार से बचना और किसी बेगुनाह की आत्मा आपके व्यवहार से न दुखे।' इन दो बातों की माफी प्रकृति की व्यवस्था में नहीं है, परिणाम भोगना पड़ता है। इनसे बचना चाहिए। और गलतियों से अनजाने में हुई चूक से कोई फरक नहीं पड़ता क्योंकि एक

गृहस्थ की जीवन यात्रा में बहुत से उपकार की बातें स्वत: ही होती रहती हैं। एक दिन टी.वी. खोलते ही प्रवचन में एक महात्मा को कहते सुना कि 'धर्मपत्नी लक्ष्मी का स्वरूप हैं।' वह पैसे की व्यवस्था अच्छी तरह कर सकती है। इंसान का फर्ज बनता है कि जब पगार मिले तो पारिवारिक खर्च के लिए पैसा उनके हवाले कर दे और जब जरूरत पड़े तो, उनसे लेकर काम करता रहे, परिवार बहुत अच्छा चलेगा। इस बात को सुनकर मुझे बड़ा आश्चर्य हुआ, अपने पर बड़ी ईश्वर कृपा लगी, क्योंकि मैं ऐसा ही करता था। इस तरीकत का सकारात्मक अनुभव हमने अपने जीवन यात्रा में बड़े ही सकून का पाया है। पाँच लड़कियों की देख-रेख, शादी ब्याह और अच्छे से सबका सेटल होना जो तनाव मुक्त रहा हो, पता न चले! आश्चर्य की बात रही है। आज भी, जब पैसे की आवश्यकता पड़ती है तो पत्नी से ही लेकर काम करता हूँ। अपनी जीवन यात्रा के अनुभवों से यही कह सकता हूँ कि कबीर की कही वाणी "साई इतना दीजये जामें कूटुम समाय मैं भी भूखा न रहूँ, साधु न भूखा जायें," भाग्य बस उपलब्ध संसाधन के परिपेक्ष्य में एक दम सच है, यह हमारा अनुभव रहा है। हमारे एक सत्संगी भाई बता रहे थे कि हमारे गुरुदेव महात्मा यशपाल जी भी ऐसे ही करते थे।

आज के समाज में मानव एक पीड़ित जीवन जी रहा है, जिसका आध्यात्मिक दृष्टिकोण से कोई कारण ही नहीं है क्योंकि संसार को बनाने वाले ने, सब कुछ पर्याप्त मात्रा में दे रखा है। कमी बस अव्यवस्था में है, तुलसी दास जी ने कहा कि "सकल पदार्थ है जग माहीं, कर्म हीन नर पावत नाहीं।" यही विचार आता है कि मानव शिक्षा व्यवस्था में क्यों अध्यात्मिक शिक्षा नहीं शामिल हो सकी? सनातन धर्म की शिक्षा क्यों भुला दी गई?....। जीवन यात्रा में शिक्षक भी रहा; इन प्रश्नों का उत्तर प्रभु इच्छा व उसका खेल ही मिलता है। इंसान ने स्वयं को जानने की प्राथमिकता नहीं दी। आध्यात्मिक संसाधन व विज्ञान (सनातन धर्म) तो उपलब्ध हुए, लेकिन राम भरोसे ही समाज ने छोड़ दिया। परमात्मा इंसान को जो उसकी सर्वश्रेष्ठ कृति है को सुबुद्धि दें व दया करें की प्रार्थना है। यदि हम स्वयं स्वाध्यायी बनें व बनने का प्रयास करें, तो यह एक सार्थक समाज सेवा होगी। "परमात्मा तू ही है, तेरी इच्छा पूरी हो।"

27-10-2021

प्रतिक्रियाः Deep Analysis – Dr K B. Agarwal; Awesom, thanks – Raj Singh; बहुत अच्छा विलक्षण लेख। साथ ही आपकी पारिवारिक जीवन यात्रा से दिया गया विश्लेषण अत्यंत मार्मिक व सत्यान्वेषी लगा। अन्य को भी आपकी अनुमति से अग्रसारित करने की इच्छा रखता हूँ- के.डी. सिंह

2.43 स्वाभाविक जीवन यात्रा(3)

इस पत्रावली चर्चा में हम आध्यात्मिक अनुभव ज्ञान की बातें कर रहे हैं। स्पष्ट सा दिखता है कि हमारे समाज में आध्यात्मिक जागृति की कमी है। जो प्रयास हो रहे हैं, वे अधिकांश शास्त्रों या अतीत की पौराणिक बातों को ही लेकर जनमानस को अच्छे व सकारात्मक होने के लिए प्रेरित करने की ओर लक्षित हैं। जिनका प्रभाव व्यक्ति के गहन दुनियावी चिन्तन की प्रक्रिया में क्षणिक (short lived) ही रह पाता है, साधनात्मक नहीं बन पाता। यह प्रयास 'मोको कहाँ ढूंढ़े रे बन्दे, मैं तो तेरे पास में', बुरा जो देखन मैं चला - बुरा न मिलिया कोय, जब घट ढूँढ़ा आपना मुझसे बुरा न कोय, तथा आध्यात्मिकता के लिए स्वयं के पुरुषार्थ के महत्व की' समझ नहीं बना पाता। इसके लिए इस विषय को शिक्षा के माध्यम में अपनाना, मानव विकास के हित में आवश्यक है।

स्वभाविक जीवन यात्रा में व्यक्ति के सस्ंकार से उपजते अध्यात्म के विकास में अनुकरणीय अनुभव ज्ञान के उदाहरण मिलते हैं जो अधिकतर नजर अंदाज होते रहते हैं। एक दिन की बात है, हमारे निवास के सामने की गली में बोली लगाते जाते हुए एक कबाड़ी लड़के को बुलाकर, कुछ कबाड़ बेचा। थोड़ा समय लगा, बात करते-करते, उसके साथ कुछ अपनत्व का सा अनुभव हुआ। हमने उससे कहा कि मन में एक प्रश्न आ रहा है, यदि बुरा न लगे तो पूँछू, वह आगे की बात के लिए तैयार हो गया। इस काम में कितना कमा लेते हो? यही कोई 9-10 हजार रुपये माह, लेकिन मैं कुछ और भी काम करता हूँ, पेड़ पौंधों के पौध भी बेचता हूँ। महीने का 25-30 हजार कमा लेता हूँ! कमाने को क्या कहेंगे साहब, पहले हमने फल बेचने का धंधा किया था, रोज के 2-3 हजार भी हो जाते थे। लेकिन वह बेईमानी का काम था, इतना कमाने पर भी महीने में कोई बचत नहीं हो पाती थी। सारा परिवार बीमारी की

चपेट में रहता था, दवाई व डाक्टर को सब चला जाता था। उसे जब से छोड़ा अब इस धन्धे में सकून है, बचत भी होती है। इस बातचीत से अच्छा अनुभव ज्ञान मिला, यह एक आध्यात्मिक जीवन की कहानी थी जो अपने अनुभवों से सबक लेते हुए स्वाभाविक जीवन यात्रा से पोषित होती है और जीवन जीने की कला भी है। इस तरह के अनुभव हमने जीवन यात्रा में बहुतों के साथ पाया है। ऐसी ही बातचीत 'आनन्दयोग' के दो गृहस्थ साधकों के साथ हुई थी। एक सरकारी नौकरी में थे जहाँ महीने घूस में आये पैसे से परसेन्टेज पाते थे और दूसरे सूद पर (ब्याज) कर्ज देने का साइड बिजनेस करते थे, जीवन यात्रा दोनों की परेशानियों से भरी रहती थी। जब गृहस्थ सन्त यशपाल जी (भाई साहब) के सम्पर्क में आये तो इस तरह की आमदनी का लेना स्वत: छूट गया और जीवन सकून का हो गया। सारे काम तनख्वाह की शुद्ध कमाई में ही होने लगे, बीमारियाँ भी कम हो गई। यहाँ यह बताना सही होगा कि यशपाल जी महाराज जी की बताई सहज साधना पद्धति में कुछ छोड़ने की बात नहीं थी, केवल जीवनचर्या में, परमात्मा का नाम जोड़ने की ही बात थी। जैसे-जैसे परमात्मा का नाम जीवन में जुड़ता जाता है, नकारात्मक बातें स्वत: छूटती जाती हैं। इन अनुभवों का विस्तृत संकलन पुस्तक 'गृहस्थ जीवन में अध्यात्म-सन्त यशपाल कथनामृत' में आया है। दार्शनिक राधाकृष्णन ने कहा है कि जीवन में सफलता का मतलब दौलत जमा करने से है तो दर्शन सफलता नहीं दिला सकता।

जब 2018 में सुलतानपुर (उ.प्र.) में रहने आया तो इसकी मुलाकात, एक नवजवान होमियोपैथ डॉ. अमित सिंह से हुई। सुना, कि यह भाई 'ध्यान' (Meditation) में रुचि रखते हैं और हम भी भाई साहब जी की बताई गृहस्थ जीवन में 24 घण्टे ध्यान की पद्धति के अध्ययन व साधना (आन्दयोग) में रुचि रखते थे। मुलाकात हुई, स्वास्थ्य की कुछ समस्या के लिए दवा ली, जान पहचान बनी। आपके क्लिनिक में एक बोर्ड पर लिखा था कि 'We treat the man in disease, not the disease in Man'। इसका अर्थ आपने बताया कि इसका आधार है 'अध्यात्म', मरीज के स्वभाव, व्यवहार और समस्या को देख कर इलाज। खैर हमारे लिए यह जानना नई बात थी। उनका क्लिनिक ऐसे स्थान पर है कि जहाँ केवल जान-पहचान वाले या ईश्वर इच्छा से भेजे हुए मरीज ही आते है, आप अधिकांश समय अकेले बैठे कुछ अध्ययन करते

रहते हैं। हाँ, एक लड़का, लगता है इन्हीं के विचारों का क्लिनिक में कम्पाउण्डर है। देखा कि यदि कोई गरीब मरीज है तो वह जो दे दे वही ले लेते हैं। आपका जीवन आध्यात्मिक लगा जो कबीर की कथनी 'सांई इतना दीजए जामें कुटुंब समाय; मैं भी भूखा न रहूँ, साधु न भूखा जाये' की बात दिखी। जब भी उनसे मिला, प्रसन्न व संतुष्ट दिखे, कम बोलते हैं, एक दिन कहने लगे कि मतलब भर को पैसा मिल जाता है, पत्नी भी सरकारी जॉब में, होमियोपैथ डाक्टर हैं। यह भी एक स्वभाविक आध्यात्मिक जीवन का और समाज सेवा का उदाहरण है।

कोराना काल में घर से बाहर निकलना बहुत कम हो गया था। एक दिन किसी काम से शहर जाना हुआ। हमारे एक बचपन के सहपाठी पं. गयादीन पान्डे, जो 77 वर्ष के हैं, उनसे मिलने की बात मन में आ गई। कचेहरी में किसी वकील की मुनीमी करके 10-12 सदस्यों के परिवार का भरण-पोषण करते रहे हैं। मिले, प्रसन्न दिखे बोले भइया 25 साल वकील साहब के साथ रहने पर भी, उन्होंने मुझे निकाल दिया। अब मैं अपना काम करता हूँ, लोग आते हैं उनका काम कराता रहता हूँ, एक वकील साहब अपने तख्त पर बैठने की इजाजत दे दिये है, पहले से ज्यादा ही मिल जाता है। हमने कहा कि पंडित जी इसी को ईश्वर कृपा कहते हैं, आपको उसने स्वतंत्र कर दिया, गुलामी बहुत किया था आपने। यह है स्वाभाविक जीवन यात्रा "जो होता है, अच्छा होता है" का उदाहरण, बशर्ते इंसान पुरुषार्थी व कर्मशील बना रहे। यही है आध्यात्मिक जीवन।

पंडित गयादीन से मिलकर, एक ऐसे व्यक्ति से मिलने का मन हुआ जिससे उसकी प्रसन्नता के भाव को देखकर हम तीन वर्ष पहले जब सुलतानपुर आये थे, आकर्षित हुआ था। यह सज्जन ताज मोहम्मद (बब्बू) बड़े डाकखाने के पास एक पेड़ के सहारे ठेला लगा कर, सब्जी के बीज व पौध बेचते हैं। गमले में लगाने को बैंगन व टमाटर की दो-चार पौध लेने गया था इनके पास। मुस्कराहट का राज जानना चाहा। तो उन्होंने बताया कि साहब हमारे पिता जी ने कहा था कि बेटा बेईमानी से बचना, कर्ज कभी न लेना भले ही भूखा सोना पड़े। हम दो भाई हैं, 9 लोगों का परिवार है, हमारी पत्नी का देहान्त 9 साल पहले हो गया- हमारे एक लड़का व एक लड़की है। दोनों के.यन.आई. से बी. काम. कर लिए हैं। लिये गये पौधों का दाम पूँछा। बोला

साहब आप भी मजाक करते हैं, इसका क्या दाम हुआ साहब! यह दो पौध। खैर यह उस समय 5 रूपये उनके सामने रख दिया। आज दो साल बाद उनके पास जाना हुआ, सोच रहा था कि देखते हैं कि वह पहचान पाते हैं कि नहीं? हमने मास्क पहन रखा था, दूर से देखकर मुस्कराया, हमने पूछा पहचान लिए, अरे साहब क्यों नहीं पहचानेंगे। पूछा कि बच्चे क्या कर रहे हैं। बताया कि परसों लड़के की शादी हो गई और लड़की की एक माह पहले शादी हो गई, साहब सब खुश हैं। कोई नौकरी चाकरी? जबाब था कि, हमने कहा कि 15-20 हजार की नौकरी, वह भी परिवार से दूर रह कर क्या करना। इसी दुकान पर रहा करो, हमें भी इस उम्र में आराम मिलेगा। यहीं आते है 4-5 घण्टा देखते हैं इसी काम को। आज हमने थोड़ा सा पालक का बीज गमले में लगाने के लिए लिया। दस रुपये दिये। उन्होंने कहा कि साहब यह समझिये कि पैसा हमने ले लिया कहते हुए बीज की पुड़िया और दस रूपये वापस कर दिया। हमने उन्हें आज ही स्वाध्याय में पढ़ी कहानी सुनाई। कहानी थी- एक बार स्वामी रामतीर्थ और विवेकानन्द जी के मिलन की है। स्वामी जी ने विवेकानन्द को एक घड़ी भेंट की। विवेकानन्द जी ने घड़ी ले ली। थोड़ी देर अपने पास रखने के बाद, उन्होंने वह घड़ी, स्वामी जी के जेब मे डालते हुए कहा, हमने ले ली, यह आपके काम की ज्यादा है। कहानी खत्म होते-होते, वह दस रूपये उसकी जेब में यह कहते हुए डाल दिया कि भाई यह आपकी रोजी रोटी का धन्धा है। वह भाई मुस्कराता रहा। आध्यात्मिक जीवन व संस्कार युक्त पारिवारिक जीवन यात्रा कर्मनिष्ठा तथा संतोष भरा जीवन का उदाहरण।

गृहस्थ सन्त राकेश कुमार मित्तल जो कबीर मिशन के संस्थापक थे का एक लेख 'Cobbler saint' पढ़ा, आपने लिखा है- "We have a large number of persons who can be placed in the category of saints though they are never recognized that way. I came across such a saint in Delhi in the year 1992. Once a strip of my bathroom *chhppals* broke. I decided to get it repaired instead of replacing it. I thought that repair could cost as much as five rupees in those days, but I gave him a two rupee coin hoping that it would satisfy him. And I was greatly surprised when even without looking at me he took out a one – rupee coin from his collection and passed it to me. I silently took the coin and came back home with the repaired chappals. I felt that perhaps it was against his dignity to press for the acceptance of the whole amount. To me he was the saint of highest category. I am of the view that there are a large number of such saints in our country. That is why our nation is able to face all the challenges without any major turmoil. If at all any disturbance is created it is by those who try to appear saintly, but in reality are not. Let this massage go to such persons" (Kabir Jyoti, March-April 2020). एक बार बातचीत में आपने हमसे कहा था कि अपने देश की लगभग 60 प्रतिशत जनता कबीर का जीवन जीने को बाध्य है "साईं इतना दीजिए जामें कुटुंब समाय। "मैं भी भूखा न रहूँ, साधु न भूखा जाय।" यह वास्तविकता है, यदि किसी तरह समाज में आध्यात्मिक जागृति पैदा की जा सके तो, कितनी खुशहाली का समाज विकसित हो। आवश्यकता है 'आध्यात्मिक जागृति' पैदा करने की शिक्षा की। यह भी मुफ्त का ही सम्भव हो सकता है, यदि हमारे सीनियर सीटिजन्स में जागरूकता आ जाय जो अपने वानप्रस्थ जीवन में समाज का ऋण उतारने की सोच लें। गाँव, गली, मुहल्ले में बच्चों/ बुजुर्गों का एक घण्टे का साप्ताहिक रामायणी/स्वाध्यायी सत्संग आयोजित करने का प्रयास करें। ऐसा करना सम्भव है, हम लोग सुलतानपुर में अपने मुहल्ले में वर्ष 2018 से ऐसा कर रहे हैं। कठिन है, क्योंकि मामला भाग्य/ संस्कारों का है, लेकिन प्रयास से क्या नहीं हो सकता। गोस्वामी तुलसी दास जी ने लिखा है कि "यहि सर आवत अति कठिनाई। राम कृपा बिनु आई न जाई।।"

हमारा अनुभव रहा है कि जिन प्रियजनों को इस मार्ग में लगाने की कोशिश की, एक में भी सफलता नहीं मिली। यह बात और रही कि हमें देखकर, या किसी वजह से हमारे माध्यम से सत्संग में जाना हुआ और बहुत से लोग वहीं के होकर रह गये। यशपाल जी महाराज कहते थे कि समाज में अच्छे लोगों की संख्या बहुत है, लेकिन लोग बिखरे हुए हैं। उन्हें इकट्ठा करने का प्रयास करना चाहिए। ऐसे समूह का समाज पर अच्छा प्रभाव पड़ेगा। ऐसे प्रयास भी समाज सेवा का ही रुप है। स्वाध्याय ही सर्वोत्कृष्ट सत्संग का माध्यम कहा गया है। आईए, स्वाध्यायी बनने की निज कृपा करके स्वयं व समाज की सेवा करें। "परमात्मा तू ही है, तेरी इच्छा पूरी हो।"

30-10-2021

प्रतिक्रिया: यह सत्य है कि हम लोग कबीर का जीवन जी रहे हैं - डॉ. आर. पी. शुक्ला (वैज्ञानिक); मनुष्य घर बदलता है, कपड़े बदलता है, रिश्तेदार बदलता है लेकिन वह अपने को नहीं बदलता है- दिग्विजय सिंह (आई.ए.यस.)

2.44 प्रकृति की गोद माँ जैसी

"हरि अनन्त हरि कथा अनन्ता। कहंहि सुनहिं सब विधि सब सन्ता।"

मनीषियों ने परमात्मा के बारे में अपने-अपने अनुभवों के आधार पर गुण गान किया है, परन्तु आज भी यह विषय, रहस्य ही है। ऐसे गुणगान में 'प्रकृति (Nature)' को भी ईश्वर माना है। इसमें देवत्व की अभिव्यक्तियाँ हैं। इन्हीं में कोई वरुण, कोई इन्द्र, कोई अग्नि, तो कोई सूर्य हैं। कोई विष्णु हैं तो कोई रुद्र और कोई सर्जक हैं। इन सब में प्रकृति के तत्व समान हैं। हम विभिन्न देवरुपों के माध्यम से इसी एक सत्य की उपासना करते हैं। इतना ही नहीं, हम जैसा चाहें, उस सत्य को नवीन स्वरुप, आकार और शब्द देने को स्वतंत्र हैं। यह बात हमने NBT पेपर में आये, मयंक मुरारी के लेख 'प्रकृति का सम्मान कर हम साधना से जुड़ जाते हैं, में पढ़ा। जीवन यात्रा में साधना से जुड़ने तथा प्रकृति से मदद मिलने के तमाम 'अनुभव ज्ञान' की बातें याद आनें लगी। महात्मा गाँधी ने अपने अनुभव ज्ञान के आधार पर ही कहा होगा कि 'कोई भी कार्य जो सेवा, निःस्वार्थ भाव और 'अर्थ' के मामले में पारदर्शिता (Transparancy) के साथ किया जाता है, तो आवश्यक संसाधन जुटाने में प्रकृति का सहयोग उपलब्ध होता है। ऐसा अनुभव साधक को उत्साहित किये रहता है। हमने अपनी जीवन यात्रा के प्रारम्भिक काल में, गाँव में होते तमाम आयोजनों (कथा, भण्डारा, लड़कियों की शादी, ब्रह्मभोज, भीड़....) में आयोजकों के अनुभवों को कहते सुना है कि "भईया हमारा इंतजाम तो 200 लोगों के लिए था, लेकिन आने वालों की भीड़ 300-400 लोगों की हो गई; हाँ, भगवान ने सब पूरा कर दिया, इज्जत बचा ली।" इस सिद्धांत के सही होने का अनुभव हमने आपनी जीवन यात्रा के 20 वर्षो के सफर में महात्मा यशपाल जी के बनाये सिद्धांत 'न चन्दा न निन्दा' के सूत्र पर चलते गृहस्थियों के लिए स्थापित 'अखिल भारतीय सन्तमत सत्संग, संस्था' के विकास में संसाधन उपलब्ध होते हुए देखा व अनुभव किया, जिसकी चर्चा पिछले लेख पत्रों में

'अध्यात्म' के परिपेक्ष्य में किया भी है। इस सिद्धांत का अनुभव हम लोगों ने अपनी पाँच लड़कियों के शादी आयोजनों में भी करते रहे हैं, जो ईश्वर कृपा की ही मिसाल हैं। महात्मा राकेश कुमार मित्तल जी के अनुभव भी ऐसे ही थे, जिन्होंने अपने द्वारा स्थापित 'कबीर शान्ति मिशन, लखनऊ' की अर्थ व्यवस्था के बारे में लिखते हुए लेख 'NO FIXED DPOSIT' में किया है।

प्रकृति से मिलते सहयोग का अनुभव हमने स्पष्ट रुप से, प्राकृतिक संसाधनों (मूलतः भूमि एवं जल प्रबन्धन) के रख रखाव से सम्बन्धित रिसर्च-प्रोजेक्ट में किया है। यह स्वभाव से निष्कामभाव का कर्मी था, work is worship का follower था। पग-पग पर, प्रकृति के सहयोग के अनुभव रहे। प्लान कुछ करता, करने वाले सहयोगी जन कभी-कभी, किसी-किसी बात में बड़ी गलती कर जाते, लेकिन पता चलता कि वह गलती नहीं, बल्कि वही होना चाहिए था। अध्यात्म की भाषा में यही है 'प्रकृति' (ईश्वर/ईष्ट/गुरु) की मदद। यह वास्तविकता है कि 'मानव' प्रकृति के हाथ में यंत्रवत मात्र है। ऐसे अनुभव प्रत्येक इंसान को किसी न किसी रुप में होते रहते हैं, लेकिन लोग संज्ञान नहीं ले पाते। ऐसा संचित संस्कारों के कारण होता है। 'संस्कार' हमारे संचित कर्म फल हैं, जिनका भुगतान होना ही होना है, ऐसा अध्यात्म साहित्य से विदित होता है। हमारा चिन्तन कहता है कि मानव समाज में हर व्यक्ति अध्यात्मिक जीवन यात्रा में है और प्रकृति के सहयोग से ही यात्रा चल रही है। यह बात अलग है कि प्रत्येक व्यक्ति की आध्यात्मिक 'स्थिति' (status) अलग-अलग होती है, जिसका मूल्यांकन किया जा सकता है। आदि शंकराचार्य जी ने ऐसी स्थिति को साधना के दृष्टिकोण से 'परिपक्वता' कहा है। मानव जीवन यात्रा के हम दो उदाहरण अपने शोध का साझा करते हैं।

हमारे पड़ोस में सोनू जी अपने घर (Residence unit) का रिनोवेसन करा रहे हैं, काम चल रहा है। एक दिन ठेकेदार महोदय की ओर हमारा ध्यान आकृष्ट हुआ जो अनुभवी तथा आत्मविश्वास से भरे दिखे। उनके काम की गुणवत्ता और चेहरे पर आत्मविश्वास की चमक देख कर हमने प्रश्न किया कि यह काम आप कितने दिनों से कर रहे हैं, उत्तर मिला कि 1996 से। अच्छा यह बताओ कि आपने अपने ऐसे कितने बनाये? गिनती नहीं कर सकते, बहुत बने, उनका उत्तर था। कहने लगे कि जब लोग काम सीख जाते हैं, तो छोड़कर चले जाते है, अपना काम कर लेते हैं। देखता हूँ, सब खुश

हैं। हमारा लड़का भी यही काम करता है, वह दूसरी साइट पर काम करा रहा है। यही कहानी मानव जीवन के हर क्षेत्र में है और ऐसे उदाहरण, जीवन यात्रा के सकारात्मक (आध्यात्मिक स्वभाव) पक्ष को दर्शाते है। अध्यात्म में भी गुरु साधक को अपने जैसा बनाने का प्रयास करते हैं। याद आ गया हमारे गुरुदेव यशपाल जी का अपने गुरुदेव गृहस्थ सन्त महात्मा बृजमोहन लाल जी के साथ का एक अनुभव जो आपने साझा किया है। लिखते हैं 'तारीख 19-10-52 को सेवक ने स्वप्न में श्री सत्गुरुदेव के दर्शन किए। आप उदास थे और कह रहे थे, हमें तुमसे बड़ी उम्मीद है। साधना पूरी करो- हिम्मत से काम लो। कहीं यह सुंदर विद्या लोप न हो जाये। कोशिश करो भगवान मदद करेगा। आँख खुल गई (श्री बृजमोहन वचनामृत भाग- 4, पे0 59)। लगभग ऐसी ही बात हमने, यशपाल जी को अपने एक साधक साथी से फोन पर बात करते हुए सुना था "घनश्याम जी, बहुत उड़ चुके, यह सब बन्द करो। अपना काम करो, खाली समय में सत्संग, शान्ति पाठ करो। उड़ने में कुछ नहीं रखा है। मुख्य बात है कि आप अपने जैसे कितने बनाये।" इसमें समाज सेवा का गहरा अर्थ छिपा है, यही अध्यात्म का मुख्य लक्ष्य भी है। इन ठेकेदार सरीखे बहुत से लोग समाज में इस स्वभाव के साथ जाने-अनजाने आध्यात्मिक जीवन यात्रा करते हुए अनजाने में ही सही, समाज सेवा कर रहे हैं, मानव जीवन में सच्चे लक्ष्य (जीवन मुक्त अवस्था) की ओर भी अग्रसर हैं।

पिछले आध्यात्मिक चर्चा पत्रों में हमारे पूर्व साथी सत्संगी भाई श्री चिरंजी लाल शर्मा जी का जिक्र आता रहा है, हम लोग आन लाईन सत्संग लगभग रोज ही करते रहते है। ठेकेदार महोदय जैसे यर्थाथिक अनुभव तथा आध्यात्मिक विश्लेषण, चर्चा का विषय होता है। बात परमात्मा व प्रकृति के बारे में कई दिनों से चल रही थी। आजकल चर्चा का विषय है 'अध्यात्म इंसान को उस हालत में लाता है जैसे बच्चा माँ की गोद में होता है, निश्चिन्त' 'मां' सब चीज का ख्याल रखती है, वह माँ बच्चे के लिए परमात्मा स्वरूप होती है। ऐसे ही इंसान जब माँ की गोद से बाहर हो जीवन यात्रा में आता है तो वही माँ उसके लिए 'प्रकृति' होती है, जो जीवन पर्यन्त वैसे ही देख-रेख करती है और यह सुविधा परमात्मा ने इंसान को प्रदान की है।' चिरंजी लाल जी 89 वर्ष की अवस्था में तथाकथित बच्चे की तरह प्रकृति माँ की गोद में 'मौनी बाबा आश्रम' बुलन्द शहर (उ.प्र.) में रह रहे हैं। आपकी जीवन यात्रा

गुरुकृपा से आध्यात्मिक रही है, 'परिपक्वता का स्तर 86 है, इस अवस्था में जो स्थूल शरीर की वृद्धावस्था की समस्यायें होती है, वे भी हैं, हाँ हाथ-पाव मतलब भर को सही हैं कि आवश्यक देखभाल शरीर रुपी मंदिर की कर लेते हैं, आँख में रोशनी भी जरूरत भर को सही है। गुरु कृपा से ईश्वर की याद ही आपका मुख्य संबल है। चर्चा में प्रश्न आया कि बचपन में मिली 'मां' और आज 'प्रकृति रुपी मां' के बारे में अनुभव के आधार पर आप क्या कहेंगे? आपका उत्तर सारगर्भित था। 'डॉ. साहब, हमारे प्रति शुभचिन्तक लोग दया का भाव रखते हैं, बेचरा समझते हैं, कि परेशानी में है। लेकिन, वास्तविकता यह है कि शारीरिक कष्टों का हमें आभास नहीं होता और न मन उधर जाता है। एक विश्वास है कि कोई हमारे बहुत समीप है। आप अंदाजा लगा सकते हैं कि कौन है वह, जो हमारे समीप है, देख-रेख कर रहा है और क्या कहूँ' वास्तव में 'सुख-दुख' शरीर व मन के धर्म हैं। यदि मन, सुख-दुःख के चिन्तन से हट जाय तो न तो सुख का आभास होगा और न दुःख का। ऐसी ही अवस्था जीवन यात्रा में 'परमानन्द' की स्थिति होती है। गृहस्थ जीवन में जीवन चर्या के खाली समय को ईश्वर की याद में लगाकर, ऐसी मन की अवस्था प्राप्त की जा सकती है, और गुरु कृपा से ऐसी ही स्थिति में शर्मा जी की जीवन यात्रा हो रही है, आनन्द योग साधना का व्यवहारिक उदाहरण।

यह है 'अध्यात्म।' यह एक दुर्लभ 'आध्यात्मिक अनुभव ज्ञान' है। परमात्मा की इस दुनियावी व्यवस्था में हजारों, लाखों जन, गुरु कृपा से, ऐसी जीवन यात्रा में अनजाने में ही होते है, जिनका जीवन पाक पवित्र होता है। हमें कोई शक नहीं कि हमारे बहुत से पूर्वज ऐसी ही जीवन यात्रा में रहे हैं, जिसका कारण, निःसंदेह 'अध्यात्म' ही था जो वे नहीं जानते थे। हम सब ऐसे ही अनुभव उनसे मिले संस्कारों के कारण अपनी जीवन यात्रा में कर ही रहे हैं। "परमात्मा तू ही है, तेरी इच्छा पूरी हो।"

02-01-2022

प्रतिक्रिया: माशाअल्लाह....सुभानअल्लाह बहुत ही शानदार एवं अध्यात्मिक अनुभवों से परिपूर्ण है यह आध्यात्मिक विश्लेषण। बहुत साधुवाद सहित धन्यवाद आपको। जो हुआ है तालिवे पारतू। तो हवाएँ नत्रस को मार तू। उसी गुल का देख बहार तू...न चमन में जा न खुलन में जा। दुःख हरण चौधरी।

2.45 आनन्द एवं परिपक्वता

मानव जीवन 'सुख' के तलाश की यात्रा है, जो जाने-अनजाने मोक्ष के साथ समाप्त होती है। सन्तों के अनुसार यह यात्रा बड़ी लम्बी है, जो जन्म-मृत्यु के चक्र से लगभग दस लाख वर्ष में पूरी होती है (योगानन्द)। महात्मा तुलसीदास जी ने कहा है कि 'सकल पदार्थ है जग माहीं, कर्म हीन नर पावत नाहीं।' इस तलाश में, सुख नहीं मिल पाता; क्योंकि सुख का मापदण्ड, इंसान 'आनन्द' को मानकर चलता है। सन्तों ने आनन्द को इस तरह परिभाषित किया है- सुख-जहाँ दुःख न हो; दुख-जहाँ सुख न हो; आनन्द-जहाँ न सुख हो और न दुःख हो। महात्मा यशपाल जी (भाई साहब) ने ऐसी स्थिति को beyond Anand (परमानन्द) कहा है।

जीवन यात्रा की प्रक्रिया में इंसान भटकता हुआ यात्रा करता रहा है जो कर्म फल भोग के सिद्धांत से संचालित होती है, जिसे भाग्य/संस्कार के नाम से व्यक्त किया गया हैं। कबीर साहब ने कहा है- 'मेरा मन सकल सुखों को धावे, पर कोई सुख हाथ न आवे-जैसे करि सेमल की सेवा सुआ बैठ पछतावै। सांचो सुख दुःख के भीतर है इसे कौन समझावै।' सेमल के लाल-लाल फूल को देखकर, अच्छे फल की आशा में इंतजार करते, सुए पक्षी को अन्त में मिलती है 'रुई।' सन्तों की दुनिया निराली है, कहते हैं 'मन लागा मोरा यार फकीरी में। जो सुख पायो राम भजन में, वह सुख नाहीं अमीरी में।' हमारे गुरुदेव यशपाल जी महाराज का तकिया कलाम था "परमात्मा तू ही है, तेरी इच्छा पूरी हो।" आप मानव को सच्चे सुख के लिए 'ईश्वरमय' जीवन बनाने की बात करते थे, जिसमें निरन्तर ईश्वर की याद बनी रहे, "हाथ काम में - मन परमात्मा की याद में।" इसके लिए आपने दुनियावी कामों के बीच का खाली समय, कैसे इस साधना के लिए उपयोग करें का तरीका खोजा 'आनन्दयोग' और जीवन के अंत तक प्रचारित करते रहे। आपने एक सफल जीवन जिया, जो अतीत में राजा जनक, या कबीर का सा रहा, "हाथ काम में- दिल परमात्मा की याद में।" "सांचों सुख दुःख के भीतर है' समझने वाली बात है। जब दुःख आता है तो परमात्मा की याद आती है, शान्ति व सकून मिलता है। इसके पीछे का रहस्य है 'ध्यान/चित्त की एकाग्रता' का प्राप्त होना। यदि ऐसे याद की निरन्तरता किसी तरह बन जाय, तो वही 'ईश्वरमय' जीवन का होना है। "हाथ काम में और दिल परमात्मा की याद

में," गीतासार 'कृष्णभावामृत' में होती जीवन यात्रा। इस स्थिति का वर्णन कबीर साहब ने किया है–

'जहँ जहँ डोलौं सो परिक्रमा, जो कुछ करौं सो सेवा।
जब सोओं तब करो दण्डवत, पूजौं और न देवा।।
शब्द निरन्तर से मन लागा मलिन वासना त्यागी।
उठत बैठत कबहूँ न छूटै ऐसी तारी लागी।।'

आज स्वाध्याय में पढ़ा कि परिवार संसार की ईकाई है। कौन से बच्चे आपके घर जन्म लेंगें यह आपके बस में नहीं है। यह भगवान की मर्जी है, भगवान की नई योजना है। मानव जीवन की स्वाभाविक प्रक्रिया है। अपने जीवन यात्रा के अनुभवों में पाता हूँ कि जन्म लेने के बाद इंसान के पास यात्रा के दो पथ ही हैं– एक स्वाभाविक जीवन यात्रा और दूसरी इच्छाओं से प्रेरित (अभिभावकों के कारण या स्व–जनित)। अपनी जीवन यात्रा के अनुभवों में पाता हूँ कि हमारी तथा हमारे कुछ साथियों की जीवन यात्रा स्वाभाविक रही है, जो जैसे आया, करते रहे, आगे बढ़ते रहे, जो तथाकथित लगभग भगवान की नई योजना के तहत की सी रही। ऐसी यात्रा जीवन के सच्चे उद्देश्य (मोक्ष/ईश्वर प्राप्ति) की ओर दृढ़ता से उन्मुख रहती है भले ही इस बात का ज्ञान हो या न हो। कबीर साहब के कहने के अनुसार जीवन यात्रा के अनुभव में "साई इतना दीजिए जामें कूटुंब समाय– मैं भी भूखा न रहूँ, साधु न भूखा जाय" प्रार्थना के यथार्थ के अनुभव रहे, परिस्थितियाँ जो भी हों, परमात्मा दुनियावी काम भी करवा देता है, प्रकृति की मदद कदम–कदम पर मिलती रहती है। 'स्वधर्म पालन' के तहत जो काम सामने आया निष्ठापूर्वक करने का प्रयास करते है, जो हुआ उसमें संतुष्ट होते हैं, अच्छा करने की ललक बनी रहती है, हाँ, मजबूरी की बात और है।

ऐसे लोगों में भी दो तरह के लोग होते हैं, आध्यात्मिक मार्गदर्शक (सद्गुरु) की प्राप्ति वाले यात्री (साधक), जो स्वतः सामने आये काम को परमात्मा के भेजे हुए मानकर, यदि कर सकते हैं, करते हैं, मजबूरी की बात और है। दूसरे वर्ग के लोग, काम को ही अनजाने में पूजा के भाव (काम ही पूजा है) से करने वाले होते हैं और पूरी निष्ठा से काम में लगे रहते हैं। दोनों वर्ग के लोगों का परमात्मा में विश्वास होता है। जीवन यात्रा के उत्तर्राध

(वानप्रस्थ काल) में जब जीवन में शिथिलता आने लगती है, तमाम तरह की स्वास्थ्य, पारिवारिक-सामाजिक समस्याओं के बीच भी, स्वाभाविक जीवन यात्रा वाले वर्ग के लोगों में संतोष का भाव अधिक होता है और अधिकांश ऐसे यात्रा किये हुए लोगों की मनः स्थिति 'परमानन्द' की ही होती है, जो स्वाभाविक जीवनयात्रा का प्रतिफल है, अनुभवगम्य है, गुरु कृपा है जो शब्दों में नहीं कहा जा सकता। ऐसी स्थिति का मूल्यांकन, आदि शंकराचार्य जी के द्वारा कहे गये 'परिपक्वता' मूल्यों के बिन्दुओं (अनुभाग 2.22) के आधार पर कर सकते हैं। ऐसे मूल्यों के आधार पर, परिपक्वता के स्तर का आध्यात्मिक जागृति के दृष्टिकोण से कुछ भाईयों-बहनों ने अपना मूल्यांकन किया, जिसका विवरण नीचे तालिका में दिया गया है।

व्यक्तिगत आध्यात्मिक परिपक्वता

परिपक्वता का स्तर (%)			
कर्मयोगी + साधना		*कर्म योगी*	
आयु (Age)	स्तर (%)	आयु (Age)	स्तर (%)
89	86	77	62
79	84	79	72
75	94	75	81
52	96	40	94
52	83	–	
Ave.	88	Ave.	77

यह स्व-मूल्यांकन सद्‌गुरु का मार्ग दर्शन तथा साधना प्रयास का प्रभाव किसी भी व्यक्ति के आध्यत्मिक विकास को दर्शाता है। गृहस्थ जीवन में प्रयास भी ऐसा जो 'झूठल खेलल, सच्च्ल होय' की कहावत के अनुरुप ही हो पाता है। बात मन के स्वभाव को बदलने की है।

दूसरी तरह की जीवन यात्रा पूरी तरह व्यक्ति विशेष की इच्छाओं से प्रेरित व संचालित होती है, जिसका चलन आज की भौतिक व्यवस्था में बढ़ता ही गया है। इंजीनियर बनेंगे, डाक्टर बनेंगे, बड़े व्यवसायी बनेंगें, दूसरों की देखा-देखी भी नकल करने की होड़, सोर्स-सिफारिश तथा जोड़-तोड़ के विचारीय प्रयास से प्रभावित रहती है। ऐसी गृहस्थ व्यवस्था में सुख व शान्ति मृग-मरीचिका ही बनी रहती है। आज संसार की समस्याओं का कारण यही है।

इसकी स्पष्टता स्वाध्यायी/चिन्तनशील जन आसानी से कर सकते हैं, अवगत है, स्वभोगी हैं। महात्मा तुलसीदास जी ने एक पद में कहा है कि "यहि सर आवत अति कठिनाई, राम कृपा बिनु आई न जाई।" इसका अनुभव हमने अपनी जीवन यात्रा में खूब किया है। किसी भी अपने तथाकथित प्रिय जन को सत्संग से जोड़ने के हमारे प्रयास असफल ही रहे है। वैसे सम्पर्क में आये बहुत से लोग जुड़े भी, लेकिन ईश्वर कृपा से। इस मार्ग में 'हम सुधरें, जग सुधरेगा' की बात सारगर्भित है। शास्त्रों की बातें अनुभव आधारित हैं, बात साधने, अनुभव करने तथा लाभान्वित होने की है। हाँ!, यह अवश्य कहा जा सकता है कि यदि किसी की जरा सी भी रूचि बने तो उसे स्वाध्यायी बनना चाहिए, तथा इस आदत को मन का भोजन मान कर चलें तो लाभ ही लाभ है। जिस दिन स्वाध्याय न हो पाये, भोजन न करें। यह अपने परिवार के प्रति एक बहुत बड़ा सकारात्मक कार्य होगा, साथ-साथ बहुत बड़ी समाज सेवा भी। "परमात्मा तू ही है, तेरी इच्छा पूरी हो।"

9-11-2021

प्रतिक्रिया: बहुत अच्छी बातें लेख में हैं- डॉ. आर.पी. शुक्ला; बहुत ही प्रेरक, उद्बोधक, आध्यात्मिक, आत्मिक विवेचन एवं विश्लेषण। परिपक्वता के बिन्दु स्वयं के आत्मनिरीक्षण के बिन्दु हैं। प्रत्येक साधक को प्रतिदिन सोने के समय अपनी दिनचर्या का बिन्दुवार परिवेक्षण करना चाहिए। धन्यवाद सहित साधुवाद आपको। परहित बस जिनके मन माही, तिनके हैं जग दुर्लभ कछु नाहीं- दुःख हरण चौधरी

2.46 अनुशासन तथा निजकृपा

मानव जीवन रहस्यमय है। इसे जानने व समझने के प्रयासों की ही देन है कि 'परमात्मा एक है' पर मानव समाज में बनी सहमति यह अब तक की एक बहुत बड़ी उपलब्धि है। सब कुछ जो हमें दिखाई देता है वह 'परमात्मा' है की धारणा वैज्ञानिकी दृष्टिकोण से मजबूत हुई है, लेकिन इसका अनुभव होना अभी जन साधारण की पहुँच से बहुत दूर है। इसके अनुभव के लिए, स्वयं को परिष्कृत करने के गहन प्रयास तथा सद्गुरु के मार्ग दर्शन की आवश्यकता होती है। साधारणतया मनुष्य अपना जीवन दो लक्ष्यों के पीछे

लगा देता है। पहला है दुखों से मुक्ति और दूसरा है सुख की प्राप्ति। इन्हीं प्रयासों से 'सनातन धर्म' (अध्यात्म विज्ञान) प्रकाश में आया और भारत एक समय, इसके बल पर विश्वगुरु व एक विकसित मानव समूह था।

मानव की यात्रा में स्वाभाविक विकास की प्रक्रिया, जो प्रकृति के विकास से मेल खाती है, अपनाने में परवान न चढ़ सकी और यह समुदाय 'व्यक्तिगत/वर्ग/समूह' के स्वार्थ तथा अहंकार के चलते अपने मूल स्वभाव 'प्रेम/शान्ति' से भटक गया। समाज की स्वाभाविक विकास की प्रक्रिया, झगड़े/झंझट से उत्पन्न अवरोधों (प्रकृति के त्रिगुणी चरित्र-सात्विक, तामसिक राजसिक वृत्तियों) के घाल मेल से मानव समुदाय को ऐसा भटका दिया कि वह स्वयं को जानने के बजाय सुख-दुख की तलाश में ही उलझ गया। इस प्रक्रिया में शास्त्र (विज्ञानी ग्रंथ) तो उपजे, लेकिन बहुत कम साधक या योगी जन ही स्वयं के जानने में सफल रहे और उनके औरों को बताने के प्रयास नगण्य ही हैं। आज भी आध्यात्मिक अनुभवों को कौतूहल (अजूबी घटनाओं) के दृष्टिकोण से देखा व लिया जाता है। सन्तों के जीवन वृतांत पढ़ने से लगता है कि पिछला कुछ सौ वर्षो का समय मानव जीवन के मूल्यों में गिरावट का ही रहा है, जिसे सन्तजनों ने अपने समय को 'गया गुजरा' कहते रहे हैं। इंसानी परेशानियां, दुख-दर्द बढ़ता ही गया है। बिडम्बना ही कहेंगे कि आधुनिक शिक्षा के विकास में 'अध्यात्म विज्ञान' को कोई स्थान न मिल सका जो कभी गुरुकुलों में प्राथमिकता हुआ करती थी या शिक्षा के मूल में थी। अध्यात्म विज्ञान से उपजी और विज्ञान की शाखायें तो विकसित हुई, लेकिन अध्यात्म विज्ञान में, जो व्यक्ति के आंतरिक बल से सम्बन्धित है, साधारण जन मानस उसमें अशिक्षित होता गया। हमने इसका अनुभव अपनी जीवन यात्रा के 78 वर्षों में स्पष्ट रूप से किया है। गाँव में जो प्रेम व सौहार्द बचपन में देखा व अनुभव किया था, वह अब न रहा। जमीन आसमान का अंतर पाता हूँ।

उपरोक्त बदलाव को यदि आध्यात्मिकता के दृष्टिकोण से देखें तों मानव मन (हमारा सूक्ष्म शरीर) बीमार होता गया है। काम, क्रोध, लोभ, मोह और अंहकार, यह मूल बीमारियाँ (जो ऊर्जा के स्रोत भी हैं) विभिन्न तरह की सैकड़ों बीमारियों (दुश्मनी, बलात्कार, चोरी, ईर्ष्या....) की जन्मदाता भी हैं, मानव स्वभाव में व्याप्त हो, जीवन मूल्यों को प्रभावित करती गयीं, जिनका अनुभव

हम सब कर ही रहे हैं। ऐसी परिस्थिति में सुख की तलाश का उत्तम मार्ग 'अध्यात्म' ही है। अध्यात्म में इंसान अपने को परिष्कृत करने का प्रयास करता है। पूजा (ध्यान) मन की बीमारियों के सरलतम उपचार का तरीका है, जो इस पत्रावली में बार-बार चर्चा का विषय बन रहा है। मानव जीवन में कर्म व इसके प्रभाव का ही सारा खेल है। स्वाध्याय में इस संदर्भ में, हमें अध्यात्म विज्ञान के शोधार्थी/राज योगी मिलख राज संधा की 'कर्म व जन्म स्थान' पर की गई विवेचना तर्क संगत लगी, जिसे यहाँ उदाहरण स्वरूप साझा करते हैं।

अक्सर हमारे विचारों में आता था कि कैसे मानव का जन्म विभिन्न क्षेत्रों में तरह-तरह की अच्छी व विपरीत परिस्थितियों में होता है और वह सुख-दुख के अनुभवों से गुजरता है? संधा जी के तर्क इस प्रश्न का कुछ तो समाधान करते हैं। आप कहते हैं, "यह भगवान की न्याय व्यवस्था है कौन कहां जन्म लेगा। बच्चे भगवान की योजना हैं। भगवान की न्याय व्यवस्था से कोई बच नहीं सकता। व्यक्ति के कर्म के अनुसार उसको जन्म ऐसे स्थानों पर मिलता है जहां तरह-तरह से संघर्ष करना पड़ता है। जिन लोगों का स्वभाव दूसरों के उजाड़े रखने का होता है, वह एक दो को मिलने नहीं देते, बात नहीं करने देते, एक दूसरो में फूट डालते रहते हैं, छोटी-छोटी बातों पर उनसे लड़ाई कराते रहते हैं एक दूसरों से लड़ाई करवा देते हैं। ऐसे लोगों का जन्म राष्ट्रीय सीमा के आसपास होता है। जहाँ पर अक्सर गोली चलती रहती है। इसके कारण उन्हें अपने प्रियजनों को दूर रखना पड़ता है। उनके साथ का सुख नहीं भोग पाते। कुछ लोग लूट-पाट व चोरी करते हैं। ऐसे अपराधी लोगों का जन्म सागर के पास होता है, जहाँ तूफान आते रहते हैं, अक्सर उनके घर उजड़े रहते हैं, उनका जीवन गरीबी में बीतता है। कोई मरुस्थल या दुर्गम पहाड़ी में जन्मते हैं, तरह-तरह का भय व कष्ट का सामना करते रहते हैं।" इंसान की वृत्तियाँ, संस्कृति और कर्म करने की भावना से उपजे कर्म बन्धन (जिसे भाग्य कहा जाता है) कारण बनते हैं। महात्मा तुलसी दास जी के कहने का यथार्थ तो ऐसी विवेचना से मेल खाता है "नहि कोई केउ सुख दुःख कर दाता, निज कृत कर्म भोगु सब भ्राता।"

हाल का एक अनुभव साझा करते हैं। एक दिन सुबह हम दिनेश जी के साथ टहलने जा रहे थे कि बूढ़े सज्जन जो गाय पाल रखें हैं, कर्मठी हैं, अपने

घर के सामने मिले। दिनेश जी ने पूछा कि आपकी गाय मिली कि नहीं? बड़े दुःखी भाव से बोले, कि नहीं भइया, बहुत ढूँढ़ा, पता किया, नहीं मिली। आठ लीटर दूध देती थी, पता नहीं कौन ले गया। कुछ देर हम लोगों की चर्चा इसी टॉपिक पर रही। सुल्तानपुर ऐसे शहरी विकास में देखते हैं कि गलियों में छुट्टे जानवर घूमते रहते हैं। ऐसे जानवरों का लोग दूध निकाल कर घर के बाहर कर देते हैं। दिन भर वे इधर–उधर पेट भरने के प्रयास में घूमते रहते हैं, घरों में लोग गाय को कवरा देने की प्रथा में रोटी देते रहते हैं, इधर–उधर घास फूस चरते रहते हैं। गलियों मे गोबर की गंदगी, स्कूल जाते बच्चों या आने–जाने वालों को असुविधा अलग से, यह आम दृश्य हैं। शाम को ऐसे जानवर घर लौट आते हैं। ऐसी चोरी की घटनायें या अच्छी दूध देनी वाली गायों की अचानक मरने की बात भी देखने में आती है। अनुशासन (आध्यात्मिक) के दृष्टिकोण से यह बात गलत है कि कुछ लोग गऊ सेवा के मापदण्ड की अवहेलना कर उन्हें खुला छोड़ देते हैं। देर–सबेर प्रतिफल तो मिलना ही मिलना है। इस बात की सही समझ का समाज में घोर अभाव है। जानते हुए भी, इसलिए करते हैं कि बहुत लोग ऐसा कर रहे हैं। गाय पालना अच्छी बात है, गाँवों में, ऐसे पशु, परिवार के सदस्य के रूप में रखे जाते थे और आज भी रखते हैं, शहरों में भी अनुशासित जन ऐसा ही करते हैं। ऐसी घटनायें, गलत बात का गलत नतीजा या जैसी नियत वैसी बरक्कत के ही उदाहरण हैं। कर्म की अशुद्धता, तरह–तरह के कष्टों व परेशानियों का कारण बनती है और इंसान त्रास भोगता रहता है। कैसे ऐसी बीमारी से छुटकारा मिलेगा, कौन इसकी शिक्षा देगा?

'सुनो सबकी, करो अपनी' कहावत का तात्पर्य है कि अपनी आत्मा की आवाज पर चलना ही कल्याणकारक है। ऐसी समझ अच्छे लोगों का साथ, सत्संग व स्वाध्याय से बनती है। सच ही कहा गया है कि 'मोको कहां ढूँढ़े रे बन्दे, मैं तो तेरे पास में।' इसी 'मोको' की आवाज ही 'आत्मा की आवाज' है, जो सुविधा परमात्मा ने हर इंसान को दे रखी है। काश हम स्वयं व अपने बच्चों में इसकी समझ बना सकें, तो यह बहुत बड़ा काम हम अपने जीवन में, स्वयं, बच्चे व समाज के प्रति आध्यात्मिक दृष्टिकोण से कर सकते हैं। हमने स्वयं के अनुभव में, इसका सकारात्मक प्रतिफल अपनी सात बहनों व पाँच बेटियों व उनके परिवारों में देखा है। 150 वर्ष पहले भटकते हुए एक साधु 'बाबा भोलादास' हमारे पूर्वजों के साथ रह गये थे। इसके बाद पाँच पुस्त

तक पारिवारिक रहन–सहन बिना जाने आध्यात्मिक रहा। ऐसी परिस्थिति में संस्कार स्वतः ही बनते हैं। सप्ताह में मात्र एक दिन निश्चित समय पर नियमित परिवार जनों के साथ स्वाध्याय का प्रोग्राम रखकर हम स्व–विकास में अपनी मदद कर सकते हैं। यह आनन्दयोग साधना में 'निज कृपा' कही गई है। स्वाभाविक जीवन यात्रा समझने व अपनाने की बात है, फिर तो हमें बनाने वाले की मदद मिलती रहती है। वही करने वाला है हम यंत्र हैं। अनुशासित होना भी अध्यात्म है। "परमात्मा तू ही है, तेरी इच्छा पूरी हो।"

21–12–2021

2.47 जन्म दिन

5 दिसम्बर, 2021 को हमारे गुरुदेव महात्मा यशपाल जी का जन्म दिन था। एक पुराने साथी 'आनन्द योग' के साधक ने, वर्तमान में मूल संस्था के सर्वेसर्वा का चित्र जो गुरुदेव के चित्र के साथ था, शुभ कामना कहते हुए भेजा। चित्र के एक हिस्से पर लिखा था कि गुरुदेव के वचनों का अक्षरशः पालन करना चाहिए। निकट के अतीत की बात अनायास ही मन में आ गई, जिसमें हम जैसे बहुत से साधक विस्थापित होने के कटु अनुभव से गुजरे थे। मन ही है, विचारों को कोई रोक नहीं सकता। हमारे गुरुदेव महात्मा यशपाल जी कहा करते थे कि विचारों का तब तक दोष नहीं बनता जब तक कि वह जबान पर न आ जाय, अर्थात कुछ कहने में सतर्कता बरतनी चाहिए। 'आनन्दयोग' साधना में कम से कम बोलने की सलाह है। तभी बोलें जब आवश्यक है। बुराई से बचत होती है और साथ–साथ ऊर्जा की भी बचत होती है। चूँकि अब यह गुरुदेव द्वारा स्थापित संस्था से आर्थिक दर्शन में बदलाओं के कारण अलग हो, 'अध्यात्म विज्ञान' चिन्तन (शोध) में लग गया है, गुरु पूर्णिमा, जन्म दिन, भण्डारा.... ऐसी बातें याद नहीं रहती, जो शिक्षा ग्रहण के दिनों में हुआ/रहा करती थीं। लेकिन मन ही तो है, पड़ गया भ्रम में! कि कहीं भूल तो नहीं हो रही है। हमारी दो लड़कियाँ भी अध्यात्म साधना में रुचि रखती हैं। गुरु पूर्णिमा के बारे में इन दोनों के बीच जो, बातें वाट्स अप पर देखीं, जन्म दिन, ऐसे अवसरों पर एक विश्लेषण यहाँ साझा करता हूँ।

Varsha (from US): Baba ji ka birth day kaise celebrate kiya Sarita?

Sarita: Bacchon ko ganw mae babaji ki baaten batai, is tarah celebrate kiya. Kachauri, pakauri bana kar nahi.

यह विचार पढ़कर, इस विषय पर चिन्तन बढ़ गया और हमारे एक साधक साथी चिरंजी लाल शर्मा जी के एक पत्र में लिखी ऐसी ही एक प्रतिक्रिया याद आ गई। यह पत्र उन्होंने तब लिखा था, जब वे भी संस्था के आर्थिक दर्शनों के बदलावों के कारण अलग हो, बुलन्दशहर 'मौनी बाबा आश्रम' में रहने पहुँच गये। इस आश्रम की यात्रा को आपने गुरुकृपा कहते हुए हमें पत्र में लिखा था 'मोह ममता के बंधनों से छूटने में अब अधिक कठिनाई नहीं है। यह सब भाई साहब के शिक्षण का ही प्रभाव है। उन्होंने एक प्रसंग में मुझसे 1984 में कहा था कि 'देखो भाई! मोह ममता में कुछ नहीं रखा है, सिर्फ परिवार के प्रति ड्यूटी करनी है, कौन कहना मानता है, कौन नहीं, इस पचड़े में नहीं पड़ना है। उन्होंने अंत में यह कह कर अपना संदेश पूरा किया था कि मैं खुद अपने परिवार में यही करता हूँ जो कह रहा हूँ।' शर्मा जी लिखते हैं- "जब मैं कहता हूँ कि सद्गुरु का स्मरण बना रहे, तो कहने का तात्पर्य यह होता है कि मैं गुरू के बताये मार्ग का अनुसरण करता रहूं; न कि केवल दोनों समय गुरू की आरती उतारूँ। बल्कि गुरु की पूजा-आरती को मैं गैर जरूरी मानता हूँ, कारण यह कि मात्र आरती बंदन करके गुरु के प्रति जबाबदेही पूरी कर ली गई, यह मान लेना नाकाफी है। इसके उलट यदि मैं गुरु के उपदेश को जीवन व्यवहार में उतारने का गंभीर प्रयास करता रहूँ तो गुरु के प्रति बेहतर जबाबदेही का निर्वहन करता हूँ, ऐसा मेरा सोचना है। मैंने देखा है कि गुरु को भगवान की जगह बिठाकर पूजा अर्चना करने में उलझे रहने वाले अनेक व्यक्ति अपने जीवन में आचरण में गुरू को निराश ही करते हैं। वे लोग आचरण वही बनाने की कोशिश करते जैसे कि अपेक्षा गुरू ने उनसे की हो। उनकी जीवन-पद्धति, सोच तथा आचरण चिल्लाकर यह कहता हुआ प्रतीत होता है कि गुरुदेव: हम आपको पूजा तो करेंगे मगर आपका कहना नहीं मानेंगे, करेंगे अपने मन की।"

साधना के शोधात्मक दृष्टिकोण से हमारा मानना है कि दुनियावी तथा आध्यात्मिक शिक्षा (स्कूल, कालेज, विश्वविद्यालय, इन्स्टीटयूट.... और आश्रम, संस्थाएँ) एक जैसी हैं। एक स्तर तक ही इन संस्थाओं में व्यक्ति विशेष का विकास हो सकता है। उसके बाद तो स्वयं के प्रयास व अनुभव ही सहायक हैं। अध्यात्म के क्षेत्र में कहा गया है कि सत्य बिखरा पड़ा है, सेत्रा करो - सत्य बटोर लो जो निष्काम भाव बनने के साथ-साथ स्वत: किसी भी व्यक्ति

विशेष में अध्यात्मिकता का विकास होता रहता है। इस बात की समझ न होने से, अधिकांश साधक भ्रम व अंधविश्वासिता के शिकार हो द्वन्द में पड़े रहते हैं। इससे बचत का साधन स्वाध्याय और सत्संग है और यहाँ भी गुरु तत्व (आत्मा की आवाज के माध्यम से) कदम-कदम पर आगाह करता रहता है। गुरुदेव के पर्दा लेने के बाद जो भी महानुभाव वर्तमान साधक बन्धुओं में से उनका स्थान लेते हैं, वे गुरु भाई हैं न कि गुरु। हाँ, उनकी इज्जत गुरु के समान ही करना चाहिए। इस मार्ग में संस्थाओं का उत्तरदायित्व संभालने वाले अधिकांश बन्धु, भटकाव के शिकार हो जाते हैं जिसमें मुख्य कारण आर्थिक होते हैं। साधना पद्धति तो बनी रहती है, लेकिन मूल तत्व (अध्यात्म) नहीं रह पाता। फिर भी संस्था की उपयोगिता एक स्तर तक (पद्धति की जानकारी देने की शिक्षा) साधकों के लिए बनी रहती है।

अभी, इन्हीं दिनों हमारे एक गुरू भाई, जिन्हें यह एक अच्छे साधक के रुप में ही पहचानता था, जो आज भी मूल संस्था से जुड़े हुए हैं, मथुरा से हमारे यहाँ सुल्तानपुर पधारे और चार दिन रुके। स्वाभाविक है, कि आध्यात्मिक चर्चा रही। आप वर्तमान संस्था को समर्पित हैं, कुछ नकारात्मक नहीं सुनना चाहते थे। लेकिन यथार्थ तो यथार्थ है। उनमें एक विशेष बात दिखी कि वे जब भी बाहर निकलते, एक छोटे से थैले में सत्संग की किताबें रखते और जहाँ भी मौका देखते बात करते, कुछ लोग पुस्तक खरीद भी लेते। यह था उनका सेवा भाव का काम, अपने गुरुदेव की बातों का प्रचार-प्रसार। यही है कि सेवा करो, सत्य बटोर लो की साधना। प्रचार-प्रसार के हजारों तरीके हो सकते हैं। यह साधक के संस्कार पर निर्भर करता है। आपका हमारे यहाँ आना ईश्वर इच्छा थी। यही इस मार्ग में अनुभव ज्ञान का एक उदाहरण हैं, गुरु तत्व की सहायता प्राप्त होने का। बहाना क्या बना कि, जब आप संस्था में थे तो हमसे आपके साथ बेअदबी हो गई थी, उसकी क्षमा हेतु हम आना चाहते हैं। हमने कितना रोका कि भाई हमें कुछ याद नहीं है, आप इसके लिए इतना कष्ट न उठायें, लेकिन वह माने नहीं। चार दिन ऐसा माहौल बना जो कभी ऐसे किसी सत्संगी भाई के आने पर गुरुदेव जब शरीर में थे तब होता था। आश्चर्य ही है। How to explain such incidents and learning that we both had केवल इसके कि 'ईश्वर इच्छा थी या जो होता है अच्छा होता है।' काश हम 'परमात्मा तू ही है तेरी इच्छा पूरी हो' पर आरूढ़ हो सकें और जो काम हमारे सामने आये करते रहें। यही अध्यात्म है।

हमारा स्वभाव रहा है कि अध्यात्म साधना में 'कर्म काण्ड' को हमेशा आत्मा की आवाज 'न' कहती, लेकिन लोग करते हैं, न करें तो लोग कहेंगे के चक्कर में करता रहा। अब मानता हूँ कि सब अपने अपने हिसाब से सही हैं, हमें अपने को ही देखना है और करना है। यही बात चाहे दुनियावी काम हों या आध्यात्मिक दोनों पर लागू होती है। याद आती है सर सी0वी0 रमन की बात 'जब तक मैं कोई काम यह देखकर करता रहा कि लोग क्या कहेंगे, बड़ा दु:खी रहता था। जब इस बात को नजर अंदाज करने लगा, सुख व खुशी की अनुभूति होने लगी।' सुनो सबकी करो अपनी, यथार्थ पूर्ण कहावत है, अनुभव गम्य है। इन बातों की सत्यता स्वाध्याय, सत्संग व अच्छे लोगों के साथ करने से ही अनुभव की जा सकती है। "परमात्मा तू ही है, तेरी इच्छा पूरी हो।"

08–12–2021

2.48 परिवर्तन की बिडम्बना

जीवन यात्रा में यदि हम सजग रहें और निगाह अपनी ओर रहे तो प्रकृति (ईश्वरीय) का मार्गदर्शन आवश्यकतानुसार मिलता रहता है। हमारे अनुभव में आया है कि ऐसा मार्गदर्शन हमारी आत्मा की आवाज के माध्यम से मिलता है। मन जिस काम को कहे और आत्मा न कहे, नहीं करना चाहिए। बहुतों को कहते सुना है 'बार–बार मन में आ रहा है कि यह करें, कुछ समय से यह बात मन में आती रहती है।' यह एक द्वन्द्वता (अनिर्णीत) की स्थिति होती है। यदि हम थोड़ा धैर्य रखें, तो अन्त में आत्मा की आवाज ही मन, मान लेता है। हमारी जीवन यात्रा में, ऐसे कई अवसर आये, जब बहुत कम समय में ही उच्च पद के प्रस्ताव मिलने लगे। हाँ, ऐसी स्थिति में वर्तमान कार्य में मिलता Job -satisfaction के पलड़े का भारी होना और वर्तमान कार्य के स्वभात्र के स्थायित्व के लिए निरन्तरता की आवश्यकता को देखते हुए, मन आत्मा की आवाज के पक्ष में हमेशा रहता और कालान्तर में सही साबित होता रहा। अधिक पैसा मिलेगा या पाने की बात कभी न रही क्योंकि आध्यात्मिक साहित्य की बात मन में बैठ गई थी, जीवन में जितना पैसा आना है, आयेगा ही, आवश्यकता है सच्चाई ईमानदारी के साथ कर्मनिष्ठ बने रहने की। स्वामी विवेकानन्द जी ने बहुत सही कहा है "no power in the universe can withhold from any one any thing he really deserves. So long you have love for God and Guru and faith in truth, nothing can hurt you, but the loss of any of these is dangerous". समय आने पर, सद्गुरु मिलने के बाद, स्थिति बदल गई, लेकिन उनका मार्ग दर्शन एक इशारा ही होता, वहां भी निर्णय आत्मा की आवाज पर की ही स्थिति बनती, हां! एक विश्वास के साथ। गुरु नहीं चाहते कि साधक बँध जाय कि गुरुदेव ने कहा है। अपवाद की बात और है। ऐसे भी अनुभव जीवन यात्रा में रहे कि स्पष्ट मार्ग दर्शन गुरुदेव के मिले जो माता-पिता के प्रति कर्त्तव्य पालन से सम्बन्धित थे, नहीं तो चूक हो ही जाती।

जीवन यात्रा में यहीं पर संस्कार की बात समझने की है जो आज के छः-सात दशक पहले संयुक्त परिवार के तहत माता-पिता और बड़े बूढ़ों से स्वतः उनके आचरण को देखते, खेलते हुए मिल जाती थी, पता भी नहीं चलता। उन दिनों अभाव की स्थति में भी अधिकांश ऐसे लोगों का जीवन बड़े ऊँचे चरित्र का होता था। याद आता है कि हमारे छोटके बाबा प्रताप बहादुर सिंह प्रायः कहते रहते थे कि 'हर क्षण का कर्त्ता-धर्ता भगवान है।' पिता, रामबोध सिंह को कहते सुनता "भगवान जो करते हैं, अच्छा ही करते हैं।" ऐसा नहीं कि इन लोगों को गीता शास्त्र का ज्ञान था, यह लोग ज्यादा पढ़े लिखे नहीं थे, संसाधनों के अभाव में, कर्मयोगी का सा जीवन था, समाज का माहौल सनातन धर्म के आचरण के स्थान पर नये युग के पदार्पण का आरम्भ काल था। अभाव की स्थिति में भी लोग आज से ज्यादा संतुष्ट व सुखी थे। आज की तुलना में प्रेम भाव, सहयोग कहीं ज्यादा था। किसी की भी बेटी पूरे गांव की बेटी हुआ करती थी। आज देख रहे हैं कि 'हाय रे इंसान की मजबूरियाँ- पास रह कर भी हैं कितनी दूरियाँ।' यही है अध्यात्म व उसका प्रभाव।

मानव जीवन में होता यह परिवर्तन एक बिडम्बना है, समाज के लिए घातक है। किसको दोष देंगे? माता-पिता को ही यह जिम्मेदारी लेने होगी। वे ही बच्चे के प्रथम गुरु हैं। समाज के प्रभाव को नकारा नहीं जा सकता, लेकिन परिवार ही तो एक इकाई है, जिससे समाज का निर्माण हुआ है। आचार्य श्री राम शर्मा जी ने बहुत सही कहा है 'हम सुधरें, जग सुधरेगा। समाज के बौद्धिक वर्ग में बहुत लोग हैं, जो चिन्तित हैं, समझ रहे हैं, लेकिन असहाय से हैं, कुछ कर नहीं सकते? एक छटपटाहट सी दिखती है। एक उदाहरण लेते हैं। वाट्सएप पर आये एक पोस्ट का जिसे इन्फोसिस के

संस्थापक नारायण मूर्ति जी ने लिखी है। शीर्षक है- "Have we failed in bringing up our 'modern kids'", जो यहाँ साझा करता हूँ। आप लिखते हैं–'A very distressed neighbour shared that he had driven home after a long day at work. As he entered, he saw his wife in bed with fever. She had laid out his dinner on a tray. Every thing was there just he wanted it. The dal, vegetables, salad, green chatney, papad and pickles....'How caring', he thought, even when she is unwell', she finds the strength to do every thing for me'. As he sat down to eat, he realised that some thing was missing. He looked up at his grown daughter who was watching TV and said, 'Beta (child), can you get me my medicine and a glass of water, please'. She rolled up her eyeballs to show her displeasure at being disturbed, but did the favour nevertheless. A minute later he realized that salt wsa missing in the dal. He said Sorry beta, 'can you please get me some salt?' She said 'Ufff' and got the salt but her stomping shoes made it clear that she did not appreciate the disruption. A few minutes later he said, 'Beta...' She banged the TV remote on the table and said "What is it now dad? How many times will you make me getup? I am too much tired; I had a long day at work!' The man said I am so sorry Beta... Silence prevailed. The man got up and placed the dishes in the kitchen sink and quietly wiped the tear escaping his eye." In an other incident while at dinner, he heard a friend asking his teenaged daughter to go and fetch the key that he forgot in the car. Reply of the daughter "Why can't you go and get them youself? I am not your maid!" Murty ji writes that "I looked away in disgust and disbelief. The poor guy had no option but to make light of the situation saying, "ya ya but daddy is your eternal servant my princess!" father went inside to fetch the car keys. This is what our social behaviour has become! Why?...... I often wonder; why is it that the youngsters of the so called modern world behave like this? Have we given them too much freedom to express? Have we failed to discipline and give them the right values? Is it right to treat the children as friends? Think of this way, they have lots of friends. But they have only one set of parents. If they don't do parenting, who will ? Today the 'self-esteem' of even new born or an infant is being talked about; but what about the self-esteem of the parents? Are they supposed to just fan the egos of their children, while the children don't care to hoots about theirs? Often parents say, 'Aajkal ke bache sunte kahaan hain (Where will you find obedient children in these times) Why?

If we need to teach children about self-respect, self-esteem and self-confidence, we also need to tell them that however big or famous they may be, their parents shall always be their parents,.. children can never be their equals, let alone be their bosses. Remember to pay- Rent ie Respect, Empathy, Niceness and Time! I always advise parents to be parents and not friends. Your kids can have n number of friends but have only ONE set of parents. So don't be afraid to set rules and make the children obey them."

After having gone through this post, in a instant out brust, I wrote back to Dr K. B. Agrawal ji, founder member of 'Kabir Shanti Mission', Lucknow who had forwarded this post, as "Nice educative article, but what to do with it? I find answer as – parents are responsible for it, followed by society. Society too is affected by these parents. Further exploration will pinpoint on money component that troubles every one and efforts are to fetch it by any means, resulting no time left for parenting, particularly for father. Money earned by wrong means works as poison in corrupting human values, may be parents, children with negative reaction on society through its members. Education can only rescue from this situation and our 'Sanatan Dahrma' provides answer. Some positive sign we can see through new education policy launched a year ago. It will motivate through Adhaytmic way of life, but if every thing goes well. If it happens will take centuries to come on disrupted path of Sanatan Dharma.

Sir, there is other aspect too that comes to my mind in reference to kalyug, where things are predicted to go worsening. परमात्मा का खेल है, यह दुनिया। इसी में कुछ लोग असलियत का आनन्द लेते हुए, रहते हुए उदाहरण पेश करते हुए आये और चले गये। ऋषि मुनी, राजा जनक, कबीर.... और तमाम गृहस्थों की कहानी उपलब्ध है। आप और हम ऐसे लाखों गृहस्थ इस बात का एहसास स्वांतः सुखाय के माध्यम से तो कर ही रहे हैं। इंसान कुछ नहीं कर सकता। हाँ यदि कुछ कर सकता है तो अपनी आत्मा की आवाज पर चले, ईश्वर चाहेंगे तो ही सुधार सम्भव है। आईए, आचार्य श्री राम शर्मा जी की बात पर चलने का प्रयास करें। "हम सुधरें-जग सुधरेगा; परमात्मा तू ही है, तेरी इच्छा पूरी हो।"

15-12-2021

प्रतिक्रियाः "Social media tool is exponentially used to educate many of us towards our history, culture Adhyatm and social values. I firmly believe Bharatvarsh golden time is dawning. Whatever we are witnessing is HIS plan. Be positive, world is looking with great hope for Bharatvarsha to lead and save the humans to fall further. Harekrishna." Dr K.B. Agrawal;

2.49 शतत् याद - ईश्वरमय जीवन

आज सुबह टहलते समय आध्यात्मिक चर्चा में, दिनेश प्रताप सिंह जी ने जीवन यात्रा में सतत् परमात्मा की याद बनी रहे की स्थिति पर, गुरु नानक देव की बात का उदाहरण दिया-

"रब का जो व्यापार कमाये, कम ऐसे व्योपारी हैं।
रब के ऐसे व्योपारी पर नानक भी बलिहारी है।।"

इसे सुनते ही हमें अपने आध्यात्मिक मार्ग दर्शक गृहस्थ सन्त महात्मा यशपाल जी (भाई साहब) की याद आगई, जो पी. एण्ड टी. विभाग से निदेशक (शोध) के पद से सेवा निवृत्त होने के बाद की जीवन यात्रा में, उपरोक्त पद में निहित भाव के तहत जीवन यात्रा कर रहे थे। आध्यात्मिक साधना अनुभवों के आधार पर, आपका कहना था कि इंसान एक ईष्ट की याद करने के अभ्यास से अपना जीवन ईश्वरमय बना सकता है। यह स्थिति अपनी दिनचर्या के खाली समय में अपने इष्ट की याद करते रहने से प्राप्त की जा सकती है और इससे दीन व दुनिया दोनों संवरती है। आपका यह कहना; स्वंय की जीवन यात्रा का एक अनुपम, अनुकरणीय उदाहरण बना और वह भी गृहस्थ की कशमश की जीवन यात्रा करते हुए आप जीवन यात्रा में टेलीग्रफिास्ट के पद से प्रारम्भ कर, उसी विभाग में निदेशक (शोध) के पद से सेवानिवृत्त हुए। एक वैज्ञानिक होने के कारण अध्यात्म साधना को भी आपने विज्ञान के दृष्टिकोण से लिया और ध्यान (concentration) के परिपेक्ष्य में, दिन के 24 घण्टे इसी स्थिति में रहने की प्रक्रिया को व्यवहारिक अमलीजामा पहनाने की तरीकत (Technology) विकसित की जिसका नाम 'आनन्दयोग' रखा। अतीत में ऐसी ही जीवन यात्रा राजा जनक व कबीर की रही थी जो दोनों गृहस्थ जीवन में रहे। महात्मा यशपाल जी के उत्तरार्ध

के 20 वर्ष की जीवन यात्रा का अध्ययन, हमें वैज्ञानिकी दृष्टिकोण से करने का अवसर मिला जिसे नानक देव जी के पद में आये शब्द 'व्योपार' के परिपेक्ष्य में यहाँ एक विश्लेषण के रुप में प्रस्तुत है।

यह, आपके सेवा निवृत्ति के दो वर्ष बाद सम्पर्क में आया, जिसे अब यह ईश्वर इच्छा मानता है, क्योंकि सत्संग, गुरू, अध्यात्म ऐसी बातों का उस समय तक हमें कोई न ज्ञान था, न रुचि और न ही इच्छा। आपसे संपर्क बनना स्वाभाविक होती जीवन यात्रा में, परिस्थिति जन्य घटना थी जिसका जिकर, इस श्रृंखला के कई अंकों में आवश्यकतानुसार आया हुआ है। भाई साहब सूफी पद्धति के हिन्दू सिलसिले के साधक (सन्त) थे। वर्ष 1980-1990 के दरमियान जब भी यह दिल्ली टूर पर होता तो आपके साथ ही ठहरता क्योंकि आपके स्वभाव तथा व्यवहार के कारण कभी ऐसा करने में संकोच नहीं हुआ। आपका परिवार पति-पत्नी, 6 बच्चों व बूढ़ी माँ का था। जब यह संपर्क में आया तो आपके दो बच्चे (बेटी विजय व बेटा अवशेष) पढ़ ही रहे थे। आपके यहां, हम ऐसे ठहरने वाले, सैकड़ों जन थे जो सत्संग मिशन में आपके सहयोगी से थे, कुछ न कुछ काम सत्संग का उनके माध्यम से होता था और बिन किसी प्रयास के, ईश्वर इच्छा से ही ऐसी स्थिति बनी थी। जीवन यात्रा में सेवा निवृत्ति के लगभग 12 वर्ष पहले आपने 'अखिल भारतीय सन्तमत सत्संग' नाम से एक संस्था दिल्ली में पंजीकृत करा ली थी जो स्वाभाविक रुप से विकसित हो रही थी। जब भी यह आपके यहां ठहरता तो, ऐसा कोई भी अवसर नहीं पाया कि कोई न कोई वहां पहले से ठहरा न हो। अधिकांश के ठहरने का कोई न कोई कारण अवश्य होता था, जैसे कोई किसी काम के लिए दिल्ली आया है, कोई अपने यहाँ सत्संग का प्रोग्राम रखवाने के लिए आया है, कोई कहीं से लौट रहा है, दर्शन करने/मिलने आया है....। जब यह संपर्क में आया, उस समय आप सत्संग भवन में परिवार के साथ रह रहे थे जिसमें एक छोटा सा हाल था और फर्श पर दरियां बिछी रहती थीं। हम जैसे मेहमान उसी फर्श पर सोते थे। अधिक संख्या होने पर, भाई साहब भी हम लोगों के साथ, फर्श पर ही सोते, सर्व साधारण की तरह। आप कहते कि, यह तो आपका प्यार है कि गेस्ट हाउस या पांच सितारा होटल की सुविधा छोड़कर यहां ठहरते हैं, कष्ट उठाते हैं। इसी हाल में साप्ताहिक सत्संग बृहस्पतिवार (डेढ़ घण्टे का) तथा रविवार (दो घण्टे) का होता था। सत्संग

का मुख्य अंग एक घण्टे का ध्यान और एक घण्टा स्वाध्याय का होता। ऐसे माहौल में हमें एडजस्ट होने में, कोई परेशानी नहीं हुई, क्योंकि ऐसी ही रहनी सहनी इसके गांव के परिवार की थी जहां यह पैदा हुआ, पला, बढ़ा। 10 बैलों की खेती का किसानी परिवार और एक सन्त पुरूष 'बाबा भोलादास' के 150 वर्ष पूर्व, कहीं से भटकते हुए आये परिवार के साथ रह गये, जाने-अनजाने परिवार की यात्रा अध्यात्मिक होती गई थी। वैसे भी किसानी जीवन स्वाभाविक रुप में आध्यात्मिक ही होता है। मेहमान परिवार के सदस्य से लगते, रोज कोई न कोई मेहमान होते ही थे जैसे साधु या दूर दराज के सम्बन्धी। इसके मन में प्रश्न उठते कि यदि हमसे कोई पूँछे कि भाई साहब का धन्धा क्या है? तो यही उत्तर होगा कि राम नाम का 'व्यापार।' यह वास्तविकता थी, जो कालान्तर में आपके जाने के बाद अब प्रदूषित हो गई। यही हाल हमारे गांव के परिवार का है। यह दोनों संस्थाएं आज भी अस्तित्व में हैं, लेकिन आध्यात्मिक दृष्टिकोण से विकृत रूप में। राम-नाम की प्राथमिकता न रही, माया के प्रकोप ने सब खेल बिगाड़ दिया। मात्र कुछ गिने चुने लोग, अलग हो आध्यात्मिक जीवन जीने का प्रयास कर रहे हैं और यह उन्हें संतुष्ट व तनाव रहित जीवन यात्रा में पाता है। महात्मा यशपाल जी ने 'आनन्दयोग साधना' गृहस्थ जीवन यात्रा के लिए सुझाया है। इस पुस्तक में एक अध्याय चेतावनी का है जिसमें बताया है कि आसुरी शक्तियाँ साधक को इस मार्ग से भटका देती हैं, उनसे कैसे बचा जा सकता है।

'पैसा' वह तत्व है जो यदि साधना में सजग न रहें, तो इस मार्ग में जहर का काम करता है। खेती के व्यवसाय को उत्तम कहा गया है, जो मनुष्य जीवन के उद्देश्य व अध्यात्म के परिपेक्ष्य में कही बात है। इसीलिए, कबीर दास जी ने मानव को ऐसा भाव रखने के लिए सचेत किया है 'सांई इतना दीजिए जामें कुटुंब समाय, मैं भी भूखा न रहूँ, साधु न भूखा जाय।' नानक देव जी अपनी अंतिम अवस्था में कर्तारपुर में रहने लगे थे। यहीं पर वह गुरु कहलाए और यहीं पर अपनी मान्यताओं को उन्होंने मूर्त रूप दिया। गुरु तो बन गये, पर अंहकार, आडंबर का नाम नहीं। बस समझिए बड़े भाई को तरह रहने लगे। चढ़ावा-चढ़ने लगा, संपदा एकत्र होने लगी, पर नानक देव जी के लिए इसमें से एक पाई भी हराम थी। कबीर, रैदास, नानक देव जी के अतिरिक्त बहुत थोड़े ऐसे संत फकीर हुए हैं- जो ऋद्धि-सिद्धि युक्त होते हुए

भी अपने दस नाखूनों की कमाई पर गुजर करना पसंद करते थे और एक खास बात यह हुई कि अपनी वानप्रस्थ अवस्था में जब वे गुरु के समान पूजे जाने लगे तो नानक देव जी ने साधु के बजाय गृहस्थों का सा वेश धारण कर लिया। वे नहीं चाहते थे कि वे या उनके उत्तराधिकारी अन्य गुरु, साधुओं के वेशभूषा के कारण पूजनीय समझें जाये। वे गेरुआ वस्त्र, कंठी माला, तिलक के आधार पर साधुओं की मान्यता होने का कुपरिणाम अच्छी तरह देख चुके थे। यह है सच्छे अध्यात्म की कसौटी और राम-नाम का व्यवसाय।

भाई साहब जी का आर्थिक दर्शन स्वयं के पुरुषार्थ से अर्जित संसाधन व धर्मानुकूल गृहस्थ जीवन के आचरण पर रहा। संस्था के लिए ईश्वर इच्छा, आवश्यकतानुसार विकास, न चंदा न निंदा, जनता जनार्दन की राय और गृहस्थ जीवन, मुख्य आधार थे। केवल सदस्यों से ही, स्वेच्छा से प्राप्त पैसा ही संस्था का पोषक था। आप स्वयं नियमित अपनी आय के दशांश का योगदान संस्था को देते थे। ऐसी व्यवस्था पर देखा गया है कि संसाधनों की कमी नहीं पड़ती, ऐसा सन्तों का अनुभव रहा है। हमने इस सिद्धान्त को आपके साथ संस्था के विकास में 20 वर्ष के अनुभव में सत्य पाया है। लेकिन अपनी इच्छा के शून्य होने की अवस्था में। जैसे-जैसे किसी चीज की आवश्यकता आती है, व्यवस्था बनती जाती है। यह है राम-नाम के व्यवसाय की खासियत। यह सिद्धान्त चाहे व्यक्तिगत जीवन में हो या संस्थागत के सत्य होने का अनुभव हमने देखा व पाया है। इस चर्चा को अपने एक अनुभव के साथ समाप्त करता हूँ, जो हमें दिल्ली भाई साहब जी के साथ ठहरने का रहा है। यह आपके यहाँ ठहरा था, आपने अपने बेटे अवधेष जी को कई आवाज देकर बुलाया, वह वहाँ, कहीं आसपास न थे, यह गया और पूछा कि साहब कोई काम है क्या? आपने दवा की एक पर्ची दी, पास की दुकान से दवा लाना था, जो यह लाकर आपको दी। आपने पूछा कि सिंह साहब, कितने पैसे हुए? हम चुप हो गये। कुछ देर बाद अवधेष जी आये, पूछा अंकल वह पिता जी की दवा आप लाये थे, कितने पैसे की थी? उन्हें भी यह कह कर टाल दिया कि क्या अवधेष भाई आप पैसे की बात करते हैं। यह दो-तीन दिन रुका था, कई लोग कोशिश किये यह अपनी बात पर अड़ा रहा। खैर जिस दिन हमें वापस आना था। भाई साहब जी से सामना हुआ तो आपने कहा कि सिंह साहब आपसे एक काम था, लेकिन पहले यह प्रोमिज करो कि आप हाँ

कहेंगे। इसने कहा हां, सर बताईये। आप बोले कि वह दवा कितने की थी, इसने 18 रूपये बताये, आपने इसे 20 रूपये का नोट दिया, और इसने 2 रूपये वापस किए। आप बोले कि सिंह साहब हम लोग गृहस्थी हैं, हमें मर्यादा निभाना चाहिए। यह छोटी-छोटी बातें हैं, यहाँ कुछ लोग रहते हैं, लोग आते-जाते रहते हैं। तरह-तरह के विचार मन में आ सकते हैं। सेवक के लिए जैसे अवधेष भाई हैं वैसे आप, रत्ती भर फरक यह सेवक नहीं मानता। लेकिन हमें ख्याल रखना चाहिए और संयुक्त परिवार में तो हिसाब पाई-पाई का बख्शीश लाखों की बात होनी चाहिए। इस बात के बाद जब यह, अलग हुआ तो बहुत रोया कि नादानी की बात हुई, अपरिपक्वता थी इसकी। खैर यही तो साधना में गुरु का मार्ग दर्शन होता है। दिल्ली जैसे शहर में आपका एक अजूबा परिवार। 1986 में हमारे यहाँ गाँव में सत्संग हुआ था आप सैकड़ों सत्संगी भाई-बहनों के साथ पधारे थे। सत्संग की समाप्ति पर आपने हमें बुलाया और वैसे ही बात कही कि सिंह साहब एक बात कहना है, लेकिन पहले आप प्रोमिज करो कि न नहीं कहोगे, वैसे ही इसने हां कहा। आपने 500 रूपये निकाले और देते हुए कहा कि यह हमारी तरफ से यहां के प्रोग्राम के लिए योगदान है। इसने लेकर कहा, साहब सारा राशन पानी घर का ही है, फिर लोगों के योगदान भी है पैसा बच ही रहा है, इसे आप दिल्ली सत्संग के लिए रखें। आप नहीं माने। कहा कि यहाँ के लोग सेन्टर का ज्वाइंट एकाउन्ट खोल लें जमा कर लें, सत्संग होते रहेंगे काम आयेगा। ऐसे थे यह गृहस्थ महात्मा। रामकृष्ण परम हंस मिट्टी सोना एक समान मानते थे यहां व्यवहारिकता के दृष्टिकोण से अपने पुरूषार्थ से अर्जित संसाधन का राम - नाम का व्यवसाय चलाना। ऐसे सन्त ईश्वर इच्छा को ही अपनी इच्छा मानते है, फिर तो वही कर्त्ता-धर्त्ता हैं के अनुभव के साथ परमानन्द का जीवन जीते हैं। यही नानकदेव जी के पद का रहस्य है। अनुभवगम्य है। "परमात्मा तू ही है, तेरी इच्छा पूरी हो।"

25-12-2021

2.50 स्व-मूल्यांकन-आत्मनिरीक्षण

इस वर्ष की पहली तारीख को, नव वर्ष की शुभकामना के सिलस्लि में सन् 1980 के दशक में, साथी रहे वैज्ञानिक डॉ. यस.के. गंगवार से फोन पर

बातचीत हुई। पुरानी यादें भी ताजा हुई। आपने लिखा कि "आपसे बात करके अच्छा लगा।" चूँकि, अध्यात्म पर चिन्तन चल रहा है, हमने जवाब में लिखा 'Dr. sb, can you do a bit of research on self assessment having travelled long journey of life. Read, think and give mark to each point on self spiritual status you find. Total it, divide by 12. What digit you arrive, write to me. This is a research that I am conducting on a hypothesis framed on Adhyatm (Spiritual maturity of a person). Questions are on maturity (परिपक्वता) related aspects of human life. It was a pleasant surprise for me, to receive reply from him, appreciating his truthful acquaintance for sharing personal experiences that he imbibed during his scientific carrier. Questions and marks that he assigned on ten point scale (in bracket) are as follows:-

1. परिपक्वता वह है जब आप दूसरों को बदलने का प्रयास बन्द कर दें। इसके बजाय स्वयं को बदलने पर ध्यान केंद्रित करें (5/10)

2. परिपक्वता वह है जब आप दूसरों को बदलने को जैसे हैं वैसा ही स्वीकार करे (8/10)

3. परिपक्वता वह है जब आप यह समझें कि प्रत्येक व्यक्ति उसकी सोच के अनुसार सही है। (8/10)

4. परिपक्वता वह है जब आप जाने दो वाले सिद्धांत को सीख लें। (10/10)

5. परिपक्वता वह है जब रिश्तों से लेने की उम्मीदों को अलग कर दें और केवल देने की सोच रखें। (10/10) I do follow this vigorously.

6. परिपक्वता वह है जब आप समझ लें कि आप जो भी करते हैं वह सब आपकी स्वयं की शान्ति के लिए है।(8/10)

7. परिपक्वता वह है जब आप संसार को यह सिद्ध करना बन्द कर दें कि आप कितना अधिक बुद्धिमान हैं। (9/10)

8. परिपक्वता वह है जब आप दूसरों से स्वीकृति लेना बन्द कर दें। (9/10).

9. परिपक्वता वह है जब आप दूसरों से अपनी तुलना बन्द कर दें। (8/10)

10. परिपक्वता वह है जब आप स्वयं में शांत हैं। (8/10)

11. परिपक्वता वह है जब आप जरूरतों और चाहतों के बीच का अंतर समझने में सक्षम हो जाय और अपनी चाहतों को छोड़ने के लिए तैयार हो जाये। (9/10)

12. आप तब परिपक्वता प्राप्त करते है जब आप अपनी खुशी को सांसारिक वस्तुओं से जोड़ना बंद कर दें। (6/10)

While concluding, he wrote 'at 2 places I rated 10/10 and on point 5, it is 100% true. I got my son married with no expense from girl side. Strictly no dowry and did not accept any gift in cash or kind. This assessment is subjective and may have error + - of 1.

इस तरह आपका स्व-मूल्यांकन 80% का बनता है जो आध्यात्मिक दृष्टिकोण से काफी अच्छा है। इसका कारण जानने की बात मन में आई जिसे जानने के लिए हमने बात आगे बढ़ाई। कुछ प्रश्न पूछे जिसका उत्तर आपने दिए। साझा करते हैं।

Q. Do you have Guru and getting guidance?

A. I met several saints, preachers, social reformers but I could not accept any one of them as Guru. So I do not have any Guru. But always I listened to my inner soul which guided me for the action and it was for my full satisfaction.

Q. Do you believe in God?

A. As such I do not believe in God who have taken Avtar. But mystery surrounds me. Some force or energy which has tremendous effect on me. I do not believe in idol worshiping.

Q. Did you follow honest way of life (Golden mean)

A. I have paid many a times money (unfair means) for getting favours for which I do not have any guilt. So far I consider myself very honest in money matters.

Lastly I will say that I am not आस्तिक nor नास्तिक naaistak but certainly believe in reality and truthfulness. I also believe that those who are born, can not be God. If it is there, it is invisible. God does not need to take birth. May be, few of my thoughts not convincing and not find place in your thought process. I wrote back telling to be convinced and very much matching with my line of thinking and further wrote following to him with a note 'can you see yourself through my this perception on journey of life, based on your experiences, Please go through.'

आप शिलांग (1979) में गृहस्थ सन्त यशपाल जी (भाई साहब) के सत्संग में आये थे। हमें याद है, आपने प्रश्न किया था कि हमें तो खूब आनन्द लेना चाहिए चाहे जैसे मिले और उसका उत्तर उन्होंने कुछ ऐसा दिया था जो आपकी सोच की सहमति का था, लेकिन वार्तालाप का प्रारूप व्यंगात्मक हो जाने से बड़ी हंसी हुई थी। वर्षो बाद हमने भाई साहब का एक प्रवचन 'सच्चा आनन्द' सुना तो पता चला कि आपके प्रश्न (query) के उत्तर में उनकी अजीब तरह से दी गई सहमति का क्या अर्थ था, जो शायद ही उस समय कोई समझा हो।

शायद आपको मालूम न हो, भाई साहब जी भी एक वैज्ञानिक थें, पी. एण्ड टी. के शोध केन्द्र के निदेशक पद से 1978 में सेवा मुक्त हुए। गंगवार साहब! एक विज्ञानी होने के स्वभाव के कारण हमने इस अध्यात्म विषय को एक शोध के माध्यम से समझने की कोशिश की है। यह हमारा और आपकी चर्चा, ईश्वर की इच्छा मानता हूँ जिसने इस संसार को बनाया है। उसे आप कुछ भी कहो। मानो या न मानो, गॉड कहो, अल्लाह कहो, ईशा कहो, वाहे गुरु कहो फर्क नहीं पड़ता। लेकिन ऐसी कोई शक्ति तो है, जिसे आपने भी स्वीकारा है और वह एक ही है, जो कण-कण में व्याप्त है और विज्ञान, उसे ऊर्जा (wave) के रुप में मानता है। यही हमारे ऋषियों ने भी अनुभव किया और सनातन धर्म के रुप में 'अध्यात्म विज्ञान' को मानव के संतुलित विकास के लिए प्रस्तुत किया। हमें लगता है कि और विज्ञान की धाराएँ, अध्यात्म विज्ञान की ही देन हैं, जिनका विकास संगठित विधा से हो रहा है और इस मूल विज्ञान का इस तरह जैसे यह चर्चा।

हमारी व आपकी यह चर्चा मानव विकास की 'परिपक्वता' को लेकर शुरु हुई जिसका आधार आदिगुरु शंकराचार्य का बताया मापदण्ड है। आपने अपने विचार गॉड, गुरु और आत्मा की आवाज (inner-voice) को लेकर किये हैं और हम आपसे सहमत हैं। हम अपने अध्ययन में पाते हैं कि मानव जीवन के विकास में मुख्य रोल इसी inner-voice का है। आप ऐसे कुछ साथियों से जिन्हें हमनें 'सत्य व कर्त्तव्य निष्ठ' देखा है, उनके भी स्व-मूल्यांकन आपकी तरह काफी ऊँचे हैं चाहे वे गॉड या गुरु को मानते हों या नहीं, पूजा पाठ करते हों या नहीं।

हमारा मानना है कि इस स्तर के आगे बढ़ना (up to 100), उस अदृश्य तत्व को मानव रुप के माध्यम से 'मार्ग दर्शन' के लिए आवश्यक है जिसे ढूँढ़ा या पहचाना नहीं जा सकता, वह जीवन में स्वत: प्रकट होता है और साधक के पास उसे मानने के अलावा कोई विकल्प नहीं रहता। हमारे साथ तो यही हुआ था और तब, जब गुरु शब्द का कोई ज्ञान या समझ न थी। स्वीकारिता भी धीरे-धीरे अनुभव के आधार पर बनी। और वह गुरु के भाव में नहीं बल्कि एक सीनियर साथी के रुप में जैसे कृष्ण और अर्जुन के साथ रहा होगा या जो एक पी.यच.डी. गाइड और शोध छात्र के बीच का होता है 'एक भावनात्मक' जुड़ाव। बाद में भाई साहब जी की प्रतिक्रिया जो आपने एक अति-समर्पित साधक के दण्डवत (साष्टांग प्रणाम) के व्यवहार पर दी थी, हमारी इस सोच को मजबूती मिली। प्रतिक्रिया थी कि 'डॉ. साहब 'सेवक' भी साधक ही है!।

इंसान 'आनन्द' हेतु ही तरह-तरह के प्रयास करता रहता है। बहुत कम लोग ही हैं, जो इस चिड़िया (आनंद) को पाते हैं। इंसान को चाहिए क्या? मेरे विचार से यदि जीवन यात्रा में आज का दिन तनाव रहित बीत जाय, शाम चारपाई पर पड़ते ही नींद आ जाय और शान्ति से अगली दिनचर्या शुरु हो का क्रम चलता रहे, तो यही सबसे बड़ा आनन्द है। हमने आप जैसे कुछ साथियों में ऐसी जीवन यात्रा का आभास पाया है। यही 'अध्यात्म' है तरीका जो भी हो उनकी जीवन यात्रा का, लेकिन 'सत्य व कर्त्तव्य निष्ठा' जीवन का एक महत्वपूर्ण अंग रहा है, इन बन्धुओं में। तनाव रहित से तात्पर्य है कि चिन्ता का कारण न बने।

आनन्द को इस तरह परिभाषित कर सकते हैं:-

सुख- जहां दुख न हो

दुख- जहां सुख न हो

आनन्द- जहां न सुख हो न दुख

(व्यक्तिगत जीवन में उपलब्ध इसी सांसारिक व्यवस्था में ऐसी मानसिक स्थिति पाना, जो इच्छा रहित कर्मयोगी को प्राप्त है, इसी अनुभव के साथ ऐसे साधक की जीवन यात्रा होती है। भाई साहब ने इसके लिए "परनात्मा तू ही है, तेरी इच्छा पूरी हो" को अपनी जीवन यात्रा का मूल मन्त्र माना था।

उपरोक्त अभिव्यक्ति तुलसी दास जी की कथनी के परिपेक्ष्य में भी देखें तो हर व्यक्ति की जीवन यात्रा के संचालन के कारण का पता चलता है-

"नहिं कोई केउ सुख दुःख कर दाता। निजकृत कर्म भोग सब भ्राता।।"

आपके विचारों से मैं सहमत हूँ। अध्ययन की hypothesis कि जीवन यात्रा में सत्य तथा कर्त्तव्यनिष्ठा ही आध्यात्मिक विकास का मुख्य आधार है, चाहे कोई भगवान को माने, न माने, पूजा करे या न करे। "परमात्मा तू ही है, तेरी इच्छा पूरी हो।"

09-01-2023

2.51 विश्लेषणात्मक समापन

अप्रैल, 2021 के पहले सप्ताह में ऐसी प्रेरणा हुई कि अध्यात्म विज्ञान पर चिन्तन किया जाय और अब कुछ वैसी ही प्रेरणा हो रही है कि इसका समापन किया जाय। एक अजीब सी स्थिति इस प्रक्रिया में रही है कि एक लेख लिखने के बाद, दूसरा प्रारम्भ करते समय पिछले अंक में क्या लिखा था याद न रहता। अगले लेख के लिए कोई विचार मन में आता और जो लिखना होता लिख उठता। दो पत्रों के लिखने का अंतराल जो पहले लगभग 5 दिन हुआ करता था, धीरे-धीरे बढ़कर 9 दिन का होता गया। इसमें कोई संदेह नहीं कि यह सब प्रेरक का ही खेल रहा। इस अंक श्रृंखला में आये आध्यात्मिक अनुभवों को ही, विश्लेषण का आधार लेकर इस समापन लेख में आगे बढ़ते हैं, क्या विचार सामने आता हैं कुछ पता नहीं। जैसी प्रभु इच्छा!

इस चिन्तन प्रक्रिया में हमारे एक सत्संगी साधक साथी श्री चिरंजी लाल शर्मा जी का साथ लगभग 35-40 वर्षों का रहा है जो अब इस करोना काल में ऑनलाइन/डिजिटल सत्संग का बन गया था। पिछले 5-7 सालों में हमारी और शर्मा जी की अध्यात्म चर्चा फोन के माध्यम से लगभग रोज ही होती रही है और इस प्रस्तुति के अंतिम अंक तक शर्मा जी का सकारात्मक योगदान रहा है। इसे हम दोनों 'गुरु-कृपा' मानते हैं। मानव जीवन में 'गुरु' शब्द को सुनते ही अधिकांश लोग तमाम तरह के विचारों में आ जाते हैं। इस मानसिकता को अनुचित भी नहीं कहा जा सकता, क्योंकि इस वर्ग (गुरू) के लोग अध्यात्म को भौतिकता से ताल-मेल करके डरावना बना दिए हैं। वैसे हम लोगों की समझ में, शास्त्रों में आई बात 'गुरुर्ब्रह्मा, गुरुं विष्णु, गुरुदेवा

महेश्वरा- गुर्रु साक्षात परब्रह्म तस्मैं श्री गुरुवे नमः' में शंका की कोई गुंजाइश नहीं है। हाँ! गुर्रु को 'तत्व' कहा गया है, न की शरीर। मानव जीवन में यही तत्व प्रथम गुरु 'माँ' के रुप में उपलब्ध होते हुए विभिन्न प्रकार के शिक्षकों के माध्यम से सबको प्राप्त होता रहता है। हम जिससे कुछ सीखते हैं वह गुरु ही होता है। यहाँ हम जिस गुरु की बात कर रहे हैं वह 'सद्‌गुरु' (आध्यात्मिक गुरु) की है जिसकी उपलब्धता स्वतः होती है, उसे ढूँढ़ना व पहचानना मुश्किल है। समय आने पर मिलते ही मान लेना ही होता है। उदाहरणार्थ, जब दुनियावी विद्या में हम एम.ए. या एम.यसी. कर लेते हैं तो पी.यच.डी. के लिए हमें गाइड उपलब्ध हो जाते हैं। उन्हें ढूँढ़ना नहीं पड़ता। यही बात अध्यात्म विज्ञान में है, हाँ यहाँ यह परिभाषित नहीं है और न लिखित में नियम बद्ध है। ऐसे गुरु अध्यात्म में 'सद्‌गुरु' कहलाते हैं और वे अपने को साधक ही मानते हैं। हमारी समझ व अध्ययन में 'गुरु तत्व' ही है, जो विभिन्न रुपों में उपलब्ध होता रहता है और वही 'गुरु, ईष्ट, या ईश्वर' के रुप में जाना जाता है। यह 'तत्व' हमें सदैव उपलब्ध है जो आत्मा की आवाज के माध्यम से कदम-कदम पर हमें गाइड करता रहता है कि क्या करो, क्या न करो? कबीर दास का कहना था कि 'मोंको कहाँ ढूढ़े रे बन्दे, मैं तो तेरे पास में' इसी की अभिव्यक्ति है 'आत्मा की आवाज'।

मानव की स्थिति इस संसार में वैसे है जैसे समुद्र से अलग हुई पानी की बूँद जो धरती पर गिरते ही गंदी हो जाती है और गिरते ही उसके पालन पोषण के लिए 'प्रकृति माँ' की गोद उपलब्ध हो जाती है। इसी तरह मानव जब संसार में आता है, तो आते ही माँ की गोद उपलब्ध हो जाती है यहीं से स्वाभाविक जीवन यात्रा प्रारम्भ होती है। और जैसे-जैसे मानव रूपी परमात्मा का यह अंश/यन्त्र जीवन यात्रा में आगे बढ़ता है, तरह-तरह की मायावी गंदगियों से अपने को गन्दा करता जाता है और उसकी सफाई भी करता रहता है। कर्म फलों, का बोझ बढ़ता जाता है, जन्म-मरण का सिलसिला जारी रहता है जो लगभग दस लाख वर्ष में पूरा होता है। वैसे ही जैसे वह पानी की बूँद तमाम ताड़नाओं के माध्यम से समुद्र में वर्षों-वर्षों बाद जाकर पहुँचती है। ऐसे ही मानव की आत्मा, अपने स्रोत-परमात्मा से लम्बी यात्रा के बाद जा मिलती है। यही मानव जीवन की कहानी हमारे शास्त्रों के अनुभवों में मिलती है। इसे मोक्ष (जनम-मरण से छुटकारा) या मुक्त होना कहा गया है।

हमने अपने जीवन में स्वाभाविक जीवन यात्रा का अनुभव किया है, जिसमें जो जैसा आया; वैसे करते गये। बाद में सद्गुरु की प्राप्ति, जो भाई साहब जी के एक साधक रूप में हुई तो जीवन यात्रा सुलभ हो गई। यही हाल चिरन्जी लाल जी और हमारे दर्जनों साथियों के साथ भी देखा व पाया जो हमारे आध्यात्मिक चिन्तन में उपयोगी रहा। भाई साहब जी के अनुभव की खास बातें जो इसकी समझ में आईं 'स्वयं की आत्मनिर्भरता, ईश्वर इच्छा, व परमात्मा तू ही है, तेरी इच्छा पूरी हो की भावना पर आरूढ़ता' जीवन यात्रा में बहुत ही सहायक रहीं। इंसान परमात्मा के हाथ में यंत्रवत है, करने-कराने वाला परमात्मा है, वही होता है जो वह चाहता है। इसी बात को गीता में कहा गया है कि "जो हुआ अच्छा हुआ, जो हो रहा है अच्छा हो रहा है, जो होगा अच्छा होगा।" इसकी पुष्टि कठिन नहीं है, यदि हम स्वाभाविक जीवन यात्रा करते हुए, अपने अनुभवों का संज्ञान लेते रहें। अपने मार्गदर्शक भाई साहब जी के कथन 'जो काम हमारे पास स्वतः आता है, परमात्मा के भेजे हुए होते है, कर सकें तो करना चाहिए, मजबूरी की बात और है,' को हमने अपनी जीवन यात्रा में उपयोगी पाया है। एक और अनुभव की बात कि परमात्मा यदि किसी से कुछ काम लेना चाहता है तो जीवन बख्शता है। हम देखते हैं कि बहुत लोग मरते-मरते बच जाते हैं। यह बात हमारे साथ एक्सीडेन्ट होने के बाद, एक पत्र के उत्तर में आपने लिखा था। बाद में हमारी जीवन यात्रा में ऐसे चार एक्सीडेन्ट और हुए जिनमें जान बचना मिराकिल ही था। अभी हाल की ही वात है कि 14 मार्च 2019, सड़क पर सुबह तेज चलते मार्निंग वाक में, मैं गिर गया, कुछ सेकण्ड के लिए मर ही गया था। उठकर ऐसा बैठा कि चारों ओर इक्ट्ठे लोगों से पूछा कि क्या मैं गिर गया था? हाँ जबाब के साथ मुझे किसी के मोटर साईकिल पर बैठाकर घर भेज दिया। कुछ देर बाद पत्नी को बताया कि ऐसा हो गया था। यह देखने लगी कि कहीं चोट तो नहीं लगी? चेकअप के बाद 19-04-2019 को पेसमेकर लगा। यह गिरने का अनुभव ऐसा था कि जैसे यह बिस्तर पर सो कर उठ रहा है। टूटी-फूटी सड़क, तेज चलना, गिरना, कुछ सैकण्ड की बेहोशी, मरने का ही अनुभव था यही है प्रकृति माँ की गोद में हम सबकी सुरक्षित जीवन यात्रा। यह गुरुकृपा ही थीं। जहां तक भगवान के काम लेने की बात है, तो इसे क्या कहेंगे? इसके बाद प्रेरणा स्वरूप हमसे परमात्मा ने चार पुस्तकें अध्यात्म विज्ञान पर लिखवाईं, जो

क्रमशः 'गृहस्थ जीवन में अध्यात्म-सन्त यशपाल कथनामृत', 'मानव जीवन में अध्यात्म - कोरोना काल में एक अध्ययन', 'अध्यात्मिक क्रान्ति के बढ़ते कदम- सन्त यशपाल के जीवन यात्रा प्रयोग', और यह आध्यात्मिक विज्ञान के अनुभव ज्ञान- मानव जीवन की प्रयोगशाला से। निःसंदेह, ईश्वर के हाथ में यन्त्रवत रहने का अनुभव और साथ-साथ स्वान्तः सुखाय।

हम सब प्रकृति माँ की गोद में वैसे हैं जैसे बच्चा माँ की गोद में होता है। कुछ दिन पहले श्री चिरंजीलाल शर्मा जी ने अपना अनुभव आनलाइन आध्यात्मिक चर्चा के दौरान सुनाया। आपकी जीवन यात्रा में ऐसा भी समय आया कि दुनियावी परेशानियों से आत्महत्या तक के विचार आने लगे। इसी बीच आपकी मुलाकात महात्मा यशपाल (भाई साहब) जी से हो गई। जीवन दर्शन ही बदल गया। ऐसा नहीं कि सब कुछ ठीक हो गया, जीवन में संघर्ष तो कर्मफल का मूल है। हाँ! दृष्टिकोण बदल गया। संपन्न परिवार के होते हुए जो सकून आत्मनिर्भरता में मिलता है वह एकांगी जीवन व कर्मशीलता के कारण होता है। जीवन यात्रा साधनात्मक हो जाती है। जीवन से नकारात्मकता का भाव मिट जाता है। सुख-दुःख, ऊँच-नीच सबकी देख-रेख 'प्रकृति माँ' करती है। आप इस समय 89 वर्ष की आयु में, मौनी बाबा आश्रम बुलन्दशहर में रह रहे हैं। कई स्वास्थ्य की समस्यायें हैं, अलीगढ़ डाक्टरों के पास जाते रहना पड़ता है। कह रहे थे कि जब कोई किसी प्रकार की सहायता की आवश्यकता पड़ती है, स्वतः मिलती रहती है। वैसे कोशिश रहती है कि किसी से सहायता न लेनी पड़े। आप स्वपोषित हैं। अपना खर्च स्वयं वहन करते हैं। यह सेठों द्वारा स्थापित आश्रम, ऐसे साधकों को आश्रय देता है, जिनके जीवन का लक्ष्य ईश्वर प्राप्ति/ईश्वरोपासना है। कुछ गिने-चुने साधक ही आश्रम में रहतें है और खास कर वे जिन्हें परमात्मा यहाँ भेजता रहता है। शर्मा जी ऐसे ही साधक हैं, जिसका जिक्र इन्होंने किया भी है जो उपरोक्त पुस्तकों में आया भी है।

'अध्यात्म' एक विज्ञान है, जो भारतीय जीवन दर्शन/पद्धति के मूल में है। इंसान को चाहिए क्या? तनाव रहित जीवन यात्रा। यदि आज का दिन तनाव रहित बीत जाय, रात बढ़िया नींद आ जाय ऐसे ही अगला दिन भी हो, निरन्तरता ऐसे बनी रहे, यही तो चाहिए। गृहस्थ जीवन में 'आनन्दयोग' साधना ऐसे ही जीवन यात्रा की तरीकत पर दिनचर्या का खाली समय जीवन में

परमात्मा के नाम को जोड़ने की विधा है। ऐसी जीवन यात्रा के लिए गृहस्थ जीवन उत्तम है। ऐसी जीवन यात्रा में ही सुख है, आनन्द है, परमानन्द है। हाँ यह स्वयं साधना होगा। कोई किसी की मदद कर सकता है तो वह केवल मार्ग दर्शन के रूप में ही हो सकता है। यही गुरुदेव करते हैं। इसीलिए यशपाल जी महाराज के सिलसिले के सन्तों का कहना था कि न हम किसी का शोषण करें और न ही हम शोषित हों। अध्यात्म मार्ग में यदि आपने बिना अनुभव के मार्ग दर्शक की बात मान ली तो यह आपने मार्गदर्शन करने वाले का शोषण किया और यदि आपको उन्होंने जबरन मनवा दिया तो मार्ग दर्शक ने आपका शोषण किया। इसकी साफ समझ न होने से अधिकांश साधक अंधविश्वासिता का जीवन जीने को बाध्य होते हैं।

अन्त में हम यही कहना चाहेंगे कि अध्यात्म में रुचि बने या न बने हमें स्वाध्यायी बनना चाहिए, यह एक सच्चा इंसान बनने का सरल व सुगम मार्ग प्रशस्त करता है। प्रयास करना चाहिए कि बच्चों में यह आदत बचपन में बने। इसका एक सरल तरीका है कि परिवार स्तर पर सप्ताह में किसी दिन सब लोग एक साथ बैठकर स्वाध्यायी सत्संग करें। "परमात्मा तू ही है, तेरी इच्छा पूरी हो।"

18-01-2022)

'हरि अनन्त, हरि कथा अनन्ता।'

3

अध्यात्म साधना के कुछ यथार्थ

अध्यात्म साधना में जीवन यात्रा के अनुभव, उन पर चिन्तन, विश्लेषण, स्वयं में होते स्वाभाविक बदलाव और नियमित स्वाध्याय बहुत महत्वपूर्ण हैं। समाज में जो वर्ग किसी भी शोध कार्य से जुड़ा है, उसमें अध्यात्म विज्ञान को भी बढ़ावा देने की क्षमता होती है, जो सुषुप्ति में पड़ी रहती है जिसे मानव अस्तित्व के आध्यात्मिक पक्ष के जागृत करने से जिज्ञासु स्वभाव के रुप में विकसित किया जा सकता है। अतीत में परिवार के बड़े बुजुर्ग दादा-दादी, नाना-नानी, माता-पिता, बच्चों को पारंपरिक तरीके से किस्से कहानियों के माध्यम से शिक्षित किया करते थे जो अब न रहा। समय के साथ-साथ इसके विकल्प, सोशल मीडिया के माध्यम से उद्‌भिद हुए हैं। लेकिन आवश्यकता है स्वनुशासन की।

लेखक ने अपने स्वाभाविक जीवन यात्रा में अनुभव किया है कि आत्मा की आवाज पर चलना या स्वत: आते बदलाव भले ही वह तुरन्त पसंद न आये हों, आवश्यक व अच्छे के लिए हुए। अच्छे से तात्पर्य यहाँ तनाव रहित व सुखद जीवन यात्रा में सहायक होने से है। जीवन यात्रा के अब, सम्भवत: अन्तिम पड़ाव पर इसे अपने गृह नगर सुल्तानपुर में शिफ्ट होना पड़ा। पड़ोस में गृहस्थ भाई दिनेश प्रताप सिंह का आवास है जो महात्मा यशपाल जी के 'आनंदयोग ध्यान साधना' का केन्द्र है। समय के साथ जीवन मूल्यों में गिरावट के चलते सत्संग केन्द्र, जिन्दा तो है, लेकिन सम्मिलित होने वालें

सदस्यों की संख्या न के बराबर है। ईश्वर कृपा है कि यह भाई केन्द्र को सक्रिय बनाये हुए हैं, भले ही साप्ताहिक सत्संग में अकेले ही बैठते हों। लेखक की बेटी सरिता सिंह, जो एक कालेज में, हेडमिस्ट्रेस हैं, उनकी भी रुचि अध्यात्म में है। स्वाभाविक है कि पड़ोसी और एक विचार के होने से, आपस में आध्यात्मिक चर्चा होती रहती है। इस प्रक्रिया में, हम लोग जिस मुहल्ले की गली में रहते हैं, छोटे बच्चों के लिए, साप्ताहिक एक घण्टे का रामायणी सत्संग का प्रोग्राम रखें का विचार बना। वर्ष 2018 से यह व्यवस्था प्रारम्भ की गई जो नियमित चल रही है। कुछ बच्चे जिनके आध्यात्मिक संस्कार प्रबल हैं, नियमित भाग लेते हैं। समय के साथ अनुभव से इस प्रोग्राम को 'आध्यात्मिक जागृति सेवा केन्द्र' का नाम दिया गया है। सीनियर सिटीजन्स के लिए, सप्ताह में एक दिन एक घण्टे का स्वाध्याय व आध्यात्मिक चर्चा का भी प्रोग्राम रखा गया है। केन्द्र से 2 पेज का लोकल संग्रह से आध्यात्मिक अनुभव ज्ञान से सम्बन्धित समाचार पत्र भी निकालते हैं।

इस छोटे से अनुभव व स्वाभाविक उद्‌भिद प्रयास से विचार में आता है, ऐसे प्रयास समाज सेवा के रुप में, बुजुर्ग जनों के सहयोग से, शहरों की गली-गली, मुहल्लों व गाँव-गाँव में आध्यात्मिक जागृति के लिए किये जा सकते हैं। अध्यात्म विज्ञान पर चिन्तन में, जो बातें लेखक को समझ में आई व प्रभावित की, इस अध्याय में कुछ लेखों के रुप में दी गई है।

3.1 आध्यात्मिक संस्थाएँ

मनुष्य प्रकृति का ही एक अंग व परमात्मा की अद्‌भुत कृति है। ऐसा प्रतीत होता है, कि परमात्मा ने अपनी बनाई इस सृष्टि की देखभाल करने, संवारने व सजाने तथा आगे बढ़ाने में सकारात्मक योगदान करने के लिए मानव की यह विलक्षण कृति बनाई है। मानव विकास प्रक्रिया में ही शास्त्रों का उदय, समाज की संरचना और जीवन जीने की कला की आचार संहिता का समायोजन हुआ। आज तक के मानव विकास की प्रक्रिया में जो सबसे वड़ी उपलब्धि रही है, वह है, एक परमात्मा पर सबकी मान्यता का बनना। यह अलग बात है कि उस परमात्मा को लोग तरह-तरह के नाम, धर्म, सम्प्रदाय व संस्था की सोच के अनुसार मानते तथा व्यवहार करते हुए जीवन यात्रा करते हैं। मानव विकास की इस प्रक्रिया में भारत 'विश्व गुरु' भी रहा

और समय के साथ-साथ, ज्ञान-विज्ञान काफी विकसित हुआ। जब हम ज्ञान-विज्ञान की बात करते हैं तो आध्यात्मिक व भौतिक विज्ञान, दोनों भारतीय दर्शन में एक दूसरे के पूरक थे, जो आज अलग-अलग नजरिये से देखे जा रहे हैं, जिससे मानव जैसी विलक्षण कृति में नकारात्मकता के भाव की वृद्धि हो रही है। यही नहीं, विज्ञान की यह दोनों धाराएँ विकास के ऐसे मोड़ पर है जहाँ व्यवहारिकता में आज अध्यात्म विज्ञान के व्यवसायीकरण व दुरुपयोग से सामाजिक संरचना में अंधविश्वासिता को बढ़ावा मिल रहा है।

लेखक की जीवन यात्रा में ईश्वर कृपा से, इस युग के महान गृहस्थ संत व विज्ञानी, महात्मा यशपाल जी महाराज (भाई साहब) का सानिध्य मिला। इंसान को चाहिए क्या? सुगम व तनाव रहित जीवन यात्रा! यह हो कैसे ? कबीर दास जी की प्रार्थना 'सांई इतना दीजिए जामें कुटुम्ब समाय - मैं भी भूखा न रहूँ साधु (अतिथि) न भूखा जाय' की प्रार्थना के भाव के साथ स्वधर्म पालन से सम्भव है। ऐसी स्थिति में अध्यात्म विज्ञान पनपता व विकसित होता है। इन्हीं बातों के इर्द-गिर्द भाई साहब जी की रहनी-सहनी व शिक्षा-दीक्षा थी जो लेखक ने देखा, जीवन में अपनाने का प्रयास किया व झूठल खेलल सच्चल होय की साधना प्रक्रिया के साथ जीवन यात्रा का आनन्द लिया। मानव विकास का दुर्भाग्य ही कहा जायेगा कि आज की शिक्षा-दीक्षा में मुख्य लक्ष्य भौतिक विकास का हो गया है। आज के समाज में बुद्धिजीवी वर्ग भी स्वान्तःसुखाय (आत्मानन्द) के मूल भाव को नजरअंदाज कर, जाने-अनजाने भौतिकता से जनित वासनानन्द के जाल में फँसता जा रहा है। इससे आध्यात्मिक विज्ञान का विकास मात खा रहा है और मानव समाज की कठिनाईयाँ बढ़ती जा रही हैं।

भाई साहब जी सूफी परम्परा के संत, 'ध्यान' मार्ग के उपासक थे। आध्यात्मिक विज्ञान के विकास में, अपनी स्वाभाविक जीवन यात्रा की प्रक्रिया में उद्भित 'अखिल भारतीय सन्तमत सत्संग' संस्था के माध्यम से जीवन में परमात्मा के नाम को जोड़ने की तकनीक का प्रचार-प्रसार किया, जो इंसान को सहज-सहज में हर वक्त परमात्मा की याद में रहते हुए धर्मानुकूल जीवन यात्रा कराने में सक्षम है। आपके द्वारा विकसित गृहस्थ जीवन की आध्यात्म साधन पद्धति, स्वतः प्राप्त दुनियावी कामों को प्राथमिकता के साथ करते हुए, यदि कोई खाली समय दिनचर्या में हो तो वह प्रभु याद में लगाने की सरल विधि

है। इस पद्धति की साधना में इंसान दुनिया के सारे काम धर्मानुकूल करते हुए परमात्मा की याद में रहता है, उसके द्वारा सुन्दर कार्य भी होता है और सांसारिक उत्तरदायित्वों का निभावन भी सम्पन्न हो जाता है, साथ-साथ सहज में ही समाज सेवा का उत्तरदायित्व भी निभ जाता है। यही गीता शास्त्र की शिक्षा भी है। इसी दर्शन पर कबीर ने जीवन यात्रा कर, मानव समुदाय के लिए उदाहरण प्रस्तुत किया है। ऐसी ही रहनी-सहनी भाई साहब जी की भी रही है।

यह लेख क्यों?

इसके दो कारण हैं (1) भाई साहब जी के साथ स्वयं के सकारात्मक व उनके पर्दा लेने के बाद के आध्यात्मिक जीवन यात्रा में प्रकृति की व्यवस्था के अंतर्गत संस्था में स्वाभाविक होते हुए नकारात्मक बदलाव के कटु सत्य अनुभवों को साझा करना, (2) आध्यात्म पर हाथ लगी श्री तिलोक चन्द्र छाबड़ा की पुस्तक 'जीवन एक खोज', जो इसने पढ़ा। इंसान की जीवन यात्रा मुख्यत: इच्छाओं पर चलती है। लेकिन भाई साहब जी 'परमात्मा तू ही है तेरी इच्छा पूरी हो के भाव' पर चलने वाले साधक थे, जिसका प्रभाव संगत की वजह से इस पर भी पड़ा। आपके द्वारा अपनाये व्यवहारिक साधना सूत्र, स्व-अर्जित संसाधन पर जीवन यापन, न चन्दा न निन्दा पर आश्रम व्यवस्था, आवश्यकतानुसार विकास, सत्संग को जीवन में प्राथमिकता देना, ऐसी बातों ने इसको तथा इसकी धर्मपत्नी को ऐसा प्रभावित किया कि यह आपके इशारे पर सेन्ट बृजमोहनलाल आध्यात्मिक निकेतन, अनंगपुर में मकान बनाकर जीवन के सेवा निवृत्ति के बाद के समय में रहने व सत्संग संस्था में सेवा करते रहने की बात सोची और निकेतन में इसका पहला मकान भी बना। आपके पर्दा लेने के बाद बदलती परिस्थितियों में, हम जैसों को वहाँ रहना कठिन होता गया जिसका कारण संस्था के मूल उसूलों में बदलाव और भौतिक जगत का पड़ता प्रभाव रहा। अन्ततोगत्वा जहाँ लगभग 15 वर्ष रहने के अन्तिम 3 वर्षों में दो बदलाओं के साथ यह अपने गृह नगर सुलतानपुर पहुँच गया। ऐसा क्यों हुआ? अर्न्तमन में यह प्रश्न बना रहा। छाबड़ा जी की पुस्तक में धर्म व सम्प्रदाय की बड़ी सुन्दर विवेचना पढ़ी। आपने लिखा है "धर्म, यानि मनुष्य के विचारों की श्रेष्ठ या पवित्र दशा, जो न स्वयं को कलुषित करे न दूसरों को।" भाई साहब जी की साधन पद्धति ऐसे ही साधक व इंसान बनाने की ओर लक्षित थी। छाबड़ा जी 'सम्प्रदाय' पर लिखते हैं,

"जब हम सम्प्रदाय में बैठे होते हैं तो हमें विशेष तरह से प्रेरित किया जाता है कि हमारा धर्म सर्वश्रेष्ठ है इसे विकसित करना चाहिए, सबसे आगे रहना चाहिए। हमारे भीतर एक प्रतिस्पर्धा के भाव पैदा करवाये जाते हैं और जो बातें होती है वह बड़ी प्रेरक भी लगती हैं। धीरे-धीरे हम सम्प्रदाय के प्रति कट्टर हो जाते हैं और तथाकथित संरक्षकों के इशारे पर घटिया से घटिया काम करने के लिए तैयार हो जाते हैं। आपस में मरने-मारने तक के लिए तैयार हो जाते हैं।" ऐसे कटु सत्य का भी सामना व अनुभव लेखक ने किया। जहाँ तक संस्थाओं की बात है, यहाँ यह एक बुद्धिजीवी डॉ. अम्बिका सिंह जो गीता शास्त्र के साधक हैं, की बात उद्धृत करना चाहेगा। आपने लिखा है "आप्त पुरुषों द्वारा चलाई जाने वाली संस्थाएँ भी कालान्तर में विकृत हो जाती हैं, यह साधकों में मैं, मेरा (अह्म, मम्) के शेष रह जाने के कारण होता है।" भाई साहब जी के साथ 20 वर्षों के, व बाद के 15 वर्षो के अनुभवों के आधार पर धर्म व सम्प्रदाय पर छाबड़ा जी व संस्था के बारे में डॉ. सिंह की बात का प्रत्यक्ष अनुभव लेखक ने किया व सही पाया। आज यही हाल अपने देश में लगभग सभी आध्यात्मिक संस्थाओं का है, व होता जा रहा है। भाई साहब जी का कार्य केवल व केवल इंसान को अप्रत्यक्ष रुप से स्वधर्म पर चलने की शिक्षा देने की ओर लक्षित था जो शुद्ध निष्काम भाव पर जीवन यात्रा करने का एक अनुपम उदाहरण प्रस्तुत करता है। संस्थाओं के लिए महात्मा गाँधी जी का अनुभव भी बहुत ही शिक्षाप्रद है। "गाँधी जी का संस्था के बारे में स्पष्ट संदेश है (1) the cause should be a felt need of the society and not the fancy or whim of one or few individuals – means the cause should be owned by the society, (2) leadership or leaders behind the movement should be totally selfless and (3) the working of the organization should be transparent, irrespective of the credibility of the leader or leaders. Gandhi ji concludes, if these conditions are fulfilled, no fixed deposit is required and the resources will be made available by nature perennially. यह तीनों बातें भाई साहब जी के आध्यामिक शिक्षा क्षेत्र में लेखक ने अनुभव किया। आपके पर्दा लेने के बाद, जैसे-जैसे इसमें कमजोरी आती गई, संस्था बिखर गई। इन बातों से इसके अंतर्मन में उठते प्रश्न के उत्तर मिलते हैं, जो यह अपने ऐसे भुक्तभोगी बन्धुओं से आध्यात्म विज्ञान के दृष्टिकोण से साझा करने के उद्देश्य से लिख रहा है।

आध्यात्म विज्ञान की जो गूढ़ बात इसकी समझ में आती है, वह स्वयं के परिष्कृत करने की है, न की कोई सम्प्रदाय खड़े करने या उसमें फँसने की। ऐसा हो या ऐसे जंजाल में न फँसे के लिए भाई साहब जी की बताई दो बातें इसे महत्वपूर्ण लगती हैं (1) परमात्मा तू ही है, तेरी इच्छा पूरी हो और (2) किसी की बात पर या किसी पर जो विश्वास बने वह स्वयं के अनुभव पर आधारित व सत्यापित हो। इस मामले में अपनी आत्मा की आवाज पर ही चलें, वह जो कहे को मानें, न कि जो मन कहे। यही बात भाई साहब जी अपने प्रवचनों में कहते थे। आपके द्वारा विकसित 'आनन्दयोग साधना पद्धति', महात्मा रामचन्द्र जी महाराज (लाला जी) की शिक्षा का सरली करण का एक प्रारुप है। अतीत में लाला जी महाराज के मूल पद्धति के ऐसे और प्रारूप विकसित हुए जो आज विभिन्न रुपों में विश्व के तमाम देशों में व्यापक रुप से फैल चुके है, जिनका लेखा-जोखा करना लगभग असंभव है। सभी प्रारूपों का आधार गृहस्थ जीवन में 'ध्यान' साधना है, जो अप्रत्यक्ष रुप से समाज को सकारात्मक रुप से प्रभावित कर रहा है। काश! कुछ प्रबुद्ध साधक स्वयं के स्वार्थ से ऊपर उठकर आध्यात्म साधना के भाई साहब जी द्वारा सुझाई सूफी पद्धति पर शोध कर, इसका और सरलीकरण सकें तो समाज कल्याण के कार्य को बल मिलेगा। भाई साहब जी जीवन में परमात्मा के नाम को जोड़ने की पद्धति के और सरलीकरण करने की ओर इशारा करते थे। "परमात्मा तू ही है, तेरी इच्छा पूरी हो!"

3.2 अध्यात्म साधना के अद्‌भुत प्लेटफार्म

अध्यात्म साधना की शिक्षा-दीक्षा के लिए अपने देश में अनेकानेक धर्म, सम्प्रदाय व संस्थाएँ हैं। इन संस्थाओं की अपनी-अपनी सीमायें हैं, जिनका स्पष्ट चित्रण छाबड़ा जी के शब्दों में गत लेख में आया है। मानव विकास के आध्यात्मिक पहलू पर विचार करें तो पायेंगे कि समय के साथ-साथ इंसान के व्यवहारिक जीवन में सकारात्मक भावना कमजोर होती गई है, जो आज स्पष्ट दिखती है। आध्यात्मिक दृष्टिकोण से पाते हैं कि साधारण जन मानस में अंधविश्वास का तत्व बढ़ता जा रहा है। अपने देश में विज्ञान (आध्यात्मिक तथा सामान्य) के विकास की स्थिति बहुत अच्छी नहीं भासती। भौतिक विज्ञान में हम अग्रणी हैं, लेकिन अध्यात्म विज्ञान के साथ इसके समन्वय न होने के कारण भौतिक विज्ञान के वांछित लाभ से जन-मानस लाभान्वित नहीं

हो पा रहा है। मानव जीवन में तनाव व दु:ख की स्थिति पर नियन्त्रण नहीं हो पा रहा है, समाज आपसी प्रेम व सहयोग के क्षेत्र में पिछड़ता जा रहा है।

वयस्क लोग अपनी जीवन यात्रा के अनुभवों पर मनन करें तो पायेंगे कि आज के समाज में मुख्य आध्यात्मिक तत्व 'प्रेम' में समय के साथ-साथ गिरावट होती जा रही है। इसका मुख्य कारण शिक्षा के विकास में 'अध्यात्म-विज्ञान' का समावेश का न होना रहा है। मानव जीवन का मुख्य लक्ष्य 'भौतिक विकास' होता जा रहा है। मानव जाति, जिसे परमात्मा ने प्रकृति व्यवस्था में सर्वश्रेष्ठ कृति के रुप में बनाया है, वह मुख्यत: भ्रष्टता की ओर उन्मुख है। दुखद है, कि लगभग यही हाल हमारे देश की मूल शिक्षा व्यवस्था जो नैतिक बल के विकास पर आधारित थी वह भी नजर अंदाज होते हुए भ्रष्ट होती जा रही है। समग्र मानव विकास प्रक्रिया में, आज का समाज भटक चुका है। इसका उपचार देश की शिक्षा व्यवस्था में अनिवार्य रुप से अध्यात्मिक शिक्षा का समावेश करके ही किया जा सकता है।

उपरोक्त बातों के संदर्भ में, इस लेख को लिखने की प्रेरणा मुझे हाल में ही दो पुस्तकों के पढ़ने से हुई- (1) 'Dreams and Destiny' by Bharat Bhushan Gupta and (2) 'सार्थक जीवन' लेखक डॉ. आई. पी. सिंह विसनिक। यह दोनों पुस्तकें 'कबीर शान्ति मिशन' लखनऊ से प्रकाशित हैं। लेखक को इनकी उपलब्धता भी ईश्वरीय इच्छा व प्रेरणा का सुन्दर उदाहरण है। 'ईश्वर इच्छा' के परिपेक्ष्य में यह अनुभव यहाँ साझा करना समीचीन होगा। लेखक, कबीर शान्ति मिशन के संस्थापक राकेश कुमार मित्तल जी के साथ अध्यात्म पर चर्चा कर रहा था कि अचानक आप बोल पड़े कि सिंह साहब 500 रुपये निकालो। मैं पैसे निकाल ही रहा था कि आपने हमें उपरोक्त दो पुस्तकें रसीद के साथ थमा दीं। इन पुस्तकों को बाद में हमने पूरा पढ़ा। कबीर मिशन के सकारात्मक उद्देश्य से प्रभावित हुआ। जीवन यात्रा में लेखक को बहुत से सन्तों व महात्माओं के प्रवचन सुनने को मिले। जहाँ तक याद है, शायद ही कोई सन्त या महात्मा ऐसा रहा हो जिसने अपने प्रवचन में, कबीर दर्शन का जिक्र न किया हो या करता हो। कबीर, धर्मनिपेक्ष व्यक्ति थे जो मानव को एक इंसान के रुप में देखते थे, जहाँ किसी प्रकार के भेदभाव की कोई गुंजाइश न थी। लेखक, कबीर को परमात्मा के हाथ का यन्त्र मानता है और यही हम सब भी हैं, जो हमें जानना है। करने वाला परमात्मा है, इंसान तो

उसके हाथ में यन्त्र है। जो चाहे वह करे और कराये। आधुनिक युग में अब्दुल कलाम साहब एक सन्त सरीखे ही थे, जिन्होंने कबीर का सा जीवन जिया। आपने लिखा है- "I have always been a religious person in the sense that I maintain a working partnership, with God. I was aware that the best work required more ability than I possessed. And therefore I needed help that only God could give. I made a true estimate of my own ability then raised it to 50 percent and put my self in God's hands. In this partenership, I have always received all the power I needed, and infact even felt it flowing into me. Today I can affirm that the kingdom of God is within you in the form of this power, to achieve your goals and realize your dreams."

कलाम साहब की यह सोच, इंसान की जीवन यात्रा में कर्त्तव्यों के प्रति आध्यात्मिक भाव है। छाबड़ा साहब ने वर्तमान परिपेक्ष्य में 'धर्म, यानी मनुष्य के विचारों की श्रेष्ठ या पवित्र दशा, जो न स्वयं को कलुषित करे न दूसरों को लिखते हैं कि धर्म के भेद नहीं किये जा सकते हैं, जिसके भेद किये जा सकते हैं वह धर्म नहीं, सम्प्रदाय है। व्यवहारिक जगत में लगभग सभी संस्थाएँ कालांतर में मूल उद्देश्य से भटक जाती हैं।

लेखक, उपरोक्त परिपेक्ष्य में 'कबीर शान्ति मिशन' लखनऊ के उद्‌भव को प्रकृति की व्यवस्था का एक अद्‌भुत उपक्रम मानता है जो सामाजिक दृष्टिकोण से एक संस्था ही है। इसके संस्थापक राकेश कुमार मित्तल साहब की एक सकारात्मक सोच व स्वीकारिता, संस्था के मूल स्वरुप को विकृत होने से बचाने के लिए सुदृढ़ सुरक्षा प्रदान करती है। अपनी पुस्तक "The POWER of POSITIVE ANECDOTES" में "No Fixed Deposits" चैप्टर में लिखा है। यह प्रेरणा आपको गाँधी जी के विचारों को संस्था के बारे में पढ़कर हुई "(1) the cause should be a felt need of the society and not the fancy or whim of one or few individuals – means the cause should be owned by the society, (2) leadership or leaders behind the movement should be totally selfless and (3) the working of the organization should be transparent, irrespective of the credibility of the leader or leaders. Gandhi ji concludes, if these conditions are fulfilled, no fixed deposit is required and the resources will be made available by Nature perennially. Mittal sahib admits that he got the answer to his dilemma and dropped the idea of fixed deposits for the purpose, functioning of the "Kabir Peace Mission" rather shifted the concentration towards the cause, selflessness and transparency." But at the end of the chapter, he did show his worry of already having some fixed deposits that the mission had. Showing worry on this account is good sign and since the power of above mentioned conditions are so strong that nature will provide way out to remove his worry too. It needs to be taken as the wish of God.

मानव जीवन में सार्थकता (Positivity) और नकारात्मकता (Negativity) का ही तो सारा खेल है। कबीर मिशन का मुख्य उद्देश्य समाज में सकारात्मकता का भाव फैलाना है। मिशन, संप्रदाय के दायरे से बाहर है क्योंकि इसके आध्यात्मिक पहलू का मूल चरित्र विविधिता व निष्कामता है। वर्ष 2015-2018 के बीच मित्तल साहब के सानिध्य में लेखक ने अनुभव किया कि हर समुदाय व पंथों के साधक साप्ताहिक आध्यात्मिक गोष्ठी में शामिल हो जीवन के सकारात्मक पहलू पर चर्चा करते हैं। समझने व अनुभव करने की बात है कि मिशन से जिनका भी जुड़ाव हुआ है या होता है वह ईश्वर की इच्छा से ही है और अधिकतर साधक, आध्यात्मिक अनुभवों के जखीरे के साथ, निःस्वार्थ भाव से आते हैं। मिशन के साथ जुड़ने का उद्देश्य यदि कोई है तो स्वान्तः सुखाय, अनजाने में स्वयं की खोज या प्रकृति के नियमों के अधीन, क्योंकि वे जिस भी संप्रदाय से आते हैं वहाँ जो भी आध्यात्मिक दौलत पाना होता है, पा चुके होते हैं और जो खास बात मिशन में दिखी वह, सदस्यों का प्रबुद्ध व जिज्ञासु होना है। मिशन का मंच 'धर्म निरपेक्ष' होने से एक विश्वविद्यालय के चरित्र होने का सा माहौल प्रदान करता है। लेखक की जीवन यात्रा एक वैज्ञानिक व उच्च स्तर के शोध के कार्य की रही है, जहाँ यह भाव होता है कि वर्तमान ज्ञान का स्तर क्या है? न कि किसी भी विषय का वर्तमान ज्ञान किस धर्म या वर्ग से आया है। ज्ञान के मामले में तेरा-मेरा का कोई चक्कर नहीं होता। विश्वविद्यालय चलते रहते है, संस्था नकारात्मक तत्वों की उपस्थिति होते हुए भी विकृत होने से बची रहती है। ऐसी स्वाभाविक स्थिति कबीर शान्ति मिशन के मंच को स्वतःप्राप्त है।

मिशन के साथ थोड़े समय के अनुभव से ऐसा लगा कि यह ऐसा मंच है जैसा अतीत में उन मंचों की रही होगी, जिनसे शास्त्र उपजे। लेखक वर्तमान के अध्यात्म विज्ञान विकास की प्रक्रिया में तकनीकी रूप से साधना पद्धतियों के सरलीकरण का अभाव पाता है। कबीर मिशन से जुड़ा प्रबुद्ध वर्ग इस क्षेत्र

में इस अभाव को पूरा करने की क्षमता रखता है। भारत भूषण गुप्ता जी ने अपनी पुस्तक में इस सम्बन्ध में दो विदेशी साधकों के विचार दिये हैं (पे0 95), जो मिशन के साधकों के लिए 'food for thought' से लगते हैं– "The saints and sages you mention had, and no doubt, reached to the pinnacle of achievement in metaphysical thoughts. But metaphysics is concerning the knowledge of the universe as a whole by means of thought. This search gives the birth to theology. Gradually with the help of organized thought apppeared philosophy. Philosophical work took two different routes; one leading to present- day science and the other to mysticism. They had, in this manner, developed the life of the sprit at the expense of instinct and mind, which is impossible to those who lead healthy and active life. It is only when both, mind and senses are equally developed, that a healthy society flourishes. As a result of this crucial gap, whatever they achieved could not be adequately conveyed to the comming generations. – Dr.Wilson of Austrailian University."

Wilson, to support his above analysis quoted Philosopher Russell, who on this issue says: "The religious life we seek will not be of occasional solemnity, rituals and or ascetic. It must be inspired with a vision of creativity; it loves mankind applauding positive achievments, rather than negative senselessness."

"It was this short coming which could not adequately advance science to the same degree as theology." Gupta accepts it as a complete summary of western philosophy on religion and materialism and guiding principle for him in future. This is an excellent example for the members of Kabir Mission for their philosophical pursuits as all of them posses, required potential to work and contribute for the development of spiritual science for the good of the society. It requires to cultivate the habbit of reading, interaction with positive attitude, and building data base on spritual experience. Luckily, the mission in its natural development process has built up good data base from the experiences of it's founder, Sh. Rakesh Kumar Mittal and organizes weekly interaction process, and scientific quarterly Journal 'Kabir Jyoti' to record views and experiences of members on positive aspects of human life.

In his Foreword remark on the book "Dreams and Destiny" Mittal sahib has commented "I suggest all to pen down the events of their lives. This in itself is a service if not to the whole society but certainly to one's own generations. It becomes even more useful if it is accompanied by philosophical interpretations of life events". In reference to the mission's activity and natural process of development, I take it as the 'wish of God' expressed through this expression. Study (Swadhyay) reveals such expressions come out as a result of selflessness of the so called writer. Usually, such authors are always in state of mind that pushes him/her in feelings of being tool in the hands of Nature/ God.

कबीर शान्ति मिशन की तरह ही एक और साधना प्लेटफार्म 'मौनी बाबा आश्रम' बुलन्दशहर (उत्तर प्रदेश) में रामघाट, गंगा जी के किनारे पर स्थापित है। जीवन यात्रा के स्वाभाविक बदलाव में हमारे एक सत्संगी भाई चिरन्जी लाल शर्मा, वर्षो से उस आश्रम में अपनी साधना पोषण में लगे हैं। आप इस आश्रम के बारे में लिखते है "यह आश्रम हर मत के साधु-सन्तों के लिए समर्पित है। विभिन्न मतमतांतरों में अपने-अपने विभिन्न गुरुओं द्वारा दीक्षित यहां के साधु-संत अपनी-अपनी पद्धति से अपनी-अपनी सुविधानुसार अपनी-अपनी कुटियों में निर्बाध साधना करते हैं। आश्रम उनकी समस्त आवश्यकताओं की पूर्ति करता हैं। आश्रम जिन पंथ के अनुयायियों ने बनाया है, उन्होंने अपने गुरु का मंदिर भी बनाया है जिसमें दोनों समय पूजा होती है और आश्रम के सभी संत लोग शरीक होते हैं और प्रतिमा में अपने-अपने गुरु का दर्शन करते हुए उन्हें याद करते हैं। परम पूज्य भाई साहब जी ने भी एक सत्संगी के प्रश्न के उत्तर में यही कहा था यदि किसी अन्य पंथ के सत्संग में बैठने की स्थिति बने उसे अपना ही सत्संग मानते हुए बैठें और अपने ही ढंग से ध्यान आदि करें।"

आश्रम में निवास करने वाले साधु सन्यासियों का संग भी रोचक व प्रेरणादायक है इनमें अधिकतर वैराग्य व संयम से सम्पन्न हैं। अपने-अपने ढंग से साधना में रत हैं। परंतु इनमें कुछ ऐसे भी आ जाते हैं जिनकी रुचि खाने व दक्षिणा पाने में ज्यादा होती है तथा कुछ ऐसे भी जो घर बार तो छोड़ आये मगर गाँव, घर खेती-बाड़ी, बीबी-बच्चों के मोह बंधन से आजाद नहीं हो पाये। आश्रम इन लोगों में भेदभाव नहीं करता। ट्रस्ट नीति है कि हम तो हंसों को चुगाने के लिए दाने डाले हैं, उनके साथ यहाँ कौवे भी चुग लें तो क्या हर्ज है। आज यदि कौवे ही चुगंने आ रहे हैं, तो भी आशा तो है कभी हंस भी आयेंगे। लेकिन कौवे के धोखे में यदि किसी हंस को हमने वापस कर दिया तो आश्रम का ध्येय खराब हो जायेगा। परंतु यह सुखद है कि कौवे यहाँ

ज्यादा ठहर ही नहीं पाते। पिछले कुछ वर्षों के अनुभव में हमने पाया है कि स्थाई रुप से रहने वाले साधकों कि संख्या एक अंक में सीमित है। अन्य साधक सन्त जन आते-जाते रहते हैं।

लेखक की स्वाभाविक रुचि स्वाध्याय की ओर रही है। खासकर उन पुस्तकों की जो इसे स्वतः प्राप्त होती रहीं। अध्यात्म की तरफ भी रुचि इसी प्रक्रिया में बनी जब बिना किसी इच्छा के सूफी गृहस्थ सन्त महात्मा यशपाल (भाई साहब) जी से 1979 में मुलाकात हुई। आप ध्यान मार्ग के साधक थे, और आपने अपने साधन काल में 24 घन्टे ध्यान में रहने की पद्धति विकसित की जिससे निरंतर परमात्मा की याद बनी रहे। यही गीता का सार भी है, कि हर वक्त कृष्ण (अपने ईष्ट) की याद बनी रहे। लेखक ने आपके साधन प्रवचनों का संकलन किया जो संस्था ने साधन पद्धति के रुप में प्रकाशित की। आज के व्यस्त जीवन शैली में सरल व आडम्बर मुक्त ध्यान करने की पद्धति की तकनीक की आवश्यकता है। व्यवहारिक पद्धतियाँ उपलब्ध भी हैं, लेकिन, सुलभ नहीं हैं, सरल भाषा में संकलित नहीं हैं या संप्रदायों की जकड़न में हैं। कबीर मिशन ऐसा प्लेटफार्म उन्हें सुलभ कराने में सहायक हो सकता है। सामान्य विज्ञान कहाँ से कहाँ पहुँच गया। अध्यात्म विज्ञान का जनोपयोगी सरलीकरण के दृष्टिकोण से हम मिशन के सदस्यों को अपने अनुभवों के आधार पर आगे आने की आवश्यकता है। इस विषय में व्यक्तिगत स्तर की जो भी जानकारी या अनुभव ज्ञान उपलब्ध है उसका संकलन मिशन के उद्देश्यों को न केवल मजबूती प्रदान करेगा बल्कि विश्वविद्यालयों के दर्शन शास्त्र के शोध छात्रों को भी अनुभव आधारित डाटाबेस उपलब्ध हो सकेगा।

3.3 सच्चा अध्यात्म - सन्तों के अनुभव से

लेखक का स्वाभाविक रूप से अनजाने में पारिवारिक परिपेक्ष्य के कारण, अध्यात्म शब्द पर चिन्तन व शोध रहा है। गृहस्थ सन्त महात्मा यशपाल जी से वर्ष 1979 में साक्षात्कार होने पर चिन्तन में गति आई, फलस्वरूप स्वधर्म पालन के अलावा यही काम रह गया। मानव जीवन के इस महत्वपूर्ण विषय के अध्ययन में पाया कि लगभग सभी विचारक, चिन्तक व्यवहारिकता के आधार पर मानव के सकारात्मक सोच को बढ़ाने व अपनाने के क्रम को

अध्यात्म शब्द से जोड़ते तथा परिभाषित करते दिखते हैं। सर्वमान्य समझ इस शब्द की 'जीवन जीने की कला है।' जितने लोग उतनी कलायें। लेखक के विचार में प्रत्येक व्यक्ति का जीवन अध्यात्मिक है और वह जाने या अनजाने में जीवन जीने की कला के सुधार में लगा होता है। इस प्रक्रिया का आधार, मुख्यत: ईश्वरोपासना, कर्त्तव्यनिष्ठा या इन दोनों कृत्यों का समिश्रण होता है। अध्यात्म विषय में, प्रथम हिन्दू सूफी गृहस्थ सन्त महात्मा रामचन्द्र (लाला जी) महाराज जी की कही बात "यही जाना की कुछ नहीं जाना" एक स्पष्ट यथार्थपूर्ण अभिव्यक्ति लगती है। बहुत से सन्तों ने अध्यात्म की व्याख्या करने का प्रयास किया है, लेकिन लेखक को साधना पथ पर साधकों व महात्मा यशपाल जी के साथ बातचीत में उभरी सूक्ष्म अभिव्यक्ति को हृदयग्राही पाता है-

"....किसी भाई ने चिट्ठी लिखी थी कि पूज्य भाई साहब से उनके जोड़ों के दर्द को ठीक होने की दुआ कर देना। आज जनाब ने एक देवी का किस्सा सुनाया कि किस प्रकार वह सत्संग में केवल इस भावना से कि उनका बच्चा ठीक हो जाय आई। चढ्ढ़ा जी के बारे में बतलाया। फरमाया कि यदि हम दुनियावी परेशानियों से घबड़ाकर उनके बारे में दुआ मांगने लगे तो अध्यात्म वहीं खत्म हो जाता है। फिर आपने लाला जी महाराज के बारे में बतलाया कि किस प्रकार उनका लड़का प्लैग में मुतलबा था और अपना नियम न टूटने पाये, गुरुदेव के दर्शनार्थ गये। मन में लड़के के बारे में कोई भी किसी प्रकार की भावना नहीं थी। जिक्र करना तो दूर रहा। सद्गुरु देव जी तो समर्थ हैं। वह किस प्रकार लाला जी महाराज के घर पधारे। घण्टों गिल्टी पर हाथ रखे बैठे रहे, बच्चे को आराम हो गया। इच्छाओं पर पूर्ण विराम! परमात्मा तू ही है तेरी इच्छा पूर्ण हो की भावना। अपना सर्वस्व जनहित में समर्पण कर देना भी अध्यात्म की परिभाषा में कहा गया है। लेखक ने अपने अध्ययन में आधुनिक गृहस्थ सन्तों में अध्यात्म के साधक आचार्य श्री राम शर्मा, संस्थापक गायत्री पीठ हरिद्वार; महात्मा यशपाल जी (भाई साहब), संस्थापक आखिल भारतीय सन्त मत सत्संग दिल्ली तथा श्री राकेश कुमार मित्तल, संस्थापक कबीर शान्ति मिशन लखनऊ को उपरोक्त अध्यात्म के मापदण्डों में जीवन यात्रा करते पाया है। इन सन्तों के जीवन से प्रेरणा ले अनगिनत गृहस्थ साधकों ने आध्यात्मिक लाभ प्राप्त किया और कर रहे हैं, जैसा कि इस

पुस्तक में आये अनुभव ज्ञान उदाहरणों से प्रदर्शित होता है। "परमात्मा तू ही है, तेरी इच्छा पूरी हो।"

20-05-2023

3.4 मुक्त चिन्तन

मानव जीवन की आध्यात्मिक यात्रा में 'मुक्त चिन्तन' की अवस्था आती है जो सम्भवतः अध्यात्म साधना का अन्तिम सोपान होता है। अतीत में जितने भी सन्त या महात्मा हुए हैं वह सब मुक्त चिन्तक ही रहे। जैसे तुलसी, कबीर, रहीम, सूरदास, विवेकानन्द....या आधुनिक समय के 'अखिल भारतीय सन्तमत सत्संग' दिल्ली के संस्थापक महात्मा यशपाल जी (भाई साहब) या 'कबीर शान्ति मिशन' लखनऊ के संस्थापक राकेश कुमार मित्तल साहब। है क्या 'मुक्त चिन्तन?' सुनो सबकी करो अपनी, अनजाने लक्ष्य की ओर बढ़ना महात्मा यशपाल जी का लक्ष्य था कि कैसे गृहस्थ जीवन में, दिनचर्या का खाली समय ध्यान की अवस्था में परिवर्तित किया जा सके और मित्तल साहब का था कि कैसे हम अपने हर कृत्य पर मन को सकारात्मक रख सकें। लक्ष्य जाने-अनजाने इन दोनों अध्यात्म के साधकों का एक ही था 'दस्त बकार - दिल व यार' (हाथ काम मैं और दिल परमात्मा की याद में)। यही गीता शास्त्र की शिक्षा का सार है। 'अनजाने' शब्द का प्रयोग यहाँ जानबूझ कर लेखक कर रहा है। जहाँ तक यशपाल जी की बात है, लेखक की समझ में, आपको ध्यान व इसके प्रभाव का पूर्ण ज्ञान था। मित्तल साहब इस तथ्य से अनजान थे, कैसे? मित्तल साहब से एक दिन मिशन ऑफिस में ध्यान पर चर्चा के दौरान, एकाएक बोल पड़े कि सिंह साहब हमने तो ध्यान कभी किया ही नहीं। इसने कहा कि बिना ध्यान के यह मिशन का काम जो आपके माध्यम से हुआ सम्भव नहीं था। देखते-देखते आप की आँखें बन्द हो गईं। 5-7 मिनट शान्त बैठे रहे। एकाएक होश में आये और बोले लगता है ध्यान में चला गया था। यही ध्यान है! इसने कहा यस सर, यही ध्यान है। आवश्यक नहीं कि इसके लिए कोई पद्धति अपनाई जाय। आपकी कर्तव्य निष्ठा में ही ध्यान साधना निहित थी। आपके पास दो ही काम थे, दुनियावी जिम्मेदारी या मिशन का काम। इन्हीं में मन लगा रहता था। यह ध्यान की ही प्रक्रिया है। यशपाल जी ने अपनी साधन प्रक्रिया को अमली जामा पहनाकर गृहस्थ जीवन में 24 घन्टे ध्यान में रहने की सहज पद्धति को लिपिबद्ध कर दिया और उसे

'आनन्दयोग' का नाम दिया। मित्तल साहब का यह काम रह गया जो अब शोध के माध्यम से उनके द्वारा प्रस्तुत अनुभव ज्ञान साहित्य से निकल कर प्रकाश (शोध के माध्यम से) में आ सकता है।

महात्मा यशपाल जी के गुरुदेव गृहस्थ सन्त बृजमोहन लाल (दद्‌दा जी) कहा करते थे कि मानव जीवन में राम-नाम की कमी हो जाने से इंसान परेशान रहता है। यदि वह अपने जीवन में राम-नाम जोड़ ले तो उसकी दीन व दुनिया दोनों संवरती हैं। यशपाल जी इस कथन के उदाहरण बने। राम-नाम जोड़ते-जोड़ते वे पोस्ट व टेलीग्राफ विभाग में टेलीग्रफिस्ट से नौकरी प्रारम्भ कर निदेशक शोध की पोस्ट से सेवा निवृत्त हुए। आप इन्टरनेशनल टेलीक्म्युनिकेशन सोसाइटी के फेलो भी रहे। नि:संदेह आप ने कबीर का जीवन जिया, आधुनिक कबीर कहे जाने के अधिकारी बने।

राकेश कुमार मित्तल एक आइ.ए.यस., सफल प्रशासनिक अधिकारी रहे। कबीर मिशन के संस्थापक सहयोगी सदस्य तथा अध्यक्ष डॉ. के.बी. अग्रवाल, मित्तल साहब की तारीफ में जो लिखा है वह आपके 'मुक्त चिन्तक' होने का स्पष्ट चित्रण प्रस्तुत करता है। "....Though silent from out side, Shri Mittal has always been a deep thinker. The negativity of the society, at times, used to upset him and he would often express his agony to me. However his discussions were never perceived negatively as he attributed this trend to the ignorance in a manner which would create least disharmony. His own concpts of life were clear and I encouraged him to share them with others. This contemplation ultimately galvanized in the formation of the 'Kabir Peace Mission' at Kanpur in the year 1990.

In this contemplative mood, Shri Mittal started penning down his thoughts, which took the form of very useful books. He first came out with a book which consisted of large number of positive thoughts on various aspect of life. This encouraged him to write more and he soon came out with a collection of lessons learnt by him from his life as he trained his mind to always extract a positive message from each experience. Eventually such experiences took shape of two more books titiled 'Positive Mind Power' and 'Positive mind Therapy'. This process continued over the years and Shri Mittal expressed himself in the form of several other books. Shri Mittal considers himself only as instrument of expressing divine wisdom". (Ref Blessings from book The POWER OF POSITIVE ANECDOTES)

यह 'मुक्त चिन्तन' का भाव बना, कई वर्षों से 'आनन्द योग' के गृहस्थ साधक श्री चिरंजी लाल शर्मा के साथ होती रही आध्यात्मिक चर्चा में। एक दिन वह कहने लगे कि मैं देख रहा हूँ कि आप 'मुक्त चिन्तन' की ओर अग्रसरित हो रहे हैं। शर्मा जी की इस प्रतिक्रिया ने लेखक को शोध प्रकिया में इस वाक्य पर चिन्तन पर ला दिया। ईश्वर की लीला ही कहेंगे कि मित्तल साहब की लिखी पुस्तक The Power of Positive Anecdotes हाथ लग गई और डॉ. के.बी. अग्रवाल की लिखी उपरोक्त बातों ने ध्यान आकृष्ट किया। यह ही कहूँगा की मुक्त चिन्तन अनुभव करने की बात है और यह अनजाने में इसी विचार में जीवन यात्रा करता रहा है। 'Shri Mittal considers himself only as instrument of expressing divine wisdom' के प्रत्यक्ष अनुभव लेखक को हाल के कोरोना काल में अनायास बिना किसी सोच के अध्यात्म विषय पर तीन पुस्तकों ('मानव जीवन में अध्यात्म–कोरोना काल में एक अध्ययन', 'आध्यात्मिक क्रान्ति के बढ़ते कदम–सन्त यशपाल के जीवन यात्रा प्रयोग;' 'अध्यात्म विज्ञान के अनुभव ज्ञान–मानव जीवन की प्रयोगशाला से?' लिखना व प्रकाशित होना रहा है, जिसे न यह प्लान कर सकता था न लिख सकता था। मात्र गुरु कृपा की अदृश्य प्रेरणा और निरन्तर विचार प्रवाह।

इंसान परमात्मा के हाथ का यंत्र है। गीता सार की अभिव्यक्ति कि तुम मात्र दृष्टा हो जो सामने आये धर्मानुकूल करते रहो? के अनुभव। "परमात्मा तू ही है, तेरी इच्छा पूरी हो।"

08–06–2023

3.5 आध्यात्मिक विकास में सिलसिला

भारत में हुए प्रथम हिंदू गृहस्थ सूफी सन्त महात्मा रामचन्द्र (लाला जी) की कही बात 'यही जाना कि कुछ नहीं जाना', लेखक के आध्यात्मिक चिन्तन में बार–बार याद आती रही है। सूफी पद्धति की साधना में है 'प्रेम'। It is not concerned with knowledge, it's whole concern is love, intense, passionate love: How to fall in love with the whole to bridge the distance between the creation and creator, 'हाथ काम में हो दिल परमात्मा की याद में' हो। इस सिलसिले के सन्तों का कहना रहा है कि –

'अव्वलें माँ आखिरे हर मुस्तहीस्त। आखिरे माँ जेबे तमन्ना तिहीस्त।।'

योग साधन में आमतौर पर कड़ी मेहनत, रियाजत, यम-नियम आदि कठोर साधना या तपस्या के पश्चात अंत में सुषुप्ति व समाधि की उच्चावस्थायें प्राप्त करके सफर समाप्त समझ लिया जाता है। उन अवस्थाओं को 'आनन्दयोग' साधना में शुरु से ही ले लिया जाता है और यहीं से सुरत शब्द योग द्वारा इस मार्ग का आरंभ होता है। अर्थात, जहां लोग अंत समझते हैं वहां से 'आनन्दयोग' का सफर शुरु होता है। जिस स्थान को वहां पर शान्ति पद माना जाता है, उस पर यहां साधक की जेबें सारी आशाओं और तमन्नाओं से खाली होती हैं।' साधना पद्धति में आया है-

"अजब यह सिलसिला है सालरे हक का,
कि ले जाते हैं परदे में हरम तक"

गुरु के शरण व फजल से अभ्यासी के जज्बात में चढ़ाव, उतार में सहूलियत आती है, अहंकार नहीं होने पाता। क्योंकि गुरु उसको अपने मुकामों से बेखबर रखता है। साधना भी जीवन में परमात्मा का नाम जोड़ने से है, छोड़ने को कुछ नहीं। यशपाल जी महाराज लिखते हैं कि "आपके गुरुदेव ने कहा कि उसका एक नाम पकड़ लो, उसकी याद में अपने काम करते रहो वह जैसा है सामने आता जायेगा।" आपने एक मार्गदर्शन में लेखक को बताया था कि "जो काम हमारे पास स्वत: आते हैं परमात्मा के भेजे हुए होते हैं, कर सकें तो करना चाहिए, मजबूरी की बात और है।" कितना स्पष्ट तथा गूढ़ मार्ग दर्शन था यह आपका, किसी के लिए भी स्वाभाविक जीवन यात्रा में यह अनुभवगम्य है, यूनिवर्सल है। इसके अलावा भी इस मायावी संसार में क्या सही है क्या गलत है को जानने की प्रणाली परमात्मा ने सबको दे रखी है- Conscience (आत्मा की आवाज)। सन्तों ने कहा है कि 'आत्मा की आवाज' पर चलें, न कि 'मन' के कहने के मुताबिक। जीवन यात्रा में वह सुखद स्थिति बनेगी कि, बिना प्रयास ही कबीर की कही यह बात चरितार्थ होगी। कबीर ने कहा कि 'साई इतना दीजिए जामें कुटुब समाय। मैं भी भूखा न रहूँ, साधु न भूखा जाय।।'

अध्यात्म विकास के लिए अच्छे लोगों का साथ, स्वाध्याय, तथा सत्संग को महत्वपूर्ण कहा गया है। लेखक का अनुभव रहा है कि 'स्वाध्याय सहज, सरल तथा मानव के स्वयं के वश में है, अन्य दो बातें तो ईश्वर कृपा व संस्कार पर निर्भर हैं। स्वाध्याय को भी सर्वोत्कृष्ट सत्संग कहा गया है, जो

अन्य दो प्रारुपों को सुलभ कराने में सहायक होता है। प्रश्न हो सकता है कि किस विषय पर स्वाध्याय किया जाय। कोई भी साहित्य जो सकारात्मक सोच को बढ़ावा दे या धार्मिक पुस्तकें। परन्तु, हम साधारण गृहस्थ जनों के लिए धार्मिक पुस्तकों का उतना ही महत्व है जितना किसी विद्यार्थी के लिए कक्षा में पाठ्य पुस्तकों का पढ़ना। सन्तों, महात्माओं, महापुरुषों के जीवन वृतान्त का स्वाध्याय, साधना में कहीं ज्यादा उपयोगी है। आजकल शास्त्रों का ज्ञान तमाम मीडिया में प्रवचनों की उपलब्धता बहुलता में है, जितना हो सके लाभ लिया जा सकता है। लेखक के स्वाध्याय की शुरुआत, पुस्तक – योगी कथामृत, गाँधी जी की आत्म कथा, तथा कलाम साहब की पुस्तक अग्नि की उड़ान से करीब चार दशक पहले से प्रारंभ होकर आज भी जारी है। योगी कथामृत पुस्तक का विचारों पर विशेष प्रभाव पड़ा। कालांतर में महात्मा यशपाल जी के साथ जुड़ाव होने और 'आनन्दयोग' साधन पद्धति को जानने व समझने में ऐसी प्रेरणा बनी कि योगी कथामृत ऐसी या साधना के दृष्टिकोण से गृहस्थ अध्यात्म पर सरल, व्यवहारिक व प्रेरक पुस्तक लिखी जाये। ईश्वर कृपा से यह प्रेरणा, वर्ष 2018 में मूर्त रुप ले सकी और 'गृहस्थ जीवन में अध्यात्म- सन्त यशपाल कथनामृत' नाम से पुस्तक का प्रकाशन हुआ।

इस पुस्तक 'अध्यात्म विज्ञान के अनुभव ज्ञान' में स्वाभाविक है कि विषय वस्तु, लेखक के जीवन यात्रा के उपक्रम व अनुभवों के उपयोग की प्रधानता दिखेगी। इस सम्बन्ध में लेखक का स्पष्ट मत है कि हर व्यक्ति, किसी न किसी साधन पद्धति से जुड़ा ही होता है और उसे उसी को सर्वोपरि मानते हुए अपनी आध्यात्मिक समझ को बढ़ाने का प्रयास करते रहना चाहिए। कठहुज्जती या कट्टरपना से बचना चाहिए और जो बातें ग्राह्य लगें अपनी 'जीवन जीने की कला में जोड़ते, रहना चाहिए। विज्ञान, 'ज्ञान' को प्राथमिकता देता है न कि कहां या किसके माध्यम से वह ज्ञान प्रकाश में आ रहा या आया है।

अन्त में फिर महात्मा रामचन्द्र जी महाराज की कही एक बात और याद आ रही है, अध्यात्म विकास में 'शोषण।' आप लिखते हैं 'मेरे मित्रों' मानसिक या आध्यात्मिक शोषण है कि जिसमें मैं सोचूँ और आप मान लें अथवा आपको जबरदस्ती मनवा दूँ। पहले में आपने मेरा शोषण किया, जबकि दूसरे मामले में मैंने आपका शोषण किया। धन का शोषण इतना भयावह नहीं

है जितना मानसिक या आत्मिक। धन छिन जाने से किसी का कुछ नहीं बिगड़ता, वह और अधिक धन कमा लेगा। परन्तु जब किसी व्यक्ति की आत्मा या सोच छिन जाती जो है तब उसका सब कुछ छिन जाता है। आज सारा संसार जो अध्यात्मिक व मानसिक रुप से गुलामी की जंजीरों में जकड़ा हुआ है, उसका मूल कारण यह ही है कि आज का व्यक्ति मानसिक आलस्य अथवा मैन्टल लेथार्जी से बुरी तरह घिरा हुआ है। महात्मा यशपाल जी कहा करते थे कि विश्वास अनुभव के आधार पर बनना चाहिए, नहीं तो अन्धविश्वास होगा जो गड्ढे में गिराने वाला होगा।

गीता शास्त्र की बात स्वधर्म पालन में जो काम सहज प्राप्त हों वही स्वधर्म है। स्वाभाविक जीवन यात्रा में जो जैसा आये करते रहें, जीवन आध्यात्मिक होता जायेगा। इस व्यवस्था में 'आत्मा की आवाज', परमात्मा का मार्ग दर्शन है। आत्मा जो कहे वह करना चाहिए, न कि मन जैसा कहे वह करें। गीता शास्त्र की बात 'जो हो रहा है अच्छा हो रहा है, जो हुआ अच्छा हुआ, जो होगा अच्छा होगा' का यथार्थ स्वयं के अनुभवों से सत्यापित होता है, अतः स्वयं का अध्ययन (अनुभवों पर सकारात्मक सोच व चिन्तन) हमें अध्यात्म पथ पर अग्रसर करता है। तमाम किंवदन्तियाँ (जैसे-सुनो सबकी करो अपनी....), यथार्थपूर्ण हैं, एक तरह से मार्गदर्शिका हैं। अध्यात्म 'जीवन जीने की कला है, हमें जीवन यात्रा में, इसमें सकारात्मक सुधार व बदलाव अनुभव के आधार पर करते रहना चाहिए, जीवन यात्रा सुखद होती जायेगी।

अध्यात्म जीवन जीने की कला है। मानव विकास की प्रक्रिया में परमात्मा ने हर इंसान में मन (चेतन व अवचेतन) तथा आत्मा के मार्ग दर्शन के उपक्रम की व्यवस्था दे रखी है कि वह स्वतः निर्देशित होता रहे। इसके लिए यह समझना आवश्यक है कि वह इस विश्व व्यवस्था में कोई अपने आप तो आया नहीं है। उसे किसी न किसी उद्देश्य से भेजा या लाया गया है। विकास प्रक्रिया में मानव समाज में समय के साथ-साथ अनुभवों के आधार पर जीवन मूल्यों के सकारात्मक चिन्तन में विविध प्रकार के शास्त्र प्रकाश में आये और मानव का मार्ग दर्शन करते रहे हैं। स्वाभाविक है कि नकारात्मक शक्तियाँ भी अपना प्रभाव डालती हैं। आज की स्थिति ऐसी बन गई है कि इंसान भौतिकता के माध्यम से सुख व शान्ति पाने का प्रयास कर रहा है जो मृग मरीचिका बनी हुई है। कारण, कि उसे अपने स्वयं में निहित अध्यात्मिकता की जागृति

नहीं है। यह जागृति कथा पुराण या धार्मिक ग्रंथों के पढ़ने से सबके लिए, दुष्कर है। इसके लिए वह साहित्य आवश्यक है जो जीवन की वास्तविक समस्याओं पर व्यवहारिक समाधान व मार्ग दर्शन प्रस्तुत करता हो। ऐसी सामग्री मानव समाज में अनुभव ज्ञान के रुप में बहुलता में उपलब्ध है, लेकिन संग्रहित नहीं है।

इस पुस्तक में मानव जीवन की प्रयोगशाला से उपलब्ध कुछ अनुभव ज्ञान संकलित हैं, जो किसी को भी स्वयं के अस्तित्व व अपने उत्तरदायित्व से अवगत कराने व स्व-विकास में सहायक हो सकते हैं। मानव जीवन का उद्देश्य, कर्तव्य निष्ठा, स्वधर्म पालन, समाज सेवा, निष्काम कर्म, पूजा, गुरु....ऐसी तमाम प्रचलित शब्दावलियों के यथार्थ को सरल भाषा में वास्तविक अनुभवों के माध्यम से दिया गया है। आध्यात्मिक विकास का सहज रुप 'स्वाभाविक जीवन यात्रा' है जो गीता शास्त्र में कही बात 'स्वधर्म पालन' पर आरूढ़ करा सकती है। इंसान परमात्मा के हाथ का यंत्र है कर्त्ता-धर्ता परमात्मा है। अतः सन्तों का कहना है कि 'जो काम हमारे पास स्वतः आते हैं परमात्मा के भेजे हुए होते हैं, कर सकें तो करना चाहिए, मजबूरी की बात और है।' इसी तरह 'परमात्मा तू ही है तेरी इच्छा पूरी हो' की भावना का गूढ़ आध्यात्मिक अर्थ है। ईश्वरीय प्रेरणा से संकलित यह पुस्तक, आध्यात्मिक जागृति के लिए उपयोगी साबित होगी, ऐसा लेखक का मानना है।

4

अध्यात्म विज्ञान-निष्कर्ष

मानव जीवन एक रहस्य है जिसे जानने का प्रयास, मनुष्य अपने अवतरण के समय से करता रहा है, जो आज भी जारी है। इस प्रयास में, भगवान के बारे में 'एक ही है' कि सहमति बनना मानव समुदाय में अब तक की बहुत बड़ी उपलब्धि है। 'सनातन विज्ञान' प्राचीनतम है जो मानव के उद्भव के समय से evolution प्रक्रिया में समय के साथ-साथ विकसित होता रहा है। बिडम्बना ही कहेंगे कि, भौतिक विज्ञान की विभिन्न धाराएँ इसी से निकल कर विकसित होती रहीं, लेकिन मानव मन के स्वभाव (सत, रज, तम वृत्तियों से संचालित) के कारण, सनातन विज्ञान परिपेक्ष्य में चला गया। मनुष्य का मन, सुख पाने की अभिलाषा में जीवन यात्रा संचालन के प्रयास में रहता है। इस प्रयास में मनुष्य जो पाता है, वह हमेशा उसे थोड़ा लगता है और आवश्यकता से अधिक पाने की चाह 'मन' बनाये रखता है। इसी प्रक्रिया में अधिकांश जन जीवन यात्रा करते हैं। आज जिसे देखो वही अशांत है, परेशान है। सन्त जन, इस समस्या और सुख पाने का रहस्य 'अध्यात्म विज्ञान' में बताते हैं। लेखक के चिन्तन व शोध में स्पष्ट आता है कि स्वभावतः हर व्यक्ति अध्यात्मिक तत्त्वों की सम्पदा से भरपूर होता है, लेकिन जागृति की कमी है। ऐसी जागृति अनादिकाल में गुरुकुल शिक्षा पद्धति से समाज में सभी को स्वाभाविक प्रक्रिया में उपलब्ध थी। इस मामले में संयुक्त परिवार के वरिष्ठ जन भी महत्वपूर्ण भूमिका निभाते थे, जिसका आभास कुछ चिन्तनशील व वरिष्ठ जनों को जो अपने देश को आजादी के पहले देखा व अनुभव किया

है, को है। अध्यात्म विज्ञान के परिपेक्ष्य में चले जाने के कारण, भौतिक विज्ञान दुखदाई साबित हो रहा है। सब कुछ प्राप्त है, फिर भी मानव दुःखी है, अशान्त हैं।

'अध्यात्म' मानव मन का विज्ञान है, जिसे अनन्त काल से साधने का प्रयास तरह-तरह से किया जा रहा है। इस प्रक्रिया में तमाम धर्मों, सम्प्रदायों एवम् शास्त्रों का उदय हुआ। मानव लाभान्वित होते हुए आज विकास की जिस स्थिति में पहुँचा है, वह सुख के परिपेक्ष्य में भ्रमात्मक है, कष्ट साध्य है। लेखक, गीता शास्त्र के 'स्वधर्म पालन' की आई बात से प्रभावित हुआ और एक स्वाध्याय प्रक्रिया में अन्तःकरण से उठे एक प्रश्न ने, इस शब्द का चिन्तक बना दिया। प्रश्न था कि स्वधर्म क्या है? त्वरित उत्तर वहीं से मिला, जहां से प्रश्न उठा था 'जो काम सहज प्राप्त हो वही स्वधर्म है!' इसका पालन करना चाहिए। इस घटना ने लेखक को इस गूढ़ विषय का शोधक बना दिया। इस लेख में, स्वयं अपने जीवन यात्रा के अनुभवों को 'स्वाभाविक जीवन यात्रा' के परिपेक्ष्य में 'अध्यात्म विज्ञान के अनुभव ज्ञान' शीर्षक तहत साझा करने का किया गया है।

स्वाभाविक जीवन यात्रा

आज 80 वर्ष की अवस्था में जीवन यात्रा के अनुभवों की जो भी यादें है, लेखक गीता शास्त्र के उपदेश 'स्वधर्म पालन' के अनुकूल पाता है। जीवन यात्रा में जो जैसे आया, करते हुए मानव जीवन के उद्देश्य को सहज में निभाते हुए अध्यात्मिक पक्ष को बिन प्रयास ही पोषित होते के अनुभव रहे। जीवन यात्रा के 34वें वर्ष में सद्गुरु की प्राप्ति और उस समय जब लेखक को गुरु ऐसे शब्द की स्पष्टता न थी, ईश्वर इच्छा ही थी। एक अद्भुत संयोग, कि ऐसा गृहस्थ सन्त जो अनजाने में अध्यात्म विषय का शोधक था, अपने को एक साधक मानता व कहता था। गुरुड्म की भावना से दूर, अपने प्रियजनों के 'भाई साहब' शब्द से उद्बोधन किये जाने में सहजता का अनुभव करता था। आपका कहना था कि 'जो काम हमारे पास स्वतः आते हैं वे परमात्मा के भेजे हुए होते हैं, कर सकें तो करना चाहिए। मजबूरी की बात और है।' यह सिद्धान्त 'स्वाभाविक जीवन' यात्रा का आधार है, ईश्वर की इच्छा के अनुरुप है, अध्यात्म विकास का पोषक है। अपनी इच्छा की कोई खास भूमिका नहीं, यन्त्रवत तनाव रहित जीवन। स्वाभाविक विकास प्रकिया

में, स्वयं की इच्छा का दखल ही गड़बड़ करता है। इस संसार की सारी गतिविधियों का कर्त्ता-धर्ता परमात्मा है, मानव यन्त्र मात्र है, यह एक वास्तविकता है। सारा का सारा खेल कर्मफल भोग के सिद्धान्त से संचालित होता है। कैसे? यही अनुभव ज्ञान इस लेख में साझा किया है।

लेखक का जन्म संयुक्त कृषक परिवार में हुआ। देश उन्हीं दिनों आजाद हो रहा था। यह परिवार की पाँचवी पीढ़ी में इस संसार में वर्ष 1943 में आया। लगभग 150 वर्ष पूर्व, परिवार के साथ एक सिद्ध पुरूष बाबा भोलादास आकर रहने लगे थे। कृषि आधारित अर्थ व्यवस्था में पारिवारिक जीवन कशमकश का था। साधु-सन्तों का आना-जाना लगा रहता था। तमाम कठिनाईयों के बावजूद आज की तुलना में समाज में प्रेम, सहयोग, भाई चारा की भावना लेखक के बचपन में आज से कहीं अधिक थी जो अब लगभग समाप्ति की ओर है। इसका मुख्य कारण जो लेखक पाता है वह मानव जीवन में आध्यात्मिक मूल्यों में गिरावट है। आज मानव जीवन की स्थिति 'धोबिया जल बिच मरत पियासा' की कहावत सी है या महात्मा तुलसीदास जी की कही बात 'सकल पदारथ है जग माहीं, कर्महीन नर पावत नाहीं' सी है। वैसे भी विचार करें कि हमारा इस संसार में आना क्या कोई अपनी मर्जी से हुआ है। किसी व्यवस्था के अन्तर्गत ही हम इस संसार में आये हैं, व्यवस्थापक (परमात्मा) ने किसी उद्देश्य से भेजा है। जैसी करनी वैसी भरनी (कर्मफल का सिद्धान्त) से हम संचालित होते हैं। मानव की अब तक की समझ में इसे ही संस्कार व प्रारब्ध कहा गया है। बचपन में पारिवारिक रहनी-सहनी के अन्तर्गत, लेखक में कर्त्तव्य-निष्ठा, ईमानदारी, कर्त्ता-धर्त्ता परमात्मा की भावना, जो होता है अच्छा होता है, पूजा ऐसी बातों की समझ स्वतः बनी जो आगे चलकर समयानुसार विकसित होती रही।

हाँ! तो 'स्वाभाविक जीवन यात्रा' के तहत हमारी दसवीं तक की शिक्षा गाँव के स्कूल में होते हुए जिला स्तर के प्राइवेट स्कूल में हुई। सिफारिश से सरकारी स्कूल में आगे की पढ़ाई के लिए दाखिला कराया गया। थोड़ी स्वतन्त्रता मिली, साथ ऐसा बन गया कि 11वीं कक्षा में 5 में से 3 विषयों में फेल हो गया। ईश्वर को कुछ और ही मंजूर था कि गाँव के पटीदार बाबा रणजीत सिंह, फौज से सेवानिवृत्त जो कालेज में एन.सी.सी. कराते थे अपने साथ इलाहाबाद ले गये और वहीं से उनके साथ रहते हुए इंजीनियरिंग की

डिग्री प्रथम श्रेणी में हुई। आगे का कोई स्पष्ट मार्गदर्शन न मिलने से, उन दिनों बहुचर्चित आई.आई.टी. खड़्गपुर शिक्षा संस्थान को देखने के उद्देश्य से कुछ साथियों के साथ जो दाखिला के लिए जा रहे थे, यह भी चला गया। भर्ती के लिए यह भी परीक्षा में शामिल हुआ। याद है उस परीक्षा में 49 छात्र शामिल हुए थे, 20 सीटें थी, जब रिजल्ट निकला तो यह भी उत्तीर्ण था। कक्षाएँ शुरु होनी थी रुकना पड़ा और तीन माह बाद जब ब्रेक हुआ तो घर आकर आवश्यक सामान (साईकिल, बिस्तर....वगैरह) ले गया। उस समय कृषि अभियन्त्रण विषय में दो धारायें थी, फार्म–मशीनरी और भूमि एवम् जल संरक्षण। यह सोचकर कि भूमि एवम् जल संरक्षण आसान होगा, उसे चुना। बाद में अनुभव ऐसे रहे कि यह चुनाव बड़ा कष्ट–साध्य रहा, क्योंकि यह विषय तुलनात्मक दृष्टि से बहुत विकसित था और फार्म मशीनरी विकसित हो रही थी। अतः इस वर्ग के छात्रों को बहुत मेहनत करनी पड़ती थी, जो हमने अनुभव किया। उन दिनों M. Tech करने वाले छात्रों को 250 रुपये प्रतिमाह स्कालरशिप मिलती थी, जो आर्थिक दृष्टि से आत्म निर्भर बनने के लिए पर्याप्त थी। यह वर्ष 1968 था, और डिग्री पूरी होते–होते इसका चुनाव उत्तर प्रदेश के पब्लिक सर्विस कमीशन के सेलेक्शन में कलास–II, गजटेड पोस्ट के लिए कृषि विभाग में हो गया। आश्चर्य यह रहा कि 90 प्रत्याशियों में 16 सेलेक्ट हुए और इसका स्थान दूसरा था। इस असलियत का ज्ञान इसे तब हुआ जब खड़्गपुर संस्थान के एक प्रोफेसर जिनकी गुडबुक में यह न था, नियुक्ति आदेश को देखकर बताया। यह पहली सर्विस टेकनिकल ऑफिसर की थी ज्वाइन किया, 'नया जोन विभाग से अलग बना था, हालत स्वभाव के मुताबिक न थे, बिना कार्य कराये बिल पास होते थे, ऐसे माहौल में 6 जिलों के अधिकारी हमारे ही बैच के थे, सबों से मित्रवत सम्बन्ध बने, लेकिन चेकिंग अधिकारी होने के नाते, गलत काम में रुचि न होने के कारण एक असहजता की हालत थी। करीब सवा साल के बाद ICAR में वैज्ञानिक (जूनियर इन्जीनियर) का विज्ञापन आया। एक मित्र ने सलाह दी कि आपके लिए यहाँ ठीक नहीं रहेगा, रिसर्च में चले जाईए। आवेदन किया, सेलेक्सन हो गया, पहली पोस्टिंग गुजरात में भूमि एवं जल संरक्षण रेवाइन शोध केन्द्र 'वासद' खेड़ा जिला में हुई। केन्द्र के इन्चार्ज निहायत ईमानदार, कर्त्तव्यनिष्ठ, अमेरिका से पढ़े व विभाग में पदोन्नति के मामले में सताये हुए सज्जन, हमारे

लिए हर प्रकार से उपयोगी व शिक्षाप्रद साबित हुए। स्वाभाविक कर्त्तव्यनिष्ठा के कारण, एक स्वतन्त्र चिन्तक बनने का अवसर मिला। संस्था में जिसके देश में 6 या 7 केन्द्र थे, एक विशेष पहचान बनी और देहरादून मुख्यालय के निदेशक महोदय का तो यह प्रिय बन गया। कारण मात्र कर्त्तव्यनिष्ठा और प्रकाशित होते शोध पत्र।

आध्यात्मिक पक्ष ग्रामीण आंचल से होने के कारण, दसवीं पास होते ही विवाह हो गया था। पत्नी आध्यात्मिक रुचि की थीं। परिवार में यह गाँव के वातावरण में 10 वर्ष रहीं। घर की बड़ी, बूढ़ियों को नियमित शाम भोजनोपरान्त रामायण सुनाया करती थीं। इस बीच ईश्वर कृपा से तीन बच्चियों का जन्म भी हुआ जो आध्यात्मिक माहौल में पली और संस्कारित हुई। गुजरात जाने के बाद धर्मपत्नी भी साथ रहने के लिए आ गई। अब तक की जीवन यात्रा में, लेखक या इसके परिवार के किसी सदस्य का या अपनी स्वयं की इच्छा का हस्तक्षेप न रहा। मात्र परिवार से मिले संस्कार व ईश्वर इच्छा से जीवन यात्रा सहज व संतुष्टि की रही।

गुरुदेव महात्मा यशपाल जी व गुरुमाता श्रीमती रुपवती देवी जी के साथ लेखक का परिवार (प्रतिमा सिंह, ममता सिंह, शिवकुमारी सिंह (पत्नी), रेखा सिंह, सरिता सिंह, पापा डॉ॰ अक्षयबर सिंह की गोद में वर्षा सिंह, शिलांग, 1982)

ICAR में कुछ समस्या के चलते, वैज्ञानिकों की भर्ती 6 वर्ष तक बाधित रही। वैज्ञानिक भर्ती बोर्ड की स्थापना वर्ष 1974 में UPSC के पैटर्न पर की गई। इसका पहला विज्ञापन नार्थ इष्ट में स्थापित ICAR Reseach Complex, Shillong के लिए आया, आवेदन किया, वहाँ के लिए सिलेक्शन हो गया। जनवरी 1975 में उस नये स्थापित संस्थान में ज्वाइन किया। इन्जीनियरिंग विभाग का हेड होने के नाते प्लानिगं व डेवलपमेन्ट कमेटी में महत्वपूर्ण भूमिका मिली। इंजीनियरिंग विभाग के लिए निदेशक महोदय ने स्टाफ सिलेक्ट करने की पूरी स्वतन्त्रता दी, जिसमें आवेदकों में से नम्बर एक को ही चुना। इस संस्थान में 16 वर्ष रहा। हमारे विभागीय लगभग 16 साथियों में सभी वेरी गुड या आउट स्टैंडिग स्तर के लोग रहे। मात्र एक ही भाई एवरेज से भी नीचे स्तर का साबित हुआ। नव नियुक्त वैज्ञानिक बन्धु जो आये, वे भी अच्छे संस्कार के थे। जीवन के प्रारम्भ में मिले पारिवारिक संस्कार के प्रभाव सहायक रहे।

वर्ष 1979 में, ईश्वर की विशेष कृपा हुई कि बिना किसी सोच या चाह के एक आध्यात्मिक सत्संग में दिल्ली से आये गृहस्थ सन्त महात्मा यशपाल (भाई साहब जी) जी से प्रभावित हुआ, और अगले कुछ महीने के अनुभवों ने मानव जीवन में दुर्लभ सद्गुरु के रूप में वे हमें आध्यात्मिक मार्गदर्शक के रुप में मिल गये, जिसे हमारे शास्त्रों में महत्वपूर्ण माना गया है। यशपाल जी के गृहस्थ जीवन में 'ध्यान' पर दिए प्रवचन ने इसे प्रभावित किया और आपसे जुड़ाव होने का कारण बना। आप परमात्मा के नाम को जीवन में दिनचर्या के खाली समय का उपयोग कर दिन के 24 घण्टे ध्यान की साधन पद्धति 'आनन्दयोग' के अपने प्रयोग को अन्तिम रुप दे रहे थे। आप दुनियावी जीवन यात्रा में वैज्ञानिक थे और यह भी शोध क्षेत्र में था। आपके साथ अच्छा सामन्जस्य बन गया, बल्कि आपके मिशन में एक सहयोगी। आपसे मिलने के बाद इसके दो ही काम रह गये पहला दुनियावी जिम्मेदारियाँ या फिर अध्यात्म साधना व सत्संग। इस जुड़ाव में धर्मपत्नी ही माध्यम बनीं। अब तक परिवार में बच्चियों की संख्या पाँच हो चुकी थी। आश्चर्य ही कहूँगा कि इसका कोई विपरीत प्रभाव हम दम्पति की सोच पर न था। जब यह गाँव में रहती थी, तो एक बालक का भी जन्म हुआ, लेकिन वह कुछ दिनों ही रहा। यह बताना ठीक रहेगा कि इन बच्चियों का साथ ईश्वर इच्छा का परिणाम था न कि

बालक की इच्छा के होने का कोई प्लान या चक्कर, बल्कि एक स्वाभाविक प्रक्रिया। एक तरह से हम लोगों में किसी को भी कभी किसी खास चीज की इच्छा न रही। जीवन यात्रा स्वाभाविक रही। जो जैसा आया जो बन पड़ा होता रहा, करता रहा।

जीवन यात्रा की एक अजीब घटना जिसका मर्म लेखक के लिए आज भी रहस्य है का जिक्र करना चाहेगा। एक दिन सुबह-सुबह, हमारे विभाग के एक भाई जो डेवलपमेन्ट के इन्चार्ज थे, इसके घर पधारे। अभिवादन के बाद बैठे, उन्होंने कुछ रूपये निकाले और यह कहते हुए हमें देने की कोशिश किये कि सर यहाँ पैसे कमाने का अच्छा स्कोप है, इसे आप रख लीजिए और मैं ऐसे देता रहूँगा। आपको पाँच लड़कियाँ हैं, पैसे की जरूरत है। इतना सुनना था कि यह दहाड़ मारकर जोर-जोर से रोने लगा, चिल्लाने लगा। बच्चे व पत्नी दौड़ पड़ी कि क्या हो गया। खैर मामला शान्त हुआ। इसने कहा कि भाई भविष्य की चिन्ता नहीं करनी चाहिए, परमात्मा देखेगा। वह अड़े रहे, इसने कहा कि हमें ऐसा कुछ नहीं चाहिए, थोड़ी देर बड़ी जद्दो-जहद रही। अन्ततः उस पैसे को इसने कहा कि सत्संग में दे दीजिए। यहाँ 16 वर्ष का समय, दीन व दुनिया के लिहाज से बड़ा ही सकूनदाई व सन्तुष्टि का रहा। मान, सम्मान, अवार्ड, पहचान, प्यार ऐसी बातें मिलती रहीं जो भावना के स्तर पर महत्वहीन लगतीं। हाँ! कार्य में मिलती सन्तुष्टि (Job Satisfaction) तथा सिस्टम में मूल्यांकन के आधार पर समयबद्ध प्रमोशन की व्यवस्था से, निश्चिन्तता रही, कहीं और जाने का विचार मन में आता ही न था। लेकिन होता वह है जो ईश्वर चाहते हैं।

दिल्ली पूसा संस्थान के निवेशक डॉ. ए.यम. माईकल का हमारे काम्पलेक्स शिलांग में आना हुआ। उन्होंने हमारा काम देखा। जब जाने लगे तो हमने कहा कि सिंह साहब अब आप हमारे संस्थान पूसा, दिल्ली आ जाओ, अब यहाँ क्या करोगे? हमने कहा कि साहब वहाँ क्या करूंगा? आप बोले कि वह तो Ocean है जो चाहो वह करना। हमारा उत्तर था कि सोचूँगा! वह बड़े जोर से खिलखिलाकर हंसते हुए बोले कि वहाँ लोग आने के लिए लालाईत रहते हैं मैं मन्त्रियों की नहीं सुनता। आपको ऑफर दे रहा हूँ, सोच लीजिए अभी मै वहाँ 6 महीने हूँ, रिटायर हो जाऊंगा। आ जाईये। थोड़े दिन के बाद दिल्ली जाना हुआ, हमारे साथी रहे डॉ. आर.पी. सिंह को हमने बताया, वे हमें, हमारे

व अपने आध्यात्मिक मार्गदर्शक भाई साहब जी के पास ले गये। सुनते ही आप बोले कि वह माईकेल नहीं कह रहा है। कोई उनसे कहलवा रहा है। हाँ कीजिए और आ जाईये। यह 1990 में दिल्ली आ गया। यहाँ शिक्षण व शोध का ऐकेडमिक कार्य रहा। यहाँ सक्रिय सेवा काल का अन्तिम 14 वर्ष का समय, जहाँ तक संतुष्टि की बात है वह वैसी ही रही जैसे शिलांग संस्थान में थी। कर्त्तव्यनिष्ठा कदम-कदम पर ईश्वरीय मदद का आभास कराती रही। यहीं से वर्ष 2003 में प्रोफेसर के पद से सेवानिवृत्त हुआ।

पूरे सेवा काल में नये-नये कई आफर व अवसर आये, लेकिन कार्य में संतुष्टि, आत्मा की आवाज ने दुनियावी प्रलोभनों से दूर रखा। आध्यात्मिक मार्गदर्शक भाई साहब जी का सहयोग, जीवन यात्रा को सामान्य रखते हुए, विपरीत परिस्थितियों/अवरोधों को सहज-सहज में पार कराते रहे। आश्चर्य है कि आज ऐसा कुछ भी अतीत का याद नहीं है जो विचार में आये और परेशान करे। शिक्षा, दीक्षा, शादी-ब्याह बच्चियों की सहजता से समयानुसार निभते गये। बेटियों में क्रमश: दामादों मे एक IAS, Engineer, Scientist तथा एक अमेरिका में सेटल्ड हैं। तीसरी बेटी सरिता; की रुचि अध्यात्म में होने से, बच्चों के लिए विकास (दुनियावी व आध्यात्मिक) की शिक्षा में शोध का विषय चुना और वर्तमान में KNICE, Sultanapur में Head Mistress है। हम तीन लोग साथ रह रहे हैं।

आध्यात्मिक पक्ष: दिल्ली प्रवास में भाई साहब जी का सानिध्य मिला। खाली समय का पूर्ण उपयोग आपके जीवन यात्रा प्रयोग में हुआ जो गृहस्थ जीवन में अध्यात्म पर था। सिलसिले में गृहस्थ सन्त हुए महात्मा रघुवर दयाल (चच्चा जी) की कही बात का भरपूर अनुभव भाई साहब जी के साथ का रहा। चच्चा जी का कहना था- "याद रखों कोई सन्त या महात्मा किसी की किस्मत नहीं बदल सकता लेकिन उसके जीवन के संस्कारों को तरतीब देकर आसानी से भुगतवा सकता है।"

हमारे मार्गदर्शक भाई साहब जी ने 3 अप्रैल 2000 में पर्दा ले लिया। आप ने सत्संग संस्था के हित और अध्यात्म विज्ञान विकास हेतु, इच्छुक व वरिष्ठ सदस्यों के लिए हाउस बिल्डिंग कोआपरेटिव सोसायटी की व्यवस्था अनंगपुर फरीदाबाद में करवाई थी। ऐसी परिस्थिति बनी, यह भी सदस्य बना और सोसायटी में इसका पहला मकान सेवानिवृत्ति के बाद वर्ष 2003 में बना।

विचार में आया कि सेवानिवृत्ति के बाद सत्संग का ही काम किया जाय। कुछ वर्ष तक तो संस्था पहले की तरह स्थापित उद्देश्यों व मूल्यों पर विकसित होती रही, लेकिन गुरूमाता के ढ़लते स्वास्थ्य के साथ, अगली पीढ़ी के कर्त्ता–धर्त्ता ने बदलाओं का ऐसा सिलसिला चलाया कि संस्था का परिपेक्ष्य अध्यात्म के स्थान पर भौतिक विकास की ओर होने लगा। इसे आश्रम से परिवार के साथ वर्ष 2015 में लखनऊ शिफ्ट होना पड़ा। यह बदलाव आध्यात्मिक दृष्टिकोण से बहुत उपयोगी साबित हुआ। यहाँ हम लोग 3 वर्ष रहे और लेखक की मुलाकात कबीर शान्ति मिशन के संस्थापक गृहस्थ सन्त महात्मा राकेश कुमार मित्तल जी से हुई। आप हमारे गुरुदेव की तरह कबीर का सा जीवन जीते हुए अध्यात्म के साधक थे और जीवन के सकारात्मक पक्ष को आधार मानकर अध्यात्म विज्ञान के विकास में लगे थे।

आध्यात्मिक पक्षः संसार की ऐसी रीति है कि अधिकांश संस्थायें संस्थापक के जाने के बाद विकृत हो जाती हैं। जिसका कारण केवल और केवल व्यवसायीकरण के प्रभाव का होता है। लेकिन व्यक्ति विशेष (आम सदस्य) के जीवन में आते बदलाव उसके हित व अच्छे के लिये होते हैं। इस बदलाव में लेखक को इसका स्पष्ट अनुभव रहा कि भाई साहब के शरीर में न होने से ईश्वरीय मदद ऐसी रही कि मानसिक स्तर पर हम सब परिवार के लोग अप्रभावित रहे, कोई तनाव नहीं और सहजता से लखनऊ में रहने की व्यवस्था हो गई। वैसे सोच में कभी ऐसे बदलाव की कल्पना न थी। बेटी सरिता के माध्यम से श्री राकेश कुमार मित्तल जी से हुई मुलाकात अध्यात्म विज्ञान के 'सकारात्मक सोच' के पक्ष को समझने का एक और अवसर दिया। मित्तल साहब का साथ 3 वर्ष का रहा। आप भी हमारे गुरुदेव की तरह कबीर का जीवन जी रहे थे और एक उच्च कोटि के सन्त थे। हमारा मानना है कि यह 'उच्च कोटि' की संज्ञा समय के साथ साबित होगी जब शोध छात्र अध्यात्म विज्ञान में इन सन्तों के द्वारा लिखे जीवन यात्रा के अनुभवों का अध्ययन व विश्लेषण करेंगे। लेखक ने लखनऊ प्रवास के दरमियान एक पुस्तक 'आओ कबीर को जिऐं' लिखी जिसका आधार इन दो गृहस्थ सन्तों की जीवन यात्रा के अनुभव थे। पुस्तक कबीर शान्ति मिशन, लखनऊ, ने प्रकाशित की।

वर्ष 2018 में, हम लोग अपने गृह नगर जनपद में घर बनाकर सुलतानपुर रहने आ गये। यहाँ हमारे पड़ोसी छोटी बहन मंजू व बहनोई श्री दिनेश प्रताप

सिंह बने। आप लोगों के यहाँ पिछले 35 वर्षो से भाई साहब जी की संस्था का गृहस्थियों के लिए सत्संग केन्द्र है। यह रही स्वाभाविक जीवन यात्रा जिसमें हमारे आध्यात्मिक मार्ग दर्शक भाई साहब जी की दो बातों का यथार्थ सत्यापन के अनुभव रहे। आप का कहना था कि जो काम हमारे पास स्वतः आते हैं परमात्मा के भेजे हुए होते हैं, कर सकें तो करना चाहिए, मजबूरी की बात और है। दूसरा आवश्यकतानुसार विकास व ईश्वर इच्छा को मानना "परमात्मा तू ही है, तेरी इच्छा पूरी हो।"

आध्यात्मिक पक्षः बचपन में पारिवारिक रहनी-सहनी में मिली सीखः कर्त्तव्य निष्ठा, ईमानदारी, कर्त्ता-धर्त्ता परमात्मा की भावना, जो होता है अच्छा होता है, पूजा जैसी बातें, जीवन यात्रा का आधार बनी। ईश्वर कृपा से अच्छे लोगों का साथ, स्वाध्याय में रुचि, सद्‌गुरु व सत्संग का मिलना अनजाने में गीता शास्त्र की शिक्षा 'स्वधर्म पालन' पर आरूढ़ता बनती गई। स्वभावतः जो जैसे आया करता गया, कोई इच्छा भी न रही और अगला आने वाला पड़ाव पहले से अच्छा ही साबित हुआ।

विशेष

जीवन यात्रा में लेखक के पाँच ऐक्सीडेन्ट ऐसे हुए कि आश्चर्यजनक रुप से जान बचती गई। इस बात की सूचना भाई साहब (गुरुदेव) को देता रहा। एक पत्र के उत्तर में आपने लिखा "परमात्मा को जब किसी से कोई काम लेना होता है तो वह जान बख्शता है।" इसका अनुभव लेखक को स्पष्ट रुप से अप्रैल 2018 में हुआ जब यह सुलतानपुर में रहने आया। एक दिन मार्निंग वॉक में चलते-चलते गिर गया और अपने को जैसे बिस्तर पर उठते हुए पाया। इस प्रक्रिया में हृदय से निकलते स्पष्ट 'जय सद्‌गुरुदेव, जय पदशरणम्' के वाक्य का उच्चारण होने का अनुभव हुआ। कुछ लोगों को अपनी ओर तेजी से दौड़ते हुए देखा। मुँह से निकला कि क्या मैं गिर गया था? एक भाई ने हाँ, कहा और वहाँ पहुँची एक मोटर बाईक पर बिठाकर घर छोड़वा दिया। घर में आकर बाहर कुर्सी पड़ी थी बैठ गया और ऐसा लगा कि जैसे यह कोई स्वप्न हो। जीवन के अनुभव का एक यथार्थ था। कोई संदेह नहीं कि यह कुछ सैंकण्ड के लिए मृत्यु का अनुभव था। सब कुछ बड़ा सुखद सा लग रहा था। आश्चर्य कि तेज चलते गिरना और कोई चोट नहीं। जैसे किसी ने गोद में थाम लिया हो।

कुछ देर बाद पत्नी को बुलाकर बताया, सुनते ही वह शरीर को टो-टो कर देखने लगीं कि कहीं कोई चोट तो नहीं लगी। ब्लडप्रेशर चेक किया, सामान्य ही था। विचार बना कि दो-चार दिन में लखनऊ चलकर चेकअप करा लिया जाय। दिनचर्या पहले की तरह सामान्य हो गई। दो दिन बाद, टहल कर आया, कुर्सी पर बैठकर किसी से फोन पर बात करने लगा। बात करते करते हाथ से फोन गिर गया और एक चीख सी निकली, धर्मपत्नी दौड़कर आई, इस बीच यह सामान्य हालत में आ गया फोन उठा लिया था। ब्लड प्रेशर चेक किया जो अप्रत्याशित रुप से लो था। पल्स भी 55 थी, तुरन्त अस्पताल ले जाया गया जहाँ उस दिन रखा, उपचार किया, अगले दिन लखनऊ डॉ. राम मनोहर लोहिया मेडिकल इन्स्टीट्यूट लखनऊ को रेफर हुआ और उसके अगले रोज पेस मेकर का इम्पलाट किया गया। डॉ. ने बताया कि आपके हृदय की धड़कन फ्रैक्शन आफ सैंकण्ड के लिए रुक जाती है। धीरे-धीरे सब सामान्य हो गया।

इस घटना से कुछ बातों की पुष्टि इसके विचार स्तर पर हुई। (1) कुछ न बिगड़ेगा तेरा सद्‌गुरु शरण मिलने के बाद; (2) जो होता है, अच्छे के लिए होता है; (3) स्वाभाविक जीवन यात्रा ही स्वधर्म पालन है; (4) कर्त्तव्य निष्ठा ही सबसे बड़ी पूजा है; (5) जो काम स्वतः हमारे पास आते हैं परमात्मा के भेजे हुए होते है; (6) गृहस्थ जीवन अध्यात्म साधना का सर्वोत्तम स्थल है; (7) इंसान की प्रथम गुरु माँ है; (8) शिक्षक व जिनसे हम कुछ सीखते हैं वे सब गुरु तुल्य हैं; (9) जब तक सच्चे आध्यात्मिक गुरु शरीर रूप में न उपलब्ध हों, आत्मा की आवाज ही उनका मार्गदर्शन है, उन्हें ढूँढ़ा नहीं जा सकता, समय आने पर स्वतः उपलब्ध हो जाते हैं। आवश्यक नहीं कि वह इस जीवन काल में मिलें; (10) सुनें सबकी करें अपनी; (11) भावना के स्तर पर अपना सब कुछ जनहित में अर्पण कर देने की भावना बनना तथा ऐसा व्यवहार बनें, अध्यात्म है। अतीत में राजा जनक या वर्तमान में भारत के प्रधानमंत्री मोदी जी व उत्तर प्रदेश के मुख्य मंत्री योगी जी इस स्तर के अध्यात्म के साधक लगते है।

वर्ष 2020 में विश्वव्यापी महामारी कोरोना बीमारी आ गई। काफी लम्बे समय तक लाकडाऊन रहा। इस समय, ऐसी प्रेरणाएँ मिलीं कि वर्तमान के परिपेक्ष्य में, अध्यात्म पर कई पुस्तकों का सृजन व प्रकाशन लेखक के

माध्यम से हुआ। यह कार्य इसकी जीवन यात्रा का एक आश्चर्य है क्योंकि ऐसा कुछ करने की इसकी सोच कभी न रही और न क्षमता। हाँ! यशपाल जी महाराज के सम्पर्क में आने के पहले, योगानन्द जी की लिखी पुस्तक 'योगी कथामृत' पढ़ा था, जो बहुत ही प्रेरणादायक व चमत्कारिक घटनाओं से भरी थी। बाद में, ऐसा विचार अवश्य बना था कि यदि हो सका तो यशपाल जी महाराज जी के प्रयोगों पर, इससे बेहतर पुस्तक लिखने का प्रयास करूँगा। बेहतर का तात्पर्य का विचारों में अध्यात्म विज्ञान में साधन पद्धति के विकास से है जो समय के प्रवाह में एक स्वाभाविक प्रक्रिया है। ऐसी पुस्तक के सृजन में 35 वर्ष लग गये। मार्च 2018 में यह पुस्तक प्रकाशित करने को दिया। पिछली दुर्घटना में यदि होश न आया होता तो यह पुस्तक शायद ही प्रकाशित हो पाती। एक और अनुभव का जिक्र करना यहाँ समीचीन होगा। लेखक के बड़े दामाद सेवा निवृत्त आई.ए.यस. अधिकारी हैं। उनसे हमारी बहुत कम बात होती है। लखनऊ, जाना हुआ, कुछ बातें होने लगीं। उन्होंने अचानक प्रश्न किया कि अपने जीवन काल का सबसे महत्वपूर्ण योगदान किसे कहेंगे? तत्काल इसके मुँह से निकल गया कि पुस्तक 'गृहस्थ जीवन में अध्यात्म – सन्त यशपाल कथनामृत।' यह वही पुस्तक है जिसका जिक्र ऊपर आया है। इसके माध्यम से अध्यात्म विषय पर प्रकाशित पाँच पुस्तकें (परिशिष्ठ–2), 'कर्त्ताधर्त्ता परमात्मा और मानव यंत्रवत' है कि पुष्टि लेखक ने अपनी जीवन यात्रा में किया। इसका मानना है कि स्वाभाविक जीवन यात्रा ही मानव की समस्याओं का एक मात्र हल है। "परमात्मा तू ही है, तेरी इच्छा पूरी हो।"

05–08–2023

परिशिष्ठ - 1

गुरुसत्ता

भगवान राम सोलह वर्ष की आयु में संसार से विरक्त हो गये थे, इसे दुखालय मानने लगे थे। खाना-पीना, हँसना; बोलना सब छोड़ कर गुम-सुम बैठे रहते थे। तभी विश्वामित्र उन्हें अपने यज्ञ के रक्षार्थ लेने आये। दशरथ ने आनाकानी की किन्तु मान गये। राम की विरक्त दशा फिर भी बाधक रही। उन्हें बुलवाया गया तो उन्होंने कह दिया कि मुझे राजकाज में तथा संसार के किसी भी प्रपंच में कोई रुचि नहीं है। विश्वामित्र ने राजा को तथा गुरु वशिष्ठ को आश्वस्त किया कि राम अवतार हैं, वे मोह ग्रस्त नहीं हैं, बोधग्रस्त हैं। थोड़ा सा भ्रम है, मानव देह में आने के कारण है। इस भ्रम को गुरु वशिष्ठ कृपया अपने उपदेश से दूर कर दें तो राम, जीवन मुक्त होकर लोक कल्याण कार्यों में सक्रिय रुप से प्रवृत्त हो जायेंगे और जीवन के प्रति निवृत्ति का भाव भी इनका बना रहेगा जिसमें वे स्थित हैं। गुरु वशिष्ठ ने राम को उपदेश दिया। वे खुशी-खुशी जगत कल्याण के लिए उठे और विश्वामित्र के साथ हो लिए। गुरु वशिष्ठ द्वारा राम को दिया गया यह उपदेश 'योग वशिष्ठ' के नाम से प्रसिद्ध है। गुरु के उपदेश एवं शिक्षण के बल पर राम ने जो कुछ जगत कल्याणार्थ किया वह सर्व-विदित है। यह कथा वाल्मिकी के ग्रन्थ 'महारामायण' के आधार पर है।

लेकिन अवतारों के स्तर की बात छोड़कर अब मानव के स्तर की बात करते हैं। कहानी बीसवीं सदी की है और भारत की ही है। एक सद्गृहस्थ सज्जन श्री यशपाल जी थे, ठेठ आम आदमी। डाक तार विभाग में नौकरी करके बाल-बच्चों को पालते थे। सत्संगी रूचि के व्यक्ति थे। सो संत बृजमोहनलाल जी नामक अन्य गृहस्थ महात्मा तक पहुँच गये। संगत भा गई।

सानिध्यता बढ़ती गई उनको गुरु मान लिया और इसी के साथ-साथ ईश्वर के भजन ध्यान में बैठे रहने में रुचि भी बढ़ती गई, मगर नौकरी के काम तथा बीबी-बच्चों के प्रति रुचि घटती गई। यहां तक कि नौकरी तथा बीबी बच्चे भजन ध्यान में बाधक लगने लगे। यह विराग इतना बढ़ा कि नौकरी से त्यागपत्र दिया और बिस्तर बांधकर घर छोड़कर दिल्ली से एटा अपने गुरु श्री बृजममोहन लाल जी के घर पहुँच गये। गुरु जी को बताया कि नौकरी के झमेलों तथा बीबी बच्चों की तरह-तरह की मांगों एवं चिल्ल-पुकार के बीच भजन नहीं होता था इसलिए सब छोड़ आया। आपकी शरण में ही रहकर सिर्फ भजन ही करूँगा। गुरु जी सुनकर अचम्भित रह गये और पूछा कि भाई इतना बड़ा कदम उठाने से पहले क्या तुमने मेरी राय ली थी। यदि नहीं तो क्यों कर? तुम्हें पूरा विश्वास था कि मैं तुम्हारे निर्णय को स्वीकृति दे दूँगा? क्या मैंने अपने बीबी बच्चे और नौकरी त्याग दी है जिससे तुम्हें प्रेरणा मिली हो? वापिस जाकर किसी तरह इस्तीफा वापस लो और बीबी-बच्चों से क्षमा मांगो और बच्चों को सीने से लगाओ। इतना हो जाय तो तत्काल पत्र द्वारा मुझे सूचित करो और मेरे भाई यदि मेरी बात ठीक न जँचती हो तो मैं ही तुम्हारी बात मानकर तुम से कहता हूँ कि यहीं रहो और सामने वाले पीपल के उस वृक्ष के नीचे आसन लगा कर दिन रात भजन करो, खाना पानी मैं भिजवाता रहूँगा, लेकिन मेरी एक शर्त है कि पीपल के ऊपर से कोई चिड़िया बीट कर दे या बंदर पेशाब कर दे तो मैदान छोड़कर, नहीं भागोगे, और यदि भागो भी तो दूसरी जगह जाकर बैठ जाने पर भी ऐसी बिघ्न बाधाएँ भजन में पड़ने पर पुनः नहीं भागोगे! गुरु का उपदेश सुनकर साधक यशपाल की आँखें खुल गई और वे स्पष्ट दृष्टि तथा पूर्ण आत्मविश्वास के साथ कमर कसकर परमात्मा को हर समय अपने पास और साथ महसूस करते हुए लौकिक कर्त्तव्यों की पूर्ति के काम में पूर्ण संलिप्तता और स्फूर्ति के साथ जुट गये। ठीक वैसे ही, जैसे वशिष्ठ का उपदेश सुनकर राम सक्रिय हो गये थे। वे 'दस्तबकार दिल ब्यार' हो गये।

मानव के स्तर की एक और कहानी है मगर उसमें गुरु का किरदार नहीं है। श्रावस्ती के राजा शुध्दोधन का एक ही पुत्र था सिद्धार्थ। राजकुमार सिद्धार्थ को लाड़-चाव से पाला गया था युवा होने पर शादी भी कर दी गई और वे एक पुत्र के पिता भी बन गये। राजकार्य का बोझ पिता ने उन पर नहीं डाला।

अतः महल की परिधि में ही रहते-रहते वे सुविधा भोगी हो गये और वे बोर हो गये। नगर घूमने की इच्छा जाहिर की, सारथी रथ में लेकर घुमाने निकला। घूमते समय राजकुमार ने एक वृद्ध देखा, एक बीमार देखा और एक जनाजा देखा। सारथी ने तीनों के बाबत बताते हुए यह भी कह दिया कि यह कष्टमय स्थितियाँ तो हर आदमी के जीवन में आती हैं। उन्हें संसार से वैराग्य हो गया, राम तथा यशपाल की तरह ही। राजा ने मंत्रियों के परामर्श से राज कुमार के लिए बढ़िया मनोरंजनों के साधन इंतजाम कराये, मगर नतीजा नहीं निकला। एक रात राजकुमार सिद्धार्थ अपनी तथा मानव मात्र की दुःख पीड़ा का उपाय तलाशने हेतु महल से निकल गये और कठोरतम तप वर्षों तक करके 'बोध' प्राप्त किया और 'बुद्ध' कहलाये। यह बोध जीवन में जीवन मुक्त रहकर जीने की विधि समझाने वाला वही ज्ञान था जो गुरु वशिष्ठ ने राम को तथा संत गुरु बृजमोहनलाल जी ने साधक शिष्य यशपाल जी को बताया था।

यह बोध जो राम तथा यशपाल ने सहज-सहज अर्जित कर लिया धा उसे प्राप्त करने के लिए राजकुमार सिद्धार्थ को बहुत बड़ी कीमत चुकानी पड़ी। माता-पिता तथा पत्नी-पुत्र को त्याग कर कष्ट पहुँचाया, स्वयं को जीवन भर के लिए कठोर तप में डाला। यानि कि यह बोध महात्मा बुद्ध को तुलनात्मक दृष्टि से देखे तो बहुत महँगा पड़ा। इस उदाहरण ने भले ही गुरु की अनिवार्यता समाप्त कर दी हो मगर साथ ही साथ यह भी सम्पुष्ट कर दिया कि यदि सही वक्त पर सिद्धार्थ को ऐसा कोई गुरु उपलब्ध हो गया होता तो उन्हें न तो घर त्यागना पड़ता और न साधना इतनी महँगी पड़ती। अर्थात् सिद्धार्थ का उदाहरण- गुरु की महत्ता तथा अनिवार्यता को मजबूती के साथ स्थापित एव प्रमाणित करता है। परमार्थ पथ का सफर यदि सहज, सरल तथा छोटा करना हो तो एक अद्द मार्गदर्शक गुरु चाहिए ही। भव दुःख संसार त्यागने से नहीं बल्कि संसार के प्रति सही दृष्टिकोण बना लेने अर्थात् बोध आ जाने से कटता है और इस समझ के लिए एक अदद गुरु की जरूरत पड़ती है। इसलिए परमपिता ने अपनी प्रिय संतान मानव के लिए सृष्टि संचालन के व्यवस्था तंत्र में गुरुपीठ का प्रावधान किया और उस पर मनुष्यों में से ही पात्रता के आधार पर उपयुक्त व्यक्तियों का चुनाव करके गुरु पद पर आसीन करते हैं। अध्यात्म विज्ञान के कानून के अंतर्गत अनगिनत

मार्गदर्शक गुरू संत मानव रूप में हर काल में होते रहते हैं। परंतु उनकी संख्या इतनी नहीं होती कि हर एक मानव को गुरु शरीर में उपलब्ध हो सके। अतः अध्यात्म विज्ञान के नियमों में की गई व्यवस्था के अंतर्गत हर मनुष्य को एक अन्तःकरण नाम की किट भी दी गई है जो सही समय पर सही मार्गदर्शन, परामर्श और हिदायत देती है तथा मनुष्यों के आचरण, व्यवहार को नियंत्रित रखती है, नियमित रखती है अर्थात गुरु का पूरा काम करती है। अर्थात् विधाता ने एक भी आदमी को अनगाइडेड नहीं छोड़ा। इसी व्यवस्था का कमाल है कि जगत में नकारात्मक प्रवृत्तियों का खुला खेल चलते रहने के बावजूद उन पर मानव के चरित्र का सकारात्मक पहलू ही हावी रहता है। धर्मान्तरण जीवित रहता है और यदि कभी उसमें विचलन (Derailment) की स्थिति आती है तो अन्तःकरण में बैठा अदृश्य गुरुतत्व स्थिति को नियंत्रण में ले आता है। जीवन की प्रयोगशाला में ऐसे अनुभव रोज देखने को मिलते हैं। इस संदर्भ में संत राम सुखदास जी के विचार उद्धृत करना भी जरूरी समझता हूँ। आपका कहना था कि 'मानव का अन्तःकरण' जन्मजात गुरू है।

प्रभु प्रेरणा मानकर अपने जीवन का एक प्रसंग प्रस्तुत करता हूँ। सन् 1965 में मैं एक ब्लाक में ए0डी0ओ0 (उद्योग) के पद पर काम कर रहा था। उन दिनों बिजली विभाग, ग्रामीण क्षेत्र के पावर कनैक्शन, हमारे विभाग की सिफारिश पर ही देता था। आटा चक्की के लिए कनैक्शन के एक ऐसे ही प्रार्थना पत्र को लेकर मैं मौका मुआइना के लिए गया। पूछताछ करके लौटते समय प्रार्थी ने मेरे लाख इंकार करते हुए भी मेरे पैंट की जेब में पांच रुपये का नोट डाल दिया कि कृपया मेरे पक्ष में लिखना। मैंने कहा कि ऐसा तो मैं बिना पैसे लिए भी करता हूँ। मगर वह नहीं माना नोट वापिस नहीं लिया। पांच रूपये में मैने रेशमी खादी का कुर्ता बनवाया। धुलकर रस्सी पर डाल दिया कि कोरा कपड़ा नहीं पहना जाता। बंदर आया कुर्ता ले गया फाड़ कर तार-तार कर दिया। अन्तःकरण में बैठे गुरुतत्व ने चेताया कि बिना श्रम के प्राप्त धन तुझे रास नहीं आता इसलिए अब ऐसी कोशिश मत करना। यह मेरे लिए एक सबक रहा, जो संत राम सुखदास जी की पुस्तक के स्वाध्याय के कारण जीवन यात्रा में व्यवहार की शुद्धता का पुष्टिकारक बना।

पूसा कृषि संस्थान दिल्ली में प्रोफेसर रहे डॉ. अनिरूद्ध कुमार सिन्हा के छात्र जीवन की घटना का जिक्र डॉ. अक्षयबर सिंह ने किया था। डॉ. सिन्हा

जब नवीं कक्षा में पढ़ते थे, पैदल ही स्कूल से घर आ रहे थे कि एक दिन उनके बराबर से एक स्कूटर सवार उनके बराबर से तेजी से आगे निकल गया और दस हजार रुपये की गड्डी स्कूटर की डिक्की से उछलकर बाहर गिर गई। इन्होंने उठा लिया और घर आकर अपनी विधवा माँ को दिये और कैफियत बताई। माँ ने कहा, बेटा वह बेचारा इसकी जानकारी होने पर इसकी तलाश में वहीं सड़क पर घूम रहा होगा। तुम जाओ वह जरूर मिल जायेगा। सिन्हा जी गये तो ऐसा ही हुआ। उसने सिन्हा को इनाम देने की कोशिश की लेकिन संस्कारी माँ के बेटे ने कुछ नहीं लिया।

दिल्ली में सफर करके उतरते समय एक सज्जन ने अपना सूटकेस आटो रिक्शा में ही भूल से छोड़ दिया और दूसरे रिक्शे में बैठकर चले गये। रिक्शे वाले ने जब सूटकेस देखा तो मालिक का अता-पता ढूढ़ने हेतु सूटकेस खोला जो जेवरात से भरा था मगर कुछ ऐसा मिल गया जिससे मालिक का नाम पता मिल गया। रिक्शे वाला इसी पते पर पूछता-पूछता पहुँचा, मालिक को उसका माल वापस कर दिया।

एक सज्जन ने अपनी चप्पल में थोड़ी सी मरम्मत कराई और आपने अनुमान से सही मजदूरी समझ कर दो रूपये का सिक्का दिया। मोची ने अपने कैश में से एक रुपये का सिक्का वापस कर दिया और कहा कि बाबू एक रूपये का ही काम है।

ऐसा तो कइयों के साथ होता है कि आपके सामने खाना आया तो आपके द्वारा पर एक भूखे ने आवाज दी कि तीन दिन का भूखा हूँ। ऐसी स्थिति में संभव नहीं कि उस भूखे को खिलाने के पहले आप खाना खाने लगें। ऐसी खबरें सुनने में आती रहती हैं कि एक डूबते हुए को बचाने हेतु कोई अपनी जान की परवाह न करके डूबने वाले को बचाने संकल्प सहित गहरे जल में छलांग लगा दे फिर चाहे परिणाम कुछ भी हो, कभी तो छलांग कामयाब हो जाती है, कभी डूबने वाले की जान तो बच जाती है मगर बचाने वाला डूब जाता है और कभी तो दोनों डूब जाते हैं।

व्यवस्था करने वाले ने तो बेशक व्यवस्था सशरीरी तथा अशरीरी दोनों प्रकार के गुरुओं की मनुष्य के लिए कर दी किन्तु इन गुरुओं से जो परामर्श निकलता है उसे मनवाने के लिए गुरु दंड का प्रयोग नहीं करता। मानने वाले

पर ही छोड़ देता है कि वह माने या न माने या कितना माने। परामर्श देने के बाद गुरु का जॉब समाप्त हो जाता है। आध्यात्मिक नियमावली के अनुसार परामर्श मान लेने वाला लाभ में रहता है और उसे पछताना नहीं पड़ता जबकि न मानने वाला हानि उठाता है और कभी वापस लौटकर परामर्श मानने को मजबूर होता है। जैसा कि मैंने अपने रेशमी खादी का कुर्ता बनवाने वाले उपरोक्त अनुभव की चर्चा में उल्लेख किया है। मेरे ही जीवन का एक और अनुभव है। बात 1991 या 92 की है। सिर में कुछ तकलीफ का उल्लेख करते हुए मैंने अपने गुरु महात्मा यशपाल जी को एक पत्र में अपनी एक गंदी आदत की सूचना दी थी। आदत तम्बाकू का पान खाने की थी। दूसरी बातों में परामर्श देने के साथ गुरु जी ने पत्रोत्तर में तम्बाकू की आदत के बारे में लिखा कि अंतरात्मा गवाही दे तो तम्बाकू त्याग दें। गुरु का पत्र पाकर भी मैंने मनमत के प्रभाव में तम्बाकू खाना जारी रखा। एक ही महीने में चेतावनी मिल गई जनवरी महीने के एक आधी रात के वक्त लिहाफ फैंककर पसीने में तरबतर मैं क्वाटर के आंगन में टहल रहा था। दस्त व उल्टी हो रहे थे। वाश बेसिन में उल्टी के साथ खून के कतरे निकलने लगे। दिन निकलने पर मैं डाक्टर से मिला तब भी मुंह में तम्बाकू का पान था। हाल सुनने के बाद डाक्टर लगभग तैश में आकर मेरे मुख की ओर हाथ की उँगली उठाकर कहा कि यह (अर्थात तम्बाकू) छोड़ना पड़ेगा वर्ना अल्सर हो जायेगा। मैंने आंखे बन्द कर लीं और मन में कहा कि यह डाक्टर नहीं बोल रहा है गुरु बोल रहे हैं। गुरु का परोक्ष डंडा पड़ रहा है। इस प्रकार मेरा तम्बाकू मेरी इच्छा से नहीं बल्कि गुरु के परोक्ष डंडे से मैं अल्सर से बचा। कहने का मतलब यह है कि गैब से आने वाली आवाज के स्वर से स्वर मिला कर यदि हम नहीं गा पायें तो निश्चित ही संगीत की हारमनी बिगड़ेगी और हम खुद संगीत छोड़ कर भाग खड़े होंगे।

आध्यात्मिक हिदायतों को अनसुना करते हुए जीते रहने के परिणाम स्वरूप मनुष्य के कर्मों से यह संसार दुखालय बन जाता है और तब वह इससे ऊब कर दूर भागने की बात राम, सिद्धार्थ तथा यशपाल की तरह सोचता है और तब कोई दृश्य का अदृश्य गुरुतत्व–सत्ता उसे राह पर लाती है और इसी दुखालय रूपी संसार में सकारात्मक भाव से जीना सिखाती है। सत्य यही है कि संसार अपने आप में कतई दुखालय नहीं है। हम देखते हैं कि जिस आंगन

में एक दिन एक नवयुवक का जनाजा निकलता है उसी आंगन में पुत्र जन्म अथवा शादी समारोह आदि में नृत्य संगीत के साथ ढ़ोलक भी बजती है। यानि कि यहां दु:ख है तो सुख भी मौजूद है। परन्तु सत्य यह भी है दोनों अस्थिर तथा मिथ्या होते हैं। फिर भी सुख को तो हम बाप का माल समझ कर हंसी खुशी भोग लेते हैं और भूल जाते हैं किन्तु दु:ख का सामना होता है तो उसे दिल पर लेते हुए गाली देते है, और कभी नहीं भूलते। परन्तु समझने वाला तीसरा सत्य यह भी है कि दु:ख और सुख जैसे अस्थाई प्रदृश्यों के होते हुए भी कुल मिलाकर यह दुनिया रचयिता द्वारा रची गई एक खूबसूरत रचना है; एक गुलशन की तरह जिसमें फूलों का खिलना एक स्थाई सुख है और शाम को उनका सूखकर झड़ जाना एक अस्थाई दु:ख है। लेकिन गुलशन का सदा हरा-भरा सौंदर्य तथा खुशबू वाला बना रहना एक स्थाई सुख है। ईश्वर की रचना इस सृष्टि के बारे में परम सत्य यही है। जैसे- गुलशन का रूझान सदा हरा-भरा बने रहने की ओर रहता है वैसे सृष्टि का रुझान सुंदर सुखमय बनी रहने की ओर ही रहता है। भयानक भूकम्प की मार से जो गुजरात तहस-नहस हो गया था, उसमें भूकम्प के बाद का पुन: सृजन ऐसा हुआ जो भूकम्प से पूर्व सृजन से अधिक चमक-दमक वाला है। लोग पुराने सुंदर गुजरात के नष्ट होने का दु:ख भूल गये। प्राकृतिक आपदाओं के ऐसे अनेक उदाहरण हैं। बाढ़, भूस्खलन, तूफान, सूखा तथा प्लेग, चेचक और कोरोना जैसी महामारियों की विनाश लीलाओं का सामना मनुष्य आशावादी मानसिकता से करता है और पुन: जीवन में स्थापित होता है। जीवन में सिर्फ दु:ख ही दु:ख होता तो जीवन जीने के लिए मनुष्य इतना संघर्ष न करता। इसको नष्ट होता देख शुक्र मनाता कि चलो। अच्छा हुआ दुखमय जीवन छूटा। परन्तु ऐसा इसलिए नहीं है कि सुख और दुख जीवन नदिया के दो अनिवार्य किनारे हैं। दोनों की सपोर्ट से दोनों के साथ हिलमिल कर जीवन की नदी आगे बढ़ पाती है भले ही इन किनारों से नदी का स्थाई रिश्ता नाता न हो। जैसे सुख व दु:ख अस्थाई होते हैं वैसे ही देहभाव पर आधारित जीवन भी अस्थाई होता है। इसीलिए नदी और किनारों की भांति जीवन के साथ-साथ सुख-दुख का नाता होता है।

अस्थाई सुख और दु:ख दोनों से समझौता करके चला जाये तो दोनों की दिल पर पकड़ ढ़ीली पड़ जाती है और दोनों के प्रति तटस्थता का भाव बनाने में सहायता मिलती है और यदि इसके साथ-साथ महात्मा यशपाल जी द्वारा

सुझाया गया 'समान दूरी के सिद्धान्त' को अमल में लाया जाये तो दोनों के बंधन से तथा जकड़न से आसानी से मुक्त हुआ जा सकता है। इस सिद्धान्त का अभिप्राय यह है कि हमारा मन सुखानुभूति से भी विशेष फासले पर रहे तथा दुखानुभूति से भी उतने ही फासले पर बना रहे। यानि की न तो सुख के प्रति अनुराग बनें न दु:ख के प्रति पलायन का भाव बनें। इतना हो जाय तो देह को ही जीवन समझने की भावना मिट जायेगी और मनुष्य अपने को अजर–अमर आत्मा के तौर पर जानेगा। यही ज्ञान तथा बोध प्रदान करने हेतु गुरु वशिष्ठ नें राम को उपदेश किया तथा यही बोध तपोवल से महात्मा बुद्ध को प्राप्त हुआ था।

परन्तु ज्ञान अथवा बोध तो बुद्धि का विषय है। इसका भारी बोझा तो बेचारी बुद्धि को उठाना पड़ता है। तुलसीदास जी ने कहा है ज्ञान का कहना, अभिव्यक्त करना टेड़ी खीर है, वेद भी हार मान गये। फिर सुनने वाले को भी सुनने–समझने में जटिल लगता है और किसी तरह कोई समझ भी ले तो अमल में लाते हुए बुद्धि को ही एलर्ट रहते हुए चौकसी करनी पड़ती है कि ज्ञान कहीं खिसक न जाये। अर्थात् स्थिर बना रहे। हालांकि वेदांत मानता है कि आत्मा के अमरत्व के ज्ञान का स्थिर होना ही मोक्ष है। किन्तु ज्ञान का यह स्थिर होना और देह भाव का नष्ट होना; बुद्धि के लिए एक थकाऊ कसरत है। इसलिए गोस्वामी जी ज्ञान के पंथ को 'कृपाण की धार' पर चलना बताते हैं और इसलिए खुद वेदांत भी स्वीकारता है कि ज्ञान को स्थाई बनाने के लिये भक्ति अर्थात् ईश्वरशरणता का अवलंबन चाहिए होता है और इसलिए गृहस्थ संत श्री बृजमोहन लाल जी के उपदेश इशारा पाकर तथा स्वयं अपने अभ्यास की प्रयोगशाला में परिणाम हासिल करके संत यशपाल जी ने भी जीवन को जीवनमुक्त होकर जीने की नई विधि निष्कर्ष के तौर पर घोषित की है जो मूलत: ईश्वरशरणता पर आधारित है। इसमें सबसे पहले विश्वास मन में कायम करना होता है कि सृष्टि में जो कुछ भी होता है वह ईश्वर की इच्छा से ही होता है और अच्छे के लिए ही होता है। यह विश्वास मजबूत करने के लिये मनुष्य दोनों टाइम पूजा, परमात्मा का जो भी स्वरूप प्रिय लगता हो उसका ध्यान कर सकता है। इसके अलावा समय मिले तो सत्संग, स्वाध्याय तथा श्रवण आदि का सहारा ले सकता है। परमात्मा के प्रति शरणागत भाव ज्यों–ज्यों बढ़ता जाये त्यों–त्यों परमात्मा के ईष्ट रुप तथा नाम

के स्मरण का समय बढ़ता जायगा और नित्य कर्मों के समय, भोजन के समय, तथा अन्य जगत के काम करते समय ईष्ट का नाम मन से या जुबान से लेते रहना प्रिय लगने लगेगा। बुद्धि पर किसी प्रकार, भार डालने की जरूरत नहीं रहेगी। साधना की इस विधि को, बिना पढ़ा या अन्य प्रकार से हीन व्यक्ति भी अपना सकता है। एक आदमी रेलगाड़ी में सफर करते समय पहियों की आवाज के साथ ताल मिला कर मन ही मन राम नाम दुहराता है। एक श्री सुब्रमणियम जो अच्छे पद पर इंजीनियर थे महात्मा यशपाल जी से मिलकर बहुत प्रभावित हुए, मगर कहा कि भजन पूजन करने के लिये समय नहीं है। महात्मा यशपाल जी ने उन्हें युक्ति बताई कि जिन फाइलों में दिन भर हस्ताक्षर करते हों उनमें हर हस्ताक्षर से पहले मन में ओउम कह लिया करना, बस हो गया भजन-ध्यान। इतने से ही परमात्मा के साथ कनैक्टीविटी बन जायेगी। सुब्रमणियम साहब ने तभी से यह नियम बना लिया और सेवा निवृत्ति के बाद भी अन्य कामों में भी यह नियम जारी रखा। उन्होंने हरिद्वार में उत्तम गति पाई। महात्मा यशपाल जी बताते थे कि सूफी फकीरों में एक व्यापक रिवाज होता है कि उठते-बैठते, जागते-सोते, जाते-आते गरज कि कोई क्रिया शरीर से करते समय मुँह से 'अल्लाह' शब्द का उच्चारण करते हैं।

हर काम राम का नाम लेकर करने के पीछे आध्यात्मिक विज्ञान के पीछे वह नियम काम करता है, जो एक इलैक्ट्रिशियन का लाइन पर काम करते समय प्लास्टिक कवर वाले हाथ के औजारों से काम करने में करता है। इस नियम में प्लास्टिक कवर को पार करके बिजली का करैंट, प्लास आदि औजारों से कर्मचारी के शरीर तक नहीं पहुँच पाता। इसी तरह हर मनुष्य द्वारा किये जाने वाले हर शारीरिक या बौद्धक कार्य के आगे पीछे यदि राम का नाम चिपका हो तो कार्य से उठने वाली कर्तापन, अहंकार, तथा आसक्ति के करैंट काम से निकालकर कर्त्ता के मानस तक नहीं पहुँच पाते। और परमात्मा का काम समझ कर अपने स्वजनों के पोषण हेतु तथा जगत की सेवार्थ जो काम इस प्रकार किये जाते हैं उनके जरिये मन पर स्वजनों के प्रति आसक्ति पैदा नहीं होती, निष्कामता का भाव बना रहता है। तथा जगत सेवार्थ किये गये कामों के जरिये कोई कर्त्तापन अहंकार का या यश प्राप्ति के भाव नहीं बनते। स्वजन, परिजन, देह, गेह, तथा धनादि सभी परमात्मा के हैं मेरे नहीं इनके प्रति कर्त्तव्य करने का दायित्व मुझे दिया गया है, यह समझ बनाकर राम का

नाम याद रखते हुए जगत के प्रपंचों में तबियत से भाग लें तो जगत से रिश्ता बनाये रखना भारी नहीं पड़ेगा किसी से आसक्ति/ममता भी नहीं बनेगी, किसी से राग द्वेष भी नहीं बनेगा। जो हाथ में बचेगा वह सिर्फ आनन्द होगा क्योंकि जगत तथा मन के बीच राम-नाम का पहरा लगा होगा। महात्मा यशपाल जी के जीवन की प्रयोगशाला से निकली जीवन मुक्त होकर आनंदपूर्वक जीने की इस जीवन विधि को वे 'आनंदयोग' कहते थे। इसका अनुसरण करने से मनुष्य का मानस संसार में प्रवृत्त होते हुए भी निवृत्त ही रहता है। उसे कठोर तप करके बोध अर्जित करने की कीमत भगवान बुद्ध की तरह, अवतारों के स्तर से उतरकर, सामान्य मानव के स्तर पर उपलब्ध हुआ है।

प्रस्तुत पुस्तक के लेखक डॉ. अक्षयबर सिंह जी इस प्रकार की आध्यात्मिक जीवन विधि जन-जन तक, लोक हितार्थ, पहुँचाना चाहते हैं, वे देखते हैं कि इससे समाज सजग: सत्य, सरल, सहज और साधारण जीवन जी कर व्यर्थ के दुखों, पीड़ाओं तथा तनाव से मुक्त होगा। इस उद्देश्य के लिये डाक्टर साहब ने कई और पुस्तकें लिखी हैं। नि:संदेह स्ट्रेस भरे इस आधुनिक संसार को ऐसे प्रकाश की आवश्यकता है। परमात्मा से प्रार्थना है कि वे डाक्टर साहब की सर्वे भवन्तु सुखिना: की भावना को स्वीकार करके विश्व व्यापक बनायें।

ओम शान्ति!

चिरंजी लाल शर्मा

प्रशासनिक अधिकारी (भू0पू0)
सेन्ट बृज मोहनलाल स्कूल
अनंगपुर, फरीदाबाद हरियाणा

गुरु पूर्णिमा
13-07-2023

परिशिष्ट - 2

अध्यात्म पर लेखक की अन्य पुस्तकें

1.0 आओ कबीर को जिएँ

हमारे देश में आज भी अधिकांश लोग कबीर की तरह ही जीवन जीते हैं। उनके पास इसका कोई विकल्प भी नहीं है कदाचित वह इसकी आवश्यकता भी नहीं समझते। इतना ही नहीं वे उसी प्रकार जीने में प्रसन्नता का अनुभव करते हैं। यह स्वभाव मानव जीवन का आध्यात्मिक पक्ष है, जिसका जिक्र पुस्तक में अनुभव ज्ञान के उद्धरण से कई जगह आया है। कबीर को जीना एक सरल पद्धति है और इसके लिए किसी प्रयास की आवश्यकता नहीं होती। कबीर की निम्न दो पंक्तियाँ इस बात को पूरी तरह कह देती हैं।

साांई इतना दीजिए जामें कुटुम समाय।
मैं भी भूखा न रहूँ, साधु न भूखा जाय।।

सामान्य जन मानस में देखते हैं कि एक निर्धन व्यक्ति सामान्य रुप से एक धनी व्यक्ति से अधिक आंतरिक वैभव रखता है। धनी व्यक्ति का जीवन बहुधा संग्रह में ही व्यतीत हो जाता है और उसके पास उसको उपभोग करने का समय ही नहीं रहता। दूसरी ओर एक निर्धन व्यक्ति अपने संग्रह का स्वयं तो पूर्ण उपयोग करता है, वह दूसरों के लिए भी उसका उपयोग करता है। इस प्रकार ऐसा जीवन किसी भी प्रकार घाटे का सौदा नहीं है। पुस्तक में इस अध्यात्मिक विषय का कुछ गृहस्थ साधक जनों के अनुभव तथा कबीर दर्शन पर जीवन यात्रा करते महात्माओं की शिक्षाओं का संकलन है। साधारण जीवन यात्रा कर रहे जन-मानस के लिए पुस्तक प्रेरणात्मक है।

(प्रकाशक: कबीर शान्ति मिशन, स्मृति भवन आर - 6/7, विपुल खण्ड गोमती नगर, लखनऊ -226010)

2.0 गृहस्थ जीवन में अध्यात्म-सन्त यशपाल कथनामृत

अध्यात्म जीवन जीने की एक कला है जो हमें सुख व शान्ति की राह से मनुष्यत्व के विकास पर ले जाता है। लेखक वैज्ञानिक रहा है। जीवन यात्रा में गृहस्थ सन्त यशपाल जी (भाई साहब जी) का सानिध्य मिला। आप अध्यात्म साधना करते हुए राजयोग का व्यवहारिक रुपांतर कर रहे थे। साधना की मूल बात थी दुनियावी काम (स्वधर्म) करते हुए दिनचर्या का खाली समय परमात्मा की याद में लगाने की जिससे आज के काम और अच्छे हों तथा साथ-साथ इंसान जीवन मुक्त अवस्था की ओर अग्रसर हो। इसके लिए दिन के 24 घण्टे ध्यान की अवस्था में रहने की पद्धति विकसित की, जिसका नामकरण किया 'आनन्दयोग।' इस पुस्तक में साधन पद्धति के तत्व, महात्मा जी के मार्ग दर्शन लेखक व गृहस्थ साधकों के अनुभव का संकलन है। प्रस्तुति, गृहस्थ जीवन के आध्यात्मिक पहलुओं पर, सहज साधना का व्यवहारिक ज्ञान उपलब्ध कराती है। जो हर इंसान के लिए ग्राह्य होगा, ऐसा लेखक मानता है।

(genNEXT Publication. Gyan Books Pvt. Ltd. 5, Ansari Road, Dariya Ganj; New Delhi -110002; E-mail books@gyanbooks.com)

3.0 मानव जीवन में अध्यात्म-कोरोना काल में एक अध्ययन

समाज के प्रत्येक व्यक्ति में आध्यात्मिक तत्व का अंश होता है जो जीवन यात्रा में विकसित होता जाता है। ऐसा विकास, सकारात्मक सोच के कारण होता है। अध्यात्म शब्द में निहित आध्यात्मिक भाव की स्पष्टता से अधिकांश जन अनभिज्ञ होते हैं। वैसे यह शब्द सुनने में क्लिष्ट भासता है, जानने के पचड़े में कौन पड़े, लोग समझने की जहमत नहीं उठाते। गीता भाष्य में टीकाकारों ने अध्यात्म को जीवन जीने की कला कहा है। स्वाभाविक है जितने जन उतनी कलायें! अत: यह विषय व्यक्तिगत होता है और जीवन यात्रा में सद्‌गुणों के समावेश के साथ जीवन अध्यात्मिक होता जाता है। अच्छे लोगों का साथ, स्वाध्याय और सत्संग इस प्रक्रिया में सहायक हैं।

कोरोना काल में, लाकडाउन की घोषणा करते हुए प्रधानमंत्री मोदी जी ने कहा था कि यह स्थिति कर्फ्यू से भी कठिन होगी। धैर्य तथा स्वानुशासन से ही महामारी से लड़ा जा सकता है। इस घोषणा और ईश्वरीय प्रेरणा से लेखक के विचार में आया कि आध्यात्मिक दृष्टिकोण से यह तो सम्पूर्ण मानव समाज के लिए एक आत्मनिरीक्षण का अवसर है, जो प्रकृति मुहैया करा रही है, चाहे या अनचाहे सभी को करना ही होगा। इन्ही विचारों के साथ लाकडाउन के पहले दिन से ही व्हाट्सएप पर पत्र के माध्यम से बुद्धिजीवियों व वैज्ञानिक मित्रों के साथ मानव जीवन यात्रा के आध्यात्मिक पक्ष पर एक चर्चा प्रारम्भ किया जो 192 दिनों तक चलती रही। प्रतिक्रियायें भी मिलती रहीं जो मूल पत्र के विचार में पूरक बनीं। इस तरह अध्यात्म ऐसे अस्पष्ट परन्तु महत्त्वपूर्ण विषय पर विस्तृत जानकारी एकत्र हो सकी, जो इस पुस्तक में संग्रहित है।

मानव जीवन यात्रा के विविध आयामों से मिले अनुभव, आध्यात्मिक जागृति के दृष्टिकोण से समाज के हर वर्ग को ग्राह्य होते हुए उपयोगी होंगे, ऐसा लेखक का मानना है।

(genNEXT Publication. Gyan Books Pvt. Ltd. 5, Ansari Road, Dariya Ganj,; New Delhi -110002; E-mail books@gyanbooks.com)

4.0 आध्यात्मिक क्रान्ति के बढ़ते कदम - सन्त यशपाल जी के जीवन यात्रा प्रयोग

भारत में हिन्दू सूफी सन्त सिलसिले की परम्परा महात्मा रामचन्द्र महाराज (लाला जी), से प्रारम्भ हुई (1817-1931) मानव के आध्यात्मिक विकास साधना के मूल में है 'प्रेम।' इसका ज्ञान से कोई सरोकार नहीं है। इसका पूरा सरोकर है प्रेम, प्रगाढ़ भावुक प्रेम; संपूर्ण के प्रेम में कैसे पड़ें, सृष्टि और रचयिता की दूरी को कैसे पाटें। मार्ग है- 'दस्त बकार-दिल व यार' (हाथ काम में - दिल परमात्मा की याद में)। गीता शास्त्र भी हर क्षण परमात्मा की याद में रहने की सलाह देता है जो सहज ध्यान (चित्त की एकाग्रता) की पराकाष्ठा है। अतीत में राजा जनक की ऐसी ही जीवन यात्रा थी, जो त्रिदेह कहलाये।

समाज में ऐसे बहुत से लोग गृहस्थ जीवन में रहे हैं और आज भी हैं जो प्रकाश में नहीं आ पाते लेकिन समाज में सकारात्मकता के भाव का प्रभाव छोड़ते रहते हैं। हिन्दू सूफी सन्त सिलसिले में लाला जी महाराज के बाद

मानव के आध्यात्मिक विकास प्रक्रिया को अनेक गृहस्थ सन्तों ने अपनी जीवन यात्रा में तरह-तरह के प्रयोग करते हुए, विभिन्न पद्धतियों का विकास करते हुए, अध्यात्म विज्ञान का प्रचार किया जो आज विश्व के लगभग 140 देशों में फैल चुका है। ऐसे ही हिन्दू सूफी सन्त परम्परा में, महात्मा यशपाल जी (भाई साहब) ने गृहस्थ जीवन में, दिनचर्या के खाली समय का उपयोग करते हुए, ध्यान साधना की एक ऐसी पद्धति का विकास किया जो सहजता के साथ 'दस्त बकार-दिल व यार' की स्थिति किसी भी साधक को प्राप्त करा सके। आपने साधन पद्धति को 'आनन्दयोग' का नाम दिया जो राज योग का एक परिष्कृत रुप है। इस पुस्तक में महात्मा यशपाल जी के प्रयोगों का संक्षिप्त विवरण तथा साधन पद्धति के कुछ गृहस्थ साधकों के जीवन यात्रा के अनुभवों का संकलन है, जिसे लेखक अध्यात्म विकास में एक क्रान्ति मानता है। एक साधक बन्धु अपने अनुभव से 'आनन्दयोग' साधन पद्धति पर लिखते है 'आनन्दयोग, आनन्दपूर्वक जीवन जीने की शिक्षा देता है। हमारा जीवन योग-युक्त होकर कैसे दिनचर्या के सभी कामों में आनन्द का अनुभव करे तथा कर्म बोझ न बन सकें। ऐसी जीवन पद्धति का नाम 'आनन्दयोग' है, जीवन में कैसे विषय वासनाओं के आनन्द को शुद्ध आनन्द में बदला जाये। इसी सुलभ, सरल, सहज पद्धति का नाम है 'आनन्दयोग'। हम स्वान्तः सुखाय के लिए जो काम करते हैं वह भी 'आनन्दयोग' है। आवश्यकता है शोध, चिन्तन तथा मानव मन की समझ बढ़ाने की।'

लेखक का मानना है कि पाठक बन्धु इस पुस्तक में दी गई सामग्री से, अपनी जीवन यात्रा के अनुभवों का सकारात्मक विश्लेषण करते हुए जीवन को आध्यात्मिक रुप से समृद्ध करने की प्रेरणा प्राप्त करेंगे।

(genNEXT Publication. Gyan Books Pvt. Ltd. 5, Ansari Road, Dariya Ganj,; New Delhi -110002; E-mail books@gyanbooks.com)

अध्यात्म साधना में लेखक का मत

1. स्वाभाविक जीवन यात्रा अध्यात्म है। जो काम हमारे पास स्वतः आते हैं परमात्मा के भेजे हुए होते है, कर सकें तो करना चाहिए। मजबूरी की बात और है।

2. नियमित स्वाध्याय एक उच्चकोटि का सत्संग है। गृहस्थियों के लिए

शास्त्रों का पढ़ना उतना ही आवश्यक है जितना विद्यार्थियों के लिए कक्षा की पाठ्य पुस्तकों का पढ़ना। आध्यात्मिक पत्रिकाएँ और महापुरुषों के जीवन चरित्र उपयोगी हैं।

3. अध्यात्म साधना में, आध्यात्मिक संस्थाओं का उतना ही महत्व है, जितना दुनियावी शिक्षा के लिए शिक्षण संस्थाओं का। स्वयं का पुरुषार्थ व स्वधर्म पालन में कर्त्तव्य निष्ठा का प्रभाव अभूतपूर्व है।

4. सद्गुरु को खोजा नहीं जा सकता। वह जीवन में समय आने पर स्वयं उपलब्ध होते है। जब तक ऐसा न हो, आत्मा की आवाज ही उनका मार्ग दर्शन है। मन जिस काम को कहे, आत्मा न कहे, नहीं करना चाहिए। माता, शिक्षक व जिनसे हम कुछ सीखते हैं, वे गुरु ही हैं, उनके प्रति अदब व श्रद्धा भरपूर रखना चाहिए। गुरु एक तत्व है, शरीर नहीं।

5. सुनें सबकी करें अपनी। अच्छे लोगों का साथ, स्वाध्याय तथा सत्संग, आध्यात्मिक विकास में सहायक हैं।

"परमात्मा तू ही है, तेरी इच्छा पूरी हो।"